DuMont Dokumente:

eine Sammlung von Originaltexten, Dokumenten und grundsätzlichen Arbeiten zur Kunstgeschichte, Archäologie, Musikgeschichte und Geisteswissenschaft

Festschrift für Jens Christian Jensen
zum 60. Geburtstag

Romantik und Gegenwart

Herausgegeben von
Ulrich Bischoff

DuMont Buchverlag Köln

Dieses Buch wurde mit Unterstützung von Freunden und Kieler Förderern gedruckt:

Dr. Dieter Murmann
Dr. Arend Oetker
Bank Companie Nord
Deutsche Warentreuhand AG
Dr. Hans Kersig Nachf.
Lubinus-Klinik
L. Possehl & Co., Lübeck
Schnittger Architekten Planungsbüro
Sparkassen- und Giroverband für Schleswig-Holstein
Dr. Klaus Murmann
Dipl.-Kfm. Fritz Schäfer
Commerzbank AG
Dresdner Bank AG
Landesbank Schleswig-Holstein, Girozentrale
Ferdinand Meislahn KG
Schmoldt & Axmann BMW
Schwartauer Werke, Bad Schwartau

Titelbild: Peter Brüning, Wesermündung, 1966 (vgl. Farbabb. 20)

CIP-Titelaufnahme der Deutschen Bibliothek

Romantik und Gegenwart : Festschr. für Jens Christian Jensen zum 60. Geburtstag / hrsg. von Ulrich Bischoff. – Köln : DuMont, 1988
(DuMont-Dokumente)
ISBN 3-7701-2268-2
NE: Bischoff, Ulrich [Hrsg.]; Jensen, Jens Christian: Festschrift

Satz und Druck: Rasch, Bramsche
Buchbinderische Verarbeitung: Bramscher Buchbinder Betriebe

Printed in Germany ISBN 3-7701-2268-2

Inhalt

Vorwort

Als Jens Christian Jensen am 1. Januar 1971 zum Direktor der Kunsthalle zu Kiel berufen wurde, begann eine neue Ära für dieses Haus. Der 1843 gegründete Schleswig-Holsteinische Kunstverein ist mit seiner Sammlung an die landeseigene Kunsthalle angeschlossen und wurde bis zu diesem Zeitpunkt vom Ordinarius für Kunstgeschichte im Nebenamt geleitet. Mit der organisatorischen Umstellung, die Kunsthalle wurde ein selbständiges Institut der Christian-Albrechts-Universität mit eigener Leitung, waren die formalen Bedingungen einer kontinuierlichen Erweiterung und Bedeutungssteigerung gegeben.

Daß inzwischen aus diesem eher kleineren Bestand eines mittelgroßen Kunstvereins, der als Universitätssammlung beschränkte Bewegungsmöglichkeiten hatte, ein Museum geworden ist, das vor allem im Bereich der Gegenwartskunst zu einer gewichtigen Ergänzung der beiden großen Kunsthallen in Hamburg und Bremen herangewachsen ist, muß als gar nicht zu überschätzendes Verdienst seines ersten hauptamtlich eingestellten Leiters gelten.

Will man im norddeutschen Vergleichsrahmen bleiben, so läßt sich Jensens Rolle für die Kieler Sammlung vergleichen mit der von Gustav Pauli für die Bremer Kunsthalle. Auch Paulis Amtsantritt im Jahre 1899 war verknüpft mit einer Statusänderung. Er war der erste wissenschaftlich gebildete Leiter, den der Bremer Kunstverein zur Pflege und Ausbau seiner bedeutenden Sammlung einstellte. Ebenso wie Jensen 1986 die Eröffnung des lange mit großer Energie betriebenen Anbaus als Frucht seiner Arbeit miterleben durfte, so erwirkte Pauli den Neubau in Bremen. Auch im Umgang mit den Kaufleuten der jeweiligen Stadt lassen sich Parallelen aufzeichnen. Die wichtigste Verwandtschaft dieser beiden Museumsleiter finden wir jedoch in ihrer gemeinsamen Liebe für die Kunst der Gegenwart, die sich über alle Anfeindungen hinwegsetzt und die dazu beigetragen hat, daß Bremen schon um 1910 eine der progressivsten Sammlungen (van Gogh, Corinth, Paula Becker-Modersohn, Gauguin u. a.) besaß. Hier liegt auch die besondere Bedeutung der Kieler Sammlung. In welche Richtung die neue Kunstpolitik an der Kunsthalle gehen würde, deutete sich schon im März 1971 an, als eine kleine Ausstellung der Handzeichnungen von Josef Beuys in Kiel eröffnet wurde.

Die hier versammelten Beiträge von Freunden und Kollegen spiegeln das weit gestreute Interessenfeld des Jubilars. Gleichwohl schälen sich die auch im Titel genannten Schwerpunkte »Romantik und Gegenwart« als lange bevorzugte Arbeitsfelder von Jens Christian Jensen heraus. Sichtbar wird auch, daß eines der traditionell im Hause gepflegten Beschäftigungsgebiete, der gesamte Ostseeraum, in persönlichen Kontakten, in den Freundschaften der beteiligten Autoren aus diesen Ländern, seine Vertiefung gefunden hat.

Den Autoren, die trotz der äußerst knappen Vorbereitungszeit ihre Texte rechtzeitig als Geburtstagsgabe geschenkt haben, darf ich an dieser Stelle auch im Namen vieler Kieler Freunde sehr herzlich danken. Nicht unerwähnt bleiben dürfen die großherzigen Zuwendungen zum Druck des Werkes von Freunden aus dem Schleswig-Holsteinischen Kunstverein und dem Stifterkreis Kunsthalle zu Kiel. Ebenso gilt mein Dank dem Verleger Ernst Brücher für seine Entscheidung, die Festschrift in sein Verlagsprogramm aufzunehmen, und dem DuMont Buchverlag insgesamt für die entgegenkommende und reibungslose Zusammenarbeit.

Kiel, im Mai 1988

Ulrich Bischoff

Ulrich Bischoff

Kontinuität und Transformation eines Themas aus der Romantik: Joachim Bandau *Eis-Meer* 1987 – Gloria Friedmann *Mer de Glace* 1985

»Die Landschaftsmalerei geht notwendig auf die empirische Wahrheit, und das Höchste, was sie vermag, ist, diese selbst wieder als eine Hülle zu gebrauchen, durch die sie eine höhere Art der Wahrheit durchscheinen läßt.«
Friedrich Wilhelm Joseph Schelling

Caspar David Friedrichs Hamburger Gemälde *Das Eismeer (Die gescheiterte ›Hoffnung‹)* von 1823/24 (Abb. 1) gehört nicht nur zu den Inkunabeln der deutschen Kunst. Es ist mit seiner offenen Semantik, die sowohl allgemeine als auch ganz konkrete Interpretationen erlaubt[1], zu einer gultigen Formel geworden, mit der sich die Welt deuten läßt. Das Schiff, auf einer früheren Fassung mit dem Namen ›Hoffnung‹ bezeichnet, bietet den Anlaß zu einer politischen Lesart: »Das ›Eismeer‹ könnte auch die allgemeine Erstarrung in Deutschland versinnbildlichen, die das Schiff, den Freiheitsgedanken, unter sich begräbt.«[2] Helmut Börsch-Supan hat das Bild als Entgegensetzung des Transzendenten – das reine Blau des Himmels mit der Vergänglichkeit des Menschen – die Trümmer des Schiffes – gedeutet.[3] Jens Christian Jensen schließlich interpretiert die steil nach oben weisende Geste der Eistrümmer als Treppe: »Die Stufen dieses Naturtempels führen ins Nichts.«[4] Alle diese Interpretationen und damit die zentrale Rolle als Schlüssel zur Deutung menschlicher Existenz erhielt das Gemälde erst im Nachhinein, gut 80 Jahre nach der Entstehung. Dieser Hinweis auf die lange behinderte Rezeption des Werkes soll die folgende Behauptung ein wenig relativieren: Gegenwärtiger Kunst ist es kaum noch möglich, in vergleichbarer Form Sinnstiftung zu leisten oder allgemeingültige Weltdeutung vorzunehmen. Bezugnehmend auf Friedrichs Gemälde hat es in den letzten 100 Jahren immer wieder Versuche gegeben, in irgendeiner Weise an diesen prägnanten Entwurf »Eismeer« anzuknüpfen.

Die 1987 entstandene Installation *Eis-Meer* (Abb. 2) von Joachim Bandau ist eine gültige Fassung innerhalb eines Werkzyklus, der 1984 begann. Charakteristisches Merkmal nahezu aller Plastiken von Bandau sind Hohlräume, die in ihrer Doppelfunktion als Schutzraum, als Höhle und als Bedrohung thematisiert werden. Waren diese Plastiken aus Blei, Gußeisen und Stahl bis 1984 als Einzelstücke konzipiert, so entstehen nach diesem Zeitpunkt mehrteilige Installationen und Ensembles, die deutliche Anklänge an Landschaftliches erkennen lassen.[5] An die Stelle schwerer Blei- oder Eisenformen, die zum Teil mit erheblichem techni-

Abb. 1 Caspar David Friedrich, Das Eismeer (Die gescheiterte ›Hoffnung‹), Öl auf Leinwand, 96,7 × 126,9 cm, 1823/24. Hamburger Kunsthalle

schen Aufwand hergestellt wurden, treten gefundene Teile, die bearbeitet und in ein räumliches Spannungsgefüge eingepaßt werden. Die ursprünglich zur Fixierung der genauen Abstände und Winkelverhältnisse hergestellten Pappschablonen treten aus ihrer Aufgabe heraus und werden in unmittelbarem Zusammenhang mit den Bodenarbeiten an der Wand aufgehängt zu Tableaus, die sich mit den auf dem Boden stehenden Plastiken zu Feldern und ganzen Landschaften verbinden.

Bei den jüngsten Arbeiten von Bandau sind gefundene, abgelegte Bühnenpodeste das Ausgangsmaterial. Es entstehen die Installationen *Blei-Meer* von 1986, *Große Rampe und Flächenarchitektur* 1987 und das *Eis-Meer* aus demselben Jahr. Einerseits sind die hölzernen Podeste dreidimensionale Körper mit einer bestimmten plastischen Qualität. Andererseits sind sie eingebunden in ein geschichtliches Bedeutungsfeld, das sich aus ihrer bisherigen Funktion herleiten läßt. Als »Bretter, die die Welt bedeuten« tragen sie auch in wörtlichem Sinn etwas von der Bedeutungsschwere, auf die Bandaus Bearbeitungsinteresse gerichtet ist. Diese besondere Eigenschaft, kubische Form mit eigentümlicher plastischer Qualität und zugleich historisch belastetes Material zu sein, haftete auch schon den vorausgegangenen

Abb. 2 Joachim Bandau, Eis-Meer, 1987. 3 Bühnenpodeste, 4 Segmente, Blei über Holzkernen, jeweils ca. 15 × 220 × 170 cm

›Bunker-Arbeiten‹ Bandaus an. Beim *Eis-Meer*, ebenso wie bei den anderen Arbeiten mit Bühnenpodesten nutzt der Künstler vor allem ihre widersprüchliche Grundeigenschaft: Die festen Podeste, die als Basis dienen für ein Theater, das als moralische Anstalt die Welt verändern möchte, entpuppen sich bei näherer Betrachtung als hohle Formen. Einerseits unterstreicht Bandau diesen Anspruch, indem er wie beim *Blei-Meer* das ganze hölzerne Podest mit Blei ummantelt. Andererseits machen gezielte Schnitte ihre darunter liegenden Räume sichtbar, sie bringen die Stabilität dieses Sockels ins Wanken und die Bühne der Weltgeschichte aus dem Gleichgewicht.

Vor diesem allgemeinen Hintergrund läßt sich nun das *Eis-Meer* genauer betrachten. Drei grau gestrichene Bühnenpodeste liegen gegeneinander versetzt in einer länglichen Formation auf dem Boden. Während das größte Teil flach aufliegt, sind die beiden anderen, etwa gleichgroßen Elemente leicht angekippt, dadurch, daß sie jeweils auf einer Seite auf einem ca. 15 cm hohen, vorher herausgeschnittenen Podestteil aufbocken. Zu den drei genannten Holzpodesten gehören insgesamt vier Segmente, die mit Blei ummantelt sind. Während sich die zwei freistehenden Segmente schnell identifizieren lassen als herausgetrennte Teile aus den neben ihnen lagernden großen Podesten, sind die beiden anderen dadurch, daß sie gewissermaßen als Keile unter die beiden angekippten Podeste geschoben sind, zum größten Teil unsichtbar.

Der Titel *Eis-Meer* unterstützt bestimmte Deutungsmöglichkeiten dieses siebenteiligen Ensembles. Ausgehend von dem zentralen Gegensatz ›Eis‹ (= Tod)/ ›Meer‹ (= Leben) lassen sich Kräfte des Verharrens (Einfrieren), von Kräften der verändernden Bewegung, der Auflösung, unterscheiden. Die graublau gestrichenen hölzernen Podeste haben durch die Farbgebung ihre Gebrauchsspuren verloren. Sie sind damit anonymer, kälter geworden und lassen ihr konstruktives Gerüst so besser in Erscheinung treten. Verstärkt tritt dieser Effekt bei den Bleiummantelungen der vier Segmente hervor. Neben der alles Leben abtötenden völlig isolierenden Wirkung der Bleischicht kommt dem Material Bleiblech zugleich wegen seiner gut formbaren weichen Oberfläche auch der entgegengesetzte Charakter der lebendigen Haut, der Leben erhaltenen Eigenschaft zu. Bandau hat schon immer bei seinen Plastiken diese ambivalente Ausstrahlung von Bleiblech bewußt eingesetzt.

Auf diese Doppelwirkung zielt auch der kompositionelle Umgang bei der Bearbeitung und besonders beim Aufbau der Installation. Die drei festen Holzpodeste sind so aufgebaut, daß eines fest aufliegt, während die beiden anderen, wie oben angedeutet, leicht in die Schräglage gekippt sind. Die gut funktionierenden Bausteine, die sich normalerweise leicht zu einer großen, völlig waagerechten Fläche zusammensetzen lassen, trudeln bei Bandaus Installation, wie von strömenden Kräften aus dem Gleichgewicht gebracht, durch den Raum. Die festen, stereometrisch durchkonstruierten Hohlformen werden dadurch, daß sie etwas angehoben sind, leicht und transparent. Die Bewegungskräfte, das Strömen des Wassers, haben das starre Eis gebrochen. Der eiserne Panzer ist in Schollen zersplittert, die immer wieder erneut abbrechen, kleiner und beweglicher werden. Berücksichtigt man den Charakter der Bühnenpodeste als Unterstände, dann läßt sich Bandaus Arbeit auch architekturkritisch interpretieren. Die von den Menschen aus Architekturelementen gebauten ›Eismeere‹ oder ›Eiswüsten‹ werden bei dieser Installation wie auf einer Bühne modellhaft geöffnet, transparent gemacht. Erstarrte Formen, die alles Lebendige unter sich zu erdrükken suchen, werden geöffnet, aufgeschnitten und in kühner Komposition zum Schwimmen gebracht. Bei Bandaus *Eis-Meer* kann man die lebendige Kraft des ›Meeres‹ spüren, die die Eisdecke aufbricht und den Blick unter das Eis freigibt.

Ist in Joachim Bandaus Arbeit von 1987 die Bedrohung noch unmittelbar präsent, so ist der erste Eindruck des *Mer de Glace* von 1985 (Abb. 3) der um eine Generation jüngeren, in den französischen Alpen lebenden deutschen Künstlerin Gloria Friedmann eher bestimmt durch die Wahrnehmung der Eigenschaften des verwendeten Sekuritglases. Liegende, lose übereinander geschichtete, gegeneinander geschobene und dabei steil in die Höhe ragende durchsichtige Scheiben bilden eine Formation, die bestimmte Bilder und Vorstellungen beim Betrachter hervorruft. Die Beschaffenheit der Materialien – vom Hersteller vorgeformte Scheiben aus Sekuritglas, wie sie im Kfz-Bau verwendet werden, und Aluminiumschraubenverbindungen, sogenannte Schekel, alles moderne Werkstoffe – steht in schroffem Gegensatz zum Titel der Arbeit *Im Eismeer des Gletscherbruchs.*[6] Hervorstechendes Merk-

Abb. 3 Gloria Friedmann, Mer de Glace, 1985. Securit und Aluminium, 220 × 110 × 60 cm (Installation in der Galerie Wilkens & Jacobs, Köln)

mal dieser Installation sind die weiß aus dem sonst durchsichtigen Scheiben-›Bruch‹ hervorleuchtenden Teile. Es handelt sich dabei um die Scheibenflächen, die das helle Licht infolge ihrer Lage reflektieren. Auch der schimmernde Fußboden trägt den Schein der weiß leuchtenden Flächen weit in den Ausstellungsraum hinein.

Die Beschäftigung mit den Alpen und hier vor allem mit der Landschaft Hoch-Savoyens (der Wahlheimat des Naturphilosophen Jean-Jacques Rousseau) reicht bei Gloria Friedmann fast bis in die Zeit ihrer Übersiedlung nach Frankreich im Jahre 1977 zurück. 1982 taucht der erste ›Gletscher‹ aus Wellblech und Nylon auf. Als Wandrelief hatte diese Arbeit noch ganz stark den Charakter eines Wandbildes. Nur die Wahl des naturfernen Materials weist schon auf ihre späteren Arbeiten. Auch aus gefundenen Materialien ist die frei stehende Installation bzw. Skulptur *Studie zum Watzmann* von 1985 montiert. Die ca. 2 m hohe »Studie«, aus zusammengeschraubten Bretterteilen errichtet, zeigt die prägnante Umrißform des berühmten, auch von Caspar David Friedrich gemalten Berggipfels, ohne den Charakter einer beinahe zufälligen Zusammenstellung von gegeneinander gelehnten und mit langen Schrauben befestigten Brettern zu verlieren. Aus dem selben Jahr stammt auch die Installation *Mont-Blanc, Lac de Flaine.*[7] Diese vielleicht mit dem *Mer de Glace* am meisten verwandte Arbeit besticht vor allem durch die Einfachheit ihrer Mittel. Weiß beschichtetes Holz, das zu einem beinahe abstrakten Treppengiebel zusammengestellt ist, weist mit seinen rechteckigen und unregelmäßigen Stufen auf den Umriß des immer wieder leicht erkennbaren Bergmassivs. Das rechteckige Glas zu seinen Füßen läßt noch einmal das Motiv in der Spiegelung erscheinen. Mit dem *Mer de Glace* und dem *Mont-Blanc* hat sich Gloria Friedmann deutlich von der anfänglichen Zufälligkeit benutzter Materialien entfernt und einer klar kalkulierten Komposition zugewandt.

Gloria Friedmanns Interesse an der hochalpinen Bergwelt leitet sich von einem bestimmten Naturbegriff her. Sie will die Natur da aufspüren, wo sie den Menschen das Gefühl des Elementaren vermittelt. »Diesem Elementaren begegne ich in der endlosen Welt des Horizonts, in der Stille der Hochgebirge, im Gletschereis, in zerklüfteten Felswänden [...]. Die Natur ist keine Einheit, sondern ein Chaos von Bildern, die jegliche Intimität ausschließen. Das Meer, der Himmel, der Horizont, Licht und Schatten sind keine Landschaften, sondern Erfahrungen des Nichts.«[8] Der Gefahr des Naturalismus, des Narrativen und des Pittoresken, d. h. wörtlich des als Malenswert-Empfundenen[9], entgeht die Künstlerin durch zwei Strategien. Erstens wählt sie ganz bewußt das Medium der Dreidimensionalität, sie verzichtet auf Malerei und versucht ihr Anliegen im Bereich der Plastik zu realisieren. Zweitens verwendet sie vorwiegend moderne industrielle Werkstoffe aus dem Bereich der Industrie, die anonym und kalt wirken.

Auf dem Weg von Caspar David Friedrichs Gemälde über Bandaus Installation bis zu Friedmanns zusammengeschobenen und aufgestellten Autoscheiben hat sich vieles verändert. Einiges blieb auf der Strecke, z. B. die Fähigkeit eines Bildes, ein bestimmtes, historisch bedingtes Existenzgefühl in ähnlich umfassender Weise wie bei Friedrich zum Ausdruck zu bringen. Anderes blieb in veränderter Form erhalten. Die wichtigste Voraussetzung für eine sinnvolle Verwendung des Zeichens ›Eismeer‹ ist der Verzicht auf unmittelbare Ähnlichkeit mit der Vorlage, mit Friedrichs Gemälde. Beide Künstler der Gegenwart vermeiden das Medium Malerei. Sie setzen ganz entschlossen auf die neue Sprache der Dreidimensionalität. Dadurch umgehen sie die mögliche Gefahr, in einen Strudel von beliebigen Motiven zu geraten, wie er in der neuesten Malerei, die unter dem Modewort ›Postmoderne‹ gern zusammengefaßt wird, anzutreffen ist.[10] Stilistisch gehören die Arbeiten von Bandau und Friedmann zu einem neu begründeten, inhaltlich bestimmten Konstruktivismus, wie er auf der documenta 8 vertreten war.[11] Zwar sind beide Arbeiten in einem oben beschriebenen Sinn nicht mehr epochebestimmende allgemeingültige Weltdeutungen. Gleichwohl ist aus beiden zeitgenössischen Versionen zum Thema ›Eismeer‹ ein spezifischer Sinn mit Anspruch auf zeitliche Gültigkeit herauszusehen.

Bandaus Installation erzeugt ein genaues Formgefühl, das im wesentlichen aus der ambivalenten Wirkung der Hohlkörper herrührt. Dieses Gefühl von Schutz und Bedrohung gleichermaßen vermittelt – mit Blick auf die Bunker der letzten Kriege – ganz direkt eine geschichtliche, ja politische Dimension. Mit seiner ästhetischen Dimension, den Schnitt durch den Eispanzer zu legen, ihn transparent zu machen, steht Bandaus Arbeit in der Tradition eines emphatischen Begriffes der Moderne. Gloria Friedmanns *Mer de Glace*, dem gleichnamigen Gletscherstrom mit seinem dramatischen Abbruch bei Chamonix nicht unähnlich, setzt auf einen Naturbegriff, der sich nach der Auseinandersetzung in der neuen Philosophie der letzten Jahre gewissermaßen im Rücken der Geschichte wieder eingeschlichen hat. Mit der bewußten Hervorhebung der naturfernen Materialien bringt die Künstlerin eine Physikalität zum Ausdruck, die als Antwort auf die Suche nach einer Natur gelten kann, die in ihrer Indifferenz jedem menschlichen Annäherungsversuch bisher widerstanden hat.

Betrachtet man die Kunstwerke, Antworten und Ergebnisse, dann läßt sich die Wegstrecke, die zwischen Friedrich einerseits und Bandau und Friedmann andererseits liegt, als weit bezeichnen. Orientiert man sich mehr an den Fragestellungen, an der sogenannten künstlerischen Haltung der jeweiligen Individuen, dann läßt sich an der erstaunlichen Nähe – alle drei zielen auf die Evokation von Bildern, die Natur in ihrem jeweils besonderen Verhältnis zur Geschichte zum Inhalt haben – schnell einsehen, warum Caspar David Friedrich, Joachim Bandau und Gloria Friedmann kunstgeschichtlich einer Epoche, nämlich der Moderne angehören. Diese Zusammengehörigkeit ermöglicht die Kontinuität der Fragestellung, die ihren sichtbaren Ausdruck im gleich lautenden Titel gefunden hat. Sie ist auch bis auf weiteres ein Garant für ein Fortleben der Moderne, deren uneingelöste Versprechen Gegenstand auch heutiger künstlerischer Arbeit geblieben sind.

Frank Büttner

Die Kunst, die Künstler und die Mäzene. Die Dekorationen zum römischen Künstlerfest von 1818

Dem bayerischen Kronprinzen Ludwig zu Ehren gaben die in Rom lebenden deutschen Künstler am 29. April 1818 ein großes Fest, über das wir durch ein langes Gedicht Friedrich Rückerts und durch ausführliche, enthusiastische Berichte von Augenzeugen bestens unterrichtet sind.[1] Daß dieses Fest mehr als nur ein ephemeres Ereignis war, wird durch seine vielfache Erwähnung in der Literatur belegt. Die Biographien des späteren Königs Ludwig I. gehen genauso darauf ein wie die der daran aktiv beteiligten Künstler, die fast alle zum Kreis der Nazarener gehörten.[2] Im Mittelpunkt des Interesses standen dabei stets die als Dekoration gemalten Transparentbilder, die in mehreren Berichten genau beschrieben wurden, von denen aber nur eines erhalten blieb, nämlich die von Overbeck ausgeführte Darstellung der *Beschützer der Kunst* (Abb. 1). Von den übrigen Teilen der Dekoration hatte man bislang keine anschauliche Vorstellung. Einige neu aufgefundene Zeichnungen können diese Lücke wenigstens teilweise schließen. Die Bedeutung des Zyklus als Verbildlichung nazarenischer Kunstanschauung wird dadurch noch deutlicher. So ist dieser Aufsatz ein kleiner Beitrag zu dem weder populären noch einfachen Thema der Kunst der Nazarener, zu dem Jens Christian Jensen uns mit zahlreichen seiner Arbeiten grundlegende Ergebnisse vorgelegt hat.[3]

Der bayerische Kronprinz war im Spätsommer 1817 zu seiner zweiten Italienreise aufgebrochen. Ende Januar 1818 kam er nach Rom, wo er in kürzester Zeit durch seine ungezwungenen Umgangsformen und sein offenes Interesse für die Kunst die deutschen Künstler für sich einzunehmen verstand. In einem Brief an seine Schwester schrieb Julius Schnorr von Carolsfeld: »Seitdem ich hier bin, haben wir das Glück, den Kronprinzen von Bayern in unseren Mauern zu haben, er ist ein großer Freund und Beförderer der Kunst und der Künstler. Er hat sich alle deutsche [sic!] Künstler vorstellen lassen, die meisten besucht und ihre Werke mit Aufmerksamkeit gesehen. Wir haben die allergrößte Hoffnung, daß er einst eine rechte Stütze der Kunst werde und wackere Künstler auf ehrenvolle Weise beschäftigen werde«.[4] Daß dies nicht nur eine vage Hoffnung war, bewies Ludwig mit seinem Auftrag an Peter Cornelius, drei Räume in der von Klenze erbauten Glyptothek in München auszumalen.[5] Für Cornelius und seine Freunde erschien der Kronprinz fast wie ein Retter in der Not. Die wirtschaftliche Lage von Cornelius war, wie wir vor allem aus Briefen Niebuhrs wissen, bedrückend.[6] Der Auftrag Ludwigs bot ihm aber nicht nur einfach ein Auskommen, sondern die Gelegenheit, seine künstlerischen Vorstellungen einer öffentlichen Kunst, einer Wiedergeburt der Freskomalerei zu verwirklichen, die er schon 1814 in seinem vielzitierten Brief an Joseph Görres propagiert hatte.[7] Ludwigs Versprechen, daß dies, wenn er einst die

Abb. 1 *Friedrich Overbeck, Die Beschützer der Kunst. Köln, Wallraf-Richartz-Museum*

bayerische Krone tragen werde, nicht der einzige derartige Auftrag bleiben werde, mußte die Hoffnungen, die die Künstler auf ihn setzten, noch erheblich steigern.

So ist es gut verständlich, daß Cornelius und seine Freunde den Kronprinzen mit einem Abschiedsfest als Mäzen und Beschützer der Künste feiern wollten. Sie hatten sich vorgenommen, dieses Fest vorzubereiten, während Ludwig einen Abstecher nach Griechenland unternahm. Als dieser unerwartet seine Pläne ändern mußte und der 30. April als Tag seiner Abreise aus Rom festgesetzt wurde, blieb den Künstlern nur eine Frist weniger Tage für die Festvorbereitungen. Als Veranstaltungsort hatte man die Villa Schultheiß ausersehen, die der Familie eines deutschen Bankiers gehörte und die auf den Monti Parioli vor der Porta del Popolo lag. Nach der übereinstimmenden Aussage aller Quellen war Cornelius der spiritus rector der künstlerischen Ausschmückung des Festsaales. Er hatte, wie Passavant erwähnt, schon einige Entwürfe vorbereitet, doch die Vollendung dieser Entwürfe und die Ausführung mußte nun in größter Eile geschehen, so daß manches improvisiert werden mußte und vor allem bei der Ausführung beteiligt wurde, wer nur mitarbeiten konnte und wollte, so daß die Frage der Autorschaft der einzelnen Bilder nicht immer leicht zu klären ist.

Der Verlauf des Festes ist oft genug geschildert worden, so daß es gerechtfertigt erscheint, sich hier ganz auf den Bilderzyklus zu konzentrieren. Über der Eingangstür zum Festsaal sah man nach den Worten Bunsens »St. Lucas mit dem Ochsen, den Schutzpatron der Maler, als Pförtner«.[8] Unter dem Bild, das nach dem Urteil von Ringseis »voll frommen edlen Ausdrucks« war, konnte man von Rückert verfaßte Begrüßungsverse lesen.[9] Grote hat einen Entwurf zu diesem Transparent in einer Zeichnung im Nachlaß Sutters erkennen wollen, die Lukas an seiner Staffelei sitzend zeigt und über ihm, von Engeln umgeben, die Madonna.[10] Meiner Ansicht nach muß dieses Blatt für einen anderen Zweck bestimmt gewesen sein. Es paßt nicht zu der von vielen bezeugten Rolle des heiligen Lukas als Pförtner. Auch wurde die Madonna, die immerhin genauso groß ist wie der Heilige, in keiner der Festbeschreibungen erwähnt. Man wird für das Transparent also eher eine Einzeldarstellung des Heiligen erwarten dürfen, wie sie auf der bei Gründung des Lukasbundes entworfenen Vignette zu sehen war. In jedem Fall war der Schutzpatron des Künstlerbundes an dieser Stelle ein ganz nachdrücklicher Hinweis auf die führende Rolle, die die Nazarener bei diesem Unternehmen spielten.

An den Seitenwänden des Saales waren in Scheinnischen gemalte Skulpturen zu sehen. In ihnen waren die »vier größten Gesetzgeber: Moses, Solon, Numa Pompilius und Karl der Große« dargestellt.[11] Die der Tür gegenüber gelegene Stirnseite war der Höhepunkt der Festdekoration. Nach Ringseis war sie gegliedert durch »drei grau in grau gemalte, auf Pfeilern ruhende Bogen, oben gefüllt mit transparenten Gemälden, unten mit Nachahmungen halberhobener Arbeit«, also mit Grisaillen. Zunächst sollen hier die drei Hauptbilder behandelt werden. Das in Köln erhaltene über drei Meter hohe Bild (Abb. 1) war der rechte Flügel dieses großen Triptychons.[12] Es zeigt in einer bergigen Landschaft von rechts her kommend die »Beschützer der Kunst«, die nach der Beschreibung von Ringseis leicht zu identifizieren sind. An der Spitze des Zuges gehen Perikles und rechts von ihm Augustus. Zwischen beiden ist Maecenas zu sehen. In der nächsten Reihe folgen die Päpste Leo X. und

Abb. 2 Nach Peter Cornelius, Die Beschützer der Kunst. Dresden, Sächsische Landesbibliothek

Julius II., Lorenzo de Medici und Karl der Große. Ihnen schließen sich Kaiser Maximilian, König Franz I. und Kurfürst Johann Wilhelm von der Pfalz an. Hinter diesen gehen ein venezianischer Doge, ein Bischof, nach Ringseis der von Köln, und ein »Bürgermeister einer deutschen Reichsstadt«.[13] Nach Aussagen von Ringseis und Passavant hat Overbeck dieses Bild nach dem Entwurf von Cornelius ausgeführt.

Eine bislang unbekannte Zeichnung, die die »Beschützer der Kunst« wiedergibt (Abb. 2), befindet sich im Nachlaß von Julius Schnorr von Carolsfeld in Dresden.[14] Der Strichführung nach stammt sie weder von Cornelius noch von Overbeck, so daß sie als Kopie angesehen werden muß.[15] Da sie in Einzelheiten von dem ausgeführten Werk abweicht, wird man in ihr eine Kopie nach dem Entwurf von Cornelius sehen dürfen, die aber recht zuverlässig zu sein scheint.[16] Diese Feststellung ist wichtig, weil es ein gleichgroßes Pendant zu dem Blatt gibt, das den bislang nicht aus Abbildungen bekannten Zug der Künstler zeigt.[17] Das Blatt (Abb. 3) ist in jeder Hinsicht ein Gegenstück zu den *Beschützern der Kunst.* Die bergige Landschaft gibt den Blick auf das Meer frei, auf dem einige Schiffe schwimmen. Der lange Zug der Künstler kommt hinter einem kleinen Hügel hervor und führt nach rechts, den Mäzenen entgegen. Mit Hilfe der alten Beschreibungen, von denen wieder diejenige von Ringseis die genaueste ist, können alle Dargestellten identifiziert werden. Den Anfang des Zuges bildet

Abb. 3 Nach Peter Cornelius, Die Künstler. Dresden, Sächsische Landesbibliothek

David, der auf seiner Harfe spielt, und rechts neben ihm ist Dante zu erkennen. Der biblische Prophet wendet sich zu Homer, der die Mittelachse der Komposition einnimmt. Zwischen beiden erscheinen Giotto und weiter hinten Phidias. Vorne links stehen Dürer und Raphael, die einander die Hand geben. Rechts hinter ihnen sieht man Erwin von Steinbach und noch weiter hinten Wolfram von Eschenbach. Dieser Gruppe schließt sich eine Vierergruppe an, die aus Michelangelo, Fra Angelico, Holbein d. J. und Peter Vischer besteht. Im Hintergrund schließlich sind noch die spitzbärtigen Köpfe von Shakespeare und Cervantes zu erkennen.

In der Zeichnung sind unterschiedliche Grade der Porträtähnlichkeit festzustellen. Die Bildnisse Dantes und Michelangelos stimmen mit der wohlbekannten überlieferten Ikonographie überein. Auch die Darstellung Homers entspricht dem in verschiedenen Kopien überlieferten klassischen Kopftypus. Die Darstellung Vischers folgt dessen Selbstporträt am Sebaldusgrab in Nürnberg, und die Darstellung Holbeins schließt sich einem früher als Selbstbildnis akzeptierten Porträt an. Für den Kopf Dürers diente das Münchner Selbstporträt von 1500 zur Vorlage, für seine Gestalt das kleine Selbstbildnis, das er in die Landschaft des Wiener Allerheiligenbildes eingefügt hatte. Die idealisierte Gestalt Raphaels geht wohl letztlich auf den Typus des jugendlichen Selbstbildnisses zurück, das uns auf einer Zeichnung in Oxford überliefert wurde. Die übrigen Köpfe wurden nach freier Phantasie gestaltet, wobei bemerkenswert ist, daß Giotto und Fra Angelico als jugendlich dargestellt wurden.

Die Ausführung des Zuges der *Künstler* stammte von Philipp Veit, und die Formulierung von Ringseis könnte vermuten lassen, daß Veit auch den Entwurf fertigte. Das ist jedoch nicht der Fall gewesen. In einer Zeichnung (Abb. 4), deren gegenwärtiger Aufbewahrungsort unbekannt ist, haben wir eine Vorzeichnung zu dieser Darstellung, die in mancher Hinsicht vom Dresdener Blatt abweicht.[18] So wird hier zum Beispiel noch mit einer breiteren Anlage des Bildes gerechnet. Weitgehende Übereinstimmung ist hingegen in der Darstellung der vier Hauptfiguren Raphael, Dürer, Homer und David zu erkennen, so daß wir in diesem Blatt zweifellos einen frühen Entwurf zu der Darstellung der *Künstler* erkennen dürfen. Dieser Entwurf nun ist eindeutig ein Werk von Cornelius. Die Zeichenweise, die stets bestrebt ist, klare und prägnante Linien herauszubilden, stimmt völlig überein mit dem Stil, den wir etwa in seinen Entwürfen zu den Nibelungen finden.[19] Danach wird man also bei Veits *Künstlern* genauso wie bei Overbecks *Beschützern der Kunst* einen Entwurf von Cornelius voraussetzen können und es liegt nahe anzunehmen, daß dieser uns in der Dresdener Zeichnung überliefert wurde.

Das Mittelbild, das Zentrum des großen Triptychons, das von Cornelius entworfen und von ihm mit Hilfe von Joseph Anton Koch und Carl Philipp Fohr ausgeführt worden war[20],

Abb. 4 Peter Cornelius, Die Künstler, Entwurfszeichnung. Verschollen

Abb. 5 Friedrich Overbeck, Allegorie der Künste. München, Staatliche Graphische Sammlung

ist von Ringseis recht genau beschrieben worden: »In dem mittelsten der drei Bogen war zu sehen: in einer großen Landschaft, die vorn in reichen Blumenteppich, hinten in's blaue Meer sich verlor, eine hohe, breitastige Eiche, jener vom königlichen Sänger genannte Baum.[21] Unter der Krone der Eiche sitzend: die Muse der Dichtkunst, groß und breitgeflügelt, die Leier in der einen, ein Buch in der anderen Hand, im großen blauen und rothen, eine Gestalt voll Adel und Schönheit. Ihr zu beiden Seiten in absteigender pyramidaler Richtung, zur Linken des Zuschauers: die Göttinnen der Musik und der Malerei, jene die Orgel, diese aber Palette und Bibel in der Hand; zur Rechten: die Baukunst, der Bildhauerei die Hand reichend. [...] Zu beiden Seiten des Hintergrundes gebirgige Meeresufer, links eine Kirche im deutschen Styl, rechts ein griechischer Tempel mit Mausoleum.«[22]

Bislang ist keine Zeichnung oder Kopie dieser Komposition bekannt geworden. Ein deutlicher Reflex davon ist jedoch wiederzufinden in einem Spätwerk Overbecks, der *Allegorie der Künste,* die in einem 1859 datierten Blatt in München (Abb. 5) und in einer etwas weiter ausgeführten Fassung in Frankfurt vorliegt.[23] Gemeinsames Vorbild für die Hauptfigur, die Personifikation der Poesie war Raphaels Fresko an der Decke der Stanza della Segnatura. Daß dieser Figurentypus für die Nazarener geradezu kanonische Geltung hatte, können auch Wilhelm Schadows Darstellungen der *Poesie* von 1825 und 1826 belegen.[24]

Eine Besonderheit der von Cornelius ersonnenen Festdekoration liegt darin, daß er sich nicht mit einer simplen Allegorie der Kunst zufrieden gab, sondern zugleich die Geschichte der Kunst durch einige ihrer wichtigsten Vertreter unter den Künstlern und Auftraggebern veranschaulichte. Die Bedeutung, die Cornelius diesem Concetto zumaß, läßt sich daran ablesen, daß er später verschiedentlich darauf zurückgriff, beispielsweise in seinem Vorschag für die Darstellung der vier Fakultäten in der Bonner Universitätsaula.[25] In dem Einleitungsbild zu den Loggien der Alten Pinakothek in München stellte er Ludwig I. dar, der durch seinen Genius in den Hain der Musen geführt wird, wo er Dichtern und Künstlern der Antike und der neueren Zeit begegnet. Das Kuppelfresko darüber verbildlichte den Bund der Religion mit den Künsten.[26] Auch für die Vierungsfresken der Münchner Ludwigskirche hat Cornelius sich dieses Concettos bedient. Overbeck schließlich hat der Idee der Festdekoration von 1818 in seinem *Triumph der Religion in den Künsten* die für die nazarenische Kunstauffassung gültige Formulierung gegeben.

Der Gedanke, bedeutende Gestalten verschiedenster Epochen auf einem Bild zu versammeln, war nicht neu. In jeder Sacra Conversazione, jeder Darstellung der Madonna mit Heiligen war er vorgegeben, und spätmittelalterliche Flügelaltäre wie Stephan Lochners Kölner Dombild oder der Genter Altar der Brüder van Eyck, wo sich in durchaus vergleichbarer Weise Figuren von den Seiten her dem Mittelbild nähern, müssen zu den Vorbildern für den Entwurf von Cornelius gerechnet werden. Besonders wichtig waren für ihn Raphaels Fresken in der Stanza della Segnatura. Passavant deutete in seiner Raphael-Monographie die *Schule von Athen* als Verbildlichung der Geschichte der antiken Philosophie, und in ganz entsprechendem Sinne hatte Cornelius seinen Schülern dargelegt, daß der Weg, den sie bei ihren Fresken in der Bonner Aula zu gehen hätten, schon bei Raphael vorgezeichnet sei.[27] Wichtige Anregungen dürfte Cornelius auch durch sein Studium Dantes erhalten haben, das er damals gerade eifrig im Hinblick auf seinen Auftrag für das Casino Massimo betrieb.[28] Insbesondere an die Schilderung des Limbus im 4. Gesang des *Inferno* ist hier zu denken, wo Vergil durch Homer, Horaz, Ovid und Lukian begrüßt wird und wo sich auf einer grünen Wiese die Philosophen und Heroen der Antike versammelt haben. Zu erinnern ist in diesem Zusammenhang noch an ein anderes Werk, das durch Dante angeregt war und das Cornelius mit Sicherheit aus den *Viten* Vasaris kannte, nämlich den Beitrag Alessandro Alloris zu den Exequien für Michelangelo in San Lorenzo in Florenz. Das Bild zeigte »Michelangelo, wie er in den elyseischen Gefilden anlangt. Zu seiner Rechten waren die berühmtesten Maler und Bildhauer des Alterthums [...] abgebildet [...]. Links von Michelangelo standen die Meister unserer Zeit, welche seit Cimabue in der Kunst berühmt waren«. Sie alle nähern sich Michelangelo »voll Liebe und Bewunderung«.[29] Mit der Darstellung der Begegnung im Jenseits sollte die überzeitliche Größe Michelangelos zum Ausdruck gebracht werden. Zugleich war es ein Bild der zeitlosen Gemeinschaft der »großen Geister«.

In der deutschen Romantik hatte dieses Bild neues Gewicht und neue Nuancen der Bedeutung bekommen. Wackenroder formte es in seinem *Ehrengedächtnis* Albrecht Dürers um zu der Vision der Künstler, die in leibhaftiger Gestalt vom Himmel zurückgekehrt sich nächtens in den Galerien vor ihren Bildern versammeln und unter denen Raphael und Dürer Hand in Hand zu finden sind. Daß Cornelius mit seiner Darstellung der beiden Künstler auf Wackenroder zurückgriff, wie vor ihm übrigens schon Pforr, ist nicht zu übersehen.

Raphael und Dürer waren auch auf dem Mittelbild jener Bilderfolge dargestellt, die die Schüler von Cornelius für das Dürerfest geschaffen hatten, das die deutsche Künstlerschaft 1828 in Nürnberg feierte. Dies war auf den Vorschlag von Cornelius hin geschehen. Zu seinen Schülern hatte er damals gesagt: »Wie darf bei einem Ehrenfest des größten deutschen Künstlers der größte italienische fehlen? Das darf Sie nicht irren, daß sie einander im Leben nicht gesehen. Im Geiste waren sie doch vereint, und im Himmel und in der Geschichte haben sie sich die Hände gegeben.«[30] Mit dieser Vorstellung einer Begegnung »in der Geschichte« hatte das alte Motiv einen bemerkenswerten neuen Akzent bekommen. Der geschichtliche Raum machte als Ort der Vereinigung Limbus und Elysium Konkurrenz. Die Immanenz der historischen Wirksamkeit begann wichtiger zu werden als die Gemeinschaft der großen Geister im Transzendenten.

Die Bilder für das römische Künstlerfest können als Beleg für den zentralen Stellenwert gewertet werden, den das Geschichtsbewußtsein in der Kunstauffassung der Romantik bekommen hatte. 1812 hatte Friedrich Schlegel geschrieben: »Die beste Theorie der Kunst ist ihre Geschichte. Die verschiedenen Teile der Mathematik, Anatomie und andere Wissenschaften sind dem Künstler unentbehrlich, um seine Gedanken ausführen zu können. Die Kunstgeschichte aber vornehmlich ist es, welche die Gedanken selbst in ihm hervorruft, den wahren Kunstgeist weckt und rege hält, und den Künstler das eigentliche Wesen der Kunst, wenn auch nicht theoretisch ergrübeln, doch richtig fühlen und beurteilen läßt.«[31] Hinter diesem Gedanken stehen als wichtige Grundlage die in der Genieästhetik und speziell bei Kant entwickelten Vorstellungen über die historische Rolle der schöpferischen Persönlichkeit. Durch die Werke der Genies werden der Kunst die Regeln gegeben, und der Fortschritt der Kunst vollzieht sich nicht dadurch, daß diese Werke einfach nachgeahmt werden, sondern dadurch, daß sie Beispiel »der Nachfolge für ein anderes Genie« werden, »welches dadurch zum Gefühl seiner eigenen Originalität aufgeweckt wird«.[32]

Während in dem erwähnten Bild Alloris alle Künstler auftreten, die für bedeutend gehalten wurden, ob sie nun für Michelangelo wichtig waren oder nicht, zeigen die von den Nazarenern gemalten ›Künstlerversammlungen‹ nur jene Meister, die der Nachfolge für wert erachtet wurden: die Auswahl geschichtlicher Vorbilder impliziert die Theorie. Für die Transparente des Künstlerfestes ist bezeichnend, daß David, Dante und Homer die Leitfiguren sind. Wenn hier im Gegensatz zu Overbecks *Triumph der Religion in den Künsten* auch der Antike Gewicht gegeben wurde, so war das nicht nur mit Rücksicht auf den bayerischen Kronprinzen geschehen, dessen Antikenbegeisterung man kannte, sondern es entsprach auch den künstlerischen Vorstellungen von Cornelius, der das Vorbild der Antike nie ganz aus den Augen verloren hatte. Das Hauptgewicht aber ruht auch in seiner Auswahl auf den deutschen und italienischen Künstlern bis zum frühen 16. Jahrhundert, die gleichfalls in Overbecks Bild als musterhaft ausgegeben wurden. Erstaunlich ist zunächst die Präsenz von Shakespeare und Cervantes in dieser Gesellschaft. Hier hat sich Cornelius Friedrich Schlegel angeschlossen, der in seinem *Gespräch über die Poesie* gerade diese beiden Dichter heraushob, »die so groß waren, daß alles übrige gegen sie nur vorbereitende, erklärende, ergänzende Umgebung scheint.«[33]

Daß die Beschützer und Förderer der Kunst in der Festdekoration ein den Künstlern entsprechendes Gewicht bekommen haben, lag natürlich an dem äußeren Anlaß, geschah aber nicht gegen nazarenische Überzeugungen. Auch Overbeck zeigte im Vordergrunde seines Programmbildes Kaiser und Papst, »welche die beiden Gewalten darstellen, die das Gebäude der Kunst gleichsam als Pfeiler stützen und tragen, durch den beiderseitigen Schutz, den sie derselben angedeihen lassen.«[34] Diesen Schutz hat die Kunst nach der Auffassung der Nazarener deswegen verdient, weil es ihre ursprüngliche und wesentliche Aufgabe ist, der Religion und dem öffentlichen Leben zu dienen. Damit stellten sich die Nazarener nachdrücklich gegen die in der deutschen Klassik vorherrschende Vorstellung der absoluten Autonomie der Kunst, der sie dennoch in dialektischer Verknüpfung verpflichtet blieben, wie sich an der bei ihnen durchgängig zu beobachtenden Sakralisierung der Kunst zeigt. In einer durch einen Nachstich gut bekannten Zeichnung hatte Pforr Raphael und Dürer dargestellt, die am Thron der Kunst knien. Es ist eine Art Sacra Conversazione, in der die Personifikation der Kunst den Platz der Madonna eingenommen hat. Von dort aus war der Weg zu den Festdekorationen von Cornelius gar nicht so weit. Hier war die im Mittelbild thronende Poesie das Ziel, dem sich die Künstler und Mäzene huldigend näherten. Die Vergleichbarkeit mit spätmittelalterlichen Flügelaltären ist unübersehbar und wurde oben schon erwähnt. Das von Cornelius entworfene Triptychon war ein Altar der Kunst.

Daß Cornelius nicht wie Pforr eine Personifikation der Kunst, sondern die Poesie in den Mittelpunkt stellte, ist bezeichnend für seine Kunstauffassung. Sicherlich sprach Rückert im Sinne von Cornelius, als er in seinem Festgedicht die Poesie als die Mutter der übrigen vier im Mittelbild dargestellten Künste bezeichnete. Prägend für diese Auffassung waren die philosophischen und poetologischen Überlegungen Friedrich Schlegels. In seiner in Paris und Köln gehaltenen Vorlesung über die Geschichte der Literatur, über die Cornelius sicherlich durch die Brüder Boisserée unterrichtet war, stellte Schlegel die These auf: »Die Poesie vereinigt alle Kunst«, und zuvor schon hatte er in seiner Jenaer Vorlesung gesagt: »Die Kunst ist die *materielle Poesie* in Ton, Farbe oder Wort«. In Schlegels *Gemäldebeschreibungen,* die für Cornelius und die Nazarener besonders wichtig waren, hieß es schließlich: »Der Maler soll ein Dichter sein, das ist keine Frage; aber nicht eben ein Dichter in Worten, sondern in Farben. Mag er doch seine Poesie überall anders her haben, als aus der Poesie selbst, wenn es nur Poesie ist.«[35] Wie sehr Cornelius mit diesen Ansichten übereinstimmte, belegt sein Ausspruch, den Ernst Förster überlieferte: »Es taugt nicht, den Dichtern nachzudichten. Unsere Kunst ist frei und muß sich frei gestalten. Erwärmen sollen wir uns an der Begeisterung der Dichter; das ganze Leben muß von ihnen durchdrungen sein; aber wo wir dichten, sollen *wir* dichten und nicht für uns dichten lassen.«[36] Für Cornelius war die Erfindung, der poetische Gedanke der eigentliche Kern des Werkes, von dem alle Gestaltung ausgehen mußte. Die Ausführung war demgegenüber etwas Zweitrangiges und konnte im Grunde auch von anderen übernommen werden.

Wie ein Altar über einer Predella, so erhob sich das dreiteilige Bild des Zuges der Künstler und Mäzene zum Hain der Poesie über einem Sockel, der geschmückt war mit Scheinreliefs, also mit grau in grau gemalten Bildern, die von Wilhelm Schadow und Julius Schnorr geschaffen worden sein sollen.[37] In allen Berichten werden diese Grisaillen als satirisch bezeichnet. In der Tat waren sie eine ironische Verbindung mythologischer und allegorischer Elemente, in denen sich die Kunstauffassung der Nazarener nicht weniger deutlich spiegelt als in den Hauptbildern. Das mittlere Bild zeigte nach Ringseis »die Arche der wahren Kunst, getragen von Raphael, Dürer u. A.; ihnen vorangehend einige ihrer Kunstjünger, die in die Posaune stoßen, daß vor dem Schalle die Mauern der falschen Kunst einstürzen.« Die alttestamentarische Geschichte von den Israeliten vor Jericho wird zu einem Bild des Kampfes der Nazarener gegen die Akademien und die dort gelehrte Kunst, denn natürlich waren sie mit denjenigen gemeint, die die alten Stadtmauern mit ihren Posaunenstößen zum Einsturz bringen. Der Anspruch, den dieses Bild verkündet, ist hoch. Die Sakralisierung der Kunst erreicht hier eine neue Stufe, denn sie wird mit der Bundeslade, dem Allerheiligsten im Alten Testament gleichgesetzt. Dieses Bild paßt zu dem prophetenhaften Selbstbewußtsein, das beispielsweise Cornelius in seinem Brief an Görres an den Tag legt. Letztlich werden in dieser Bildsatire die Auseinandersetzungen um Akademie und Klassizismus reduziert auf den Gegensatz von wahrer und falscher Kunst. Diese Dichotomisierung war eine notwendige Konsequenz aus der Ästhetik der deutschen Klassik. Sie wurde in der Kunst genauso wie in der Literatur und in der Musik gezogen und hat die Diskussionen um die Kunst im letzten Jahrhundert auf eine zunehmend problematische Weise bestimmt.[38]

Die Nazarener freilich waren sich ihrer Sache unbeirrt sicher und konnten ihre Kunstkämpfe im linken Sockelrelief ironisch gleichsetzen mit Herkules, der den Stall des Augias säubert, wobei, wie Atterbom anmerkte, »ganze Haufen philistermäßiger Nasen und Brillen hinausgekehrt« wurden, und in der rechten Grisaille mit Simson, der die Philister erschlägt. Ringseis schrieb über dieses Bild: »Mit ungeheurem Schritt und die Kinnlade schwingend, setzt er über einen Markstein, worauf die Zahl 1818, den einen Fuß noch diesseits, den anderen jenseits gestellt. Diesseits schon tot hingestreckt liegen Philister mit dicken Bäuchen, in Schlafröcken und langzipfeligen Schlafmützen. Jenseits fliehen andere, schwerfällig fortschiebend, noch andere bitten mit aufgereckten Händen um Gnade.« Atterbom erwähnt noch, daß die toten Philister Schriftrollen in den Händen hielten, »auf denen man die Titel las: über den Umgang mit Menschen, Selbständigkeit des Menschen, Feine Blicke ins Leben usw.«[39] Den Begriff des Philisters, so schrieb Bunsen in seinem Bericht über das Fest seiner Frau, benutze man, »um Leute, die auf Kleinigkeiten den höchsten Wert legen, für das eigentlich Höhere aber keinen Sinn hegen, zu bezeichnen.«[40] Diesen aus dem barocken Studentenjargon übernommenen Begriff des Philisters hat Cornelius, wie seine Briefe zeigen, gern verwendet, und der Kampf Simsons gegen die Philister mußte ihm als ein geradezu ideal treffendes Bild seines eigenen Einsatzes für die Sache der Nazarener erscheinen. Jene freilich, die den Nazarenern kritisch gegenüberstanden, haben die Aussage der satirischen Bilder als höchst anmaßend empfunden.[41]

Eine Zeichnung zu dem Simson-Bild (Abb. 6) hat sich im Nachlaß Schnorrs in Dresden erhalten.[42] Im Gegensatz zu den Zeichnungen zu den Künstlern und Mäzenen dürfte es sich bei diesem Blatt um eine Vorzeichnung handeln, denn es fehlen Einzelheiten, die in der

Abb. 6 Julius Schnorr von Carolsfeld, Simson erschlägt die Philister. Dresden, Sächsische Landesbibliothek

Grisaille zu sehen waren, wie der Markstein, über den Simson schreitet. An verschiedenen Stellen ist überdies zu sehen, daß der Zeichner sich über die Haltungsmotive einzelner Figuren noch nicht im klaren war, woraus zu schließen ist, daß wir es hier wohl nicht mit einer Kopie zu tun haben. Nach Ringseis hatte Schnorr das Simson-Bild gemalt, und es spricht so gut wie alles dafür, daß auch die Zeichnung von seiner Hand ist. Von Cornelius jedenfalls stammt sie auf keinen Fall, und auch Schadow oder andere, die an den Transparenten mitgearbeitet haben, kommen nicht in Frage. Daß solche Überlegungen angestellt werden müssen, deutet an, daß die Zuschreibung an Schnorr trotz allem nicht problemlos ist. Wir haben in seinem Werk, soweit es mir bekannt ist, kein damit genau übereinstimmendes Blatt. Der Vergleich mit Schnorrs Federzeichnung *Ländliche Tanzgesellschaft* von 1817 in der Albertina[43] zeigt jedoch ganz verwandte Figurentypen und Bekleidungsstücke. Auch die Schraffiertechnik des Dresdner Blattes, der Zeichnung mit der Feder angemessener als der mit Graphit, entspricht der üblichen Zeichenweise Schnorrs. Ebenso die mit dünnen Strichen erprobten und dann verworfenen Haltungsmotive findet man auf anderen Blättern Schnorrs[44], so daß eine Zuschreibung des Simson-Blattes an ihn gerechtfertigt sein dürfte. In Schnorrs Werk wäre dieses Blatt einer der wenigen Versuche im komischen Genre, das für Philipp Veit beispielsweise eine große und erst in jüngster Zeit beachtete Rolle spielte.[45]

Das Programm der Dekorationen zum Künstlerfest von 1818 spiegelt die historische Situation, in der sich damals die deutschen Künstler in Rom und speziell die Nazarener befanden. Es hatte zunächst einmal den ganz konkreten Zweck, Ludwig von Bayern in seiner Einstellung zur neuen deutschen Kunst zu bestärken und betont deswegen die Rolle der ›Beschützer‹ der Kunst. Das Problem der Kunstförderung aber war damals ein allgemeineres. Die Krisenzeit der napoleonischen Kriege hatte einen völligen Rückgang der kirchlichen und ein weitgehendes Versiegen der staatlichen Kunstförderung mit sich gebracht. Die Künstler waren auf die privaten Auftraggeber und Käufer angewiesen. Zugleich aber war ihnen durch die Beschäftigung mit der Kunstgeschichte bewußt, daß ein enger Zusammenhang zwischen der Blüte der Kunst und den großen Aufgaben für die Kunst bestand, und sie waren überzeugt, daß es nur durch diese großen Aufgaben möglich sein werde, ihr eigentliches Ziel zu erreichen, die Kunst wieder im religiösen und öffentlichen Leben zu verankern, Kunst und Leben wieder zu versöhnen. Deswegen wurden die verschiedensten Überlegungen angestellt, wie den Künstlern die geeigneten großen Tätigkeitsfelder verschafft werden könnten. Die Künstler wandten sich mit ihrem Anliegen an den Wiener Kongreß, Aktiengesellschaften sollten zur Finanzierung von monumentalen Kunstaufträgen gegründet werden, und Passavant schlug vor, mit den Mitteln der Städelschen Kunststiftung nicht eine Kunstschule zu gründen, sondern ein riesiges Monument zu beginnen, an dem Generationen von Künstlern arbeiten und neue Künstler ausbilden könnten. Der Weg einer Förderung durch die Landesherren war da eigentlich rückwärts gerichtet und nicht recht für eine direkte Verwirklichung ihres Ideals einer Vereinigung von Kunst und Leben geeignet. Im Grunde aber entsprach dieser Weg doch den christlich geprägten, durchaus konservativen Gesellschaftsvorstellungen der Nazarener.

Konservativ war auch, wenn man von dem weiteren Gang der kunstgeschichtlichen Entwicklung im 19. Jahrhundert her urteilt, die Kunstauffassung, die in dem Programm des Festes zum Ausdruck gebracht wurde. Ihr Zentrum war ein für sakrosankt erklärter Begriff der wahren Kunst, die im Christentum wurzelte, worauf die als Pförtner fungierende Gestalt des heiligen Lukas hinwies. Ein konservatives Element war auch die Schlüsselrolle der Poesie. Aus ihr folgte mit notwendiger Konsequenz ein Festhalten an der hergebrachten Hierarchie der Gattungen, an deren Spitze die Historie stand, während die Landschafts- oder Genremalerei nur eine ganz untergeordnete Rolle zu spielen hatten. Die folgenden Generationen jedoch haben das Verhältnis der Gattungen zueinander ganz anders gewertet, haben den Stellenwert der Ausführung zunehmend höher, den der poetischen Erfindung zunehmend geringer eingeschätzt. Dennoch waren die Dekorationen für das Ludwigsfest keineswegs eine unbedeutende Episode. Daß sie ein gültiger Ausdruck der nazarenischen Kunstauffassung waren, zeigt sich daran, daß Overbeck in seinen Programmbildern darauf zurückgriff. Sie wirkten aber noch weiter, denn so unterschiedliche Werke wie die *Apo-*

theose Homers von Ingres oder Kaulbachs *Zeitalter der Reformation* im Neuen Museum in Berlin stehen, auch wenn sie natürlich noch die verschiedensten anderen Quellen haben, in der geistigen Nachfolge der Festdekoration von 1818.

Bruno Bushart

Ein wiederaufgetauchtes Hauptbild von Hans Thoma

Was in dem – mittelgroßen und gut erhaltenen – Bild[1] (Abb. 1) geschieht, läßt sich etwa so beschreiben: Ein später Sommerabend liegt über dem Schwarzwalddorf. Die Sonne ist untergegangen, fahles Gelb erlischt am Himmel und läßt die Erde nochmals aufschimmern. Die Gegenstände beginnen ihre Farbigkeit zu verlieren. Grün versinkt in Braun oder Schwarz. Nur das Rot der Rosenblüten hinter dem Zaun behält sein Leuchten. Die Silhouette des bewaldeten Hügels im Hintergrund läuft aus in dem scharfen Kontur des Strohdaches mit dem Kreuz auf dem Giebel. Ein stabiler Lattenzaun, der die Wiese im Mittelgrund umzieht, trennt den vor sich hindämmernden Hof von der Straße oder dem Platz in der unteren Bildhälfte. Links und rechts außen schirmen dichtes Laubgefieder und gitterartiges Gezweig den Blick in die Tiefe ab.

Es wird nicht gesagt, woher das warme Licht kommt, das die vier Figuren im Vordergrund bescheint. Diese sind an Alltäglichkeit kaum zu überbieten. Der rothaarige Cellist spielt in Hosenträgern und grünem Hemd mit aufgekrempelten Ärmeln. Die beiden anderen Musikanten tragen grobe weiße Leinenhemden und offene Westen. Gespielt wird mit schwerfälligem Ernst, ohne Pathos, ohne Noten, allein nach dem Gehör. Cellist und Geiger schauen unbewegten Gesichts vor sich hin, sie sitzen ruhig und breit auf den spitzbeinigen Wirtshausstühlen. Nur der Klarinettist blickt aus dem Bild heraus, aber es bleibt offen, ob er dabei den Betrachter ins Auge faßt. Er scheint von seinem erhöhten Sitz auf dem Holzklotz aus den Takt anzugeben. Vor ihm steht als Rückenfigur ein kleiner Junge, barfüßig, im kurzen Kittel. Fußstellung und Handhaltung sind wohl als Reflexe auf die Musik zu verstehen, als regten sich die Glieder im Takt einer vertrauten Tanzweise.

Was es auch sonst noch dazu anzumerken gibt, etwa, daß es dem Maler vor allem darum ging, ein Stück Dörflerwirklichkeit darzustellen, liegt auf der Hand. Gewiß gehörte es auch damals und im hintersten Schwarzwald nicht zu den Alltäglichkeiten, im Sommer abends vor dem Hause Trio zu spielen, obwohl ich mich daran erinnere, daß in meiner Kinderzeit in vielen fränkischen Bauernhöfen abends zum Harmonium gesungen wurde. Aber das Bild macht nicht den Eindruck, als stände dieser Punkt überhaupt zur Diskussion. Entscheidender ist die völlige Absichtslosigkeit und Sachlichkeit der Berichterstattung. So wenig hier eine ländliche Idylle konstruiert oder das einfache Leben gepriesen wird, so wenig handelt es sich um eine anekdotisch ausstaffierte oder sozialkritisch ausgeleuchtete Inszenierung. Alles was die Zeitgenossen mit der Vorstellung von Musik und Natur zu verbinden pflegten, fehlt hier. »Drei Musikanten« oder »Drei Männer beim Musikmachen« müßte man das Bild benennen, wollte man seiner unsentimentalen Direktheit gerecht werden.

Hans Thoma
1871

Das hat nichts mit Kunstlosigkeit zu tun. Das Bild ist vielmehr bewußt komponiert, durch die pyramidenförmige Figurenanordnung sowohl als auch durch die Differenzierung und Steigerung der Einzelgestalten auf den dominierenden Klarinettenbläser hin. Der Lattenzaun dahinter schließt den Vordergrund bildparallel ab und leitet zugleich über in die Tiefe des Freiraumes. Sein flächiger Horizontal-Vertikalraster bildet die Folie für rhythmischen Ablauf der gerundeten, plastischen Körperformen. Das dämmrige und trotzdem satte Grün und das komplementäre Braun in seinen Abwandlungen bis zum stumpfen Gelb und gebrochenen Weiß schaffen vielfache Bezüge und Entsprechungen, ebenso das von links vorn einfallende und am Himmel verlöschende Licht. Bewegung und Ruhe halten sich die Waage, die Musik ist in die Stille eingebettet.

Signatur und Datum weisen das Bild, das in der Sammlung Schäfer den Titel *Das Hauskonzert* trägt, als ein Werk Hans Thomas aus dem Jahre 1871 aus. Wir wissen, daß der junge Thoma kurz zuvor in Karlsruhe, wo er im Kunstverein ausgestellt hatte, auf so heftige Ablehnung gestoßen war, daß er sich im Frühling 1870 entschloß, nach München zu übersiedeln. Hier trat er dem Kreis um Viktor Müller mit Scholderer, Haider, Sattler, Eysen und Leibl bei, zu dem auch der Kunsthistoriker Adolf Bayersdorfer gehörte. Was das Karlsruher Publikum nach Thomas Aussage am meisten empört hatte und auch in München wenig Gegenliebe hervorrufen sollte, waren »diese etwas schwärzlich-grünen Bilder, in denen die Natur in ihrer Häßlichkeit sich zu zeigen wagte. Ich habe gefunden, daß das Publikum die Natur im Allgemeinen häßlich findet und nicht gerne mit ihr zu tun hat.«[2] Angeregt zu solcher Malerei hatte den Maler eine Reise nach Paris im Frühjahr 1868, wo ihm Courbet zum entscheidenden Erlebnis wurde. Von dort ging er den Sommer über nach dem heimatlichen Bernau im Schwarzwald. »Ich fühle den Gewinn von Paris schon daraus, daß mir das früher einmal unmalerisch geltende Bernau nun großartig schön erschien, so daß ich mich an ihm freuen konnte wie an einer wiedergefundenen Geliebten. Es begann eine schaffensfrohe Zeit; ich grundierte die großen Leinwände und malte Bilder im Freien, Figuren und Landschaften direkt nach der Natur – alles wurde lebendige Gegenwart, es bewegte mich keine Vergangenheit, es kummerte mich keine Zukunft.«[3]

Diese Zitate genügen, um dem Bild seinen Platz in Thomas Œuvre zuzuteilen. Der Griff in das Alltagsleben, die Schwarzwaldszenerie, der kommentarlose Naturalismus, die Vorherrschaft von Grün und schwärzlichen Tönen, der offene Farbauftrag, das große Format, die eindeutige Signatur, das alles spricht für ein in Bernau entstandenes Werk, für ein Hauptwerk sogar aus Thomas bester Zeit. Wie man – Thoma zufolge – schon in der Karlsruher Gesellschaft einen gewissen Salat wegen seiner Farbe »Thomasalat« getauft hatte[4], so nannte jetzt in München ein Kritiker der Allgemeinen Zeitung den Maler den »nicht talentlosen Begründer der sozialdemokratischen Malerei«.[5] Mögen wir auch die Entrüstung über den »Revolutionär« Thoma nicht mehr nachempfinden können, daß das Bild zu seiner Zeit

◁ *Abb. 1 Hans Thoma, Drei Bernauer Musikanten, 1871. Sammlung Georg Schäfer, Schweinfurt*

Aufsehen erregt haben muß, darf als sicher angenommen werden. Selbst heute noch vermag es durch seinen ungeschminkten Realismus und seine kraftvolle Form den Betrachter unmittelbar anzusprechen.

Um so mehr nimmt es wunder, das Gemälde in Thomas Œuvre nicht abgebildet zu finden. Weder die frühe Zusammenstellung durch Fritz von Ostini von 1900 führte es auf, noch die große Monographie von Henry Thode aus dem Jahre 1909 oder Hans Vollmers Werksverzeichnis in Thieme-Beckers Künstlerlexikon von 1939.[6] Erstmalig scheint das Bild 1956 im Zürcher Kunsthandel aufgetaucht zu sein, wo es Dr. Georg Schäfer für seine Sammlung erwarb, bezeichnenderweise unter dem verharmlosenden Titel *Das Hauskonzert.*

Das Rätsel löst sich, sobald man Thomas Tagebücher, Briefe und Erinnerungen zu Hilfe zieht. Im Tagebuch notiert er: »Im August [1871] war ich in Bernau im Schwanenwirtshaus. Große Natureindrücke bewegten mich. Trost vor denselben und beruhigenden Ausdruck fand ich in den Psalmen, deren Erhabenheit mich besonders in dieser Zeit tief ergriff. – Ich malte [...] eine Landschaft ›Weidenbusch am Bach und blauer Himmel‹ – auch ›Drei Musikanten‹, halblebensgroß in dunkler Abendstimmung. Diese zwei Bilder kaufte später Thomas Tee aus Manchester, auch einen ›rothaarigen Geiger im Garten‹.«[7] Ähnlich berichtet der Künstler im Brief vom 17. Oktober 1871 aus Säckingen an den Maler Otto Scholderer: »Ihr Brief hat mich noch hier getroffen, gerade in den Vorbereitungen zur Abreise nach München; diese Vorbereitungen dauern aber immer so etwa vierzehn Tage. Ihr lieber Brief hat mir große Freude gemacht, ich habe seit Juli ein recht abgeschlossenes, einsames Leben geführt, war in dem melancholischen Bernau, ein ganz fremder Mensch in der Heimat, an der ich eben doch noch mit tausend zarten Fäden hänge [...] ich holte aus dem Winkel die Arbeiten dieses Sommers wieder heraus [...] und so kann ich es mir nicht versagen, Ihnen aufzuzählen, was ich gemacht habe: das Hauptbild in der Größe, wie das, was der englische Kunsthändler gekauft hat, sind drei Bernauer Musikanten, die vor dem Hause am Feierabend musizieren, Klarinett, Geige und Bass, ein paar Kinder als Zuhörer – ich habe das Bild unter viel erschwerenden Umständen gemalt als da sind Sonnenreflexe, neugierige Zuschauer, gackernde Hühner und grunzende Schweine; deshalb muß ich auch in München noch allerlei nachholen, mehr am Hintergrund, der ein grüner Garten mit Bäumen ist, als an den Figuren.«[8]

Der Mutter berichtet Thoma am 6. März 1872 aus München: »Heute habe ich an einen Engländer fünf Bilder verkauft zu einem allerdings niedrigen Preise; ich bekomme für alle fünf nur 1100 fl. – aber es ist doch so viel, und ich hoffe, dadurch mit der Zeit eine gute Absatzquelle für meine Bilder zu bekommen. Im Juli bekomme ich das Geld und schicke dann die Bilder fort. Es freut mich um so mehr, da ich hier auch nach und nach recht angefeindet werde, weil ich male, wie ich will. – Die deutschen Schafsköpfe verstehen nichts von meinen Bildern [...].«[9]

Daß es sich bei einem der fünf Bilder um unsere »Drei Musikanten« handelt, geht weiter unten aus demselben Brief hervor: »Die Bilder, die ich verkauft habe, sind: 1.) die Bernauer Musikanten für 300 fl., 2.) die Landschaft vornen am Hauswaldloch 300 fl.; diese sind nun allerdings zu billig verkauft [...].« Der »Engländer«, Thomas Tee aus Manchester, wohnhaft dort 5 Picadilly, hatte bereits am 16. Juni 1871 ein Bild von Thoma erworben: »Ich habe nämlich Euch beide um 450 fl. verkauft an einen englischen Kunsthändler, d. h. natürlich nur auf dem Bilde«, schreibt er nach Hause.[10] Darauf und auf den neuerlichen Verkauf bezieht sich auch Thomas Mitteilung an Scholderer (14. Juli 1872): »Ein Kunsthändler – Thomas Tee aus Manchester – kaufte vorigen Sommer schon ein Bild von mir. Diesen Sommer kam er wieder und kaufte gleich fünf Stück zu allerdings niedrigem Preise, für 5 Stück 1100 fl.; es waren aber alles nach hiesigen Begriffen vollständig unverkäufliche Sachen. Heute erhielt ich einen Brief von ihm, ich solle zu ihm nach England kommen [...].«[11]

Am 25. Februar 1880 berichtet Thomas an Georg Gerland: »Ein Kunstfreund aus Manchester kaufte im Jahre 1872 sechs größere Bilder von mir, von denen ich leider keine Zeichnung noch Photographie mehr habe.«[12] Diese Briefstelle erklärt, weshalb sich in der Thoma-Literatur keine genaueren Angaben oder Abbildungen der Gemälde finden lassen. Die Verbindung mit dem Käufer scheint bald schon abgebrochen zu sein.

1909 erinnert sich Thoma der Münchner Zeit Anfang der siebziger Jahre: »In der Sommerausstellung [1872] aber verkaufte ich mehrere der in Bernau gemalten Bilder an einen Engländer namens Thomas Tee – zu allerdings kleinen Preisen – leider sind die Bilder, nach denen ich Nachforschungen anstellte, sowie ihr Besitzer nicht mehr aufzufinden; ich hörte nur die Vermutung, daß derselbe nach Amerika gegangen sei.«[13] Noch als Achtzigjähriger wiederholt er: »[...] Auch malte ich drei Bernauer Musikanten, halblebensgroß in dunkler Abendstimmung. Diese Bilder kaufte Thomas Tee später in München und sie sind nun verschollen.«[14] Er weiß sogar noch Einzelheiten: »1872 im Juni kaufte Thomas Tee wieder fünf Bilder für 1100 Gulden von mir. Es sind dies: ›Landschaft und Weide am Bach‹, 1871 gemalt, Größe 139 × 90 cm; ›Die Musikanten in Dämmerungsstimmung‹, 1871 in Bernau gemalt in ähnlicher Größe; ›Frühlingslandschaft‹, klein, nach Erinnerung an eine Gebirgstour, 1872 gemalt; ›Abenddämmerung, alte Frau mit Ziegen‹, 105 × 76 cm groß, in München 1872 gemalt; ›Bernauer Haus‹ mit Figuren ähnlicher Größe, Höhenformat, 1868.«[15]

Abgesehen von der Verwechslung der Monate März und Juni bestätigt Thoma damit aus der Erinnerung – wahrscheinlich aufgrund von Notizen über seine Einnahmen –, daß zu den am 6. März 1872 an Thomas Tee aus Manchester für 1100 fl. verkauften fünf Gemälden die 1871 in Bernau gemalten »Musikanten in Dämmerungsstimmung« gehören, an anderer Stelle »Drei Musikanten« oder »Drei Bernauer Musikanten« genannt, von ähnlicher Größe wie die 139 × 90 cm messende *Landschaft mit Weide am Bach* aus demselben Jahre, was bei 148,5 × 105,5 cm für unser Bild durchaus zutrifft. Ein vorerst nicht zu erklärendes Problem bleibt die Diskrepanz zwischen der Briefstelle vom 17. Oktober 1871 und unserem Bild, das nur ein einziges Kind aufweist und keinen Platz läßt für weitere. Sollte Thoma 1871 in Bernau zunächst mehrere Kinder vorgesehen oder schon gemalt haben, die dann in München der Überarbeitung zum Opfer fielen, oder war seine Angabe im Brief an Scholderer schlechthin ungenau? Der Augenschein des Originals gibt keinen Hinweis darauf, Röntgenaufnahmen existieren nicht. Vorerst müssen wir uns mit dem Fazit begnügen, daß das Wiederauftauchen des Bildes der drei Bernauer Musikanten eine wichtige Bereicherung unserer Vorstellung von Thomas ›revolutionärer‹ Schaffenszeit bedeutet.

Rolf-Gunter Dienst

Leben die meisten Künstler nur fünf Jahre?

»Es war wieder eine hervorragende Saison!« So die Äußerung eines bekannten New Yorker Kunsthändlers. Er handelte zwar nicht mit den Bildern und Plastiken der letzten Frühjahrsmode, doch wurde deutlich, daß auch er in ›saisonalen Kategorien‹ dachte. Es sollte schon alles neu und überraschend sein in der bildenden Kunst, nach Möglichkeit vielleicht auch ein wenig ›shocking‹, denn irgendwie sollte doch die Aufmerksamkeit der New York Times und ihres Kritikers auf die neue Ausstellung gelenkt werden und durch ihn Publikum, unter ihm möglichst viele Käufer und ›Vermittler‹, angezogen werden.

Zur gleichen Zeit – in der Mitte der sechziger Jahre – findet eine Vernissage im Museum of Modern Art statt, die in mehreren Schüben vollzogen wird, getrennt je nach dem gesellschaftlichen Rang der Besucher. Die jüngeren anwesenden Künstler treten vielfach exotisch auf. Manch älterer Maler hat sich ein Dinner-Jacket oder den Smoking zugelegt. Die Stars der Szene heißen gerade Roy Lichtenstein, Andy Warhol, Claes Oldenburg, James Rosenquist, Tom Wesselmann, Marisol oder Robert Indiana. Mit etwas schleppendem Schritt und mit resigniertem Blick bewegen sich Künstler wie Robert Motherwell, Barnett Newman oder Ad Reinhardt in der Menge. Sie sind gerade nicht sehr gefragt und ein wenig ›aus dem Geschäft‹, dominierten dafür aber so manche ›Saison‹ zuvor, was sie jedoch nicht tröstet.

Willem de Kooning ist gleich vor dem Fernseher in seinem Atelier in East Hampton geblieben. Mark Rothko schweigt und verbirgt sich hinter seinen großen, stillen Bildern, die im Augenblick auch niemand so recht wahrnehmen will. Die Zeiten der ›Cedar Bar‹ sind eben vorbei, und den ›Artists Club‹ gibt es auch nicht mehr. Eine neue Generation hat das Sagen. Kunst wird von Taxi-Unternehmern und Geschäftsleuten aus der Immobilienbranche gesammelt. ›Man‹ trifft sich in den Sommerresidenzen der Neuen Reichen auf Long Island. Wer erinnert sich da noch an die Heroinen der Malerei Grace Hartigan oder Joan Mitchell? Das war gestern, das ist Vergangenheit. Auf der documenta 4 in Kassel, der Weltausstellung zeitgenössischer Kunst, sind sie auch 1968 nicht dabei, aber vielleicht reicht es doch noch mit einigen Blättern für die Abteilung ›Druckgraphik‹.

Kunst braucht die Publizität, die Vermittlung, das Geschäft, die Story. Das Magazin der New York Times bringt eine große Veröffentlichung über den Kunsthändler Leo Castelli, der mitgeholfen hat, den Siegeszug der zeitgenössischen amerikanischen Kunst dadurch zu krönen, daß Robert Rauschenberg 1964 auf der venezianischen Biennale den Großen Preis erhielt. Auch der New Yorker ›Channel 13‹ bringt inzwischen Sendungen über die telegene neue Kunst und ihre jungen Stars. Andere Fernsehanstalten ziehen nach. Marshall McLuhans Verdikt »The Medium ist the Message« greift. Greift es?

Auch für die Kunst ist in den letzten zwanzig Jahren nichts betörender geworden als ihr Erfolg. Doch geht es dabei um den ›künstlerischen Erfolg‹, den gesellschaftlichen, den politischen, den kommerziellen, den publizistischen? Alles greift inzwischen ineinander, was zu großem Druck auf den Künstler, den Vermittler – den Museumsmann, den Galeristen, den Kritiker –, den Kulturpolitiker führt. Immer wieder ist die Weltausstellung der zeitgenössischen Kunst in Kassel alle vier, fünf Jahre dafür der schönste Beleg. Denn die Erwartungen werden immer größer und das ›Neue‹ und ›Überraschende‹ muß ge- oder erfunden werden. Nur hinderlich dabei ist, daß sich manches künstlerische Werk in unzeitgemäßer und zeitraubender Kontinuität entwickelt, ärgerlich daran, daß der Neuigkeitswert sich abnutzt, die Differenzierung dafür wächst, unnötigerweise das Werk an Qualität hinzugewinnt. Aber wo bleibt die brauchbare Schlagzeile?

Was macht die Kunst heute dafür ›attraktiv‹? Das Publikumsinteresse, die Reaktion der Medien, die formale und inhaltliche Sensation? Es ist auch immer gut, wenn der Künstler ›zwei Nasen‹ hat. Mancher Maler und Bildhauer hat auch begriffen, daß sogar bildende Kunst inzwischen akustisch wahrgenommen wird. Sie reden sehr laut auf Pressekonferenzen, so daß ihre Kunst gut vermittelt an den Ohren ankommt. Wo bleiben da die Studiengänge für Marketing und Public Relation an den Kunstakademien?

Einer Kunst, die telegen sein will, sei das Querformat empfohlen, einem Künstler der Rhetorikkurs. Starke Farbkontraste machen sich auch gut. Mark Rothko wußte, warum er sich in seinem Atelier hinter den Leinwänden verborgen hielt. Ad Reinhardts ›letzte Bilder‹ waren so sehr Kommentar, daß auf ihnen nur noch wenig zu sehen ist auf den ersten Blick, worauf das Fernsehen nur noch mit ›Bildstörung‹ reagieren kann. Wehe dem Künstler, der sich dem ›Formalismus‹ kunstimmanenter Probleme zuwendet und den Markt, die Publizität, die Gesellschaft und die Politik aus dem Auge verliert, weil seine Augen nicht das Bild von sich und seinem Werk in der Öffentlichkeit im Blick haben, sondern sein Blick auf das Bild gerichtet bleibt. Das verschreckt die Presse, das Fernsehen, die Immobilienhändler, die Politiker, den Kunsthandel, die Kunstvereine, die Museen, das Publikum. Da sollten sich Künstler ein Beispiel an dem Objektemacher Otto Dressler nehmen, dem Vorsitzenden des Berufsverbandes Bildender Künstler, der sicherlich sein Lebenswerk dadurch gekrönt sah, daß ein Foto seinen Abdruck fand, das ihn und Gorbatschow zusammen zeigt, eine Aufnahme, die so recht Aufschluß über Person und Werk gibt. Kunst und Künstler existieren schließlich erst mit dem anderen Blick, minimal unter vier Augen, um die kleinste Öffentlichkeit zu benennen.

Der Grad öffentlicher Wirkung und Bedeutung von Kunst kann inzwischen auch am Ausmaß der Ausdünstungen der Besucherscharen gemessen werden. Das neu eröffnete Musée d'Orsay, eine architektonische Gewalttat am Ausstellungsgut, hat vier Millionen Besucher zu vermelden, was manchen Museumsmann dazu bringen müßte, über die überfällige Unterhaltungsstruktur seines Hauses nachzudenken, denn der Unterhaltungswert müßte als qualitative Kategorie der Kunst neu bedacht werden. Kulturpolitiker fordern dies schon lange. Viele vorausschauende Künstler haben sich längst darauf eingerichtet, verhalten sich und behandeln ihr Werk danach.

»Es war wieder eine miserable Saison«, würde z. B. ein Künstler wie Antoni Tàpies oder Emil Schumacher nicht sagen. Aber denken diese Künstler in den richtigen Kategorien? Man darf es bezweifeln, denn Schumacher nahm zuletzt mit Gemälden an der documenta 3 1964 teil, Tàpies an der documenta 4 1968. Oder malen etwa Künstler, die im Brennpunkt des Interesses in den sechziger Jahren standen, noch? Der Œuvrekatalog sollte schließlich heute spätestens mit 30 Jahren vorliegen, und mit 35 sollte der Maler in das Beamtentum der Professur entschwinden und möglichst – wie vielfach von den Finanzämtern bestätigt – der Kunst als Hobby nachgehen, wobei ihm erst wieder bei positiver Bilanz der Status des Unternehmers eingeräumt wird. Die 100 erfolgreichsten Unternehmer werden dann jährlich in dem von dem verstorbenen Wirtschaftsjournalisten Willi Bongard erfundenen ›Kunstkompass‹ einmal jährlich im ›Capital‹ veröffentlicht. Der Maler und Kunsthistoriker Hans Platscheck hat einfühlsam darauf verwiesen, wieviele schlaflose Nächte es für den Unternehmer auf Platz 100 bedeutet, diesen Rang wenigstens zu behaupten, welch feiner Psychologie es auf Seiten der Ehefrau oder Mätresse bedarf, damit das Dabeisein bei dieser publizitätsträchtigen und verkaufsfördernden Bilanz gesichert bleibt, denn wie nicht selten im Boxring auch geht es um einen Sieg nach Punkten, verteilt nach dem Dabeisein in Ausstellungen wie der documenta – Francis Bacon erhielt schon über ein Jahrzehnt dafür keinen Punkt –, Museen, Sammlungen, Galerien, Publikationen etc.

Vor wenigen Jahren konnte man hören, wie Künstler, die den sogenannten Neuen Wilden zugeordnet wurden, von einer ›phantastischen Saison‹ nach der anderen sprachen. Die Medien kümmerten sich, die Museen, die Galerien, die Immobilienhändler. Auf der documenta waren sie dabei. Bei ›Capital‹ hagelte es Punkte. Nur die Kunstkritik war zurückhaltend, aber das machte nichts. Der Zeitgeist war mit ihnen, und sie waren beim ›Zeitgeist‹ in Berlin dabei. Doch kürzlich konnte man diese Verfechter des großen, schnellen Pinselns bei einer Eröffnung im Berliner Martin-Gropius-Bau erleben, wie sie etwas abseits mit fahlen Gesichtern herumstanden, was an so manche Vernissage in den sechziger Jahren in New York erinnerte. Motherwell, Reinhardt, Rothko waren in den sechzigern, diese Neo-Expressiven gerade Anfang dreißig. Der Zeitgeist hatte sich nicht davongemacht, nur war es wieder eine neue Saison, die statt Intuition Konzeption, statt Emotionalität Rationalität verlangte. Da hatten sie die Malerei reanimiert, und schon war sie unter den eigenen Händen wieder verstorben. Doch viele Künstler waren von den Immobilienhändlern, die Werke von ihnen ansammelten, gut beraten, und so waren es fünf glanzvolle Jahre gewesen mit Œuvrekatalog, zwar ohne Professur, aber dafür mit Publicity und belegten Wänden in allen Ausstellungen und Museen. Merkwürdig war, daß die Händler vor den Ateliertüren Schlange gestanden hatten und sich nun niemand mehr blicken ließ und die neuen Werke dadurch richtig durchtrocknen konnten und nicht schon naß mit der Fa. Hasenkamp in alle Welt expediert wurden, so daß die Plastiknoppenfolie auf der Leinwand anklebte. Immerhin ging das Geschäft im mittleren Westen der USA noch ganz einträglich, aber die Händler und Galerien hatten sich auf die neue Saison eingestellt.

Es ist noch nicht lange her, da hatten die Galeristen einen kühlen Kopf: Concept Kunst und eine Malerei, die mit dem Lineal scharf kalkuliert wurde, war das Neueste. Bilder und

Plastiken mußten intellektuell überprüfbar sein. Doch Handel bringt Wandel, darauf durften auch die Vertreter einer neo-expressiven Kunst bauen, worauf abermals die nächste Saison durch ein neues Bild bestimmt wurde. Zirkel und Lineal wurden wieder angelegt.

Ganz im Sinne der Zeitschrift ›Capital‹ und des Kunsthandels werden Bilder und Plastiken, Graphiken und Objekte seit 1967 in Köln, Basel, Zürich, Bologna, Paris, Chicago, Madrid und Los Angeles jährlich zu Markte getragen. Das bringt es mit sich, auf den Wochenmärkten ist das schließlich auch so, daß immer ›frische‹ Ware heran muß, möglichst von ›frischen‹ Künstlern. Wer kauft schon den Salat von gestern?

Der Künstler mag versuchen, sich dagegen zu stemmen, doch die Öffentlichkeit reagiert gnadenlos: Vergessen oder Vermarktung, Sozialhilfe oder Beamtung: der Avantgardist als auf die Verfassung eingeschworener Hochschullehrer mit Pensionsberechtigung. Schon Marcel Duchamp hatte sein Auskommen auf Grund von Mißverständnissen. Da hilft keine Rochade mehr.

Jede Saison hält sich offen für die Nachfolge, und so sind die Kriterien auch saisonal bestimmt. Der kritische Einwand bleibt dabei wirkungslos, und die letzte documenta ist auch schon lange vorbei. Bei den Kunstmärkten ist als qualitatives Indiz ein quantitatives eingeführt worden: Welcher Künstler ist bei wie vielen Galerien vertreten.

Verborgen hinter seinen Gemälden, beging Mark Rothko 1970 Selbstmord. Für Publicity sorgte das, obwohl Person und Werk für Publicity nicht tauglich waren. Auch später noch sollten Person und Nachlaß, nicht das Werk, in das Licht der Öffentlichkeit geraten. Es ging um Geld und Marktanteile. Telegene und nicht-telegene Künstler haben oft mit vierzig Jahren graue Gesichter, denn wer bis dahin keine museale Retrospektive hat, wird möglicherweise nie ein ›alter Meister‹. Die Kunst erfreut sich der Demokratisierung und der freien Marktwirtschaft.

Klaus Gallwitz

Russische Realisten. Maler und Autoren im 19. Jahrhundert – mit Zitaten von Dostojewski, Gogol, Tolstoi, Tschechow und Turgenjew

Eine Ausstellung mit Malerei der russischen Realisten fand 1972 in der Staatlichen Kunsthalle Baden-Baden statt. Aus ihr sind die Beispiele gewählt, die der folgende Beitrag abbildet. Aus der gleichzeitigen russischen Literatur wurden Abschnitte ausgesucht, die das literarische Element der mit den Autoren häufig befreundeten Maler gleichsam paraphrasierend hervorheben. Ein Teil des Materials wurde bereits in einem halbstündigen Film des Südwestfunks über die Ausstellung in Baden-Baden verwendet.

Anlaß zu dieser unkommentierten Gegenüberstellung ist die 1986 getätigte Erwerbung von dreizehn Gemälden russischer und polnischer Künstler des 19. Jahrhunderts für die Kunsthalle zu Kiel.

Gewidmet ist dieser Beitrag Jens Christian Jensen, dem es mit dieser Erwerbung gelungen ist, daß die Kunsthalle zu Kiel als einziges öffentliches Museum in der Bundesrepublik Deutschland russische Malerei an ausgewählten Beispielen einem größeren Publikum bekanntmachen kann.

*

Dreizehn Malschüler und ein Bildhauer von der Petersburger Akademie weigerten sich 1863, ein »Göttermahl in Walhalla« zu malen. Sie wollten eine Prüfungsaufgabe mit realistischer, zeitgemäßer Thematik. Ihre Haltung hat Turgenjew formuliert: »Ich bin vornehmlich Realist, und am allermeisten interessiere ich mich für die lebendige Wahrheit des Menschengesichts; zu allem Übernatürlichen verhalte ich mich durchaus gleichgültig und ich glaube weder an irgendwelche Absoluta, noch an irgend ein System.«

Die Rebellen der Petersburger Akademie gründeten eine Ateliergemeinschaft. Acht Jahre lang verkauften sie fast nichts. Ihre solide, an westeuropäischen Schulen orientierte Maltechnik verschaffte ihnen dennoch keinen Zugang zu den Salons. Mißfallen erregten die sozialkritischen Motive ihrer Bilder.

»Was tun?« fragte der Philosoph Tschernyschewski stellvertretend für die russische Intelligenz. Sein Aufruf zur Erneuerung Rußlands endete für ihn in Zwangsarbeit und Deportation. Aus dem westeuropäischen Exil antwortete sein Landsmann Alexander Herzen: »Geht ins Volk!« 1871 gründeten die realistischen Maler einen Zweckverband zur Veranstaltung von Wanderausstellungen. Sie gingen ins Volk, ihre Bilder wanderten durch die Provinzstädte.

»Mit Zucker!« befahl plötzlich Ssemjonn Jakowlewitsch, auf den schwerreichen Kaufmann weisend. Dieser trat vor und stellte sich neben den knienden Gutsbesitzer.

»Tu ihm noch Zucker hinein!« ordnete Ssemjonn Jakowlewitsch an, als der Tee schon eingeschenkt war; es wurde noch eine Portion hinzugetan.

»Noch mehr! Gib ihm noch mehr Zucker!« Der Tee wurde zum drittenmal und schließlich noch zum viertenmal gesüßt.

Ohne Widerspruch begann der Kaufmann seinen Sirup zu trinken.

»Allmächtiger Gott!« flüsterten die einfachen Leute und bekreuzten sich. [...]

»Gebt ihr den!« befahl Ssemjonn Jakowlewitsch und wies auf einen Zuckerhut. Der Knabe lief schnell zum Tisch, ergriff den Zuckerhut und schleppte ihn zur Witwe.

»Ach, Väterchen, groß ist deine Gnade! Aber wohin soll ich damit?« klagte die Witwe weiter.

»Noch, noch einen!« beschenkte er sie nochmals.

Ein zweiter Zuckerhut wurde zu ihr geschleppt und auf seinen weiteren Befehl noch ein dritter und ein vierter. Die Witwe war schon ganz mit Zuckerhüten umstellt. Der dicke Mönch seufzte niedergeschlagen; das hätte alles ins Kloster kommen können, wie es früher schon oft geschehen war.

»Aber wohin soll ich mit so viel?« jammerte jetzt schon die Witwe. »All das für mich allein - mir wird ja übel werden von so viel Zucker! ... Oder soll das irgend etwas bedeuten, Väterchen?«

»Siehst du denn das nicht?« sagte jemand von den Bauern.

»Noch, gib ihr noch ein Pfund!« Ssemjonn Jakowlewitsch hörte nicht auf, sie zu beschenken.

Auf dem Tisch stand noch ein ganzer Zuckerhut, da er aber befohlen hatte, ihr nur noch ein Pfund zu geben, so brachte man ihr auch nur noch ein Pfund Zucker.

»Herrgott! Herrgott!« seufzte das Volk und bekreuzte sich wieder. »Ein deutliches Gleichnis!« (Dostojewski)

Abb. 1 Wassilij M. Maximow, Der Zauberer auf der Bauernhochzeit, 1874. Moskau, Staatliche Tretjakow-Galerie

Schon vom frühen Morgen an quälte mich eine erstaunliche Schwermut. Es kam mir plötzlich so vor, als ob alle mich, den Einsamen, verließen, als wenn alle Menschen mir auswichen. Freilich hat jetzt ein jeder das Recht zu fragen, wer denn alle diese Menschen seien? Denn es sind ja schon 8 Jahre, daß ich in diesem Petersburg lebe und noch so gut wie keine einzige Bekanntschaft geschlossen habe. Allein wozu auch Bekanntschaften?...

Mit einem alten Mann, dem ich jeden Tag zur bestimmten Stunde auf der Fontanka begegne, bin ich sogar fast befreundet. Er hat ein würdevolles und nachdenkliches Gesicht; er brummt immer vor sich hin und schwenkt die linke Hand, in der rechten aber hält er einen langen Stock mit einem goldenen Knauf. Er hat mich ebenfalls schon lange bemerkt und nimmt an mir seelischen Anteil...

Ich habe auch Häuser, mit denen ich gut bekannt bin. Wenn ich so meines Weges gehe, ist es fast, als eilten sie aus ihrer Häuserreihe, um mich zu begrüßen, sie schauen mich mit all ihren Fenstern an und es macht fast den Eindruck, als wollten sie sprechen: »Guten Tag, wie geht es Ihnen? Ich meinerseits bin gottseidank gesund, aber im Monat Mai wird mir ein neues Stockwerk aufgesetzt werden.« Oder: »Wie geht es Ihnen? Mich will man morgen in Reparatur geben«, oder: »Ich bin fast abgebrannt und habe mich darüber sehr erschreckt«, usw. Unter den Häusern gibt es manche, die ich besonders gern habe, und manche, mit denen ich nahe befreundet bin; eines von diesen hat die Absicht, sich in diesem Sommer zu einem Architekten in Kur zu begeben. Ich werde jeden Tag an ihm vorübergehen, damit man es nicht absichtlich falsch behandele, bewahre es Gott davor!...

Niemals aber werde ich die Geschichte mit dem niedlichen, hellrosa Häuschen vergessen. Es war so ein liebes Steinhäuschen, so herzlich schaute es mich immer an und schaute gleichzeitig so hochmütig auf seine plumpen Nachbarn, daß mein Herz stets lustig wurde, wann immer ich auch daran vorüber ging. In der vorigen Woche nun schritt ich durch jene Straße und hörte, kaum daß ich mich nach meinem Freunde umgesehen, einen jämmerlichen Schrei: »Man streicht mich mit gelber Farbe an!« Bösewichte! Barbaren! Sie verschonten nichts: Weder die Säulen, noch das Gesims. Und so wurde denn mein Freund gelb, gelb wie ein Kanarienvogel. Mir trat fast die Galle über und bis jetzt habe ich immer noch nicht die Kraft gefunden, den Armen, Entstellten wiederzusehen, den man mit der Farbe des Reichs der Mitte angestrichen hat. (Dostojewski)

Abb. 2 Nikolai A. Jaroschenko, Der Student, 1881. Moskau, Staatliche Tretjakow-Galerie

»Er ist leichtsinnig, träge, charakterlos, grausam, egoistisch, hat häßliche Gewohnheiten, aber du schätze ihn trotzdem, erstens schon deshalb, weil es noch viel schlechtere gibt. Ich will dich doch nicht mit irgendeinem Ekel verkuppeln, um dich loszuwerden [...]. Aber vor allem hast du ihn schon deshalb zu achten, weil ich dich darum bitte«, brach sie plötzlich gereizt ab, »hörst du? Warum sträubst du dich?«

Dascha schwieg weiter und hörte nur zu.

»Warte, sei noch still! Er ist ein altes Weib, aber um so besser für dich. Übrigens ein bemitleidenswertes Weib. Er verdient es gar nicht, von einer Frau geliebt zu werden. Aber wegen seiner Schutzlosigkeit verdient er es schließlich doch; also liebe du ihn auch deswegen. Du verstehst mich doch? Verstehst doch?«

Dascha nickte.

»Das wußte ich, habe auch nichts anderes von dir erwartet. Er wird dich lieben, weil er es muß, er muß! Muß dich vergöttern! [...] Übrigens wird er sich auch ohne Zwang in dich verlieben, ich kenne ihn doch. Zudem werde ich ja selbst hier sein. Sei unbesorgt, ich werde schon nach dem Rechten sehen. Er wird sich über dich beklagen, wird dich verleumden, mit dem ersten besten über dich tuscheln, wird seufzen, ewig seufzen, wird dir Briefe schreiben aus dem Nebenzimmer, sogar zwei am Tage, aber ohne dich wird er doch nicht leben können, und das ist schließlich die Hauptsache. Bring ihm bei, dir zu gehorchen; verstehst du das nicht, bist du dumm. [...]«

»Nun, warum sitzt du so da, sag' jetzt etwas!« »Mir ist alles gleich, Warwara Petrowna, wenn ich schon unbedingt heiraten soll.« (Dostojewski)

Abb. 3 Pawel A. Fedotow, Die Brautwerbung eines Majors, um 1851. Leningrad, Staatliches Russisches Museum

Es war bereits Mitternacht. Rechts sah man das ganze Dorf, die lange Straße zog sich weit hin, ungefähr fünf Werst. Alles war in stillen, tiefen Schlaf versunken; keine Bewegung, kein Laut, man mochte kaum glauben, daß es in der Natur so still sein konnte. Wenn du in einer Mondnacht eine breite Dorfstraße siehst mit ihren Hütten, den Heuschobern, den verschlafenen Weiden, dann wird deine Seele ruhig; wenn sie sich in dieser Ruhe nach den Mühen, Sorgen und Kümmernissen unter nächtlichen Schatten verborgen hat, ist sie sanft, traurig und sehr schön, und es scheint, daß auch die Sterne freundlich und gerührt auf sie blicken und daß es das Böse auf Erden nicht mehr gibt und alles gut steht. (Tschechow)

Abb. 4 Isaak I. Levitan, Mondnacht im Dorf, 1897. Leningrad, Staatliches Russisches Museum

Er fühlte, wie jemand an seine rechte Seite trat, sah hin und bemerkte ein Weib, hochgewachsen, [...] mit geröteten, eingefallenen Augen. Sie schaute ihn an, aber offenbar sah sie ihn nicht und unterschied niemanden. Plötzlich stützte sie sich mit der rechten Hand auf das Geländer, hob das rechte Bein über das Geländer, dann das linke, und stürzte sich in den Kanal. Das schmutzige Wasser spritzte hoch auf, verschlang einen Moment sein Opfer, aber nach einer Minute tauchte die Selbstmörderin wieder auf, und die Strömung trug sie fort. Ihr Kopf und ihre Beine waren unter Wasser, mit dem Rücken lag sie nach oben, und ihr Rock war wie ein Kissen aufgebläht.

»Sie hat sich ertränkt! Sie hat sich ertränkt!« riefen ein Dutzend Stimmen; Menschen liefen zusammen, die beiden Ufer bedeckten sich mit Zuschauern, auf der Brücke [...] drängte sich das Volk. (Dostojewski)

Abb. 5 Wassilij G. Perow, Die Ertrunkene, 1867.
Moskau, Staatliche Tretjakow-Galerie

»Mein Mutterchen hat mich wohl sehr geliebt, das ist wahr. Als ich unter die Rekruten ging, da hat sie sich hingelegt, und wie ich hörte, ist sie nicht mehr aufgestanden ... Bitter wurde es mir zum Schluß bei den Rekruten. Der Kommandeur liebte mich nicht, für alles bestrafte er – und für was? Ich gehorchte allen, lebte akkurat, trank kein Gläschen, eignete mir nicht Fremdes an, denn das ist eine schlimme Sache. [...] Und einmal stand ich Wache. Es war schon Nacht. Ich hatte den anderen Posten abgelöst und stand neben dem Schildwachhäuschen. Der Wind ging [...]. Und da wurde mir so traurig ums Herz! Da nahm ich mein Gewehr, nahm das Bajonett ab, legte es neben mich; zog den rechten Stiefel aus, setzte das Gewehr gerade vor mich hin, beugte mich mit der Brust auf die Mündung und drückte mit der großen Zehe auf den Hahn. Was aber sehe ich? - ich bin nicht erschossen! Das Gewehr hat versagt. Ich untersuchte alles ganz genau, reinigte das Zündloch, schüttete neues Pulver dazu, schlug den Feuerstein etwas ab, und setzte die Mündung wieder auf die Brust. Aber was? Das Pulver flammte auf, aber der Schuß versagte wieder! Was ist das, denke ich! Ich nahm den Stiefel und zog ihn mir wieder an, setzte wieder das Bajonett auf, schwieg und ging wieder auf und ab. Und da beschloß ich denn: einerlei wohin, aber nur heraus aus den Rekruten. Nach einer halben Stunde kommt der Kommandeur; er machte die Runde. Er kommt gerade auf mich zu: ›Steht man so auf Posten?‹ schreit er mich an. Da nahm ich das Gewehr und stieß ihm das Bajonett bis an den Lauf in die Brust ... Viertausend Spießruten und dann hierher, in die Besondere Abteilung ...« (Dostojewski)

Abb. 6 Konstantin A. Sawizki, Reparatur auf der Eisenbahnstrecke, 1874. Moskau, Staatliche Tretjakow-Galerie

Ich habe eine alte Großmutter. Ich kam zu ihr, als ich noch ein ganz kleines Mädchen war. [. . .] Sie lehrte mich die französische Sprache und ließ für mich später einen Lehrer kommen. Als ich fünfzehn Jahre alt war, jetzt bin ich siebzehn, war es aus mit dem Lernen. Und um die Zeit war es, daß ich meine Dummheit machte; was ich getan habe, werde ich Ihnen nicht erzählen; genug, daß es nichts von Bedeutung war. Aber an einem schönen Morgen rief mich die Großmutter heran und sagte, daß sie, da sie blind sei, nicht genügend auf mich achtgeben könne, sie nahm darauf eine Nadel und steckte mein Kleid an ihrem fest und sagte außerdem noch, daß wir unser Leben lang so zusammensitzen würden, wenn ich mich nicht bessern wollte. (Dostojewski)

Abb. 7 Wassilij D. Polenow, Großmutters Garten, 1878. Moskau, Staatliche Tretjakow-Galerie

Ich liebe meine Heimatstadt. Ich fand sie so schön und anheimelnd! Ich liebte ihr Grün, die Stille ihres sonnigen Morgens, den Klang ihrer Glocken [...]. Akazienzweige, Vogelbeerbäume, Fliederbüsche und Apfelbäume erhoben sich dicht gedrängt über den Hecken und Zäunen. [...] Die Menschen, die mit mir diese Stadt bewohnten, erschienen mir langweilig, fremd und zuweilen abstoßend. Ich mochte sie nicht leiden und konnte sie nicht verstehen. Ich konnte mir nicht vorstellen, wozu und wie diese 65000 Menschen lebten. Die Leute aus der Bolschaja Dvorjanskaja und zwei anderen verhältnismäßig sauberen Straßen lebten von ihrem Vermögen oder von dem Gehalt, das sie vom Staat bezogen. Aber wovon man in den acht anderen Straßen der Stadt lebte, die sich parallel laufend über drei Wersten erstreckten und hinter einem Hügel verschwanden – das blieb für mich ein ungelöstes Rätsel. Ich schäme mich zu beschreiben, wie das Dasein dieser Menschen sich abspielte. Weder ein öffentlicher Park, noch ein Theater, noch ein ordentliches Orchester. Die Bibliotheken der Stadt und des Leseklubs wurden nur von jungen Juden besucht, so kam es, daß Bücher und neue Zeitschriften monatelang unberührt liegen blieben. Die reichen und kultivierten Leute schliefen in schwülen und engen Zimmern, in Holzbetten voller Wanzen. Die Kinder waren untergebracht in unbeschreiblich schmutzigen Verschlägen, die man als Kinderzimmer bezeichnete. Dienstboten, sogar alte und pflichtgetreue, schliefen mit Lumpen bedeckt in der Küche auf dem Boden. An Fleischtagen rochen die Häuser nach Kohlsuppe, an Fastentagen dagegen nach Stör, der in Sonnenblumenöl gebraten wurde. Man aß schlecht und trank schmutziges Wasser... In der ganzen Stadt kannte ich keinen einzigen ehrbaren Menschen. (Tschechow)

Abb. 8 Illarion M. Prjanischnikow, Vor dem Marionetten-Theater, um 1870. Leningrad, Staatliches Russisches Museum

Nach der Liturgie hielt Misail eine Predigt, ermahnte die Abtrünnigen, daß sie in den Schoß der Mutterkirche zurückkehrten, drohte ihnen mit Höllenstrafen und versprach den Reuigen volle Vergebung.

Die Sektierer schwiegen. Als sie befragt wurden, gaben sie Antwort. Auf die Frage, warum sie abgefallen seien, erwiderten sie, das sei hauptsächlich aus dem Grunde geschehen, weil man in der Kirche hölzerne, von Menschenhand geschaffene Götter anbete; das lehre die Schrift nicht, die Propheten forderten sogar das Gegenteil. Als Misail den Tschujew fragte, ob es wahr sei, daß sie die heiligen Gottesbilder Bretter nennten, antwortete Tschujew: »Dreh doch ein Heiligenbild um, dann wirst du sehen, daß es nichts anderes ist.« Als man sie fragte, warum sie das Priestertum nicht anerkennten, antworteten sie, es stehe in der Schrift: ›Ihr habt es umsonst erhalten, gebt es auch umsonst weiter‹, die Popen aber ließen sich für ihre Gnadenmittel bezahlen. [...] Und als Misail an diesem Tage mit dem Propst und dem aus der Stadt gekommenen Polizeiinspektor am Frühstückstisch bei Lachs und Stör saß, kam es im Dorf zu einer Prügelei. Die Orthodoxen hatten sich vor Tschujews Haus versammelt und warteten, daß die Sektierer herauskommen sollten. Sie wollten sie dann verprügeln. [...] Es wurde Abend, die Weiber hätten längst die Kühe melken müssen, aber die Orthodoxen standen immer noch da und warteten. Ein junger Bursche, der sich hinausgewagt hatte, wurde verprügelt und ins Haus zurückgetrieben. Drinnen beriet man, was zu tun sei [...].

Einer sagte: »Wir müssen es dulden und keinen Widerstand leisten.« Tschujew aber sagte, wenn man sich nicht widersetze, würden sie alle krumm und lahm geschlagen; er bewaffnete sich mit einem Feuerhaken und ging auf die Straße hinaus. Sofort fielen die Orthodoxen über ihn her. »Drauf und dran, nach dem Gesetz Mosis!« rief Tschujew, hieb auf die Orthodoxen ein und schlug einem der Bauern ein Auge aus [...].

Tschujew kam vor Gericht und wurde für kirchenfeindliche Propaganda und Gotteslästerung nach Sibirien verschickt. Vater Misail aber erhielt eine Auszeichnung. (Tolstoi)

Abb. 9 Alexander I. Morosow, Nach dem Gottesdienst in Pskow, 1864. Moskau, Staatliche Tretjakow-Galerie

Es war ein wirklich großartiges Schauspiel. Nur eines verdarb mir, dem am Kampfe Unbeteiligten und an solche Vorgänge nicht Gewöhnten, den Gesamteindruck: dieser Angriff, diese Begeisterung, dieses Geschrei, kamen mir überflüssig vor. Unwillkürlich drängte sich mir der Vergleich mit einem Menschen auf, der mit der Axt ausholt, um die Luft zu spalten. ›Vielleicht explodiert sie gar nicht‹, dachte er und wollte mit verzweifelter Entschlossenheit die Augen aufmachen. Aber in diesem Augenblick traf seine Augen durch die noch geschlossenen Lider hindurch ein roter Feuerschein; unter furchtbarem Krachen schlug ihm etwas mitten auf die Brust; er lief ein paar Schritte, ohne zu wissen wohin, stolperte über den Säbel, der ihm zwischen die Beine kam, und fiel auf die Seite.

›Gott sei Dank, es ist nur eine Quetschung!‹ war sein erster Gedanke, und er wollte seine Brust mit den Händen befühlen; aber seine Hände waren wie gefesselt und sein Kopf wie in einem Schraubstock zusammengepreßt. Vor seinen Augen huschten Soldaten vorüber, und unbewußt zählte er sie: ›Ein, zwei, drei Mann; und der da in dem übergeworfenen Mantel ist ein Offizier‹, dachte er. Dann zuckte ein Blitz vor seinen Augen auf, und er dachte: ›Woraus haben sie da geschossen? Aus einem Mörser oder aus einer Kanone? Wahrscheinlich aus einer Kanone.‹ Aber da folgten noch mehr Schüsse, und da waren noch mehr Soldaten: ›Fünf, sechs, sieben Soldaten; alle gehen sie vorbei.‹ Er bekam plötzlich Angst, sie könnten ihn zertreten.

Er wollte rufen, daß er eine Quetschung erlitten habe, aber sein Mund war so trocken, daß ihm die Zunge am Gaumen klebte, und ein schrecklicher Durst peinigte ihn. Er fühlte, daß er an der Brust naß war, und dieses Gefühl der Nässe erinnerte ihn an Wasser, und am liebsten hätte er sogar das getrunken, wovon er naß war. ›Wahrscheinlich habe ich mich beim Hinfallen blutig geschlagen‹, dachte er, und da die Angst, die vorüberhuschenden Soldaten könnten ihn zertreten, ihn immer mehr bedrückte, nahm er all seine Kraft zusammen und wollte schreien: ›Nehmt mich mit!‹ – aber statt dessen stöhnte er so entsetzlich, daß ihm angst wurde, als er sich hörte. Dann tanzten rote Flammen in seinen Augen, und die Soldaten schienen Steine auf ihn zu legen; die Flammen tanzten schwächer, und die Steine, die auf ihn geworfen wurden, drückten ihn immer stärker. Er machte eine Anstrengung, um die Steine von sich zu wälzen, streckte sich aus und sah, hörte, dachte und fühlte nichts mehr. Ein Granatsplitter hatte ihn mitten in die Brust getroffen und auf der Stelle getötet. (Tolstoi)

Abb. 10 Wassilij W. Werestschagin, Plötzlicher Angriff, 1871. Moskau, Staatliche Tretjakow-Galerie

Ich ging von der Erwägung aus: ich habe hundert Rubel. In Petersburg finden so viel Auktionen und Ausverkäufe statt, gibt es so viel kleine Buden auf dem Trödelmarkt und so viel kauflustige Menschen, daß es unmöglich ist, eine Sache, die man für so und so viel gekauft hat, nicht etwas teurer verkaufen zu können. An dem einen Album habe ich mit einem Anlagekapital von zwei Rubel und fünf Kopeken ganze sieben Rubel und fünfundneunzig Kopeken verdient. Diesen ungeheuren Gewinn erhielt ich ohne jedes Wagnis meinerseits: ich sah dem Käufer an den Augen an, daß er dieses alte Album unbedingt erstehen wollte. Natürlich gebe ich zu, daß dieser Fall nur ein Zufall war, aber gerade solche Fälle suche ich ja, nur deshalb habe ich doch beschlossen, auf der Straße zu leben! Nun gut, mögen sie noch so selten sein, gleichviel, mein Grundsatz bleibt: nichts aufs Ungewisse zu setzen, und zweitens: unbedingt an jedem Tage wenigstens etwas mehr als das Minimum zu verdienen, das ich für meinen Unterhalt täglich ausgeben muß, damit an keinem Tage die Vermehrung des Kapitals stillstehe. (Dostojewski)

Abb. 11 Viktor M. Wasnezow, Der kleine Buchladen, 1875. Leningrad, Staatliches Russisches Museum

Großartig erhob sich ein gewundener Höhenzug über dem endlosen Raum der Ebenen, bald in Abstürzen aus Kalkstein und Lehm als senkrechte Mauern, die von Wasserläufen und Rinnen durchfurcht waren, bald in lieblich abgerundeten grünen Hügeln, wie mit Lammfellen bedeckt von jungem Gebüsch, das von gefällten Bäumen stammt, bald endlich in dunklen Wäldern, die wie durch ein Wunder der Axt entgangen sind. Der Fluß blieb bald seinen Uferhöhen treu und bildete gleich ihnen Knie und Krümmungen, bald trennte er sich von ihnen und floß in den Wiesen fort, um dort nach einigen Windungen wie Feuer in der Sonne zu funkeln, sich in Gehölzen aus Birken, Espen und Erlen zu verstecken und im Triumphe wieder hervorzuströmen, begleitet von Brücken, Mühlen und Dämmen, die ihn bei jeder Windung zu verfolgen schienen. An einer Stelle war eine steile Flankenhöhe dichter mit dem grünen Baumgelock geschmückt. Dank der Unebenheit der Bergschlucht hatten sich hier der Norden und Süden des Pflanzenreiches wie eine künstliche Gartenanlage zusammengefunden. Die Eiche, die Fichte, der wilde Birnbaum, der Ahorn, der Kirschbaum und der Schlehdorn, der Erbsenstrauch und die Eberesche, von Hopfen umwunden, bald einander im Wachstum helfend, bald einander erstickend, kletterten den ganzen Berg empor, von unten bis nach oben. Auf der Höhe, am Bergesscheitel, mischten sich mit ihren grünen Wipfeln die roten Dächer herrschaftlicher Gebäude, die Dachfirste und Giebel der hinter ihnen verborgenen Bauernhäuser [...]. [...] Vor Erstaunen verschlug es ihm den Atem, und er rief aus: »O Gott, welch ein weites Land!« Ohne Ende, ohne Grenzen breitete sich der weite Raum aus: hinter den Wiesen, die mit Gehölzen und Wassermühlen besät waren, grünten Wälder wie mehrere grüne Gürtel; hinter den Wäldern sah man durch die schon dunstige Luft gelbe Sandflächen, dann wieder Wälder, die schon blauten wie das Meer oder weit verbreiteter Nebel; und wieder Sandflächen, noch bleicher, aber doch immer gelb. Am fernen Horizont lagen wie ein Kamm die Kreideberge, die selbst bei Regenwetter durch ihre Weiße glänzten, als ob sie eine ewige Sonne beleuchtete. Unterhalb ihrer blendenden Weiße, an ihrem stellenweise aus Gips bestehenden Fuß erschienen hier und da rauchende, nebelgraue Flecken. Es waren entfernte Dörfer, die das Menschenauge nicht mehr unterscheiden konnte. Nur der im Sonnenglanz sprühende Funken der goldenen Kirchenkuppel gab Kunde davon, daß hier eine volkreiche, große Siedlung lag. All dieses war in eine unerschütterliche Stille eingehüllt, die auch durch die kaum das Gehör erreichenden, im weiten Raum sich verlierenden Stimmen der gefiederten Sänger nicht unterbrochen wurde. Mit einem Worte, der Gast auf dem Balkon konnte selbst nach zweistündiger Versenkung in diesen Anblick nichts anderes ausrufen als: »O Gott, welch ein weites Land!« (Gogol)

Abb. 12 Iwan I. Schischkin, Mittag in der Umgebung von Moskau, 1869. Moskau, Staatliche Tretjakow-Galerie

»Ein Wagenzug. – Das ist wirklich ein angenehmes Fahren!« fügte er hinzu, als wir die riesengroßen, mit Bastmatten bedeckten Wagen, die einer hinter dem andern daherrollten, eingeholt hatten. »Schauen Sie nur hin, kein Mensch ist zu sehen, alle schlafen. Die klugen Pferde kennen den Weg und lassen sich davon nicht abbringen ... Wir sind auch mit Wagenzügen gefahren«, sagte er nach einer Pause, »wir kennen das.«

Die riesengroßen Wagen, die von den Rädern bis zu den Bastmatten hinauf mit Schnee bedeckt waren und sich ganz von selbst fortzubewegen schienen, boten wirklich einen seltsamen Anblick. Erst als unsere Schellen dicht neben den Wagen erklangen, hob sich im vordersten Winkel etwa zwei Finger hoch die schneeverwehte Matte, und eine Mütze lugte für einen Augenblick heraus. Ein großer scheckiger Gaul mit gestrecktem Hals und gespanntem Rücken schritt gleichmäßig über den gänzlich verwehten Weg; er schaukelte im Takt seinen zottigen Kopf unter dem verschneiten Krummholz und spitzte das eine verschneite Ohr, als wir ihn einholten.

Vor dem Dorf waren auf der Landstraße deutliche, gelbliche Schlittenspuren zu sehen; stellenweise war der Weg ausgefahren und schlecht. In der frostigen, herben Luft spürte ich eine eigentümliche angenehme Leichtigkeit und Frische.

Meine Troika lief sehr schnell. Der Kopf und der Hals des Mittelpferdes mit der um das Krummholz flatternden Mähne wippte schnell, fast immer genau an der gleichen Stelle, unterhalb der Liebhaberschellen, deren Zünglein an den Wandungen nicht mehr anschlugen, sondern nur schabten. Die prächtigen Seitenpferde hatten die hartgefrorenen, schiefen Stränge angezogen und liefen energisch vorwärts; die Riemenquaste schlug gegen Bauch- und Schwanzriemen. Zuweilen geriet eines der Seitenpferde von der eingefahrenen Straße in einen Schneehaufen und arbeitete sich geschickt heraus, wobei es uns den Schnee in die Augen schleuderte. Ignaschka schrie mit seiner lustigen Tenorstimme die Pferde an; der trockene Frost knirschte unter den Kufen; hinter uns klangen hell und festlich die Schellen und die betrunkenen Schreie der Kutscher. Ich blickte mich um: Die grauen struppigen Seitenpferde sprangen mit gestrecktem Hals, den Atem gleichmäßig verhaltend, mit verhängten Zügeln durch den Schnee. Philipp schwang die Peitsche und rückte seine Mütze zurecht; der Alte lag noch immer mit hochgezogenen Beinen mitten im Schlitten.

Nach zwei Minuten knirschte der Schlitten über die vom Schnee gesäuberten Bretter der Stationsauffahrt; Ignaschka wandte mir sein schneeverwehtes, frostatmendes, lustiges Gesicht zu und sagte: »Nun haben wir Sie doch an Ort und Stelle gebracht, Herr!« (Tolstoi)

Abb. 13 Wjatscheslaw G. Schwarz, Pilgerfahrt der Zarin im Frühling, 1868. Moskau, Staatliche Tretjakow-Galerie

»Es gibt verschiedene Sorten von Tscherkessen. Es gibt Tawlinier, die auf steinernen Bergen wohnen und Steine statt Brot essen. Die sind so groß wie ein Baumstamm«, sag ich, »und sie haben nur ein Auge auf der Stirn und rote Mützen, die leuchten wie Feuer [...].«

»Und außerdem«, sag ich, »gibt es noch Mumren«, fuhr Tschikin fort und schob seine Mütze durch eine Kopfbewegung in die Stirn, »die sind anders, das sind kleine Zwillinge. Die gehen immer paarweise, halten sich an der Hand und laufen so schnell, daß man sie nicht einmal zu Pferde einholen kann.« – »Wie ist denn das, werden diese Mumren schon so geboren, so Hand in Hand?« sagte Tschikin mit dröhnendem Baß, die Stimme eines Bauern nachahmend. »Ja«, sag ich, »lieber Mann, die sind so von Natur. Wenn du ihnen die Hände auseinanderreißt, kommt Blut 'raus, genau wie bei einem Chinesen; wenn man dem die Mütze abnimmt, läuft gleich das Blut.« – »Aber sag mal, Junge, wie kämpfen die denn?« fragt er dann. »Ja«, sag ich, »die fangen dich, schlitzen dir den Bauch auf und wickeln dann die Gedärme um den Arm. Sie wickeln und wickeln, und du mußt lachen; und du lachst so lange, bis dir der Atem ausgeht...« (Tolstoi)

Abb. 14 Ilja J. Repin, Die Saporosher Kosaken schreiben dem türkischen Sultan einen Brief, 1891. Moskau, Staatliche Tretjakow-Galerie

Gerhard Gerkens

»Und wo ist der Lübeckbezug?« Einige Überlegungen zum Sammeln in der Hansestadt

Jens Christian Jensen, durch Herkunft und Neigung den Lübecker Sammlungen seit langem freundschaftlich verbunden und mit ihren Problemen vertraut, mag erwartet haben, daß als Gruß aus der Nachbarstadt mit einigen Gedanken aufgewartet wird, die nicht seine, sondern unsere Sorgen betreffen.

Die Frage, ob Lübeck eine Galerie moderner Meister brauche, ob es überhaupt eine Galerie brauche, hat die Kunstfreunde in der Hansestadt seit langem und immer wieder neu beschäftigt. Schon Georg Schäfer, aber mehr noch Carl Georg Heise haben vor mehr als zwei Generationen vor der Notwendigkeit gestanden, ihre Sammlungsintentionen zu erklären und zu verteidigen. War in älterer Zeit vor allem das Argument vorgetragen worden, daß in so räumlicher Nähe zu Hamburgs Sammlungen in Lübeck keine Galerie nötig sei, so wird die Frage heute mehr im Sinne des Titels unserer kleinen Überlegungen gestellt. Dieses »Und wo ist der Lübeckbezug?« setzt zunächst die Vorstellung voraus, Kunst, vor allem moderne Kunst, habe nur dann etwas in den Sammlungen einer Stadt verloren, wenn dafür eine lokale Begründung gegeben werden könne. Eine solche Ansicht geht von entschieden regionalem Denken aus und mißachtet die Tatsache, daß Kunst – welcher Art auch immer – ihrer Natur nach überregional ist, auch wenn in ihr heimatliche Themen abgehandelt werden. Im Idealfall verbindet sich das eine mit dem anderen, ist ein Kunstwerk Ausdruck einer heimatlichen Gebundenheit und gleichzeitig ein Stück Welt im weitesten Sinne. Ein Bild, eine Graphik, eine Plastik jedoch, die lediglich diese eine Dimension hat, muß notwendig provinziell sein, und gerade dies zu sammeln, kann nicht Aufgabe eines Museums sein, das von sich behauptet, mehr geben zu wollen als regionale Spielarten internationaler Kunst. Für Lübeck bedeutet dies darüber hinaus, daß für die Kunst eines der wichtigsten Charakteristika der Geschichte der Stadt geleugnet wird: die Internationalität der politischen und wirtschaftlichen Beziehungen. Gerade die nicht auf sich allein bezogene Weltsicht, sondern die Weite des Blicks haben die Stadt einmal groß gemacht; heute sich aber abzukapseln und in selbstgewählter Einschränkung Stadt- und Landgrenzen wichtiger zu nehmen als ihre Überwindung, bedeutet geistige Selbstgenügsamkeit, die auf dem Gebiete der Kunst stets zu Verkümmerungen geführt hat.

Die jeweiligen Direktoren des Museums sind denn auch solchen Provinzialismen immer wieder aus dem Wege gegangen, indem sie Werke von außen in die Stadt holten in der Gewißheit, daß Bilder und Bildhauerwerke ihre leise Wirkung tun, wenn es darum geht, das geistige Klima einer Stadt zu prägen. Dies bedeutete gleichzeitig eine Anknüpfung an die in Lübeck vielberufene Tradition, denn seit dem Mittelalter hat man hier nicht nur bemerkens-

Abb. 1 Per Kirkeby, Kerzenbaum, 1986. Museum für Kunst und Kultur-Geschichte der Hansestadt Lübeck (Geschenk des Vereins der Freunde des Museums zum Gedächtnis an Wulf Schadendorf, 1986)

werte Kunstwerke produziert und in das Ostseegebiet ausgeführt, sondern seinerseits immer wieder Anregungen aufgenommen und international bedeutende Kunst in der Stadt heimisch gemacht. Erinnert sei in diesem Zusammenhang nur an den *Graeveraden-Altar* des Brüggers Hans Memling von 1491, den *Marien-Altar* des Antwerpener Meisters von 1518, die *Auferweckung des Lazarus* (1576) des Venezianers Jacopo Tintoretto oder an den *Fredenhagen-Altar* des Antwerpeners Thomas Quellinus von 1696/97 und nicht zuletzt in jüngerer Zeit die Sammlung des Dr. Max Linde mit ihren Werken der damaligen internationalen Moderne. So hat Heise in der Moderne die Sammlung gegen alle Widerstände dem Expressionismus geöffnet, Edvard Munch den Beständen hinzugefügt, in dessen in Lübeck gemalten Bildern eben jene Verbindung von heimatlichem Motiv und Weite der Kunstsprache sich zeigt, aber er hat auch das kleine Bild von Carus erworben, das zunächst befremdlich gewirkt haben mag, heute aber zu den Kostbarkeiten des Museums zählt wie auch die kleine Landschaft von Caspar David Friedrich, die Hans Arnold Gräbke 1950 erwarb. Ist von den bedeutenden Erwerbungen Heises durch die kunstschändenden Aktionen des Nationalsozialismus auch nur weniges geblieben, so war die Erinnerung an die heftigen Emotionen, die seine Käufe auslösten, die befruchtenden und irritierenden Forderungen, die die Bilder an die Betrachter stellten, doch stets lebendig. Folgerichtig hat Fritz Schmalenbach den Bestand um wichtige Werke der klassischen Moderne bereichert mit Namen wie Beckmann, Corinth, Hofer, Kirchner, Kokoschka, Meistermann und Schultze, aber ihm verdanken wir auch das große Stilleben von Waldmüller, das sicher keinen »Lübeckbezug« hat, das aber eines der bedeutendsten Werke der deutschen Malerei des 19. Jahrhunderts in der Sammlung ist.

Diese andeutende Aufzählung mag zum Verständnis der weiteren Überlegungen hilfreich sein, denn es zeigt sich, daß es einen ausschließlichen heimatlichen Bezug nie gegeben hat und daß gerade jene Werke heute zu den auch über Lübecks Grenzen hinaus geschätzten gehören, die zunächst nicht in die Sammlung zu passen schienen. Und vor allem: Es war die

Abb. 2 Max Neumann, ohne Titel (Vossische Zeitung), 1987. Museum für Kunst und Kulturgeschichte der Hansestadt Lübeck (Erworben 1987)

Abb. 3 Martin Rosz, Beet Seebüll, 1986. Museum für Kunst und Kulturgeschichte der Hansestadt Lübeck (Geschenk der Freunde der Nationalgalerie Berlin und Lübecker Kunstfreunde, 1987)

jeweilige Gegenwart, die durch Neuerwerbungen das Bild der Sammlungen bereicherte, kritisch befragte und lebendig erhielt. Dazu den entscheidenden Schritt noch mutiger und konsequenter getan zu haben, war dann das Verdienst von Wulf Schadendorf, der mit seiner breit gefächerten Ankaufspolitik die Richtung in die Zukunft gewiesen hat mit Werken von Heisig bis Stöhrer, von Hoehme bis Graubner. Auch er hat immer wieder betont, daß staatliche Grenzen keine Grenzen der sammlerischen Interessen seien und folgerichtig den Kreis auf Polen und die skandinavischen Länder ausgedehnt. Unterstützt durch großherzige Spenden und enthusiastischen Einsatz eines Freundeskreises ist die Sammlung in den letzten zehn Jahren weit über ihre früheren Dimensionen hinausgewachsen.

Hier aber ergaben und ergeben sich neue Probleme; denn mit dieser Ausweitung der Sammlungsintentionen geht auch die Frage nach der Abgrenzung des Lübecker Bestandes gegenüber den anderen Galerien im Lande einher. Hier ist es natürlich der ungleich größere Bestand an Werken der Moderne in Kiel, der Lübeck zu der Frage zwingt: Wie soll es weitergehen, wie können wir sammeln, ohne zur Kopie von Kiel zu werden? Um dies gleich zu Anfang deutlich zu machen – nicht durch den Verzicht auf die Moderne, nicht durch die Beschränkung auf Schleswig-Holstein oder gar Lübeck, sondern durch andere Akzentsetzung. Dennoch kann und soll ein gewisser Gleichklang der Sammlungen nicht ganz vermieden werden; denn wie in der älteren Kunst, gibt es auch in der Moderne Künstler, auf die man weder verzichten kann noch verzichten will, da ihre Werke jene Maßstäbe setzen, ohne die eine Sammlung nicht auskommt. Es kann also nicht ausbleiben, daß mit Stöhrer, Hoehme, Schumacher, Rainer oder Kirkeby Namen gleichzeitig in der Kieler und in der Lübecker Sammlung vertreten sind. Ohne sie aber ist eine Sammlung der Gegenwart nicht zu denken, will sie jenen überregionalen Charakter haben, den sie braucht, um die gewünschte Aufmerksamkeit zu erringen. Auseinandersetzung mit Kunst ist nur auf hohem Niveau zu erreichen, und Künstler, die für sich beanspruchen können, dieses Niveau zu haben, sind heute so selten wie in früheren Zeiten.

Es kommt also nicht darauf an, Maler oder Bildhauer, die in Kiel vertreten sind, auszusparen, sondern daß sie in der eigenen Sammlung durch andere und nicht weniger bezeichnende Werke vertreten sind. Absichtsvoll haben wir einen Brüning gekauft, der dem in Kiel entschieden unähnlich ist, oder einen Rainer, der sich von dem in Kiel unterscheidet. Es mag

Abb. 4 Arnulf Rainer, Dunkle Wellen, 1970. Museum für Kunst und Kulturgeschichte der Hansestadt Lübeck (Erworben vom Verein der Freunde des Museums, 1987)

auch zugegeben sein, daß beide Museen in diesem Feld in einem gewissen Wettbewerb stehen, der jedoch eher als ein Stimulans und eine Bereicherung als eine Behinderung anzusehen ist. Denn es bedeutete eine Verschleierung der Tatsachen, gäbe man nicht zu, ein möglichst noch besseres Werk erwerben zu wollen als der Nachbar. Ob dies immer gelingt, ist dabei eine andere Frage.

Dennoch ergeben sich einige grundsätzliche Unterschiede von selbst. Sie erklären sich aus den größeren Möglichkeiten der Kieler Kunsthalle und aus ihrer Zielsetzung. Beurteilen wir die Kieler Galerie der Moderne richtig, so ist die Sammlungsintention darauf gerichtet, in möglichst großer Breite die Phänomene vorzuführen, wenn nicht jede, so doch die wichtigsten Strömungen der Gegenwartskunst zu berücksichtigen. Dieses kann und will Lübeck nicht, es verbietet sich allein schon vom Raum her, der uns zur Verfügung steht; es ist dies auch nicht nötig, da dies bei unverhältnismäßigem Einsatz unzureichender Mittel nur zu einer kleinen Dublette führte. Deshalb auch verzichtet Lübeck auf eine Ausweitung seines kleinen Bestandes an Bildern des Realismus, da diese Werkgruppe um Duwe ein Schwerpunkt der Kieler Galerie ist. Dies ist nur ein Beispiel für eine durchaus sinnvolle Abgrenzung; denn richtigerweise hat man darauf hingewiesen, daß in einem so kleinen Land wie Schleswig-Holstein mit vier Museen, die Kunst sammeln, Überschneidungen möglichst vermieden werden sollen. Sich diesen Gedanken zu verschließen, wäre zumindest unökonomisch, doch sollten die Entscheidungen in den jeweiligen Häusern selbst getroffen werden, damit ihnen nicht irgend eine Instanz von außen vorschreibt, was sie tun dürfen und was nicht. Dies würde nicht nur den Eingriff in die Souveränität der Museen sein, sondern – was noch schlimmer ist – eine geistige Bevormundung, die weder durch finanzielle noch andere Erwägungen zu rechtfertigen wäre.

Auf Hilfe von außen ist also nicht zu rechnen, wenn wir der Frage des Verhältnisses der beiden Sammlungen, die sich der internationalen Moderne verschrieben haben, nachgehen. Eine vorläufige Antwort ergibt sich aus dem bereits Gesagten: Kiel muß breit sammeln, Lübeck kann sich beschränken; Kiel muß eine gewisse repräsentative Seite der Kunstpflege üben, Lübeck kann eine intime Sammlung aufbauen.

Wir erinnern uns dabei auch eines Diktums von Carl Georg Heise, der schon 1930 für die Lübecker Sammlung postulierte: »Provinz-Museen mit Vollständigkeits-Ehrgeiz sind lächerlich.« Zwar verbieten die uns zur Verfügung stehenden Mittel an sich einen solchen Ehrgeiz, doch scheint es, als würde der Lübecker Sammlung ohnehin der Charakter einer öffentlich-privaten am besten anstehen. Dies bedeutet, daß wir die Legitimation weniger in der Mehrzahl als vielmehr in der Vielfalt weniger Aspekte sehen. Die in der Abbildung zitierten Stücke mögen dafür als Beispiele stehen: Per Kirkebys träumerisch-lyrischer Duktus, Max Neumanns hintergründige Interpretation von Mensch und Zeitgeschichte oder die ironisch-verschmitzte und dennoch ernste ›Huldigung‹ an Nolde von Martin Rosz – Werke, in denen menschliche Figur und freie Malerei, Wirklichkeitserfahrung und subjektive Umdeutung ins Allgemeine zum Ereignis werden. Und in ähnlicher Weise sind die Erwerbungen der Bilder von Thomas Hartmann, Klaus Kröger oder Erland Cullberg zu sehen. Diesem Phänomen – das heute sicher zu den zentralen gehört –, in mehrfacher Variation nachzufragen, soll Aufgabe der Bilderfamilien sein, die wir zusammenfügen wollen. Dabei sei nicht verschwiegen, daß eine solche Auswahl höchst subjektiv ist; denn es ließen sich ebenso andere Kriterien finden, doch scheint dies – betrachtet man Sammlungen, die von ganz persönlichen Vorlieben geprägt sind – eher ein Vorzug zu sein. Je klarer sich eine Sammlungstendenz speziellen Charakters erkennen läßt, desto eher kann sich der Betrachter dazu in Beziehung setzen. Dies bedeutet aber nicht, daß sich ein für die Erwerbungen Verantwortlicher unumschränkter Freiheit hingeben darf ohne die ständige Prüfung und die Infragestellung seines Tuns. Ob die malerischen Qualitäten eines Kirkeby, ob die aus dem Informel kommenden Malweisen bei Cullberg oder Kröger wirklich höchsten Kriterien standhalten, das müssen die Bilder am großen Vorbild beweisen, und deshalb – aber nicht nur – haben wir den Schumacher erworben, ein Hauptbild eines Hauptmeisters der Gegenwartskunst. Seine Überzeugungskraft macht einmal mehr deutlich, daß es nicht wichtig ist, ob Kiel auch Werke desselben Malers besitzt, ähnliche oder andere, sondern daß wichtig ist, möglichst viele gute Bilder im Lande zu sammeln. Was sagt da schon die vielberufene Nähe der Orte Hamburg, Lübeck und Kiel? Hier geht es um das Gesicht jeder einzelnen Samm-

Abb. 5 Emil Schumacher, Goro, 1984. Museum für Kunst und Kulturgeschichte der Hansestadt Lübeck (Erworben vom Verein der Freunde des Museums, 1987)

lung und um das Gesamtbild eines Landes als Kulturlandschaft, das sich auch aus den Kunstwerken begründet, die hier versammelt sind.

Alle diese Werke und die anderer Maler, die wir in der nächsten Zeit zu erwerben vorhaben, Iseli, Marwan oder Stoll, tragen das ›Stigma‹, nicht volkstümlich zu sein, dem Betrachter viel zuzumuten und sich der Nutzung zu lehrhaften Zwecken, die über die Fragen nach Kunst hinausgehen, zu verweigern. Kulturgeschichtliche Aspekte lassen sich an ihnen nicht erklären, Trivialpädagogik nicht auf sie anwenden. Dies aber scheint besonders wichtig in einem Land, in dem die Kulturgeschichte in den Museen einen überdimensionierten Platz einnimmt und in dem die Freiheit der Phantasie wenig Raum hat. Irritationen durch Kunst, immer neue Herausforderungen durch das Ungewohnte, das Infragestellen liebgewordener Vorstellungen am heimischen Herd, kurz die Auseinandersetzung mit dem anderen, sind urbane Verhaltensmuster. Lübeck und Kiel sind zur Zeit die einzigen Zentren urbaner Lebenshaltung mit ihren Sammlungen, die auch das Widerständige pflegen. Dies ist eine Qualität, die zu erhalten und zu erweitern ist – alles andere sind Sorgen zweiten Ranges.

Klaus Herding

»Mir gefällt die Idee einer industriellen Kunst« – Andy Warhols *Flower Pictures* vor dem Hintergrund eines Stoffdrucks von 1863

Bei aller Wahrung klassizistischer Konventionen ließ John Flaxman die fabrikmäßige Herstellung und massenhafte Verbreitung seiner Dekorationsentwürfe zu, so daß sein Werk unter dem Slogan »Mythologie und Industrie« ausgestellt werden konnte.[1] Gustave Doré ist als ›industrialisierter Romantiker‹ in die Kunstgeschichte eingegangen: Bei allem Festhalten an bizarren und entlegenen Themen organisierte er seine Werkstatt in Art einer ›Kunstfabrik‹; oft überwachte er die Ausführung seiner Arbeiten nur noch, statt selbst Hand anzulegen.[2] Serialität und fabrikmäßige Organisation seiner Kunstproduktion charakterisierten wie keinen anderen Künstler unserer Zeit Andy Warhol, vor allem seit der Einrichtung seiner ›factory‹ im Jahre 1963. Doch hat man sich noch kaum gefragt, wie weit Warhols Voraussetzungen ins vorige Jahrhundert zurückreichen. Im folgenden wird versucht, dieser Frage an einem einzigen Beispiel nachzugehen – nicht um Warhol in die Tradition der alten Kunstgeschichte zurückzuholen oder gar seine Kunst an Maßstäben der Vergangenheit zu messen, sondern weil es auf die Dauer unergiebig ist, ihn (oder andere Gegenwartskünstler) immer nur »aus seiner Zeit« zu erklären. Methodisch liegt kein Grund vor, in dieser Hinsicht mit Werken unseres Jahrhunderts anders zu verfahren als mit historisch älterer Kunst. Vielleicht ist es sogar notwendiger, Werke der Gegenwart auf ihre Voraussetzungen hin zu befragen als historisch ältere Kunst, die ihre Herkunftsbedingungen oft noch sichtbar mit sich trägt.

Daß Warhol ein Verhältnis zu Artefakten der Vergangenheit besaß, ist bekannt. Vor allem sammelte er Kunst und Gebrauchsgegenstände der letzten 200 Jahre, scheinbar wahllos, aber doch in einer gewissen Affinität zu seiner eigenen Kunstauffassung, die von den ersten Anfängen her billige Massenware, Alltagsdinge und ›Kleinkram‹ einbezog – hat Warhol doch als Werbegraphiker angefangen, übrigens auch Buchillustrationen produziert. Diesem umfassenden oder auch nivellierenden Kunstbegriff (»all is pretty«) entspricht die postume Vermarktung; kein Wunder, daß nun Warhol-Bettzeug, Warhol-Parfum, Warhol-Papierservietten auf den Markt kommen sollen.[3] In Warhols eigener Kunst bildete Design aus dem 19. Jahrhundert einen integralen Bestandteil; z. B. nutzte er Daimlers Patent-Motorwagen von 1886, und zwar so, wie er seinerzeit *publiziert* worden war, als Vorlage für seine letzten Werke.[4]

Werner Spies ging noch weiter und stellte in Lebensgefühl, Selbstverständnis und Äußerungen Affinitäten zur Hochkunst des vorigen Jahrhunderts, vor allem zwischen Warhol und Courbet, fest.[5] Ältere Paradigmata werden auch dort berührt, wo es um Warhols Farbgebung geht. Von einer »übersinnlichen Erscheinung«, von »irrealen Farben« mit »ent-

Abb. 1 Andy Warhol, Ten-foot Flowers. 1976. Acryl und Liquitex im Siebdruckverfahren auf Leinwand. Schwarz auf rosafarbenem Grund, 300 × 296 cm. Sammlung J. W. Froehlich, Stuttgart

materialisierender« Wirkung ist da die Rede.[6] Die (kürzlich zu einer Retrospektive zusammengefaßten) Bilder vom Tode[7], ob sie wie *Car Crash* den ›seriellen‹ Unfalltod oder wie *Electric Chair* die ›industrialisierte‹ Hinrichtung thematisieren, zeigen uns einen nostalgisch sinnierenden, metamorphotisch verfahrenden Künstler, dessen Hintergründe ebenfalls in tieferen historischen Schichten zu suchen sind; möglicherweise berühren sie sich mit einer Gegenwartsströmung amerikanischer Kunst, die mit dem Begriff des Sublimen spielt und zu diesem Zweck sogar auf die europäische Aufklärung und Romantik zurückgreift.[8] Die (häufig in Silber und Blau gekleideten) Todesvisionen haben zwar nichts von der Idealität einer Newmanschen *Cathedra,* aber sie verflüchtigen den Gegenstand anstatt ihn zu fixieren.

Dennoch wäre es Warhol kaum angemessen, wollte man die – richtig erkannte – Beziehung zu älteren Schichten der Historie und Kunst nun ganz auf idealistische Geleise schieben. Wenn ein Künstler den Gegensatz zur europäischen Tradition emotionaler Einfühlung in ein Sujet, wenn jemand die Aufkündigung künstlerischer Handschrift und *peinture* »auf den Begriff« gebracht hat, dann Warhol. Aber gerade sein Leitmotiv –

> »Mir gefällt die Idee einer industriellen Kunst. Farbe wird industriell hergestellt, ebenso Pinsel und Leinwand. Alles ist industriell gefertigt. Alle Werkzeuge zum Bildermachen sind industriell gefertigt. Ich mache meine Bilder halb mechanisch, aber ich wünschte, ich könnte sie ganz mechanisch machen«[9]

– ist *historisch* bedingt und rekurriert objektiv auf die industrialisierten Produktionsweisen des 19. Jahrhunderts.[10] So liegt es nahe, auch im Gegenstandsbereich nach der Reichweite industrieller Traditionen zu fragen. Warhols Gegenstände (die Anonymität der Warenwelt, der Technik und des Verkehrs oder die Austauschbarkeit standardisierter Klischees, ob auf Pressephotos von Filmstars oder auf Fahndungsphotos reproduziert) und seine Methoden (die Schablonenhaftigkeit und Serialität seiner Siebdrucke oder Acrylbilder) greifen weit zurück hinter den Industrialismus der Gegenwart; aber auch die inzwischen erkannten Verbindungen zur Hochkunst des 19. Jahrhunderts reichen als Erklärungsmodell nicht aus. Das industrielle Design des vorigen Jahrhunderts kommt seinem Verfahren am nächsten.

Bevor darauf näher eingegangen wird, seien zwei Qualitäten von Warhols Kunst näher beschrieben. Im Hinblick auf seine Objektwiedergabe erscheint der inzwischen zum Klassiker aufgerückte Warhol als bipolar: Einmal richtet er unerbittlich den Blick auf den gemalten Gegenstand, so *als gäbe es nichts außer diesem,* dann wieder entzieht er uns den Gegenstand und macht offenkundig, daß ihm der geschilderte Vorgang in seiner Narrativität *ganz und gar gleichgültig* ist. Die Überkonkretisierung führt also nicht zur hyperrealistischen Objektpräsentation (wie bei Chuck Close oder Richard Estes), sondern zur zeichenhaften Abbreviation, oft zur Entleerung des Bildfelds. Nicht nur Warenwelt, Technik, Unfalltod – auch Geschichte verflüchtigt sich so: In der *Zeitgeist*-Serie von 1982 ließ Warhol Speers Lichtdom-Arrangement auffahren und zum Muster gerinnen.[11]

Eben diese beiden Qualitäten sind in den zu anderen Zwecken hergestellten industriellen Musterbüchern und deren Wiedergaben in klassischen Industriepublikationen vorgeformt: Die Verflüchtigung, Entleerung, Nivellierung und die unerbittlich ›zweckmäßige‹ Demonstration des nahegerückten und isolierten Gegenstandes. Beides verknüpft Warhol in den seltsam entleerten Blumenbildern (Abb. 1), die, ab 1964 in der ›factory‹ hergestellt, seither in mehreren tausend Exemplaren erschienen.[12]

Abb. 2 Warhol in der Ausstellung bei Ileana Sonnabend, Paris 1964

Man ist fast versucht – trotz der in des Künstlers puer-senex-Attitüde auch personal verkörperten Negation jedweder ›Stilentwicklung‹ – hier den Ansatz dessen zu sehen, was bei längerer Lebenszeit ein ›Spätwerk‹ hätte werden können. Die abstrahierenden, ›groß gesehenen‹ Blumen, zu Recht mit den Todesbildern in Verbindung gebracht, sind entindividualisierte Gegenstände und ungegenständliche Muster zugleich. Doch wie in den Serien *Campbell's Soup Cans* oder *Marilyn Monroe,* deren serialisierte Einzelporträts alles andere als mechanisch gleichförmige Reduplikationen sind, arbeitet Warhol auch hier mit nuancierten Farbüberlappungen und Farbvariationen.[13] Die übliche Auffassung, Warhol habe sich zu Beginn der sechziger Jahre vollkommen gelöst »von der malerischen Geste, bei der die Handschrift des Künstlers noch zu spüren war« (begründet mit der Verwendung von Schablonen und Gummistempeln, dann des Fotosiebdrucks, der die Vorzeichnung ersparte)[14], trifft gerade auf diese Bilder nicht zu. Vielmehr thematisiert Warhol hier die Technik des Siebdrucks, bei dem durch die unregelmäßige Zugabe von Farbe beim Aufdruck Farbe ausfällt. Darum sind bei ihm »alle Bilder gleich, aber gleichzeitig sehr verschieden«[15] – besonders deutlich dort, wo die Blumenbilder wie ein Tapetenmuster angeordnet sind (Abb. 2).

Paradoxerweise ist auch diese Ambiguität in der Industriegraphik des vorigen Jahrhunderts vorgeprägt. Es ist merkwürdig, daß nicht schon der Begriff ›factory‹ auf eine solche Verbindung aufmerksam gemacht hat. Der in dem weit verbreiteten Werk von Julien Turgan

Abb. 3 *Nach Dulos, Vier-Ton-Druck-Verfahren bei einer Rose. Stoffdruckerei Thierry-Mieg, Mülhausen. Holzstich aus J. Turgan, Les grandes usines, 1863, Bd. 3, S. 248*

Les grandes usines[16] reproduzierte Vorgang des Vierfarbenstoffdrucks einer Rose (Abb. 3) kommt Warhols Blumenbildern eigentümlich nahe. Die einzelnen Zustände einer Rose, die in vier verschiedenen Farben bedruckt werden sollte, sind dort reproduziert. Nicht nur die Nostalgie des Rückgriffs (wie beim Motorwagen von 1886), sondern auch die Faszination des frühen Vierfarbendrucks konnte eine Rolle spielen für einen Künstler, der gewohnt war, ein Motiv als solches zu übernehmen, aber mit seinem Erscheinungsbild zu spielen und es farblich zu variieren. Damit kein Irrtum aufkommt: es handelt sich um ganz unterschiedliche Verfahren, Materialien und Gegenstände – dort eine Schablone für Umriß und Binnenzeichnung der einzufärbenden Rose, hier eine je eigene Form für jede Blume. Allerdings wirken einige der Blumenbilder farblich so ›unfertig‹, als sollten auch ihnen weitere Farbschichten auferlegt werden. Im übrigen steht die vervierfachte Rose der Zeit um 1860 in ihrer Exaktheit und schablonisierten Identität der haarscharf ›verfehlten‹ Präzision von Warhols *Campbell's Soup Cans*- und *Marilyn Monroe*-Serien näher als der lässigen Vagheit der Blumenbilder. Aber die große isolierte Hervorhebung einer solchen Blume, ihre Wiedergabe im Viererblock auf einer Seite – dies konnte für Warhol einen verlockenden Rohstoff bieten; es entsprach nicht nur seinem Prinzip, den einzelnen Gegenstand scheinbar ›tel quel‹ zu übernehmen, sondern auch seinem Verfahren, ihn zu isolieren, als ›pattern‹ anzubieten, beliebig zu vervielfältigen. So kann man sagen: Beides – das Spiel mit der Auflösung des Materiellen und das Spiel mit dem Schema der industriellen Repetition – hat seine Wurzeln objektiv in seriellen Produktionsvorgängen des vorigen Jahrhunderts ganz außerhalb der bildenden Kunst, soweit diese bildlich überliefert sind.[17]

Warhol hat nicht nur die Moderne des 20. Jahrhunderts vom Surrealismus bis zum monochromen Tafelbild in seinem Werk verarbeitet und einer neuen Synthese zugeführt – seine Kunst bedient sich zugleich ganz anderer Ressourcen. In den Industriedarstellungen des 19. Jahrhunderts, in jener illustrativen Graphik, der gemeinhin jeder Kunstwert abgesprochen wird[18], finden sich die Vorbilder – nicht im normativen Sinn einer Vorbildlichkeit, die Warhol die Rolle des Nachahmers zuwiese, aber doch in der Bedeutung einer Art Musterbuch-Vorlage, die ihn zur Verselbständigung und zugleich zu der jede Selbständigkeit aufhebenden Serialisierung des Gegenstandes anregen konnte. Ließen wir diesen Faktor – ein Stück ›soziales Gedächtnis‹ – außer Betracht, würden wir die historische Dimension von Warhols ›factory‹ unzulässig verkürzen.

Werner Hofmann

Anmerkungen zur Geschichte der Themenausstellung

Die Themenausstellung ist ein Thema, das immer wieder kontrovers diskutiert wird. Künstler verhalten sich gegenüber diesem Ausstellungstyp gerne reserviert, denn sie sehen ihre Werke in ›frames of reference‹ gestellt, die sie als fremd oder unangemessen empfinden. Man argwöhnt Fremdbestimmung. Auch das Publikum verhält sich oft reserviert, da es gleichfalls eine Art Bevormundung durch den für das inhaltliche Konzept Verantwortlichen wittert. Ich möchte hier nicht in das Pro und Contra eintreten, das dieser Auseinandersetzung zu entnehmen ist, sondern einige Überlegungen im Hinblick auf die kunst- und geistesgeschichtlichen Wurzeln bzw. Anlässe der Themenausstellung mitteilen.

Altdorfers *Alexanderschlacht* schmückte 1815 das Badezimmer Napoleons in Saint-Cloud. Dieser Ort hat für uns heute den Beigeschmack einer jener »rencontres fortuites«, von denen Lautréamont in seinen *Chants de Maldoror* spricht, wovon bekanntlich die Surrealisten ihren Schönheitsbegriff ableiteten. Es lohnt sich, die betreffende Stelle in extenso anzuführen, denn erst dann wird die Verwirrungsstrategie deutlich, die hinter dieser neuartigen und verblüffenden Schönheit steckt: »Il est beau comme la rétractilité des serres des oiseaux rapaces; ou encore, comme l'incertitude des mouvements musculaires dans les plaies des parties molles de la région cervicale postérieure; ou plutôt, comme ce piège à rats perpétuel, toujours retendu par l'animal pris, qui peut prendre seul des rongeurs indéfiniment, et fonctionner même caché sous la paille; et surtout comme la rencontre fortuite sur une table de dissection d'une machine à coudre et d'un parapluie!«

Die Lautréamont-Forschung hat die Quelle dieser überraschenden Konfrontation in der Werbung entdeckt. Ich glaube, daß man die ersten Kundgebungen der Waren- und Plakatwelt schon Jahrzehnte früher ausmachen kann. Es sei an das berühmte Vorwort zur *Mademoiselle de Maupin* (1834) erinnert, in dem Gautier die Werbetrommel rührt und zugleich sarkastisch den Ort bestimmt, an dem die Öffentlichkeit auf seinen Roman stoßen wird: »[...] cela vaudrait bien une annonce de trois lignes dans les Débats et le Courrier français, entre les ceintures élastiques, les cols en crinoline, les biberons en tétine incorruptible, la pâte de Regnault et les recettes contre le mal de dents.«

Die Warenwelt ist das säkularisierte Chaos, das Konsumangebot bedarf der permanenten Schockwirkung, um wahrgenommen zu werden. Die Rechnung ist einfach, sie geht bis zum heutigen Tag immer auf: Gegenstände, die in einem ungewohnten Umraum auftreten, profitieren von dieser Verfremdung, sie empfangen davon einen gesteigerten Einprägungswert. Dieses Verfahren hat nur scheinbar in Napoleons Badezimmer-Bild seine Vorwegnahme. Der französische Kaiser nutzte das herkömmliche Verfahren, welches über das Gemälde als Raumschmuck vornehmlich nach dekorativen Gesichtspunkten verfügte. Dieses Verfahren geht in die Renaissance zurück. Nicht nur die fürstlichen Galerien künden davon, auch der Pariser ›Salon‹ wurde nach diesen Gesichtspunkten gehängt. So berührte sich 1785 der Rahmen des *Schwurs der Horatier* mit einem ganzfigurigen Portrait der Marie-Antoinette. Stets war das Format der Flächenfüllung zu- bzw. untergeordnet, notfalls wurde es beschnitten. So entstand ein Collage-Effekt, der die seltsamsten Nachbarschaften gelten ließ. Dem flanierenden Betrachter bot sich zunächst ein farbiges Nebeneinander, ehe er Themen und unterschiedliche Handschriften unterscheiden konnte. Dieser Oberflächen-Sensualismus geht von der Form zum Inhalt, er verhält sich dem Maler analog, von dem Diderot sagt: »L'artiste, qui prend de la couleur sur sa palette ne sait pas toujours ce qu'elle produira sur son tableau [...]. En passant de la palette sur la scène entière de la composition, la couleur est modifiée, affaiblie [...]. Alors l'artiste tâtonne, manie, remanie, tourmente sa couleur [...].«[1]

Die Disposition der Salons nimmt auf die Hierarchie der Themen keine Rücksicht. Hingegen finden wir im ›Livret‹ eine andere Rangordnung vermerkt, sie betrifft die Künstler und ihre gesellschaftliche Stellung, sie reicht von »les officiers, les recteurs, les professeurs, leurs adjoints« bis zu den »simples académiciens et les agréés«.[2]

Das verfügbare Bild ist das versetzbare Bild. Diesen Prozeß begünstigt der allmähliche Wandel des Formats. Je kleiner die Leinwand, desto beweglicher wird sie in den Händen der Ausstellungsmacher. Parallel dazu geht die thematische Gewichtung zurück. Das Historienbild wird in dem Maße obsolet, indem es sich dieser Intimisierung widersetzt. Am Ende dieses Prozesses steht die programmatische Verkündung, auf die sich der moderne Formalismus seit etwa hundert Jahren beruft: »Se rappeler qu'un tableau – avant d'être un cheval de bataille, une femme nue, ou une quelconque anecdote – est essentiellement une surface plane recouverte de couleurs en un certain ordre assemblées.«[3]

*

Die Themenausstellung korrigiert diesen Prozeß und seine einseitigen Folgen. Die Vermutung, sie sei eine späte Reaktion auf die Indifferenz des Betrachters (bzw. Ausstellungsmachers) gegenüber den Inhalten ist jedoch falsch. Ihre Anfänge fallen in das 18. Jahrhundert.

1774 beschließt Ludwig XVI., jedes Jahr eine Reihe von Historienbildern und Statuen großer Franzosen in Auftrag zu geben. Die Ergebnisse werden im Salon ausgestellt, jedoch noch nicht nach inhaltlichen Gesichtspunkten, wie man vermuten möchte, sondern innerhalb des dekorativen Ensembles. Wie neu dieser Entschluß, Inhalte zu bestellen, war, zeigt die Tatsache, daß noch Ludwig XV. 1747 einen Wettbewerb anordnete, von dem es in der *Lettre sur l'exposition [...] de l'Année 1747* hieß: »Les onze Peintres qui ont été choisis pour cette espéce de concours ont joui de toute la liberté & de tous les avantages qui pouvoient donner l'essor à leur imagination; ils n'ont point été asservis à des sujets de commande: le génie est capricieux & se refuse souvent à ce qui lui est prescrit. Ainsi on a laissé chacun d'eux libre de traiter à sa maniere & suivant son talent le sujet qui seroit le plus de son gout.«[4]

Ein anderes wichtiges Ereignis fand 1774 in Rom statt: »Die 1774 in der Villa des Cassius bei Tivoli aufgefundene Statuengruppe des Apollon mit den neun Musen gab die Anregung zu einem Zyklus, in dem Tommaso Conca Szenen aus der Apollon-Mythologie darstellte.«[5] An den Hinweis auf diese kunstkommentierende Kunst knüpft Sabine Schulze eine wichtige Perspektive: »In diesen 1786 vollendeten Deckenfresken begegnen wir erstmals einer auf die Exponate bezogenen Thematik, wie sie sich später in den Ausstellungssälen der Glyptothek, der Karlsruher Kunsthalle und des Städelschen Kunstinstituts wiederfinden läßt.« Man kann noch weitergehen: Das Museum, das seine Inhalte von Kunstwerken erläutern läßt, nimmt eine Art thematischer Umkreisung vor. Der Primärinhalt – im konkreten Fall die antike Figurengruppe – wird zum Sekundärinhalt – den Fresken – in einen Wechselbezug gesetzt. Das ausgestellte Kunstwerk büßt damit seinen ästhetischen Selbstwert ein und wird einem kultur- und kunstgeschichtlichen Programm bzw. Entwicklungsgedanken zugeordnet. Für den Verlust an Autonomie wird es durch neue didaktische ›frames of reference‹ entschädigt. Das besorgen die Bildprogramme, von denen die erwähnte Dissertation ausführlich handelt. Sie verhalten sich den Bildprogrammen der gotischen Kathedralen analog, denn auch sie stellen eine Art Laienbibel dar, sind verfestigte Einführungsvorträge für des Lesens Unkundige. Der Vergleich mit den mittelalterlichen Bildprogrammen betrifft nicht nur den formalen und gedanklichen Aufwand, er gilt auch der angestrebten Wirkung: Die Kunst, zur Heilsgewißheit erklärt, ersetzt die Religion, das Museum nimmt den Sakralrang der Kirche ein.

Allerdings geht diesen Bildprogrammen eine wesentliche Dimension ab: die Mobilität. Sie sind auch darin den Kathedralen vergleichbar. Auf ein einziges Kunst- bzw. Kunstgeschichtskonzept abgestimmt, verkünden sie unverrückbare Wertskalen. Die Themenausstellung wird sich von dieser Eindimensionalität lossagen und mehrdimensionale Deutungsvorschläge erarbeiten. Erste Schritte in dieser Richtung unternahm der Engländer Boydell, als er 1786 eine Shakespeare-Gallery lancierte. Seine Anregung ließ 170 Gemälde entstehen, von denen die meisten vergessen sind. Hätte nicht Füßli sich an dem Vorhaben beteiligt, wäre es längst in Vergessenheit geraten. Northcote bemerkte dazu: »a collection of slipslop imbecility«.[6] Die Shakespeare-Gallery auf der Pall Mall in London war auch als Ruhmestempel eines nationalen Genies gedacht. Erzieherische Überlegungen, auf Geschmacksbildung abzielend, bewogen bald danach Goethe zu den Weimarer ›Preisaufgaben‹. Wie er sich das Verfahren vorstellte, erläutern die den Künstlern aufgegebenen Richtlinien: »Ferner schien dabei das Gefällige dem Pathetischen vorzuziehen, weil wir wünschen, daß das Unterhaltende der Arbeit viele reizen möge ihre Kräfte zu versuchen, und ein jeder, er mag nun den Preis erhalten oder nicht, zu seinem Werke desto leichter einen Liebhaber finde und sich nicht umsonst bemüht habe [...]. Man bestimmt keine Größe, kein Format für die Zeichnungen, jedem steht es frei das Ganze nach Belieben anzuordnen und zu gruppiren, nur wird bedungen, daß die Figuren wenigstens neun Zoll, Leipziger Maß, hoch seien, damit sich desto richtiger über Ausdruck, Gestalt, Wissenschaft u.s.w. urtheilen lasse. Wir empfehlen dringend die größte Einfachheit und Ökonomie in der Darstellung. Alles Unnütze und Überflüssige (man verstehe uns hier wohl), wäre es auch nur ein Nebenwerk, und übrigens noch so zierlich, werden wir als einen Fehler betrachten. Es wird keine Manier vorgeschrieben, in welcher die Zeichnungen verfertigt sein müssen, ein jeder bediene sich derjenigen, in welcher er sich am besten geübt fühlt. Auch der Grad der Ausführung sei eines jeden Neigung und Gutdünken überlassen.«[7]

Zu den ersten interdisziplinären Themenausstellungen gehören im 19. Jahrhundert die Weltausstellungen. Sie verkünden die Heilsbotschaft des Fortschritts, die für alle Völker, Rassen und Erdteile eine neue Ökumene verkörpert. Indem sie alle menschlichen Aktivitäten unter dem Vorzeichen der Harmonie Revue passieren lassen, erzeugen sie freilich wieder affirmative Eindimensionalität, stellen nicht Fragen, sondern verkünden Botschaften. Dialektisch zu diesem die Künste vereinnahmenden Verkündungspathos verhält sich eine One-Man-Show, mit der diese Ausstellungsgattung inauguriert und zugleich in Berührung mit der Themenausstellung gebracht wird: Gleichzeitig mit der offiziellen Pariser Weltausstellung von 1855 zeigte Gustave Courbet in einer Baracke an der Avenue de Montaigne 40 Bilder unter dem Titel »Du Réalisme«. Zum ersten Mal wird damit meines Wissens ein Ismus zum Thema einer Ausstellung erklärt. Der Künstler identifiziert sich nicht nur mit diesem Etikett, er nimmt es ganz und gar für sich in Anspruch. Damit freilich nimmt er aber auch dessen Mehrsinnigkeit in Kauf. Gewiß, die Ausstellung dient seinem Leitmotiv: faire de l'art vivant, bietet dieses aber in einer Fülle von Variationen, welche den Begriff Realismus eher in Frage stellen als klären. Diese Mehrsinnigkeit läßt Courbet gelten: »Le titre de Réaliste m'a été imposé comme on a imposé aux hommes de 1830 le titre de romantiques. Les titres en aucun temps n'ont donné une idée juste des choses; s'il en était autrement, les œuvres seraient superflues [...].«[8]

Indem er das Etikett in Frage stellt, provoziert er den Betrachter zu Überlegungen, welche ihm eine normale und von keinem Forminhalt (wie ›Realismus‹) bestimmte Werkschau kaum nahegelegt haben würde. Courbet versagt auch sich und uns den eindeutigen Schlüssel. So schreibt er einem Malerfreund, dem das große Atelier-Bild Rätsel aufgibt: »C'est l'histoire de mon atelier, ce qui s'y passe moralement et physiquement. C'est passablement mystérieux. Devinera qui pourra!«[9]

Errate, wer kann! Mit dieser Ermutigung sollte sich der Besucher von Themenausstellungen wappnen, denn das Bedeutungsgeflecht, das sie vorschlagen, enthält ja nicht einen irreversiblen Fahrplan, sondern ein oder mehrere Bezugsnetze, auf das inhaltliche und das formale Gefüge verteilt und diese miteinander verschränkend. Diese Bezugsnetze sind mehrdeutig. Wir finden einen Hinweis dazu in einer Stelle von Diderot, die zeigt, daß dieser Anschauungssensualist sich durchaus der Mehrdimensionalität unserer Erfahrungen bewußt war. Das Schöne gründet im Erkennen von »rapports«, doch ist zu unterscheiden: Das Schöne »qui résulte de la perception d'un *seul* rapport est moindre ordinairement que celui qui résulte de la perception de plusieurs rapports«.[10] Diese »rapports« bestimmen auch die inhaltlichen Bezüge: Diderot zeigt das am Beispiel des berühmten Satzes »Qui'il mourût« aus dem *Horace* von Corneille, indem er dessen Deutung aus verschiedenen Kontexten ableitet.[11]

Gewiß steckt in der Themenausstellung etwas von der Hybris, mit der Hegel die Verwissenschaftlichung begründete: »Die Kunst aber, weit entfernt [...], die höchste Form des Geistes zu sein, erhält in der Wissenschaft erst ihre echte Bewährung.«[12] Das Ergebnis dieser

Bewährung kann doktrinär, es kann aber auch spannend und amüsant sein. Dann zielt es, auf der Ebene der Reflexion, in die Richtung der »rencontres fortuites«. Als Beispiel dafür sei an die Mischung heutiger Kunst mit Bildern des 19. Jahrhunderts in der Kunsthalle zu Kiel erinnert, die Jensen für die ständige Sammlung seit 1983 eingerichtet hat.

Hanna Hohl

Lili Fischers Zeichnungen

»Gezeichnet werden sollte nur, wenn es wirklich notwendig wird.« Wer einen solchen Satz schreibt, hält das Zeichnen nicht für ein autobiographisches oder gar beiläufiges Ausdrucksmittel, sondern für ein Instrument künstlerischer Kontrolle. Für Lili Fischer, die ihn 1983 in ihrem Zeichenbuch *Feldforschung V* für sich notierte und 1986 in ihrem Freiburger Katalog *Querbeet* abdruckte, ist das Zeichnen Ursprung, Hilfsmittel und Ergebnis ihrer Arbeit, also ebenso instrumental wie autonom, ja universal. Wieder einmal stellen wir fest, daß die herkömmlichen Kategorien von Zeichnung, schon gar die akademischen, nicht mehr zur Definierung von heute Gezeichnetem dienen und daß auch Versuche neuer Kategorisierung immer wieder auf die persönliche Reflexion des Mediums durch einzelne Künstler zurückverweisen, denn die Frage nach seiner Form und Funktion wird von ihnen stets neu beantwortet.

Bei Lili Fischer bilden Leben, Aktion und Werk – Zeichnung, Fotografie, Objekt – eine Einheit im Sinne eines persönlichen Gesamtkunstwerks. Nicht zu Unrecht gilt sie vor allem als Künstlerin der Feldforschung, der Animation, der Performance, deren Aktivität sich in der freien Mitwirkung des Publikums erfüllt.

Da Jens Christian Jensen nach der Kieler Ausstellung ›Umrisse‹ 1979 als erster Museumsdirektor den Ankauf eines ganzen Konvoluts auch ihrer Zeichnungen erwirkt hat, möchten wir ihm zu Ehren die Bedeutung der Zeichnung in ihrer Arbeit skizzierend umreißen.

Als Hilfsmittel dazu mögen mir die Begriffe ›Anschauung‹, ›Denken‹, ›Handlung‹ dienen, nicht verstanden als Rangfolge, sondern als ständige Interaktion und als Mittel gegenseitiger Interpretation.

»Notwendig« anerkennt Lili Fischer im Freiburger Katalog das Zeichnen als Dialog mit Pflanzen und als Dialog mit sich selbst – recht verstanden, nicht als Monolog, weshalb ihre Zeichnungen nie autographischen Charakter haben. Zeichnen bedeutet für sie eine Haltung, eine Haltung gegenüber der Natur und der Umwelt, wie sie auch ihre Aktionen nicht als Spurensicherung im Sinne einer privaten Mythologie betreibt, sondern als Vermittlung zwischen Natur, Geschichte und Menschen.

Für ihr Verhalten gegenüber der Natur finden wir im Vorwort zum Buch *Schreibpegel Bleckede* (1986) das Stichwort »eine Natur abschreiben« – durch Schreiben, Zeichnen, Fotografieren –, ein Wort, das sowohl Identifikation wie Respektierung zum Inhalt hat. Umgang mit der Natur pflegt Lili Fischer auf verschiedenen Stufen: zeichnend nach der Natur, mit der Natur, wie die Natur; in den »Pflanzenauszügen« ist es, als zeichne die Natur selbst durch ihre Hand. Hier – wie stets auch in den Bewegungszeichnungen zu Aktionen –

Abb. 1 Lili Fischer, Dreckschweinfest. Symposion Nordseeküste, 1982

Abb. 2 Lili Fischer, Vogelflüge, 1977. Bleistift, 21 × 29,7 cm. Kunsthalle zu Kiel

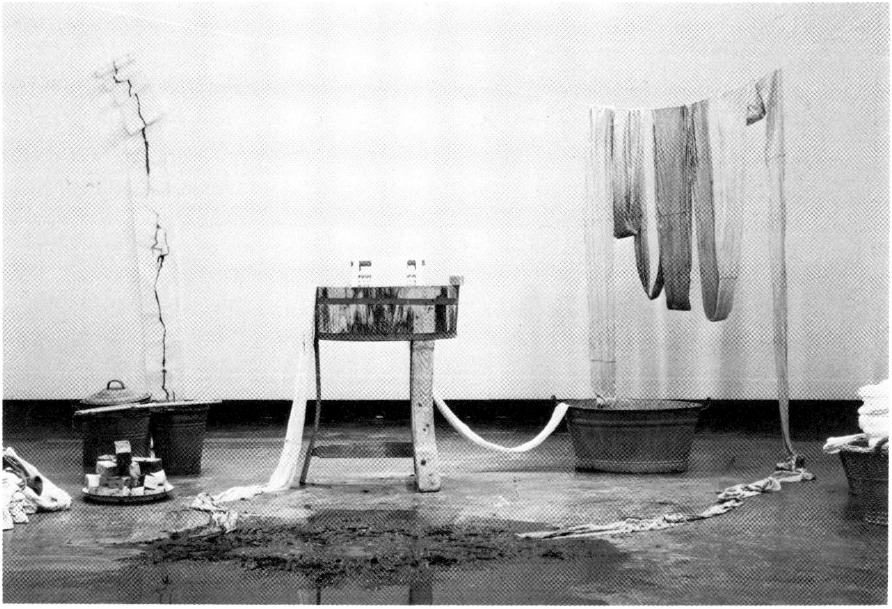

Abb. 3 Lili Fischer, Waschlappen-Demo. documenta 8, 1987

Abb. 4 Lili Fischer, Waschlappen-Demo, 1987. Feder, 36 × 51 cm

ist Zeichnen ein organisches Prinzip immanenter Kräfte, von Kräfteströmen, die zur Anschauung gebracht werden. Lili Fischer faßt Natur nicht im Studium eines Landschaftsausschnittes, sondern etwa in einer Rindenzeichnung als »Beispiel eines Seelenstücks«. Sie geht den »Lebensläufen der Pflanzen« nach, ihrer Entwicklung, ihrem Vergehen, ihrem Duft und Geschmack. Anschauend erspürt sie die immaterielle Energie einer pflanzlichen Totalform und findet so zeichnend über das gegenständlich Faßbare hinaus. Frottagen von Pflanzen, nachträglich gezogene Linien auf Fotos vom Elbuferwellengang bringen Wachstum und Bewegung zum Vorschein. In einer Zeichnung nach Altdorfers Gemälde *Der Drachenkampf des Heiligen Georg* schließlich verselbständigt sich die immanente Struktur zum autonomen Flächengebilde.

Beobachtung, Einfühlung, Meditation führen zur ›Mitschrift‹ von Vogelflügen, deren Routen und Geräuschen, im Nachziehen, Nachzeichnen wie in einem Nachschreiben. Und dies geschieht mit rein zeichnerischen Mitteln: im Fluß, in der Überlagerung, dem An- und Abschwellen von Linien, in einem transparenten Liniennetz, das, ebenso spontan wie kontrolliert gespannt, Anschauung und Denken voraussetzt (Abb. 2).

Solche Zeichnungen von Vogelzügen, Windzügen, Wellenzügen, Wattzügen haben ihren Ursprung in Lili Fischers konzeptuellem Ansatz. Anschauung verbindet sich mit Reflexion und mit der Bestimmung des eigenen Standorts, der Notierung von erledigten und zukünftigen Vorhaben, auch mit der Bestimmung des Standorts innerhalb einer Gruppenarbeit. Im Kieler Katalog von 1979 wird das am Beispiel der *Feldforschung III – Uthlande* (1978) deutlich, wo geschriebene Register und gezeichnete Diagramme sich ergänzen. »Kontakt, Gespräch, Besinnung« und »Motivation, Kommunikation, Reflexion, Imagination« finden sich dort (S. 75) als erläuternde Stichworte für Erfahrungen in der Natur, mit sich selbst und mit den anderen. Zeichnungen, die wie Land- und Wetterkarten anmuten, fassen aus der Distanz Naturphänomene und die ihnen entsprechende menschliche Reaktion; Naturleben und Menschenleben werden analog verstanden.

Das Projekt *Feldforschung IV – Winter* (1978/79) erbringt ein neues Ergebnis: Beim ›Aschengang‹ zeichneten alle Teilnehmer – alles zeichnete. Nach diesem Prinzip entstand Zeichnung einer neuen Qualität: aleatorisch in der Form, wie von Natur geschaffen im Material.

Demgegenüber sind Lili Fischers Aktionszeichnungen zunächst Mittel zu anschaulichem Denken. Zeichnen wie Schreiben sind Instrumente zum Vorstellen, zum Imaginieren – kein Wunder, daß in diesem Typus ihrer Zeichnungen der Übergang vom Schreiben zum Zeichnen und umgekehrt in besonderem Maße fließend ist. Auf jeden Fall gilt, was in einem Rückblick noch deutlicher würde: Das Zeichnen geht jeder sonstigen Arbeit, jedem »Werk« voraus. Im Zeichnen als geistiger Tätigkeit findet sie. Auch jede Aktion wird wie aus dem Linienfluß der Zeichnung entwickelt, nicht primär als solche, sondern analog geplant.

So gibt es ›Aktionszeichnungen‹ unterschiedlicher Art, solche, die gleichsam Grundriß und Aufriß eines Raumes, der Geräte, der Staffage und der Teilnehmer disponieren. Andere, ›Drehbücher‹ genannt, entwerfen Abläufe in Raum und Zeit und als Bewegung; sie enthalten durch Schrift Regieanweisungen für die Akteurin und die Mitwirkenden. Sie muten oft wie gezeichnete Partituren an und sind als solche auch abstrakt lesbar – in ihrer ästhetischen Form autonom, obwohl instrumental.

Federskizzen von »fünf Stufen zum *Dreckschweinfest*« und von »heftiger Kontaktaufnahme des Steckens mit Wasserenergien« (Symposium Nordseeküste 1982, Abbildung im Katalog) zeigen, wie aus spontaner, eiliger Niederschrift einer Idee eine Aktion entsteht. Wie Lili Fischer zeichnend aus einem Gekritzel sprühende Bewegung schlägt, so schlägt sie, über das Watt springend (Abb. 1), aus ihrem Körper, aus dem Stecken als der verlängerten Hand, Zeichnung in den Raum als Zeichen der Kommunikation von Mensch und Natur. Dies ist nicht nur Mut und Freiheit einer Künstlerin zum Einsatz des ganzen Körpers, es verkörpert auch die Identität von Person, Handlung, Zeichnung.

Ist Zeichnung also einerseits Entwurf, so ist sie andererseits Protokoll und Reflexion von Aktion, aber auch künstlerisches Ergebnis. Zeichnungen nach einer Performance wie dem *Besentanz* können diese wie Diagramme festhalten, deren Körpergestus, Rhythmus und Verlauf fixieren, was kein Foto zu leisten vermöchte.

Arbeiten aus den letzten Jahren, so das Drehbuch *Orangerie 2000* zu einer Animation in Kassel 1984 und die Blätter zur Performance *Waschlappen-Demo* bei der letzten documenta (1987), lassen ein zunehmendes Freiwerden der Zeichnung als Zeichnung in Dynamik, Struktur und Flächenkomposition erkennen, wobei nun Feder und Tusche als Material bevorzugt sind. Für die documenta-Arbeit existieren zahlreiche Vorzeichnungen als Programm für die Aktion und die daraus entstehende Installation. Thema ist die Bewegung als Kreislauf von Schmutz und Wasser. Auch hier gibt es in den vorbereitenden Blättern Studien zu Details, doch werden sie schon in diesem Stadium so gebündelt und komponiert, daß die Frage, ob sie vorausgingen oder nachträglich entstanden sind, für die Künstlerin selbst im einzelnen schwer zu beantworten ist.

Etwas überraschend Erhellendes kommt hinzu: Die Installation aus künstlerischem Zubehör – »Schmutzwäsche, sozialem Waschlappen, Waschbecken, Spülbecken und Leine, an der die Wäsche landet« –, der Kreislauf zwischen Wasserquelle, Waschbecken, Spülbekken bietet sich im Tableau selbst fließend und gegliedert wie eine Zeichnung dar (Abb. 3). Handlung ist nicht nur aus Zeichnung konzipiert, sondern wird wiederum in Zeichnung zurückverwandelt. Das Blatt, das wir abbilden (Abb. 4), zeichnet dieses Ergebnis auf nochmals selbständigere Weise nach.

Vom anschaulichen Denken zur Handlung, von der Handlung zur Zeichnung – als Ursprung und Ergebnis von Lili Fischers Programm ist das Zeichnen unabdingbar. Das scheint mir entscheidend für die künftigen Möglichkeiten ihrer Praxis. Denn ist diese auch auf Wirksamkeit ausgerichtet, Kunst für sie ein Instrument der Kommunikation, so ist Zeichnung für sie doch zugleich ein Garant künstlerischer Freiheit. Die Antinomie von gebundener und autonomer Zeichnung, gerade in den letzten Jahren immer wieder theoretisch erörtert, wäre damit für sie aufgehoben.

Klaus Honnef

Bilder und Abbilder. Eine Einführung in die Kunst mit Beispielen

In jedem Gemälde von Wert, jeder Skulptur, jeder Arbeit auf Papier – kurzum, in einem Kunstwerk – manifestiert sich eine Welt eigener Gesetzlichkeit. Der empirisch erfahrbaren Wirklichkeit ist sie bald näher, bald ferner. Mit den Maßstäben des praktischen Lebensvollzugs läßt sich ein Kunstwerk schwerlich messen. Kunst beeinflußt in erster Linie Kunst und wird durch Kunst beeinflußt. Selbst die – vergleichsweise – wenigen Künstler, die vor der Natur skizziert oder gemalt haben, hielten sich nicht sklavisch an das Gesehene. Sie veränderten den Augeneindruck mitunter beträchtlich. Wie sehr auch das Motiv fesselte, ohne künstlerisches Zutun erwies es sich häufig als nicht bildkräftig und aussagefähig genug. Die Künstler übersetzen Eindrücke, Vorstellungen und Visionen in eine Bildsprache. Aber diese Sprache ist kein starres System. Sie unterliegt einem beständigen Wandel wie gesprochene oder geschriebene Sprache. Dieser Wandel hat vielfältige Ursachen. Ausgelöst wird er durch geschichtliche, gesellschaftliche, ökonomische und kulturelle Faktoren. Aber auch durch Faktoren, die in der Subjektivität der einzelnen Künstlerpersönlichkeiten wurzeln, oder solchen, die aus der Beschaffenheit der verwendeten Materialien und gehandhabten Techniken herrühren. Die Sprache der Bildkunst ist das Ergebnis eines äußerst komplexen Wirkungszusammenhangs. Dabei entfalten die Impulse, die aus der Welt der Kunst erwachsen, eine prägendere Kraft als die, die aus der Sphäre der empirischen Wirklichkeit in das jeweilige Kunstwerk einströmen. Zudem besitzen sie eine noch größere Beharrlichkeit. Der französische Maler Edgar Degas besuchte fleißig die Rennbahnen um Paris, die Atmosphäre faszinierte ihn, und er war ein Liebhaber der Frauen und der Pferde. Doch wenn er die Pferde im dramatischen Finish des Zieleinlaufs darstellte, bediente er sich für die Darstellung des gestreckten Galopps einer Formel, die wir in bezug auf die natürliche Bewegungsmechanik des Pferdes als anatomisches Wunder ansprechen können. Durch das Schaukelpferd ist sie uns vertraut, und die besondere Form des Schaukelpferdes verdankt sich eben dieser bildnerischen Formel. In der heroischen Literatur hieß es von einem, der in einem dramatischen Augenblick zu Pferde erschien, er sei »im scharfen Galopp herangesprengt«. Genau dieser Eindruck soll in unserer Vorstellung heraufbeschworen werden, wenn in Gemälden, die auf historische oder sonstwie wichtige Ereignisse anspielen, zur Steigerung der dramatischen Spannung Eile geboten ist. Dann strecken die Pferde der heraneilenden Kuriere oder die Gäule der flüchtenden Feinde alle Viere von sich. Den Historienbildern der Vergangenheit dürfte Degas seine Formel für die Darstellung des Galopps entlehnt haben. Wiewohl er als äußerst präziser Beobachter der sichtbaren Wirklichkeit bekannt geworden ist, das überkommene Bildmuster der Kunst entpuppte sich als stärker. Andererseits ist es gar nicht so sicher, daß der große Edgar Degas den Schlußgalopp der Rennpferde naturgerecht wiedergegeben hätte, wenn er es besser gewußt hätte. Der Künstler nämlich zeigte ein auffallendes Interesse für die Fotografie, er hat auch selber eifrig fotografiert. Und es ist sehr unwahrscheinlich, daß er nicht – zumindest in späteren Jahren – die fotografischen Untersuchungen von Eadweard Muybridge gesehen hat. Muybridge hatte sämtliche Phasen des Galopps eines Pferdes in einer kontinuierlichen Folge von Fotografien festgehalten und den eindeutigen Nachweis erbracht, daß die Maler, ob talentiert oder nicht, einfach einer ›fixen Idee‹ aufgesessen sind.

Die ›fixe Idee‹ hat nicht nur die Vorstellungen aller Künstler bestimmt, sobald es darum ging, ein Detail der empirischen Wirklichkeit, in diesem Fall ein galoppierendes Pferd, darzustellen, sondern offenbar hat niemand anders sehen können. Das Schaukelpferd ist ein allzu sinnfälliges Beispiel. Schon angesichts dieses reichlich banalen Exempels ist es problematisch, die Wirklichkeit, die für sich existiert, also gleichsam objektiv vorhanden ist, mit der Wirklichkeit zu verwechseln, die sich im menschlichen Bewußtsein ausmalt. Wie die mittelalterlichen Menschen die – ihre – Wirklichkeit angeschaut haben, wissen wir nicht genau. Überlieferte Texte sowie die Bilder aus Kirchen und Klöstern geben uns zwar Fingerzeige – aber eben nicht mehr. Entsprechendes gilt für jene, die in der Zeit der Renaissance, des Barock, der Romantik und des bürgerlichen Realismus gelebt haben. Die Formen der Anschauung von Wirklichkeit sind stets, allerdings in unterschiedlicher Verschlüsselung, Ausdruck des spezifischen Verhältnisses der Menschen zu ihr, des Status, den die Wirklichkeit für sie besitzt; als individuelle Wesen, als gesellschaftliche Gruppe, als soziale Schicht, als Repräsentanten einer kulturellen Epoche. Den mittelalterlichen Menschen war die Wirklichkeit ein Jammertal voller Plackerei und Leiden, und im ›Himmlischen Jerusalem‹ der goldgrundierten Altargemälde ihrer Kirchen und Klöster offenbarte sich die Verheißung auf ein glückseliges Jenseits nach einem gottgefälligen Leben. Die Altarbilder unseres säkularisierten Zeitalters sind die Werbeflächen in den großen Städten. Sie preisen ein Glück im Diesseits an, sofern wir nur dieses oder jenes Produkt konsumieren. Im Laufe der Jahrhunderte hat sich die Perspektive vom Jenseits auf das Diesseits verschoben, das Diesseits als verlockendes Ziel das Jenseits verdrängt. So ist unser Verhältnis zur empirisch erfahrbaren Wirklichkeit mit dem unserer mittelalterlichen Vorfahren kaum noch vergleichbar. Jedenfalls nicht ohne Vorwissen. Doch auch unser Verhältnis zur Wirklichkeit läßt sich nicht über einen Kamm scheren. Wer einmal einem Prozeß bei Gericht beigewohnt hat, weiß, wie widersprüchlich die Aussagen von Zeugen ausfallen können, selbst wenn eine ganz simple Angelegenheit zur Verhandlung steht. Nicht nur, daß die unmittelbar Betroffenen der gegeneinander streitenden Parteien die Wirklichkeit im Licht ihrer Interessen interpretieren, sondern auch die unbefangenen Zufallszeugen stimmen häufig in der Schilderung der zu verhandelnden Sache nicht überein, und dies lediglich aus dem Grund, weil sie den Vorfall aus unterschiedlichen Blickwinkeln betrachten. Die subjektive Perspektive spielt also, wenn es zum Schwur kommt, stets eine gewichtige Rolle.

Gleichwohl wäre der Schluß voreilig, ja verfehlt, daß es uns an verbindlichen Kriterien hinsichtlich einer exakten Definition dessen, was Wirklichkeit ist, mangele. Ein Richterspruch wäre sonst unmöglich, wäre pure Willkür. Freilich verkörpern auch diese Kriterien keine unwandelbaren Gesetzmäßigkeiten. Sie sind vielmehr, wie alle Gesetze, die der Ethik und der Moral sowie die Gesetze des geschriebenen und ungeschriebenen Rechts, ebenfalls periodischen Wandlungen unterworfen. Die einen verändern sich schneller als die anderen, verlieren die allgemeine Billigung rascher. Wer würde in den zivilisierten Massengesellschaften der Moderne schon ernsthaft verlangen, daß einem Taschendieb die Hände abgeschlagen werden? Ein solches Ansinnen empfänden wir als barbarisch. Im Mittelalter war es in unseren Breiten üblich. Inzwischen haben sich unsere Ansichten über die Schwere des Delikts gewandelt, obwohl das Eigentum in unserer Gesellschaft einen höheren Schutz genießt als in der feudalen Sozietät des Mittelalters. Das Recht ist eine gesellschaftliche Einrichtung – wie die Sitte, die Mode oder die Kunst. Es definiert einen bestimmten Bereich in den Beziehungen der Menschen zur Wirklichkeit. Wobei dieser Bereich der Wirklichkeit hauptsächlich durch die Menschen selber verkörpert wird. Die übrigen gesellschaftlichen Institutionen definieren andere Bereiche der Kultur und damit des menschlichen Verhältnisses zur Realität. Jedoch überlappen sie sich, nur der ordnende Verstand zieht künstliche Grenzen.

Betrachten wir einmal aufmerksam die Bildwerke, die uns aus den vergangenen Kulturepochen erhalten geblieben sind, und fragen nach den Umständen, unter denen sie geschaffen wurden, dann ist es uns durchweg nicht mehr möglich, in der Malerei eine Art frühentwickelter Fotografie zu erblicken. Ebensowenig wie heutzutage ein Fotograf auf den Gedanken verfiele, eine Madonna abzulichten, hätte sich ein mittelalterlicher Auftraggeber – ohne seinen Anstoß wäre übrigens kein Maler zu Werke geschritten – bei einem der selbständigen Gewerbetreibenden in den diversen Zünften ein Gemälde bestellt mit einer Landschaft, einer Bauernszene oder einem Blumenstrauß als Motiv. Doch auch die prallen Darstellungen des alltäglichen Lebens, die vielen Szenen aus dunstigen Kneipen mit trinkenden und grölenden und Karten spielenden Bauerntölpeln, die heroischen Landschaften oder die üppigen Stilleben – die bevorzugten Bildgegenstände des niederländischen 17. Jahrhunderts – waren nicht um eine konkrete Wiedergabe der empirisch erfahrbaren, der sichtbaren Wirklichkeit bemüht. Sie erfüllten, je nach sozialer Stellung ihrer Auftraggeber oder Käufer, so profane Zwecke wie Erbauung oder Ergötzung, sie sollten das Selbstwertgefühl der herrschenden Schichten demonstrieren, den gesellschaftlichen Gegner mit den Mitteln der Satire bekämpfen oder auch verhohlene Neugier auf exotische Erlebnisse erregen. Die niederländischen Bauern hätten sich in den berühmten Bauernbildern von Breughel, Brouwer, Ostade und Steen vermutlich nicht wiedererkannt. Jedenfalls hingen ihre »Konterfeis« nicht in ihren Hütten. Sie hingen in den Bürgerhäusern und komplettierten, echt oder in Kupfer gestochen, die Sammlungen fürstlicher Herrschaften. Gottlob sind wir nicht wie jenes Bauernpack, mag sich wohl mancher Betrachter dieser vermeintlichen Lebensbilder gedacht haben. Es wäre also weitgehend unangemessen, die Kunstwerke der Vergangenheit, wie greifbar sie uns im einzelnen auch erscheinen mögen, nach ihrem Wirklichkeitsgehalt zu beurteilen. Umgekehrt heißt das aber nicht, daß sie mit der jeweiligen Wirklichkeit ihrer Zeit nichts zu tun gehabt hätten. In jedem Kunstwerk spiegelt sich jedoch viel nachdrücklicher der Geist einer Zeit als deren materielles Substrat, deren bloße Zuständlichkeit, spiegelt sich jene nicht fixierbare Sphäre aus Hoffnungen und Sehnsüchten, Träumen und Ängsten, Vorstellungen und Phantasien, Wünschen und Verlockungen, die uns umtreibt; eine metaphysische Welt, abgehoben von der empirischen Wirklichkeit, die diese in welcher Form auch immer durchdringt. In einem Kunstwerk manifestiert sich infolgedessen nicht nur eine Welt eigener Gesetzlichkeit, sondern zugleich eine Gegen- oder Über-Wirklichkeit, eine andere Welt als die, die wir ›Kinder der Aufklärung‹ mitunter für die einzig mögliche halten. Andere mögliche Wirklichkeiten scheinen im Kunstwerk auf. Aber sie erschließen sich nicht ohne emotionelles und intellektuelles Zutun der Betrachter. Kunstwerke deuten, anstatt alles haarklein zu erzählen, sie lassen vieles offen, was wir mit Hilfe unserer Phantasie ergänzen müssen, sie scheuen auch nicht vor Doppeldeutigkeiten zurück, verlieren sich allerdings nie im Beliebigen. Keine künstlerische Technik, kein Medium – so scheint es uns gegenwärtig – als die Zeichnung ist dafür besser geeignet.

Wie aber mit diesem zart klingenden Instrument in einer Wirklichkeit reüssieren, deren konkurrierende Bilderwelten einander zu übertrumpfen suchen? Mit einer Flöte gegen das Gebrüll von Pauken und Trompeten? Bilder, wohin wir schauen; und längst haben sie sich wie ein Filter vor die empirisch erfahrbare Wirklichkeit gelegt und lassen nur die Eindrücke passieren, die dem Bild, das sie von der Wirklichkeit entworfen haben, entsprechen. Fotografische Bilder, filmische Bilder, die Bilder des Fernsehens. Üben sie nicht eine schier überwältigende Macht auf unsere Vorstellungskraft aus, manipulieren unsere Wahrnehmungen? Nun – zunächst ist das nicht weiter bemerkenswert. Bilder haben stets die Wahrnehmung derer, die sie betrachtet haben, geformt. Bemerkenswerter ist schon, daß die Bilder technischer und elektronischer Herkunft unsere Phantasie in einem Maße zu okkupieren und absorbieren drohen, daß wir aufpassen müssen, um Sein nicht mit Schein zu verwechseln. Denn messen wir nicht in Wahrheit den ›Wirklichkeitsgehalt‹ eines Kunstwerkes, zumal, wenn wir uns den zeitgenössischen Kunstwerken nähern, an Kriterien, die unserer selbstverständlichen Kenntnis des fotografischen Weltbildes entspringen? Dabei besteht kein Zweifel daran, daß sich gerade in Bildern der Kunst niederschlägt, wie die Menschen der verschiedenen Kulturkreise die Wirklichkeit angeschaut, gleichzeitig aber auch, wie sie sich die Wirklichkeit auf optischem Wege angeeignet haben. Die Bilder setzen gewisse Prioritäten. Was wichtig oder nicht wichtig für eine Gesellschaft ist – in ihren Bildern können wir es entdecken. Zwar liefern die Bilder dem heranwachsenden Individuum keine Rezepte für die richtige Ansicht der Dinge, aber sie prägen die menschliche Wahrnehmung, strukturieren sie gleichsam, wie ebenfalls das Alphabet, das wir mühevoll lernen und das eine bestimmte Haltung gegenüber der Außenwelt vorprogrammiert, mögliche andere Haltungen dagegen von vornherein nicht zur Geltung gelangen läßt. So liegt es in unserer Zeit wahrscheinlich nicht am fehlenden Wirklichkeitsgehalt der Bilder zeitgenössischer Kunst, daß von einer Kluft zwischen Kunst und Wirklichkeit die Rede geht, die auch niemand ernsthaft bestreitet, sondern daran, daß unser Wirklichkeitsempfinden vornehmlich durch die Allmacht der fotografischen und elektronischen Bilder beherrscht wird: daß – mit anderen Worten – der Graben zwischen zeitgenössischer Kunst und Medienwelt breiter und tiefer ist als der zwischen Kunst und empirisch erfahrbarer Realität.

Bernhard Kerber

Hans Arps *Sculpture à être perdue dans la forêt*

In seinem *Eupalinos* läßt Paul Valéry den Sokrates über ein »eigentümliches Schwanken« zwischen seinen »Seelen« berichten. »Der Zufall kam, mir das zweideutigste Ding der Welt in die Hände zu legen, und die unendlichen Überlegungen, zu denen es mich veranlaßte, konnten mich ebensogut zum Philosophen machen, der ich war, wie zum Künstler, der ich nicht gewesen bin.« Es handelt sich um Strandgut »von der reinsten Weiße, geglättet, hart, zart und leicht.« »Wer hat dich gemacht, dachte ich. Du erinnerst mich an nichts, gleichwohl bist du nicht gestaltlos.« »Ob dieses eigentümliche Ding das Werk des Lebens sei oder ein Spiel der Natur, ich konnte es nicht entscheiden [...] und dann auf einmal warf ich es zurück ins Meer.«[1] Der Gegenstand wird Anlaß zu Überlegungen, die als Spiel zwischen construire und connaître der Unentschiedenheit des sokratischen Selbstbewußtseins entsprechen.[2] Sokrates entzieht sich exakter Beschreibung, denn diese würde die Potentialität des Gegenstandes eingrenzen. Phaidros treibt auf seine Weise den Gedanken voran, indem er die Arbeit des Künstlers gerade hinsichtlich der Dimension der Zeit in Gegensatz zur Wirksamkeit der Natur setzt: »[...] die Arbeit des Künstlers muß in der Endlichkeit der Zeit die Objekte schaffen, für die sich die Natur die Unendlichkeit der Zufälle und der Zeit vorbehalten hat.«

»Die Situation als ganze widersetzt sich der antiken Ontologie, die das Problem der natürlichen oder künstlerischen Herkunft eines Gegenstandes für eine immer entscheidbare Frage halten mußte.« Sokrates muß nun »seinem Naturbegriff die moderne Komponente der Evolution und einer faktisch nur im Zeitschritt faßbaren Zuständlichkeit hinzufügen. Nur so gewinnt er ein Verhältnis von Natur und Kunst, in dem eine Äquivalenz der Produkte bei radikaler Differenz der Genesen möglich ist.« Nachdem Sokrates das objet ambigu dem Meer zurückgegeben und er sich für die Philosophie entschieden hat, bleibt ihm die Frage »nach der Klassifizierbarkeit als Naturprodukt oder Artefakt. Aber indem er sich von dem diese Frage provozierenden Gegenstand getrennt hat, hat er zugleich eine andere Möglichkeit verloren, sich unmittelbar ästhetisch zu ihm zu verhalten, ihn gerade in seiner Unbestimmtheit stehen zu lassen und zu genießen.«

Aufgefaßt wird die Kunst hier als die »Teleologie, die der Ateleologie der Natur entgegengesetzt wird und sie zu überwinden, in ihre Ordnung zu zwingen hat.« »Die Schöpfungen des Menschen gründen in dem Konflikt seiner Ordnung mit der Ordnung der Natur und auf der Ökonomie, die Bedingung dafür ist, daß der Mensch seinen Gedanken gegen den der Natur durchzusetzen vermag.«

Valérys Bemerkungen können – teilweise – als Interpretament für Hans Arps *Sculpture à être perdue dans la forêt* (Skulptur im Walde auszusetzen, 1932) dienen (Abb. 1, 2).[3]

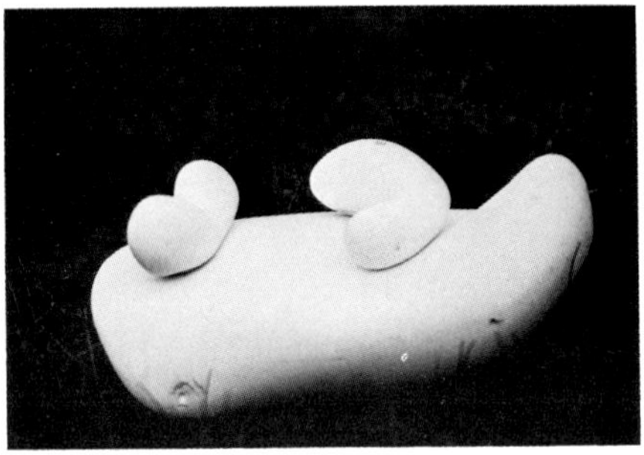

Abb.1, 2 *Hans Arp, Sculpture à être perdue dans la forêt, 1932. Gips. Fondation ARP, Clamart*

Obwohl sie noch vier Jahre später in der Monographie Brzekowskis[4] unter dem Titel *Configuration* aufgeführt wird, erinnert ihr späterer Name – wann er erstmals auftaucht (vielleicht 1953) konnte ich nicht exakt ermitteln[5] – an eine Aktion, die Arp wie folgt beschreibt: »Avec mon ami, le poète Bryen, autrefois, nous nous promenions dans la forêt et déposions certaines de mes œuvres, ça et la, dans l'herbe, sur les arbres. J'imaginais les gens qui les trouvaient. ›Est-ce là, diraient-ils, le travail d'un oiseau?‹«.[6] Erfunden werden also in diesem Fast-Versteckspiel reziproke Fundobjekte, deren Qualität als Erfundene uneindeutig bleiben soll, welche die Kunstgeschichte als eine homologe Fiktion zur Naturgeschichte veranschaulichen, die Valérysche Unterscheidung also beleben wollen.

Den ursprünglichen Werktitel *Configuration* verwendet Arp sehr häufig und benutzt ihn synonym mit dem ebenso häufigen *Constellation*. In der Zeitschrift »transition« gibt Arp unter der Rubrik »transition's revolution of the world dictionary« eine Definition: »Configuration (Hans Arp) Schöpfung, welche die bilder und läute [sic!] des unbewußten ohne die mittel des rationellen zusammenfügt«.[7] Auf das Unbewußte werden wir im Zusammenhang mit dem Surrealismus zurückkommen.

›Configuration‹ wie ›Constellation‹ verweisen auf die eigentümliche, mehrteilige Form der Arbeit. Stefanie Poley, die genaueste Interpretin des Arpschen Werks, deutet diesen Sachverhalt als Analogie zum Zufallsprinzip. »Das faktische Unverbundensein ist die Voraussetzung für die formale Unverbindlichkeit der Anordnung. Beliebige Variabilität ist die gewollte Folge, man kann in ihr eine Nachahmung des natürlichen Umherliegens etwa von Steinen in der Landschaft sehen.«[8] »Die Nähe dieser Arbeiten zu in der Natur vorkommenden Bildungen hat [schon zuvor; Verf.] Carola Giedion-Welcker dazu veranlaßt, eine von ihnen mit einer wirklichen Landschaftsformation zu vergleichen. Sie stellte in ihrem Buch *Moderne Plastik* die Abbildungen von *Trois objets desagréables sur une figure* und von dem Gletschergarten in Luzern gegenüber (S. 88 und 89 [bezieht sich auf die Abbildungen von Carola Giedion-Welcker; Verf.]). Der Vergleich ist frappant, denn die riesigen, verstreut umherliegenden Geröllsteine verhalten sich zu dem vom Eis glatt geschliffenen, aber leicht gewellten Untergrund wie die kleinen Elemente in Arps Plastiken zu ihrer Trägerform. Es ist wahrscheinlich, daß Arp den Gletschergarten kannte, da er ja um 1911 einige Jahre in dem Luzern benachbarten Weggis lebte.«[9]

Carola Giedion-Welckers Vergleich zwischen Arps Skulptur und den Naturformen des Gletschergartens wiederum ist vermutlich durch ein wichtiges Ereignis in der Geschichte der modernen Plastik inspiriert, wir meinen die Zusammenarbeit von Alberto Giacometti und Max Ernst. Ernst schreibt im Sommer 1934: »Alberto und ich sind vom plastischen Fieber befallen. Wir bearbeiten große und kleine Granitblöcke aus den Moränen des Fornogletschers. Durch Zeit, Eis und Wetter wunderbar abgeschliffen sehen sie schon an sich phantastisch schön aus. Da kann die Menschenhand nicht mit. Warum also nicht die große Arbeit den Elementen überlassen und uns begnügen, runenartig unsere Geheimnisse in sie einzuritzen?«[10] Und er betont: »Ces objets trouvés invitent, par leur beauté et par certaines inégalités de forme, à être transmués et interprétés«.[11] »Auf formaler Ebene benutzt Ernst die Steine getreu seinem Programm der wechselseitigen Auslotung der Mediengrenzen, und praktiziert die verschiedenen Möglichkeiten malerischer, reliefhafter und plastischer Bearbeitung«.[12] Das Erfinden ergänzt also das Finden.

Johannes auf der Lake nennt Ernsts Arbeiten »Funktionalisierte Objets trouvés«[13] und unterscheidet sie damit deutlich von Christian Kellerers[14] Definition der Fundstücke als nicht mehr unter Mitwirkung der gestaltenden Hand, sondern allein vom Auge vollzogene Wahl erlebnisauslösender vorgegenständlicher Strukturen im Sinne eines vom Auge gelenkten Zufalls.

Für objets trouvés dieser Art beruft sich Arp auf ostasiatische Traditionen: »Un empereur de Chine, il y a des milliers d'années, envoyait ses artistes chercher, jusque dans les contrées lointaines, des pierres aux formes rares et fantastiques qu'il collectionnait et plaçait sur un socle aux côtés de ses vases et ses dieux.«[15] Deutlich wird in dieser Äußerung Arps allerdings auch das auffallend Bizarre, welches die für Arps Werke intendierte Rückführung dieser ungewöhnlichen Findlinge in die Natur gerade erschweren würde. Der isolierende Prozeß des Findens und Aufsockelns ist in Ostasien nahezu irreversibel.

In Berichten Stefanie Poleys wird Arps Umgang mit Natursteinen noch exakter faßbar. So unternahm Arp einen »Versuch mit einem von André Mounier gefundenen Stein [...], der ihm als Ausgangspunkt zu einer tatsächlichen, wenn auch nicht vollendeten Plastik gedient hat. Von dem Stein ließ Arp um 1960 einen Gipsabguß anfertigen, den er anschließend bearbeitete (Kat. Nr. 104). Die quer über eine Längsseite verlaufende, mit der Säge ausgeführte Kerbe sowie das mit der Feile behandelte Oberflächenstück im Anschluß daran zeugen von den Veränderungen.« Ähnlich verhält es sich »beim 1960 in dem Fluß Ardèche, wiederum von André Mounier, gefundenen großen Stein [...], den Arp nur geringfügig verändert und mit den Worten, das könnte man jetzt fast als einen Arp betrachten, auf einen kleinen Sockel plaziert und wie seine Plastiken im Garten aufgestellt haben soll, wo er sich noch heute befindet. Der Stein, in die Vertikale aufgerichtet, trägt wirklich eines der häufigsten Stil-Merkmale Arpscher Plastiken, nämlich das Aufeinander-Bezogensein der beiden Längsseiten, das in der Höhlung der einen und der Vorwölbung der anderen Seite besteht.

Abb. 3
Raimer Jochims, Heraklit 79/44, 1979–84. Granit auf Holz

Dennoch haben wir in diesem ›Objekt‹ eher eine späte humorvolle Paraphrase auf das surrealistische ›objet trouvé et interprété‹ zu sehen.«[16]

Ein aufschlußreiches Gegenbeispiel können in diesem Zusammenhang die »Steine« von Raimer Jochims liefern (Abb. 3). »Ihr Ausgangspunkt besteht in einem Findling [...], der aber bereits eine Form und eine, im Verlauf der Naturgeschichte gewachsene Gestalt hat. Der künstlerische Eingriff akzeptiert, ja sucht die Vorgabe, wenn er darauf hinarbeitet, die gegebene Form des Steins zu optimieren. Es geht nicht darum, ihn zum Substrat einer ausgedachten Gestaltung zu machen [...]. Der Künstler wird zum Ermöglicher, zum Medium einer im Stein bereits angelegten Form und Vollendung [...]. Freilich hat die Bearbeitung dort ihre Grenzen, wo sie dem Steine seine Eigenart nähme, ihn um seine angestammte Physiognomie brächte [...]. Die Arbeit des Künstlers verschafft so gerade einem Gebilde Identität, dem wir sie ansonsten in einem emphatischen Sinne absprechen würden [...]. Die Arbeit am Stein ist eine Arbeit an der Identität des Menschen. Nicht nur für den Künstler, sondern auch für denjenigen, der sie nachvollzieht. So gesehen sind die Steine Figuranten, Darsteller [...]. Zugleich gibt der Sockel dem Stein ein Maß, indem er ihm ein Feld seiner Sichtbarkeit und seiner stillen Existenz zuweist.«[17]

Es gilt, hier zu sehen, wie der Anspruch, die »perfetta forma intenzionale della natura« (Zuccari) zu realisieren, gerade die Renaturalisierung des Gegenstandes unmöglich macht, was die auratische Isolierung mittels des Sockels unmittelbar veranschaulicht. Jochims steht in einer idealistischen Kunsttradition, er will einfühlend steigern, die Naturgeschichte in die Kunstgeschichte überführen. Ihm fehlt die Demut der Arpschen natura naturans, die Naturfrömmigkeit, er verharrt auf der Ebene der antiken Ontologie.

Arps Arbeit hingegen erhebt die Rückführung von Kunst in Natur zum Programm. Die Grenzen beider Begriffe lösen sich auf. Finden und Erfinden nähern sich einander an. So erklärt Arp: »Je pense que la nature n'est pas en opposition avec l'art. L'art est d'origine naturelle et se sublime et se spiritualise avec la sublimation de l'homme.« »Nous ne voulons pas copier la nature, nous ne voulons pas reproduire, nous voulons produire comme une plante qui produit un fruit et ne pas reproduire, nous voulons produire directement et non par truchement.«[18]

Arp bleibt für seine Arbeit aber immer bei der Analogie der kreativen Vorgänge in Natur und Kunst, er sieht die Homologie, beharrt aber auf einer spezifischen Differenz für Produktion wie Rezeption: »Meine Reliefs fügen sich natürlich in die Natur ein. Bei näherer Betrachtung jedoch lassen sie erkennen, daß sie von Menschenhand geformt sind, darum nannte ich einige unter ihnen ›Stein von Menschenhand geformt‹.«[19] Die naheliegende Tautologie mit der Natur wird also vermieden.

Naturnähe und Naturferne werden bei Arp faßbar im Begriff der »Concrétion humaine«. »Alles, was ist, ist ›Concrétion‹, also auch die Kunst, nur möchte sich die Kunst von der Natur entfernen, und diese Spaltung, diesen tragischen Riß bezeichne ich mit ›humaine‹.«[20]

Die formalen Bedingungen der Parallelisierung von Kunstwerk und Naturprodukt müssen genannt werden. Förderlich für die Renaturalisierung des Kunstobjekts ist eine Präsentation »ohne Standfläche«, »indem das ›Wie‹, die Frage mit welcher Seite die Plastik sich selbst repräsentiert, dem Zufall, das heißt genauer, der Laune des Besitzers überlassen wird. Die Positionen der Plastik sind nicht durch die Einfügung einer Fläche oder Abplattung oder eines ähnlichen Elementes, auf dem die Plastik stehen könnte, vom Künstler vorherbestimmt, allenfalls hat dieser bei der formalen Konzeption auf eine möglichst große Variationsbreite der Positionen geachtet. Voraussetzung für die Vielzahl der möglichen Stellungen ist, daß es kein Oben und Unten, keine Haupt- und Nebenansichten der Plastik gibt.«[21]

Die Naturnähe macht Arps objet ambigu im Sinne der Analogie inhaltlich betrachtbar und so zum Reflexionsgegenstand. Für Jane Hancock vermitteln die Kurvenformen »zugleich die Expansionskraft von Wachstum und die Abnutzungs- und Abrundungskraft von Erosion und Verfall«.[22] Harriet Watts spricht sogar von Arps Bedürfnis, »Tod und Auflösung in den tatsächlichen Kompositionsvorgang des Kunstwerks einzubeziehen«. Für sie war »das Kompositionsprinzip der Konstellationen [...] eine Antwort auf das Problem, das sich Arp selbst stellte: Wie können die Kräfte des Zerfalls und der Auflösung innerhalb des Kunstwerks in Energien der Formrückgewinnung verwandelt werden?«[23]

Arp selbst knüpft diese Thematik an seine Biographie: Im Mai 1929 starb seine Mutter. Der Künstler fühlte sich tief betroffen und versuchte, das Erlebnis künstlerisch zu verarbeiten: »en créant l'image je tentais alors d'y incorporer sa disparition et sa mort, de composer avec elle«.[24] »Das Menschenwerk erschien mir nun noch geringer als Stückwerk [...]. Der Zerfall, der gleich nach der Beendigung einer Arbeit einsetzt, wurde von mir willkommen geheißen [...]. Das Sterben des Bildes brachte mich nun nicht mehr zur Verzweiflung. Ich hatte mich mit dem Vergehen, mit seinem Tode abgefunden und ihn in das Bild mit einbezogen. Der Tod aber wuchs und fraß das Bild und das Leben auf. Dieser Auflösung hätte die Verneinung jeder Handlung folgen müssen. Gestalt war zur Ungestalt geworden, das Endliche zu Unendlichem, das Einzelne zu Ganzem.«[25]

Arps Metamorphosen sind aber keine Vanitasbilder, ihnen fehlt das moralisierende Memento mori. Ihre Renaturierung wird als Trost, als Einbettung in einen überindividuellen Kosmos erfahren. Es muß positiv uminterpretiert werden, wenn Stefanie Poley schreibt, die »Ensembleplastiken« könnten »natürliche Gegebenheiten lediglich nachahmen. Ein tatsächliches Aussetzen in der Natur ist außer im Gag einer einmaligen Aktion nicht realisierbar, da sich diese Plastiken wegen ihrer Kleinheit verlieren und wegen der Unverbundenheit der Elemente in ihre Bestandteile auflösen würden.«[26] Zu Recht schreibt Aimée Bleikasten: »au geste destructeur, qui mime la mort pour mieux la réduire, vient se substituer le geste créateur, générateur de vie. L'on comprend dès lors pourquoi dans le titre ›träume vom tod und vom leben‹, ›vie‹ vient après et non avant ›mort‹.«[27]

Arp hat aber einen neuen Inhalt in dem »festgelegten, jedoch unregelmäßigen Kreislauf von natürlichem Wachstum und Verfall gefunden.«[28] Seine Arbeiten »beschwören die natürlichen Zyklen des Keimens, Wachsens, Reifens, Verfallens und der Erosion herauf. Die Formen und Gesamtkompositionen neigten dazu, annähernd die Gestalt von Ovalen anzunehmen, seinen bevorzugten ›Symbolen der Metamorphose und des Werdens der Körper‹. Die Natur bedeutete für Arp ewige Zyklen der Verwandlung.«[29] In einem Zitat von 1917 wird die Verknüpfung von Form und Inhalt mit dem objet trouvé deutlich: »In Ascona zeichnete ich mit dem Pinsel und mit Tusche zerbrochene Zweige, Wurzeln, Kräuter und Steine, die der See ans Ufer geschwemmt hatte. Schließlich vereinfachte ich diese Formen und vereinigte ihr Wesen in bewegten Ovalen, Symbolen der Metamorphose und des Wesens der Körper«.[30] »Strandgut ist schön, aber es ist Natur«, sagt Arp. Natur wird von ihm verstanden als »nicht künstlerisch Gestaltetes«. »Ein Objekt wird nur menschlich, wenn der Mensch alle seine Fähigkeiten darauf verwendet.«[31] »Er betont damit den Prozeß des Machens und grenzt sich von Marcel Duchamp und der Surrealisten objet trouvé ab, welches ›menschlich‹ ist, weil es ein Relikt einer vergangenen menschlichen Tätigkeit, eines betimmten Gebrauchs oder eines Ereignisses ist.«[32] Ein Spurensicherer ist Arp nicht.

Wenn nun Stephanie Poley[33] schreibt, auf der »Naturhaftigkeit anstelle einer Naturähnlichkeit« beruhe die große Mehrdeutigkeit der plastischen Formen Arps, die dem Betrachter beliebig viele Assoziationsmöglichkeiten mit aus der Natur bekannten Formen vermittelt – »In der von ihm gewollten Mehrdeutigkeit liegt für Arp der Ausdruck psychischen Erlebnisinhalts beschlossen« – dann finden wir hier den Anknüpfungspunkt für eine weiterführende Interpretation.

Kellerer beschreibt das objet trouvé als »spontane Begegnung mit unbegrifflich erlebten Dingformen als elementar-sinnlichen optischen Strukturen von jeweils stimmungsangepaßtem Erlebnisgehalt.«[34] Die individuelle Disposition des Findens führt also zur Isolation des Gefundenen. Kellerer bemerkt dann auch: »Aus dem individuell betonten Ansprechen auf bestimmte Merkzeichen und Merkzeichenkomplexe, die mit der persönlichen Erlebnisstruktur und dem damit verbundenen Erlebnisrhythmus korrespondieren, erwächst nicht

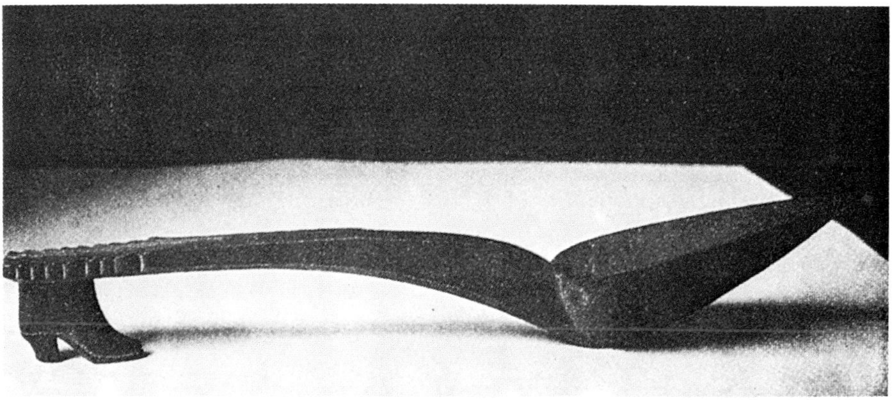

Abb. 4 Man Ray, Holzlöffel. Aus: André Breton, L'Amour fou, Paris 1937

nur die Formensprache des Künstlers, sondern jeder Ausdruck überhaupt [...]. Wird in einem Individuum die assoziative Verknüpfung gewisser äußerer Wahrnehmungskomplexe und innerer Erlebnisabläufe so intensiv, daß eine Vorstellung die andere zwangsläufig auslöst, so kann man von einem Individualsymbol sprechen [...]. Im Schichtenbild der Person läßt sich die Wirkung eines Individualsymbols ebenso wie die eines Kollektivsymbols als ein schichtenübergreifendes Vorstellungserlebnis [...] beschreiben.«[35] Der Symbolgehalt der Arpschen Arbeit bestand in der Metamorphose. Ihre psychologische Struktur wollen wir mit dem surrealistischen objet trouvé vergleichen.

Das objet trouvé des Surrealismus kristallisiert sich in jenem Holzlöffel, den Breton[36] und Giacometti gemeinsam entdecken (Abb. 4). Erst später erkennt Breton nicht nur den dem Stiel angeschnitzten kleinen Schuh, sondern assoziiert zur Gesamtform des objet trouvé einen Pantoffel. Und er erinnert, vor einiger Zeit beim Erwachen als Rest aus der Traumwelt das Satzfragment »le cendrier cendrillon« (der Aschenbecher, Aschenputtel) und den dringenden Wunsch nach einem gläsernen Pantoffel zurückbehalten zu haben. Gerade die Strukturunvollkommenheit des Fundgegenstandes im Vergleich zu dem an sich gesuchten Ding aktiviert das Erlebnis des individuellen Bedeutungsgewichts der ansprechenden Struktur, das den Finder nicht nur das Gemäße herauslesen, sondern auch das Ungemäße übersehen läßt.[37] Breton geht in seiner Selbstanalyse noch weiter: »Aschenputtels Pantoffel kommt in unserer Märchenwelt die Bedeutung des verlorenen Gegenstandes zu«. »Wenn ich mir den Augenblick zurückrufe, in dem ich vom Verlangen nach seiner künstlerischen Verwirklichung und nach seinem Besitz ergriffen wurde, ist es leicht zu erkennen, was er für mich symbolisierte, eine einzige unbekannte Frau.«[38] Der Fundgegenstand dient also zur Bewußtmachung des libidinösen Verlangens. Die Bedeutung der objets trouvés beruht auf ihrer katalysierenden Funktion. Nicht sie selbst sind das Ziel der menschlichen Begierden, sondern das durch ihre Struktur Bewußtgemachte, das bis dahin als Idee im Unterbewußtsein verankert war und nicht in das Bewußtsein selbst vordringen konnte, da ihm ein Anstoß aus der Welt der realen Dinge fehlte. In quasi materialer Eidetik handelt es sich also um die Verknüpfung der optisch erfahrbaren Welt mit der subjektiven Erfahrung assoziierender Erinnerung unter metamorpher Aufhebung der Identität des Gegenstandes. Phantasmagorien des Unbewußten kongruieren in einer Art Animismus mit den Objekten des Alltagslebens. Die Affekte schälen aus dem Gebrauchswert die Allusionen zur gleichsam alchemistischen Interkommunikation der Objekte heraus. Die Vorgänge der Empfindung, der Erinnerung und der Assoziation werden in diesen Deutungsvorgang integriert. Es handelt sich also um eine Angleichung zwischen dem ausgelösten Empfindungskomplex und den mitgebrachten Engrammen, die als Deutung statt als Wahrnehmung erfahren wird.

Bretons objet trouvé erfüllt die Funktion des Fetischs. Es macht die latenten Wünsche manifest. »Das sexuelle Bedürfnis und sein Befriedigungsangebot werden entspezifiziert.«[39] Fetischistische Libidobindungen schaffen einen Individualsymbolismus, der im Widerspruch zur kollektivkulturellen Wertung gerät und dem Individuum eine eigene Wertwelt schafft, die sich für den Betroffenen bei einem gewissen Intensitätsgrad sehr störend auswirken kann, da sie die Kommunikation mit der Umwelt abschneidet. Die Konturen des Banalen werden als Vexierbild entziffert. »Aus den Elementen des Bekannten Unbekanntes zu finden, setzt voraus, daß Bekanntes, von seinen Funktionen befreit, auf Strukturen reduziert wird, die dann vieldeutig sind und in neue Kontexte eintreten können, wo sie weiterhin zwischen mehreren Bedeutungsvarianten [...] vexieren.«[40] Das Objekt als äußere Kausalität trifft dabei mit der inneren Finalität des Wählenden zusammen, vorgestellte und äußerliche Erscheinung sind austauschbar. Die Trouvaille ist Ausdruck der Interferenz von Wachen und Traum. Dieser Analogieschlüssel zwischen Introspektion und Extraversion soll durch die Auflösung von Antinomien ein intensiveres und sinnvolleres Leben in einem integralen Sein ermöglichen. Die Surrealisten sind mit solchen Gewißheiten mehr der Psyche als den Dingen auf der Spur.

Angewandt auf Arp lautet die These nun: In dem Maße, wie Arp nicht prinzipiell zwischen echten und fingierten objets trouvés unterscheiden muß, da sein Formprinzip »wie die Natur« ihm diese fließenden Übergänge erlaubt, befreit er das fiktive objet trouvé von der ihm ursprünglich anhaftenden psychisch-fetischistischen Besetzung und ermöglicht ihm damit seine Renaturierung. Finden und Erfinden sind austauschbar, ja identisch. »Ich wünschte, daß mein Werk seinen bescheidenen, anonymen Platz in den Wäldern, den Bergen, in der Natur fände.« »Die Kunst soll sich in der Natur verlieren. Sie soll sogar mit der Natur verwechselt werden.«

Indem Arp seine Skulptur renaturiert, verfährt er reziprok zu Valérys Sokrates, der den zweifelhaften Gegenstand ins Meer wirft, weil er ihn gerade nicht zum Kunstprodukt erheben kann. Sokrates verwirft den Transzendenzcharakter des objet ambigu, weil es für ihn nur die tatsächliche Welt gibt. »Zugleich wird klar, was eigentlich das im ästhetischen Genuß Genießbare ist. Das ästhetisch-rezeptive Subjekt genießt nicht den Gegenstand als solchen, und kein Moment an ihm, sondern durch den Gegenstand hindurch bzw. an ihm sein eigenes Nichteingeschränktsein durch die faktische Welt, seine Freiheit gegenüber dem ›Gegebenen‹. Das ästhetische Objekt ist, von der Welt her betrachtet, das Unwahrscheinliche, vom Bewußtsein her ist es angesichts der Unbestimmtheit des Möglichen gegen die Endlichkeit der Wirklichkeit das schlechthin Wahrscheinliche, dessen Ausbleiben das Faktische in den unerträglichen Verdacht des Notwendigen setzt.«[41]

Ulrike Krenzlin

Über Johann Gottfried Schadows Denkmal *Luise und Friederike von Preußen.* Versuch, einen radikalen Demokraten für Prinzessinnen zu interessieren

I

In dem Aufsatz ›Die fürstlichen Schwestern‹, der 1798 im Frühjahrsheft der »Jahrbücher der preußischen Monarchie unter der Regierung Friedrich Wilhelm des Dritten« erschienen war, fragt ein mit ›Tb‹ zeichnender Autor, ob die Begeisterung, die Johann Gottfried Schadows (1764–1850) Prinzessinnengruppe *Luise und Friederike von Preußen* (1797, Abb. 1–3) in der vorjährigen Herbstausstellung der Akademie der Künste zuteil geworden ist, den dargestellten jungen Frauen oder Schadows »Kunst« gegolten habe. Am Ende glaubt ›Tb‹, daß sich mehr vom »Bildnis entzückte Patrioten« als solche, die etwas vom »Genuß der Kunst« verstehen, zu Wort gemeldet haben, weil letzteren das »göttliche Eigenthum weniger ist«. Zur Frage, ob dieses Kunstwerk »fremde Nationen in künftigen Jahrhunderten« interessieren wird, meinte ›Tb‹, auch wenn »dieser doch endlich zerstäubende Stein« nicht mehr vorhanden sein wird, werden die »Häuslichkeit, Milde, Wohlthätigkeit, Güte« der Luise in der Geschichte bleiben. Für sein eignes Urteil über Schadows Werk erfand ›Tb‹ das Wort »Zauberkunst«, in der »höchste menschliche Schönheit« und ein in »Reiz, Größe und Stellung« den Griechen vergleichbarer Kunstwert miteinander verschmolzen seien. Auch der Kritiker Karl August Böttiger, der das Werk im Sommer des Jahres 1797 in Schadows Atelier gesehen hatte, versprach dem Künstler noch vor Ausstellungsbeginn: gelänge es ihm, »diese jugendlich schlanken Figuren in einer gefälligen Draperie und mit Porträtähnlichkeit neben einander zu stellen, so war das im Voraus bestochene Publikum zufrieden und bewunderte das Werk mit der Liebe zum Originale.«

Spätestens an dieser Stelle zeitgenössischer Erörterungen darüber, ob die Vorzüge des Werkes im Sujet oder in seinem Kunstwert liegen, würde der Kunsthistoriker der Gegenwart Einspruch erheben. Das Kunstwerk gilt heute als ein singuläres Denkmal des deutschen Frühklassizismus, die »beiden hohen Frauen« (Schadow) sind für unser heutiges Urteil kaum mehr der Rede wert. Luise von Preußen (1776–1810, Abb. 4) und ihre jüngere Schwester Friederike (1778–1841, Abb. 5) waren, gemessen an den für gewöhnlich bei Einheiraten in ein Herrscherhaus genau abgewogenen dynastischen Interessen, im Grund genommen unbedeutende Prinzessinnen. Wenig gebildet, sind diese beiden Halbwaisen, zwei von zehn Kindern Karls II., des späteren Großherzogs von Mecklenburg-Strelitz, bei ihrer Großmutter, der Landgräfin von Hessen-Darmstadt, in Darmstadt aufgewachsen. Die Verbindung zum preußischen Königshaus knüpfte Friedrich Wilhelm II. Er war so »frappiert von ihrer

Abb. 1 Johann Gottfried Schadow, Luise und Friedrike von Preußen, Doppelstandbild, 1795–97. Marmor, Höhe der Figuren: 172 cm, Sockel: 72 cm. Berlin (DDR), Nationalgalerie (Staatliche Museen)

Schönheit«, daß er für seine Söhne, den Kronprinzen Wilhelm III. (1770–1840) und Prinz Ludwig (1773–1796), um diese, wie er meinte, »beiden Engel« warb. Man könnte im Falle dieser Ehestiftungen am dynastischen Eigennutz des preußischen Königs zweifeln, nicht aber an seinem Geschmack für Frauen. Denn nicht nur durch Schadows Werk ist die Schönheit der Schwestern verbürgt. »Die Grazien selbst scheinen sie [die Schwestern, Verf.] von Kindheit an gepflegt, und [...] dem Verfertiger [Schadow, Verf.] [...][die] Magie des *schönen Idealen* [...] eingehaucht zu haben«, heißt es im »Journal für Kunst und Kunstsachen [...]« 1810. Aufgehoben haben diese Schönheit, von den bekannten Bildnissen der Malerei hier einmal abgesehen, auch zeitgenössische Dichter von hohem Rang. Goethe hielt die beiden Mädchen für »himmlische Erscheinungen, deren Eindruck auch mir [Goethe, Verf.] niemals verlöschen wird.« Friedrich de la Motte Fouqué beschrieb ihre »Anmuth«, Heinrich von Kleist widmete (der Königin) Luise mehrere (erst 1885 veröffentlichte) Gedichte. Im Herbstheft des erwähnten Jahrgangs der bei Unger erschienenen ›Jahrbücher der preußischen Monarchie‹, in dem Novalis' zweite Fragmentsammlung *Glauben und*

Abb. 2 Detail ohne Sockel

Abb. 3 Rückansicht

Liebe oder der König und die Königin zuerst veröffentlicht wurde, widmete der zur ersten Romantikergeneration Gehörige der Prinzessinnengruppe sein 31. Fragment. Als erster sprach er darin die Gefahr an, die dem Werk ein Jahr nach seiner Vollendung drohte: »Die Gruppe von Schadow sollte die gute Gesellschaft in Berlin zu erhalten suchen, eine Loge der sittlichen Grazie stiften und sie in dem Versammlungssaal aufstellen, wo sie eine Bildungsanstalt der jungen weiblichen Welt sein könnte. Königsdienst wäre dann, was der Gottesdienst dort auf ähnliche Weise sein sollte, echte Auszeichnung und Belohnung der trefflichsten ihres Geschlechts.« Novalis' Interpretation erschließt dem Werk drei Ebenen. Es wird der Erhalt eines offenbar gefährdeten Werkes gefordert, ein Aufstellungsort vorgeschlagen und eine Sinndeutung vorgenommen. Novalis sieht in Schadows Luise eigne Wünsche an ihre Darstellbarkeit erfüllt, denn er schreibt in seiner Fragmentsammlung, daß sie ihm wie das »zufällige Porträt« Nathaliens aus Goethes *Wilhelm Meister*, die wesensverwandte Lebensgefährtin des Romanhelden, vorkomme. Novalis erschloß dem Kunstwerk Schadows, zu einem Zeitpunkt, als diesem große Gefahr drohte, eine höchstmögliche Sinndeutung.

II

Schadow hatte das Denkmal als Auftragswerk für Friedrich Wilhelm II. geschaffen. Das für einen Innenraum konzipierte Doppelstandbild ist in der plastischen Gestalt und im bürgerlichen Anliegen vergleichbar mit Schadows frühen Männerstatuen, *Friedrich II.* (1792) und *Hans Joachim von Zieten* (1794). In allen drei Standbildern sind die Gewürdigten in ruhiger Pose, ohne äußere Affekte, im zeitgenössischen Kostüm und alle auf einem halblebensgroßen Sockel vorgestellt. Houdon hatte mit dem Sitzbild Voltaires dem neuartigen Schadowschen Denkmaltypus vorgegriffen. Er würdigte die Gestalt des Intellektuellen, mehr noch des Genies. Kühn war demgegenüber und auch im Verhältnis zu Schadows eignen Männer-Denkmälern die Darstellung zweier sich umarmender junger Frauen, die über keine anderen »Verdienste« verfügten, als über die von Novalis mit »sittlicher Grazie« umschriebene Jugend, Schönheit und Anmut.

Doch was passierte mit dem Werk? Gleich nach Ausstellungsschluß, nachdem das Werk wenige Wochen öffentlich zu sehen war, am 16. November 1797, starb der Auftraggeber

Abb. 4 Johann Gottfried Schadow, Luise von Preußen, Büste, 1798. Gips, Höhe: 58 cm. Berlin (DDR), Nationalgalerie (Staatliche Museen). Diese Büste zeigt Luise als Königin im Jahre 1798

Abb. 5 Johann Gottfried Schadow, Friedrike von Preußen, Büste, 1794. Gebrannter Ton, Höhe: 53 cm. Berlin (DDR), Nationalgalerie (Staatliche Museen)

und es erfolgte die Inthronisation Friedrich Wilhelms III. Das von Friedrich Wilhelm II. schon bezahlte Werk gelangte in Schadows Atelier zurück, wo es in einer Holzkiste verpackt liegen blieb. Das war insofern nicht auffällig, als im Vertragswerk nicht, wie in Schadows anderen Werkverträgen, ein Aufstellungsort vorgesehen war, was den Künstler selber zum kostspieligen Transport und zur technischen Installation verpflichtete. Das Zustandekommen des Denkmals war, wie seine Auftragsgeschichte zeigt, außerordentlich schwierig gewesen. Deswegen blieb der Auftraggeber wohl vorsichtig mit der Bestimmung eines Standortes. Als der neue König jedoch dazu lange nichts von sich hören ließ, beschwerte sich Schadow in einem Schreiben vom 27. Januar 1798, zwei Monate nach Ausstellungsschluß, bei ihm: Die Gruppe der »regierenden Königin Majestät, der Prinzessin Ludwig, Königliche Hoheiten darstellend, liegen immer noch verpackt, in meinem Atelier«. Schadow schlug als Aufstellungsort für die Plastik den Parolesaal und den Gelben Saal im Berliner Stadtschloß vor. Der König hielt den Künstler mit der Begründung hin, daß »Ich Euch zur Aufstellung derselben [Gruppe] noch Meine nähere Bestimmung mittheilen werde«. Daraufhin unterbreitete Schadow einen neuen Vorschlag für die Werkaufstellung, den ›Weißen Saal‹, wo die Hochzeiten des Königspaares und Friederikes mit Prinz Ludwig 1793 stattgefunden hatten. Der König bemerkte dazu, daß bei Aufstellung dieser Plastik für den ›Weißen Saal‹ Einsturzgefahr bestünde. Das Werk muß jedoch um diese Zeit von Schadows Atelier ins Schloß abgeholt worden sein, wo es in der Kiste verpackt weitere vier Jahre liegen blieb. Rigoros lehnte der König jede Aufstellung in seinen Fest- und Privaträumen ab, erst recht jede Form öffentlicher Darbietung. Anläßlich des Besuchs der Tochter des (1801) ermordeten Zaren Paul I., Helene, die in das Haus Mecklenburg-Strelitz eingeheiratet hatte, war im Herbst 1801 Schadows Werk in einem »Zimmer, ganz aus Rüsternholz« (J. D. Rumpf), der sogenannten Petit-Kammern im Erdgeschoß des Schlosses zur Lustgartenseite hin, aufgestellt worden. Dieses Zugestandnis konnte die Familie dem Konig offenbar abringen. Schadow erwähnt dieses Ereignis in seiner Autobiographie von 1805/06 (1808 veröffentlicht) nicht ohne Bitterkeit: »Diese Gruppe hatte durch den Schmutz der Mäuse, die in der Kiste genistet hatten, viel gelitten und der Marmor hat häßliche Flecken behalten.« Dieser erste Aufstellungsort muß denkbar ungünstig gewesen sein, denn bei Schadow heißt es weiter: »die Gruppe ist aber an eine Wand gestellt worden und [...] folglich schlecht beleuchtet.« Das Werk blieb bis zum Jahre 1893, in dem es erstmals im Berliner Stadtschloß eingeschränkt öffentlich gezeigt wurde, hinter Schloß und Riegel.[1] Es ist jedoch nicht nur jahrelang versteckt gewesen, seine Existenz wurde mit Verschwinden in der ›Mäusekiste‹ auch aus dem Bewußtsein der Öffentlichkeit getilgt. Novalis hatte 1798 die »gute Gesellschaft« aufgefordert, die »Gruppe [...] in Berlin zu erhalten«, was nicht gelang. Im Jahre 1810 gab es noch ein letztes Mal Anlaß, an die Prinzessinnengruppe zu erinnern. Im Februarheft des »Journals für Kunst und Kunstsachen, Künsteleien und Mode« erschien anläßlich der Rückkehr des Königspaares (24. 12. 1809) von Königsberg, wohin es vor Napoleon geflohen war, ein anonymer Aufsatz: »Luise, Preußens verehrte Königin und ihre Schwester Friederike«. Darin wird bedauert, »daß die vor 15 Jahren projectierte Ausführung, [des] auf dem Schlosse [...] befindlichen Modells in Marmor [durch den Tod des hochseligen Königs] verhindert

Abb. 6 Johann Gottfried Schadow, Modell der Prinzessinnengruppe (von hinten), 1795, Gips. Höhe: 172 cm. Berlin (DDR), Schinkel-Museum, Friedrichswerdersche Kirche

worden ist.« Dem Aufsatz ist zur Erinnerung ein Kupferstich nach einer von Schadow autorisierten Zeichnung mitgegeben.

Das heißt, im Bewußtsein der interessierten Öffentlichkeit war die Existenz dieses Kunstwerkes spätestens nach dreizehn Jahren ausgelöscht. Man wußte nur vom Gipsentwurf (Abb. 6). In einer am 5. Mai 1843 in Berlin von Schadow inszenierten Veranstaltung »Lebender Bilder« wurde am Anfang die Prinzessinnengruppe nachgestellt. Im dazu herausgegebenen Katalog schrieb er, daß die Gruppe »Hier wenigen der Anwesenden noch in Erinnerung [...], dennoch auf Alle einen angenehmen und Achtung erweckenden Eindruck« machte. Schadows resignierende Worte klingen so, als ob sein Werk damals schon zu den verschollenen Werken der (Kunst-)Geschichte gehört habe.

III

Was waren die eigentlichen Ursachen dieser Zurücknahme? Der Regierungswechsel zu Friedrich Wilhelm III. hatte gravierende Folgen für Schadows Kunst. Der neue König trug auf allen Ebenen die gegenüber der Politik seines Vaters angestauten Konflikte aus. Drei Hauptwerke Schadows fielen der neuen Kunstpolitik, allerdings mit unterschiedlichen Konsequenzen, zum Opfer: Das Grabmal des Grafen Alexander von der Mark (1790), der Entwurf eines Grabmals für Prinz Ludwig (1797/98) und die Prinzessinnengruppe (1795/97). Alle drei Werke stellen Personen aus der königlichen Familie dar. In bezug auf die mit der Prinzessinnengruppe dargestellten Frauen ließ sich folgendes (nicht aus der Schadow-Literatur) herausfinden. Das Bildwerk stellt Luise in ihrer Kronprinzessinnenzeit dar. Sie wird nicht ständisch und auch nicht als Herrscherin interpretiert. Nur wenige Monate nach Werkvollendung kam es zur Krönung als Königin von Preußen. Dem König hat Schadows Interpretation für eine öffentliche Darstellung nicht genügt. Zum Zeitpunkt der Krönung hatte sich auch die Stellung von Luises Schwester, Friederike, gewandelt. Sie war seit 1796 mit drei Kindern Witwe. Am 12. September 1797 schrieb die Gräfin Voß: »[...] jeder will sie haben, wer sie sieht, ist in sie verliebt!« Inzwischen bekannte sie sich zu einem Liebesverhältnis mit Friedrich Wilhelm Prinz von Solms-Braunfels (1770–1814). Diese unstandesgemäße Verbindung führte zu einem Skandal. Beide heirateten am 10. Dezember 1798 heimlich. Zu diesem Zeitpunkt befand sich Friederike im sechsten Schwangerschaftsmonat. Friedrich Wilhelm III. reagierte empört. Es folgten die Strafversetzung des Prinzen und die Enterbung seiner Schwägerin. Der Name Friederikes wurde aus dem *Handbuch des Königlich preußischen Hofes und Staates* getilgt. Selbst Schadow hat nach 1849 (!) das gesellschaftliche Urteil über diese Frau nicht in Frage gestellt: »In den hohen und niedern Ständen war eine Übereinstimmung in der Ansicht dieses Ereignisses, wo die mächtige Natur die Scala der Convenienz unbeachtet gelassen hätte [...]«. Dem König mußte der ›Fall‹ seiner Schwägerin ›fatal‹ sein.

Dem Kronprinzen konnte es nicht passen, daß zum Zeitpunkt seiner Inthronisation, wenn nicht überhaupt, der Körper seiner Frau im Bildwerk in einer Art vorgeführt worden ist, von der man mit heutigen Worten vielleicht sagen könnte: »Dieser Körper ist prächtig, nackt unter dem Kleid, zum Greifen nah [...] [es] gibt nichts Großartigeres als diese Rundheit getragener Brüste, die sich den Händen darbietet.« In diesem Fall sollen Marguerite Duras' auf einen anderen Körper zugeschriebene Worte erkennen helfen, daß der springende Punkt, der zur Verdammung und kunstgeschichtlichen Wirkungslosigkeit von Schadows Werk geführt hat, da lag, wo Zeitgenossen ihn zwar gesehen, aber nicht artikuliert haben. – Daß der König nicht an sich prüde war, beweist ein Beispiel seiner Ankaufspolitik. 1802 bot Karl Friedrich Hagemann, Schadows Schüler, in der Akademieausstellung eine *Liegende Najade* in carrarischem Marmor an, die erotische Reize viel stärker herausstellte als Schadows diesbezügliches Aktangebot. Friedrich Wilhelm III. kaufte Hagemanns Aktfigur sofort von der Ausstellung weg – wie es hieß – für seine Frau. Die Figur wurde in seinem Arbeitszimmer vor einem Spiegel aufgestellt, der auch die erotisierende Rückenpartie gut sehen ließ.

Der König gehörte, um auf den Ausgangspunkt zurückzukommen, nicht zu den, vom Verfasser ›Tb‹ im Aufsatz ›Die fürstlichen Schwestern‹ erwähnten »Patrioten« (»Bürgern und Hausvätern«), die von der Schönheit des Konterfeis (s)einer Frau »entzückt« waren, noch erwies er sich in seinem Urteil und Handeln als ein Kenner jener »Zauberkunst«, in der »höchste menschliche Schönheit« zur »Repräsentation einer ganzen Lehre [Klassizismus] sich qualifiziert« hat. Am allerwenigsten aber hat er auf die Ebene eingelenkt, die ihm Novalis in der ihm persönlich gewidmeten Fragmentsammlung *Glauben und Liebe oder der König und die Königin* angeboten hat. Da hieß es, »die Gruppe von Schadow sollte [...] in einem Versammlungssaale« aufgestellt werden, der zugleich »eine Bildungsanstalt der jungen weiblichen Welt sein könnte.«

»Das Schicksal, das dieses ›Lieblingsgebilde‹ [Prinzessinnengruppe, Verf.] seiner [Schadows] plastischen Muse erfahren hat, trug endlich wenig dazu bei, seine Volkstümlichkeit zu verbreiten. Es blieb ein Anfangserfolg, der fast spurlos vorüberrauschte«, schrieb Hans Mackowsky. Als erster erkannte er die Lähmung, die von der Annahmeverweigerung dieses Werkes auf den Künstler übergriff. Denn aufgrund seines einschneidenden Mißerfolgs begann Schadow seinen Stil zu verändern. Der poetische Glanz seiner Bildwerke aus den neunziger Jahren wich einem nüchternen Realitätssinn, der mehr und mehr auf Nachprüfbarkeit des Gemachten angelegt war. Diese neue Richtung hat 1800 die Kritik Goethes (der ›Weimarer Kunstfreunde‹) hervorgerufen und Schadow die Gelegenheit zu einer ausführlichen und polemischen Replik gegeben, mit der er 1801 sein kunsttheoretisches Programm des berlin-preußischen, realistisch durchdrungenen Frühklassizismus erläutert hat.

Friedhelm Krummacher

Prämissen des Historismus in Musik- und Kunstgeschichte

Der Gedanke, Werke aus der Zeit nach 1920 als historisch zu bezeichnen, mag für einen Kunsthistoriker befremdlich wirken. Begriffe wie Funktionalismus oder Neoklassizismus dürften für die künstlerische Produktion nach dem Ersten Weltkrieg näher liegen, während sich der Terminus ›Historismus‹ primär mit kunsthistorischen Phänomenen besonders der Architektur des 19. Jahrhunderts verbindet. Dagegen suchte Carl Dahlhaus unlängst zu begründen, daß der Historismus »als Kompositionsverfahren« in der Musikgeschichte nur »von geringer Bedeutung« sei. Und falls er sich überhaupt rechtfertige, gelte er am ehesten für neoklassizistische Tendenzen etwa im Werk von Igor Strawinsky.[1] Als untaugliche Bezeichnung erscheint der Historismus demnach für frühere Phasen, sofern die Kategorie des Neuen für den Kunstrang von Musik vorrangig war.

In der Verwendung des Begriffs ›Historismus‹ bestehen zwischen der Kunstgeschichte und der Musikwissenschaft offenbar Differenzen, die nicht nur mit unterschiedlichen Gewohnheiten zu tun haben. Sie erklären sich zum einen aus wechselnden Traditionen, die sich mit der Geschichte des Begriffes und seiner unterschiedlichen Applikation in beiden Fächern ergaben. Sie sind zum anderen aber in den Differenzen begründet, die in den historisch wie phänomenal verschiedenen Gegenständen der Disziplinen angelegt sind.

Die sachlich motivierten Differenzen sind zunächst wahrzunehmen, wenn ein Austausch zwischen Kunst- und Musikhistorikern möglich sein soll. Und soll die Diskussion keinem Scheingespräch gleichen, dessen Teilnehmer aneinander vorbeireden statt einander zuzuhören, so muß man die gegensätzlichen Ziele und Voraussetzungen skizzieren, ohne sie freilich unnötig zu akzentuieren. Zu fragen bleibt gleichwohl, ob nicht auch gemeinsame Prämissen bestehen, die sich in den Künsten nur wechselnd ausgewirkt haben. Erinnert man sich der Verankerung der Künste in der systematischen Ästhetik des 19. Jahrhunderts, so läßt sich die Erwartung nicht abweisen, daß gemeinsame Voraussetzungen die unterschiedlichen Folgerungen des Historismus in Kunst und Musik verbunden haben. Und es könnte sein, daß sogar die methodischen Unterschiede in der Gegenwart ihren Grund in verbindenden Prämissen und wechselnden Konsequenzen des Historismus haben.

I

Zu den sachlichen Schwierigkeiten gehört es zunächst, daß der Begriff ›Historismus‹ terminologisch kaum streng einzugrenzen ist. Das Wort begegnet, wie Wolfgang Hardtwig gezeigt hat, seit dem mittleren 19. Jahrhundert »als Reflexions- und Methodenbegriff«, um sich gegen Jahrhundertende in der Geschichtswissenschaft zu etablieren.[2] Erst nach dem

Ersten Weltkrieg fand es vereinzelt und später in breiterem Ausmaß Eingang in die Kunstgeschichte, während es in der Musikwissenschaft länger wohl nur ausnahmsweise benutzt wurde.[3] Gemeinsam ist der Verwendung in beiden Fächern, daß der Terminus nicht der Zeit geläufig war, der die damit bezeichneten Sachverhalte zugehören. Und so verhält es sich wie oft bei historisch ungleichzeitigen Bezeichnungen, daß ein erst nachträglich eingeführter Terminus sehr unterschiedlichen Bestimmungen offen ist. Folgt man Wolfgang Götz, so wurde Historismus in der Kunstwissenschaft seit den dreißiger Jahren dieses Jahrhunderts zwar verspätet, dann aber primär als Bezeichnung eines Stils oder auch als Begriff einer Epoche aufgefaßt.[4] Was sich seither verschoben hat, war primär die Bewertung der derart bezeichneten Phänomene. Eine skeptische Haltung, die 1965 noch in den Formulierungen von Nikolaus Pevsner anklingt[5], scheint in der kunstgeschichtlichen Forschung einer vorurteilsfreien Betrachtung gewichen zu sein, die zumal die Baukunst des Historismus als künstlerisches Resultat der Geschichte zu akzeptieren vermag. Und wenigstens in der Architekturgeschichte des 19. Jahrhunderts entspricht dem Begriff ein Bestand von Denkmälern, der auch dann hinlänglich einzugrenzen ist, wenn Grenzfälle und Überschneidungen zuzugestehen sind.

In der Einleitung zu seinem Buch *Die Musik des Mittelalters und der Renaissance* sprach Heinrich Besseler zwar schon 1931 vom »romantischen Historismus«.[6] Und er meinte damit nicht nur methodische Reflexionen der Geschichtswissenschaft, sondern bezog den Begriff auf retrospektive Züge der Musiktheorie im 19. Jahrhundert, aber auch auf die Reflexe der Geschichte etwa in den Motetten von Brahms. Andererseits konnte noch 1942 Herbert Birtner den »musikalischen Historismus« mit dem Lehrwerk *Gradus ad Parnassum* (1725) von Johann Joseph Fux, also mit der traditionsreichen Kontrapunktlehre der Barockzeit verbinden.[7] Daß der Historismus erst spät und zögernd auf Musik des 19. Jahrhunderts bezogen wurde, liegt zunächst wohl an der erst nach 1960 erneuerten Zuwendung zu dieser Geschichtsphase insgesamt. Hatte seit der Entstehung der Musikwissenschaft das Interesse primär der Erschließung früherer Epochen gegolten, so prägte die Musik der Klassik und Romantik zu selbstverständlich das Repertoire präsenter Musik, um gleichermaßen ein historisches Problem darzustellen. Es bedurfte offenbar der einschneidenden Zäsur der Moderne, die zudem verspätet erst bewußt wurde, um dann auch im Rückblick das 19. Jahrhundert als ein Stück der Geschichte erscheinen zu lassen, das ebenso der historischen Forschung bedurfte. Maßgebliche Impulse vermittelten dabei – nicht anders als in der Kunstgeschichte – die Publikationen des Forschungsunternehmens der Thyssen-Stiftung. In dem Sammelband *Die Ausbreitung des Historismus über die Musik* umriß der Herausgeber Walter Wiora 1969 eine Vielfalt von Aspekten des Historismus in der Musik, die von der Begriffsgeschichte über die Wissenschaftsgeschichte bis zur Kompositionsgeschichte reichten.[8] Und schärfer noch suchte zugleich Erich Doflein Reflexe des Historismus in der Geschichte des Komponierens zu bestimmen, die er an Beispielen von Mendelssohn, Schumann und Louis Spohr untersuchte.[9] Andererseits aber diskutierte Carl Dahlhaus seit 1966 in einer Reihe von Arbeiten im Anschluß an die Debatten zwischen Ernst Troeltsch, Friedrich Meinecke und Karl Heussi den Historismus primär als Position oder Methode im historischen Bewußtsein und im wissenschaftlichen Verfahren, ohne ihn gleichermaßen auf kompositorische Resultate des 19. Jahrhunderts zu beziehen.[10] So konstatierte Doflein, Historismus werde von Dahlhaus als »Anlaß für eine Theorie der Formen musikgeschichtlichen Denkens und Forschens« übernommen, nicht aber als »kunst- oder musikgeschichtlicher Terminus«, um »die musikalischen Restaurations-Bewegungen als solche« zu bezeichnen.[11]

Scheint sich in der Kunstgeschichte der Terminus als Stil- oder Epochenbegriff zu verfestigen, so changiert er in der Musikwissenschaft – vereinfacht gesagt – zwischen methodengeschichtlicher und sachgeschichtlicher Bestimmung. Wenn mit ihm eine ›Überbewertung‹ historischer Aspekte gemeint ist, wird man vor seiner Anwendung auf Musik des 19. Jahrhunderts zögern. Und dann wäre es nur konsequent, den Begriff für solche Werke des Neoklassizismus zu reservieren, deren Anschluß an die Historie klar genug ist, auch wenn die Brechungen der Modelle nicht zu übersehen sind. Eine begriffsgeschichtliche Bestimmung führt kaum weiter, weil der Terminus – wie erwähnt – als nachträglich eingeführter wechselnden Definitionen offen ist. Eine sachliche Eingrenzung jedoch ist ähnlich prekär, weil sie der Gefahr einer nachträglichen Benennung wechselnder Phänomene ausgesetzt bleibt. Zuzugestehen ist zunächst, daß in der Musik des 19. Jahrhunderts kein Bereich zu nennen ist, der ebenso eindeutig und abgrenzbar mit dem Historismus zu identifizieren wäre wie die historistische Architektur. Zu erinnern ist gleichwohl daran, daß mit der Architektur des 19. Jahrhunderts auch nur eine Sphäre – eine Aufgabe oder Gattung – hervorgehoben wird, während es nicht ebenso leicht fällt, vergleichbare Grenzmarken des Historismus in der Skulptur oder Malerei zu bestimmen. In der Musikgeschichte dagegen bietet sich – wie schon Besseler erkannte – zunächst kein anderer Bereich so wie die Kirchenmusik an, um Konsequenzen des Historismus zu verfolgen. Weit weniger scharf werden die Konturen in der Kammermusik, in der Symphonik und in der Oper, die zugleich die eigentlich repräsentativen Gattungen der Zeit darstellen.[12] Zu fragen ist aber nicht nur, ob im wechselnden Anteil, den die Gattungen oder Aufgaben am Historismus haben, zwischen den Künsten ein prinzipieller oder nur ein gradueller Unterschied besteht. Bevor auf unterschiedliche Konsequenzen der künstlerischen Produktion zu verweisen ist, bleibt vielmehr zu überlegen, in welchem Maß die Gemeinsamkeiten wie auch die Unterschiede den Prämissen im Kunstbegriff des 19. Jahrhunderts verpflichtet sind, wie ihn die idealistische Systemästhetik formuliert hatte.

II

Der emphatische Kunstbegriff, den die Autonomieästhetik seit dem späten 18. Jahrhundert formulierte, signalisiert zumal in der Musikgeschichte eingreifende Wandlungen. Nicht grundlos betonte Hardtwig, die »Normvorstellung von der Autonomie der Kunst« bedürfe für die Kunstgeschichte »selbst einer genaueren Spezifizierung«.[13] Faßt man Autonomie zunächst als Lösung von Funktionen auf, so ist dies Kriterium für die Kunstgeschichte zu differenzieren. Während Architektur kaum ohne ihre Funktion zu definieren ist, waren

Gemälde schon früher – unabhängig von ihrer Funktion – um ihrer selbst willen Gegenstände des interessierten Sammelns. Parallel zur Institution des Museums bildete sich zwar das öffentliche Konzert heraus, neu war zugleich jedoch, daß Musik unabhängig von sozialen oder liturgischen Funktionen entstand, um primär für sich allein dargeboten und aufgenommen zu werden.[14] Im weiteren zielte der Begriff ›Autonome Musik‹ vorab auf rein instrumentale Musik, die sich von den Fesseln des Wortes löste, um ihr eigenes Idiom auszubilden. Im Primat der Instrumentalmusik repräsentierte sich der Wandel gegenüber der Tradition, in der seit jeher vokale Musik das vorrangige Modell der Theorie gebildet hatte.[15] Hinzu trat schließlich als Novum die Forderung nach Neuheit des einzelnen Werkes, die solange kaum eine vergleichbare Bedeutung gehabt hatte, wie die Werke primär ihre Funktion zu erfüllen hatten und darum unbeschadet ihrer Qualität auch potentiell austauschbar waren. Die Kriterien des Neuen und Individuellen, des Primats reiner Instrumentalmusik und der Distanzierung von Funktionen treffen sich im Begriff autonomer Musik, der seit der Wiener Klassik ein Maßstab des Komponierens wurde.

Während sich die klassischen Gattungen bildeten, die eine Grundlage der Instrumentalmusik im 19. Jahrhundert wurden, vollzog sich gleichzeitig die Definition der Autonomieästhetik, die in ihrem Kern bereits das Problem des Historismus enthält. Das kritische Denken Kants zielte zwar nicht unmittelbar auf den Status der Kunst, sondern auf das Vermögen der Urteilskraft, der zunächst die ästhetische Erfahrung der Natur entsprach.[16] Wenn aber nach der Deduktion des Geschmacksurteils, das die Bestimmung seiner vier Momente voraussetzt, auch das Terrain der Kunst einzugrenzen ist, bleibt der Rang der Musik durchaus ambivalent. Verdient sie als nur »angenehme Kunst« »vielleicht den obersten Platz«, so hat sie »den untersten« als »schöne Kunst«. Um vollauf Kunstrang zu gewinnen, müßte sie aus den naturgegebenen Relationen ihres Materials Formen gewinnen, die Kant daher als »mathematisch« definieren kann.[17] In dieser Ambivalenz aber kündigt sich der Wechsel der Musik von funktionaler zu autonomer Kunst an, der sich zu dieser Zeit in der Kompositionsgeschichte ereignete. Die kritische Reflexion Kants bezog zwar kaum geschichtliche Dimensionen ein, und sie richtete sich nicht unmittelbar auf kunstgeschichtliche Prozesse der Zeit. Dennoch treten ihre Probleme hervor, wo der Künstler als das Genie eingeführt wird, das der Kunst die Regel gibt. Sofern für das Genie »die Kunst irgendwo stillsteht«, ist »ihr eine Grenze gesetzt«, »über die sie nicht weiter gehen kann«.[18] Und die Grenzsetzung verbindet sich mit der Frage, wie Tradition und Fortgang in der Kunst möglich werden. Kunstwerke dienen »nicht der Nachahmung, sondern der Nachfolge«, »Muster der schönen Kunst« sind allein die »Leitungsmittel«, und der Einfluß eines »exemplarischen« Künstlers »auf die Nachkommenschaft« ist nicht als Nachahmung zu definieren, sondern als »Nachfolge, die sich auf einen Vorgang bezieht«.[19]

Die Individualität eines Werkes verbietet also seine Nachahmung, ein solcher Kunstrang macht die vormals legitime imitatio eines auctor classicus damit obsolet, und ein solcher Kunstcharakter deutet Grenzen an, die Tradition und Entwicklung problematisch machen. Deutlicher treten solche Fragen wenig später in den *Phantasien über die Kunst* von Wackenroder und Tieck hervor. Im Abschnitt über »Symphonien« heißt es, als »jüngste von allen

Künsten« habe die Musik »noch keine wirklich klassische Periode erlebt«.[20] In der Gegenwart aber stellt sie sich primär als rein instrumentale Kunst dar, sie muß als »Instrumentalmusik ihren eigenen Weg« gehen, wobei sie »sich um keinen Text, um keine untergelegte Poesie kümmert«. Dagegen besteht neben ihr »rein und abgesondert» zwar eine »reine Vokalmusik [...] ohne alle Begleitung der Instrumente«, ihr Ideal aber liegt in der Vergangenheit. Es ist »jene alte, choralmäßige Kirchenmusik«, deren »langsame, tiefe Töne gleich sündenbeladenen Pilgrimen in tiefen Tälern dahinschleichen«.[21] Mit der Unterscheidung in Instrumental- und Vokalmusik paart sich also ein unterschiedlicher historischer Status: der aktuellen Instrumentalmusik als Inbegriff von Musik als Kunst steht eine kirchliche Vokalmusik gegenüber, deren Ideal in der Gegenwart unerreichbar ist und daher zwingend auf die Vergangenheit verweist. Der Konflikt verschärft sich, wo E. T. A. Hoffmann 1810 in seiner Rezension von Beethovens V. Symphonie die Instrumentalmusik mit »Musik als einer selbständigen Kunst« identifiziert, die im Werk des Genies »das Reich des Ungeheueren und Unermeßlichen« eröffnet.[22] Anders verhält sich zur »Höhe« der Instrumentalmusik »in neuerer Zeit« die Vokalmusik, deren unerreichte Muster in der Vergangenheit liegen. Unmöglich kann »jetzt ein Komponist so schreiben« wie einst Palestrina: »Ein Miserere, wie das von Allegri oder Leo, komponiert jetzt ebensowenig ein Musiker, als ein Maler eine Madonna wie Raphael, Dürer oder Holbein malt«.[23] Vokale und zumal kirchliche Musik ist also auf die unentrinnbaren Exempla der Geschichte verpflichtet. Und genau darin deuten sich jene Konflikte an, die zur Problematik des Historismus hinführen.

Daß Hegels Ästhetik solche Argumente radikaler vorantreibt, ist in ihrer dialektischen Paarung von System und Geschichte angelegt. Die systematische Entfaltung des Geistes, dessen sinnliches Scheinen das Kunstwerk ausmacht, reflektiert sich zugleich in der historischen Entfaltung der Künste selbst. Die dunkle Prognose vom »Ende der Kunst«, deren Reflexe sich durch die Folgezeit zogen, erweist sich freilich als mißverständliche Abbreviatur.[24] Zwar heißt es: »Der Gedanke und die Reflexion hat die schöne Kunst überflügelt«. Gemeint aber ist, daß in der Gegenwart Kunst nicht mehr »die höchste Weise ausmacht, sich des Absoluten bewußt zu sein«.[25] Diese Aufgabe hat Kunst – anders als in frühen Phasen – an die Philosophie abgetreten. Was aber als Mangel erscheinen kann, läßt sich ebenso als Entlastung der Kunst auffassen. Sie ist zwar nicht mehr »die höchste Weise, in welcher die Wahrheit sich Existenz verschafft«, das aber bedeutet nicht schon ihr Ende. Vielmehr ist zu hoffen, »daß die Kunst immer mehr steigen und sich vollenden werde«, auch wenn sie nicht mehr »das höchste Bedürfnis des Geistes« bildet.[26] Andererseits aber ist das Kunstwerk zugleich auch auf »Dauer« angelegt, die auf Grund »geistiger Beseelung« seinen Vorzug gegenüber der Natur ausmacht.[27] Daher haben sich die Kunstwerke aus der Geschichte erhalten, um immer neu an die Gegenwart zu appellieren. Und daraus resultieren die Schwierigkeiten gegenwärtiger Kunst in einer als spät empfundenen Zeit. Während historische Kunstwerke »Partikularitäten« ihrer Zeit an sich tragen, beziehen sich Künstler auf »Stoffe aus vergangenen Zeiten« mit ihren Differenzen zur »eigenen Gegenwart«.[28] Das »Zurückschreiten in die Vergangenheit« erlaubt zwar das »Hinausrücken aus der Unmittelbarkeit und Gegenwart durch die Erinnerung«, dennoch gehört der gegenwärtige Künstler

»seiner eigenen Zeit an«. Das indiziert jedoch »kein bloßes zufälliges Unglück« aus der »Not der Zeit« heraus, sondern hat seinen Grund im »Fortgang der Kunst selber«. Hat Kunst ihre höchste Möglichkeit eingebüßt, so hat sich die Reflexion »auch der Künstler bemächtigt« und sie »zu einer Tabula rasa gemacht«, die Identität von dem »besonderen Gehalt« mit der nur ihm adäquaten Formung ist »etwas Vergangenes« und die Kunst »ein freies Instrument« der »subjektiven Geschicklichkeit« geworden. Und da es keinen Gehalt gibt, der »an und für sich über dieser Relativität stände«, kann der Künstler den »Vorrat von Bildern, Gestaltungsweisen, früheren Kunstformen« benutzen, sofern sie ihm gerade »als die passendsten erscheinen«. Ihm steht daher »jetzt jede Form wie jeder Stoff zu Dienst und zu Gebot«.

Hegels Analyse setzt den Rang der Musik als Kunst voraus, die notwendig durch reine Instrumentalmusik repräsentiert wird, auch wenn ihr Verständnis gegenüber der »begleitenden« Vokalmusik gefährdet ist.[29] Die Definition des gegenwärtigen Standes der Kunst aber betrifft gleichermaßen Musik wie bildende Kunst. Man muß die Voraussetzungen nicht akzeptieren, um dennoch den Scharfsinn der Diagnose zuzugestehen. Zur Autonomie der Kunst gehört ihr Anspruch auf Dauer, und ihre dauernde Würde beziehen geschichtliche Werke aus ihrem Rang innerhalb der Entfaltung des Geistes. Sie appellieren an die Gegenwart und werden fast übermächtig, wenn Kunst ihre höchste Aufgabe als Repräsentation des Geistes abgegeben hat. Daraus resultiert jene Relativität, die den Künstler über die Geschichte verfügen läßt. Die Verpflichtung auf die Muster der Vergangenheit aber steht quer zur Forderung der ständigen Innovation. Und die zwangsläufige Angewiesenheit auf die Geschichte gerät in Widerspruch zur Forderung des unablässigen Fortschritts. Damit aber werden vorausgreifend die Chancen und Risiken des Historismus präzis benannt.

III

Historisches und ästhetisches Bewußtsein entstanden im 18. Jahrhundert nicht nur gleichzeitig, sondern sie gehörten Carl Dahlhaus zufolge auch »ideengeschichtlich zusammen«.[30] In diesem Zusammenhang aber ist auch der Konflikt des Historismus begründet, falls man ihn nicht nur als methodisches Problem der Geschichtsschreibung auffaßt, sondern seine Bedeutung für die künstlerische Produktion zugesteht. Was die Situation vom früheren Verhältnis zur Tradition unterscheidet, ist gerade die von Hegel wahrgenommene »Relativität« gegenüber »früheren Kunstformen«. Mit dem steten Bezug auf die Antike oder den Palladianismus in der Kunst wäre musikhistorisch die kontinuierliche Pflege des stile antico zu vergleichen, die sich indes auf den als musterhaft empfundenen kontrapunktischen Satz Palestrinas bezog. Seit der Ausbildung des stile moderno in der Generation Monteverdis bestand zwar eine Spaltung der Stile als Arten des Komponierens, doch bildete der Rückgriff auf den kontrapunktischen Satz Palestrinas eine beständige handwerkliche Tradition.[31] Bei Schütz oder Buxtehude ist diese Tradition ebenso zu verfolgen wie im Werk von Händel oder Bach, und sie reicht bis in die fugierten Sätze aus der Kirchenmusik der Wiener Klassik hinein. Eine Änderung jedoch bedeutete die schrittweise Entdeckung älterer Musik seit dem ausgehenden 18. Jahrhundert. Wirkte sich zunächst die englische Pflege der Musik Händels aus, der die Bearbeitungen einzelner Oratorien im Spätwerk Mozarts zu danken sind, so trat daneben die wachsende Auseinandersetzung mit Bach, die zunächst der Musik für Tasteninstrumente, nach 1800 aber zunehmend auch der Vokalmusik galt. Fortan standen divergierende Modelle aus verschiedenen Geschichtsphasen nebeneinander, um zur wechselnden kompositorischen Auseinandersetzung zu nötigen.[32]

Solange dem Wechsel von Zeitstilen der Rückgriff auf die Antike oder den stile antico als Tradition gegenübersteht, läßt sich kaum schon von Indizien des Historismus reden. Bedingt der Begriff die Relativität der »früheren Kunstformen«, so setzt er die Konkurrenz von differierenden historischen Modellen voraus, die gleichermaßen nebeneinander Bestand haben. Und die Vielfalt solcher Modelle nahm nach 1800 in dem Maß zu, in dem Kunst und Musik früherer Zeit ästhetisch zugänglich wurden. Die Pluralität dieser Modelle war es, die im Zwang zur Auseinandersetzung auch die Drohung des Eklektizismus einbeschloß, die für die Kunst des Historismus bezeichnend wurde. Nicht zu leugnen ist dabei aber, daß zwischen den Künsten und ihren Gattungen wenigstens graduelle, wo nicht auch prinzipielle Differenzen wirksam wurden. Im Vergleich mit der Architekturgeschichte trifft die Feststellung von Dahlhaus zwar zu, in der Musik sei »der Historismus als Kompositionsverfahren von geringer Bedeutung«. Und eine »Restauration von Vergangenem«, die nur »eine Rückkehr zum Alten« wäre, wäre gewiß kaum möglich gegenüber der ästhetischen Forderung, daß »Musik neu sein muß, um authentisch zu sein«.[33] Dennoch fragt es sich, ob Kunst oder Musik im Zeichen des Historismus als bloße Restauration zu definieren sind. Auch die Bauten von Schinkel oder Semper bilden nicht als Rekonstruktionen eine »Rückkehr zum Alten«, sondern wurden in der Auseinandersetzung mit den Modellen als neu und individuell begriffen. Gleichfalls lassen sich Symptome des Historismus in der Musik auffinden, selbst wenn die Spuren historischer Modelle nahtlos integriert zu sein scheinen.[34]

Die fugierten Sätze in den Messen von Schubert, Weber und noch Bruckner verweisen gewiß weit weniger auf den Historismus als auf die kontinuierliche Tradition des kontrapunktischen Satzes in der katholischen Kirchenmusik. Anders aber verhält es sich mit der protestantischen Musik im norddeutschen Bereich, in dem auch die ästhetische Debatte ausgetragen wurde. Mendelssohn leitete nicht nur 1829 in Berlin die denkwürdige erste Wiederaufführung von Bachs *Matthäuspassion*. Fast gleichzeitig schrieb er geistliche Vokalmusik sowohl a capella als auch mit Instrumenten, die sich wechselnd auf Palestrina und auf Bach bezieht, während seine frühen Streichquartette aus derselben Zeit die Auseinandersetzung mit Beethoven reflektieren.[35] Wechselnde historische Modelle erhielten verpflichtenden Rang zu derselben Zeit, in der Schinkel nach dem Berliner Schauspielhaus mit der Friedrich-Werderschen Kirche auf gotische Muster zurückgriff. So wichtig schon für Mozart in den letzten Jahren die Beschäftigung mit Bach wurde, so wenig führte sie doch zu einer prinzipiellen Spaltung im Werk, und der »Gesang der Geharnischten« in der *Zauberflöte* blieb als an Bach orientierte Choralbearbeitung ein Sonderfall.[36] Erst die wachsende Kenntnis der historischen Überlieferung konnte seit der Romantik zu jener Situation führen, in der differierende historische Muster mit gleich normativem Anspruch ihr Recht verlangten. Ein Indiz dessen ist das historiographische Verfahren, Haydn, Mozart und

Beethoven als Klassiker der Instrumentalmusik aufzufassen, daneben aber Palestrina, Händel und Bach als Klassiker der Motette, des Oratoriums und der protestantischen Kirchenmusik zu begreifen. Wie sich der Historismus in der Kunstgeschichte am entschiedensten innerhalb der Architektur bekundete, so wurde in der Kompositionsgeschichte zumal die geistliche Vokalmusik sein Terrain. Man mag zwar einwenden, die Musikgeschichte kenne keine Analoga zu den historistischen Bahnhöfen, Schulen und Postämtern. Doch wäre dann auch an die Fülle der Motetten, Kantaten und Orgelchoräle fast verschollener Autoren zu erinnern, die von der Musikforschung begreiflicherweise eher verdrängt als wahrgenommen werden. Und bezeichnend ist es, daß es sich dabei ähnlich um eine funktionale Produktion handelt wie vielfach in der durchschnittlichen Architektur. Doch erschöpft sich der architektonische Historismus nicht in so handgreiflichen Exempla, sondern kennt weit subtilere Auswirkungen. Ebenso aber beschränken sich vergleichbare Züge keineswegs auf Musik, die sich epigonal der Übermacht der Historie überläßt. Vielfach vermittelt sind Momente des Historismus als Reflexe verpflichtender historischer Modelle zunächst in den Vokalwerken von Mendelssohn und Schumann, Brahms und Bruckner, Liszt und Reger wirksam.[37] Sie lassen sich weiter nicht nur in der Tradition des Oratoriums, sondern auch in der für die Zeit bezeichnenden Gattung der Chorkantate verfolgen. Und mit der Orgelmusik bestimmen sie zuerst einen Bereich des instrumentalen Komponierens, der ohne Orientierung an der Vergangenheit unverständlich wäre. Verfänglich wäre dabei die Erwartung, historistische Musik im strengen Sinn habe sich durch die Eindeutigkeit ihrer historischen Bindungen auszuweisen. Solange für Kunst von Rang die Postulate der Originalität und Individualität galten, verbot sich epigonale Nachahmung für qualitätvolle Werke von selbst. Charakterisiert der Ausgleich zwischen den Forderungen der Gegenwart und den Ansprüchen der Geschichte das Problem des Historismus, so sind seine Symptome gerade dort aufzudecken, wo sie nicht mit plakativer Deutlichkeit zutage treten.

Auch in der Kunstgeschichte dürfte die Bestimmung historistischer Momente heikler werden, sobald man sie außerhalb der Bezirke der Architektur zu verfolgen sucht. Beansprucht man in der Geschichte der Malerei das Genus der Historienbilder für den Historismus, so bezieht man sich eher auf die Gegenstände als auf Kriterien ihrer Darstellung. Ähnlich prekär wäre es, als historistisch Opern nur darum zu reklamieren, weil ihnen ein historisches Sujet zugrunde liegt. Zu fragen wäre aber im einzelnen, in welchem Maß sich mit den Stoffen auch strukturelle Prinzipien paaren, die ihrerseits auf historische Modelle verweisen. Und an so verschiedenen Werken wie Schumanns *Genoveva* oder Wagners *Meistersingern* ist die sublime Balance einsichtig zu machen, mit der für die Stoffe und ihre Forderungen eine ebenso adäquate wie aktuelle Lösung erreicht wird. So erhaben solche Werke über jeden Verdacht historisierender Epigonalität sind, so wenig erschöpft sich Historismus in der pauschalen Etikettierung purer Nachahmung. Löst man sich von irreführenden Vorstellungen, so läßt sich auch fragen, wieweit Indizien des Historismus selbst in instrumentaler Musik begegnen, die Inbegriff der Definition von Musik als autonomer Kunst war. Dann müssen sich Wirkungen des historistischen Denkens nicht allein auf Präludien, Fugen und Choralvorspiele innerhalb der Orgelmusik beschränken. Gewiß geben nicht schon fugierte oder kanonische Sätze in Kammermusik und Symphonik Anlaß, Kompositionen als Dokumente des Historismus zu bezeichnen.[38] Es gibt indes zu denken, daß um 1900 im Werk von Max Reger neben Streichquartetten, die den radikalen Stand der Moderne repräsentieren, zugleich Sonaten, Präludien und Fugen für Violine oder Violoncello allein möglich werden, die unzweideutig auf die Solowerke von Bach zurückdeuten.[39] Zieht der Zwiespalt des Historismus bei Reger selbst in den hermetisch abgesonderten Bezirk der Kammermusik ein, die wie keine Gattung für den emphatischen Kunstbegriff einstand, so dürfte dies Verfahren eine Vorgeschichte haben, die in den Traditionen der Kammermusik nach Beethoven noch aufzuspüren wäre. Das setzt freilich eine Distanzierung von der Gewohnheit voraus, den Historismus mit blankem Epigonentum zu identifizieren. Dann aber sollte es möglich sein, auch in der vielschichtigen Symphonik der Romantik bis hin zu Mahler die einzelnen Reflexe historischer Strukturen zu entdecken. Denn in ihnen reflektieren sich die Probleme des Historismus auch dann, wenn sie nicht mit einem so engen wie einseitigen Begriff des Historismus gleichgesetzt werden können.

*

Will man sich über die Wirkung und Bedeutung des Historismus in einer Diskussion zwischen Musik- und Kunsthistorikern verständigen, dann fordert der Versuch wechselseitige Einschränkungen ebenso wie die Wahrnehmung verschiedener Voraussetzungen. Eine Verständigung erschwert sich einerseits in dem Grade, in dem der Historismus rasch zu einem festen Stil- oder gar Epochenbegriff gerinnt. Benutzt man ihn als im voraus fixierte Benennung, so droht er zum pauschalen Etikett zu verkommen. Und gar zu rasch endet man dann gleichsam auf dem Verschiebebahnhof der Stilbegriffe, in denen Geschichte von Kunst zu leicht als Kette von Gleisen mit wechselnden Weichen erscheint. Andererseits muß sich der Musikhistoriker nicht nur vom gewohnten Bild des Historismus als bloßer Restauration des Alten befreien. Aufzugeben hätte er auch das Vorurteil, ein Wort mit der Endung ›ismus‹ als pejoratives Werturteil zu betrachten. Denn keineswegs alle Begriffe mit dieser Endung haben notwendig gleich negative Bedeutung, und lange genug taugte in der Musikgeschichtsschreibung das Wort Klassizismus, bevor sich das der Wiener Klassik durchsetzte.[40] Wahrzunehmen ist vielmehr die Möglichkeit, den Begriff ›Historismus‹ nicht als feste Chiffre, sondern als Benennung einer Problemstellung zu verwenden. Diese ist in ästhetischen Prämissen begründet, die wechselnde Konflikte erzwangen, die aber ebenso unterschiedliche Lösungen erlaubten. Dann bezeichnet Historismus keinen definitiven Zustand, sondern eine dynamische Kette historischer Probleme und Lösungen.[41] Ihren Grund aber haben sie in Voraussetzungen des argumentativen Denkens über Kunst, in dem die Künste noch nicht getrennt begriffen wurden. Und ein Plädoyer für einen Diskurs zwischen den Kunstwissenschaften, der sich auf Probleme des Historismus in der Kunst- wie in der Musikgeschichte konzentriert[42], wird nur dann möglich sein, wenn sich Kunst- und Musikhistoriker der gemeinsamen Prämissen ihrer unterschiedlichen Gegenstände erinnern.

Magne Malmanger

Von nationaler Thematik zu einer nationalen Kunst

Bekanntlich spielten im Europa des 19. Jahrhunderts vielerorts nationalistische und regionalistische Tendenzen eine wichtige Rolle im Kulturleben. Das Nationale entwickelte sich nach und nach zu einer internationalen Modeströmung. Obwohl das Phänomen an und für sich wohl bekannt und oft erörtert worden ist, kann es von Interesse sein, sich einmal anzusehen, wie sich diese Tendenzen an verschiedenen Orten entfalteten, wie ungleich die Bedingungen und Bedürfnisse auch jeweils waren. Norwegen ist ein kleines Land, das während der meisten Zeit des vorigen Jahrhunderts damit beschäftigt war, sich von mächtigeren Nachbarn zu befreien, sowohl politisch als auch kulturell. Seit dem Spätmittelalter war das Land in Union mit Dänemark gewesen. Formell handelte es sich zwar um eine Personalunion, doch in der Praxis war Norwegen kaum mehr als ein dänischer Vasallenstaat. Nach dem Kieler Frieden im Jahre 1814 wurde eine größere Unabhängigkeit in der Union mit Schweden erreicht. Volle Selbständigkeit wurde erst 1905 erlangt, und viele Phänomene im gesellschaftlichen und kulturellen Leben werden leichter verständlich, wenn man sie als Teil in diesem Befreiungsprozeß ansieht.

Die politischen Unabhängigkeitsbestrebungen richteten sich gegen Schweden, die kulturellen meist gegen Dänemark. Doch oft waren sie nur halbherzig. Die Beziehungen zum dänischen Geistesleben blieben eng, und der so wichtige deutsche Einfluß kam oft über Dänemark nach Norwegen. Das Verhältnis der drei skandinavischen Länder zueinander war recht komplex, doch im großen und ganzen eher freundschaftlich als feindlich. Ein Wesenszug, der die Norweger von ihren Nachbarn unterschied, war das starke, neu erwachte Bedürfnis, sich in ihrer nationalen Eigenart und mit einer selbständigen Kultur darzustellen.

Die höheren Stände konnten diesen Ansprüchen schwerlich allein gerecht werden. Der Adelsstand war 1821 aufgehoben worden, die Städte waren klein und schwach, der Hof residierte in Stockholm. Doch hier kam die Romantik den Norwegern bei ihrer Aufwertung der Volkskräfte des Heimischen und des Ursprünglichen zur Hilfe. Die gebildete Welt stand der bäuerlichen Kultur nicht mehr gleichgültig gegenüber, und die relativ freie Stellung des norwegischen Bauern ließ ihn geeignet erscheinen, eine kulturelle Alternative zu der im übrigen Europa immer stärker werdenden städtischen Kultur zu repräsentieren oder zumindest zu symbolisieren. Obwohl diese Vorstellungen ein Ausdruck dessen sein könnten, was man später gelegentlich als Eskapismus betrachtet hat, ist kaum daran zu zweifeln, daß sie wirklichen Bedürfnissen in der norwegischen Gesellschaft entgegenkamen.

Als nördlichstes der nordischen Länder war Norwegen nicht ohne exotischen, wenn auch rauhen Charme. Dies sollte bald den norwegischen Malern auf dem europäischen Kunstmarkt zugute kommen. Die Vorstellung hatte indessen ältere Wurzeln. Als der in Dänemark geborene Bischof Erik Pontoppidan im Jahre 1753 seine *Norges naturlige Historie* herausgab, war sie unter anderem mit einem Stich *Tvende Slags Norske Søeorme* (Zwei Arten norwegischer Seeschlangen) illustriert. Es war darin etwas von der Auffassung, daß sich an der Nordgrenze der europäischen Zivilisation wundersame Phänomene verbargen. Doch bald wurde die metaphorische Rolle der Seeschlange vom Waldtroll übernommen. Während der Romantik war es dann auch die bäuerliche Kultur in den Tälern Ostnorwegens und in den ländlichen Gemeinden im Innern der Fjorde Westnorwegens, die insbesondere das Interesse erregte. Aus diesem Interesse entstand ein echtes bäuerliches Genre, das man in Norwegen gern als »Darstellung des Volkslebens« bezeichnete. Doch erst einmal war es die Natur selbst, die die meisten norwegischen Künstler fesseln sollte. Eine solche Präferenz kam nicht unerwartet in einer Zeit, in der, wie man sagt, alles nach Landschaft drang. Natur hatte Norwegen reichlich, und sie war, wie die Zeit es verlangte, wild, unberührt, teilweise sogar unbekannt und unerforscht. Die Landschaft wurde mehr als eine Kunstgattung, sie wurde zu einem Ausgangspunkt für die nationale Identifikation. Man erhob die Natur des Landes zum Symbol für die Kultur der Nation und unternahm mit der Zeit auch gewisse Versuche, eine norwegische nationale Historienmalerei zu entwickeln. Doch diese Bildgattung erlangte nie die gleiche Bedeutung wie die beiden anderen. Vom nationalen Gesichtspunkt aus können wir sie indessen alle als Teile einer gemeinsamen Bestrebung ansehen, eine wahre norwegische Kunst zu schaffen.

Abb. 1 *Fitjar. Kupferstich nach Johannes Flintoe. Aus Jacob Aalls Übersetzung von Snorri Sturlusons norwegischen Königssagas. Christiania (Oslo) 1838–39*

Dies wurde während des ganzen 19. Jahrhunderts als eine geltende Verpflichtung angesehen und als Erbe von Geschlecht zu Geschlecht weitergegeben. Doch in unserem Zusammenhang ist es interessant zu sehen, wie sie gegen Ende des Jahrhunderts anders interpretiert wurde als zuvor. Man bekommt eine Vorstellung von der Veränderung, wenn man zwei Ausgaben von Snorri Sturlusons norwegischen Königssagas miteinander vergleicht.[1] Sie waren im 13. Jahrhundert auf Altnorwegisch geschrieben worden, und dieses großartige historische Werk erschien, wie zu erwarten war, im Laufe des 19. Jahrhunderts in mehreren neuen Übersetzungen. 1838/39 gab ein führender Politiker und Fabrikbesitzer, Jacob Aall, eine für seine Zeit gute Übersetzung heraus. Die darin enthaltenen Illustrationen waren Kupferstiche nach Vorlagen von Johannes Flintoe, einem in Dänemark geborenen und ausgebildeten Künstler, der jedoch hauptsächlich in Norwegen tätig war. Im Jahre 1899 erschien eine neue Übersetzung von Gustav Storm in einer großen Prachtausgabe.

Als erstes fällt auf, daß alle Illustrationen Flintoes Landschaften zeigen. Es handelt sich um Darstellungen historisch bekannter Stätten. Damit ist jedoch keine topographische Orientierung beabsichtigt, sondern eine suggestive Ausnutzung des symbolischen Potentials der Motive. Es ergibt sich aus dem Charakter der Bilder, daß sie schmücken und Assoziationen wecken und nicht einer ärchäologischen Registrierung dienen sollen. So befindet sich unter den Abbildungen die einstige Hauptstadt Nidaros (heute Trondheim), im übrigen bekannt für ihren Dom, der über dem Grab des Heiligen Olaf errichtet wurde. Weiterhin findet man Havsfjord, wo König Harald Schönhaar gegen Ende des 9. Jahrhunderts einen entscheidenden Sieg errang und zum ersten Mal Norwegen unter einem einzigen Herrscher vereinte, oder Fitjar (Abb. 1), wo sein Sohn Håkon der Gute in einer anderen berühmten Schlacht fiel.

Die Ausgabe von 1899 war ungewöhnlich ehrgeizig angelegt und stellt sich selbst als nationales Monument dar. Gerhard Munthe war für die Aufmachung verantwortlich. Er zeichnete bis auf einzelne Illustrationen auch alle Vignetten. Der größte Teil der historisch erzählenden Abbildungen wurde hingegen von anderen Künstlern gezeichnet, wobei die wichtigsten Beiträge von Erick Werenskiold und Halfdan Egedius stammen. Werenskiolds *Svipdags Söhne und ihre Männer gehen zum Siebenkönigssaal* (Abb. 2) ist ein gutes Beispiel für den Stil, der das ganze Werk prägt. Die Geschichte wird in einer streng dekorativen, hieratischen Form erzählt, bei der die rhythmische Entwicklung besonders auffallend ist. Bei einer illustrativen Aufgabe wie dieser kann der Inhalt natürlich nicht ohne Bedeutung sein. Doch wir spüren, daß die nationale Botschaft ebensosehr in der Ausdrucksweise selbst zu finden ist. Sie wird von der Form des Bildes getragen. Am deutlichsten wird diese neue Einstellung in Munthes Illustrationen, die vom Inhalt her wenig konkret sind, deren Stil jedoch das ausdrücken soll, was als die der Saga eigene Stimmung angesehen wurde (Abb. 3).

Die beiden Werke sind also nicht nur ihrem Umfang und ihrer Ausstattung nach verschieden. Sie zeugen von ganz verschiedenen Einstellungen zur gestellten Aufgabe. Daher kann man mit Recht fragen, ob der Unterschied in einer Veränderung des Nationalitätsgedankens an und für sich oder in einer veränderten künstlerischen Einstellung begründet liegt. Soweit es sich um die gängigen Vorstellungen von Nationalität handelt, ist es wohl möglich, eine

Abb. 2 Svipdags Söhne und ihre Männer gehen zum Siebenkönigssaal. Nach einer Zeichnung von Erik Werenskiold. Aus Gustav Storms Übersetzung von Snorri Sturlusons norwegischen Königssagas. Christiania 1899

gewisse Verschiebung von einer nordischen zu einer mehr spezifisch norwegischen Identifikation wahrzunehmen. Adolph Tidemands bekanntestes Historienbild, 1839/41 in Düsseldorf entstanden, behandelt interessanterweise kein norwegisches Thema, sondern eine Episode aus dem Leben des schwedischen Königs Gustav Wasa. Wenige Jahre später entdeckte Tidemand indessen das norwegische ländliche Milieu, das die Motive für die meisten Werke seiner reifen Kunst liefern sollte. Das historische Bewußtsein ging damit ohne weiteres verloren, da die Bauern, wie wir gesehen haben, eine »lebendige« Geschichte repräsentierten. Er suchte die bäuerliche Gesellschaft vorzugsweise dort auf, wo er sie in ihrer ursprünglichsten und unberührtesten Form finden konnte; insofern können seine Kompositionen als die ersten Formulierungen jener Vorstellung betrachtet werden, die die Bauern als Erben einer großen Vergangenheit sieht. Nach und nach bekamen die nationalen Bilder also einen typischeren Charakter: das Interesse wandte sich dem Norwegischen zu, so wie man annahm, daß es existiert hatte, bevor der dänische und deutsche Einfluß überhand nahmen.

Wichtiger als eventuelle Veränderungen in der Nationalitätsidee war jedoch die Wandlung, die gleichzeitig innerhalb der Kunstauffassung selbst stattfand. Wir können uns dem Problem nähern, indem wir uns fragen, was die eigentliche Romantik von der Neuromantik unterscheidet, eine Strömung, die die norwegische Literatur und Malerei in den Jahren um 1890 beherrschte. Dabei ist es wichtig, sich die Tatsache vor Augen zu führen, daß sich die Romantik auf den Realismus hin bewegt, während die Neuromantik sowohl auf den Erfahrungen des Realismus aufbaut, als auch eine Gegenreaktion ist. Im Verlauf dieses Prozesses wird der Status des Bildes problematisch, insbesondere im Hinblick auf sein Verhältnis zur Außenwelt.

Sucht man die beiden Perioden zugrundeliegenden und sie prägenden Anschauungen, dann kann man etwas vereinfacht sagen, daß sich die Romantik als eine metaphysische Strömung begreifen läßt, während die Neuromantik vor allem von ästhetischen Grundsätzen bestimmt war. Trotz ihrer sonstigen Gemeinsamkeiten suchten sie die Wahrheit auf verschiedenen Ebenen. Norwegische Maler zur Zeit der Romantik und des Realismus arbeiteten durchweg so, als ob ihr Medium transparent sei. Durch das Bild sahen sie hinein in eine unabhängige und schon vorher existierende Wirklichkeit. Für die Neuromantiker gilt dagegen, daß sie die Wahrheit – und damit das wahrhaft Nationale – hauptsächlich im Bild selbst als künstlerische Manifestation suchten.

*

Dazu einige Beispiele. Nach dem bisher Gesagten ist es nicht schwierig zu verstehen, wie in der Romantik die Natur als nationales Symbol Bedeutung erlangen konnte. Bilder, in denen die Landschaft historische Assoziationen einschließt

Abb. 3 Die Schlacht in der Hjørungavåg. Nach einer Zeichnung von Gerhard Munthe. Aus Gustav Storms Übersetzung von Snorre Sturlasons norwegischen Königssagas. Kristiania 1899

oder historische Staffage enthält, zeigen, wie eng diese Vorstellungskreise miteinander gekoppelt waren. Flintoe hat auch einen *Holmgang am Hafen in Skiringssal* gemalt, in dem das Geschehen der Landschaft um die älteste Stadtgründung Norwegens zugeordnet wird. Als der junge Hans Gude am Ende der vierziger Jahre des 19. Jahrhunderts den Auftrag erhielt, vier Bilder für das kleine Lustschloß Oscars I., Oscarshall, zu malen, entschloß er sich, in einem Landschaftszyklus den Teil des Sognefjords darzustellen, in dem die Sage von Frithjof und Ingeborg spielt (und wo übrigens Wilhelm II. später den Norwegern damit eine Freude machen sollte, daß er dort eine riesige Statue des alten Sagenhelden errichten ließ). Der Künstler erzählt selbst in einem Brief, daß er die Absicht hatte, »solche Bilder von der Natur des Sognefjord zu schaffen, die hauptsächlich die Geschichte dieses Paares erklären. Ihre Geschichte muß sozusagen in diesen Bildern liegen, ihre Poesie und ihre Liebe muß sich in ihnen spiegeln, so wie sich eine Wiese in einem dahinströmenden Fluß spiegelt.«

J. C. Dahl hatte meist eine direktere Beziehung zu seinen Motiven. Doch er wollte gern die nationalen Implikationen mit einbeziehen, wenn es sich ganz natürlich ergab. *Winter am Sognefjord* (Abb. 4) ist in den Grundzügen nach einer Zeichnung entstanden, die er an Ort und Stelle anfertigte. Das Motiv muß ihn durch seinen visuellen Gehalt und seine Aussagekraft angesprochen haben. Es hat aber auch Merkmale, die an die graue Vorzeit des Landes denken lassen. Auf der anderen Seite des Fjords liegt Fimreite, wo König Sverre 1184 einen entscheidenden Sieg errang und die Dynastie errichtete, die Norwegen im Hochmittelalter beherrschen sollte. Der große Bautastein, der den Vordergrund dominiert, weist noch weiter zurück bis in die prähistorische Zeit. Er wird hier als ein Pendant zu den Dolmen

Abb. 4
Johan Christian Dahl, Winter am Sognefjord, 1827. Nationalgalerie Oslo

verwendet, von denen wir eine Reihe in zeitgenössischer dänischer und auch deutscher Kunst finden, vor allem bei Dahls engem Freund Friedrich. Soweit wir wissen, war Dahl nur im Sommer am Sognefjord gewesen. Wenn er trotzdem die Landschaft mit Schnee bedeckt, kann das aus dem Wunsch heraus geschehen sein, Unzugänglichkeit und historische Ferne anzudeuten. Doch darauf hinzuweisen, daß die Voraussetzungen für das Bild in der Dresdner Romantik liegen, ist nicht das gleiche, wie die Intentionen des Malers zu erklären. Trotz seiner symbolischen Untertöne bleibt diese Landschaftsdarstellung konkret und lokalisierbar.

Meist genügte es Dahl denn auch, daß seine norwegischen Landschaften visuell fesselnd und charakteristisch genug waren, daß man immer weiß, wo man sich befindet. In seinen frühen Arbeiten konnte er an die Tradition der Landschaftsmalerei anknüpfen, die von Everdingen und Ruisdael entwickelt worden war und die in seinen Kreisen gewöhnlich als Landschaft »mit nordischem Charakter« bezeichnet wurde. Auch sonst übernahm er bestehende Landschaftstypen wie Gletscher und wilde Wasserfälle, die allgemein als sehr geeignet gelten, um unberührte Gebirgsgegenden darzustellen. Doch nach seiner ersten Norwegenreise basierten solche Darstellungen stets auf Naturstudien, die er an Ort und Stelle gemacht hatte, und das Resultat ging daher immer über eine reine Adaptation hinaus. Sein Leben lang hielt er sich vorzugsweise an Bildtypen, die anerkanntermaßen »nordisch« waren. Seine Bestrebungen in jüngeren Jahren liefen aber vor allem darauf hinaus, zu einer lebendigen und überzeugenden Naturschilderung zu gelangen. Das Bedürfnis, etwas spezifisch Norwegisches mitzuteilen, scheint mit den Jahren zugenommen zu haben und machte sich vor allem in der Zeit um 1840 stark bemerkbar. Etwa in dieser Zeit schrieb er in einem Brief unter anderem folgendes: »Eine Landschaft muß uns nicht allein in ein bestimmtes Land oder eine bestimmte Gegend versetzen, sondern sie muß das Charakteristische dieses Landes und dieser Natur haben. Sie muß den fühlenden Betrachter auf eine poetische Weise ansprechen, muß ihm gleichzeitig sozusagen etwas über die Natur, die Bauweise, das Volk und die Gebräuche des Landes erzählen. Oftmals idyllisch, oftmals historisch-melancholisch – das, was es war und ist, wenn ich mich so ausdrücken darf.«

Die norwegischen Düsseldorfer trieben in den Jahren um 1840 diese betont nationale Landschaftsdarstellung einen Schritt weiter. Gudes großes Jugendwerk *Hochgebirge mit aufziehendem Unwetter* (Abb. 5) ist ein gutes Beispiel, und es besteht kein Zweifel daran, daß die Botschaft verstanden wurde. Das Bild wurde sogleich von den beiden Dichtern und Märchensammlern Peter Christen Asbjørnsen und Jørgen Moe, die eine Art norwegisches Pendant zu den Brüdern Grimm waren, gewürdigt. In Asbjørnsens Artikel heißt es: »Dies war die großartigste Darstellung der Gebirgsnatur, die man je in Norwegen gesehen hat: Hier war alles, was die Seele des Menschen in der Einöde des Gebirges ergreift, seine unendlichen Hochebenen, seine Einsamkeit, seine Wildheit, das Grauen des Unwetters und die überwältigende Größe des Ganzen.«

Die Landschaft beherrschte die norwegische Malerei in der Romantik. Doch wie schon erwähnt, entwickelte sich gegen Ende der Periode auch eine interessante Genremalerei, in der besonders die bäuerliche Bevölkerung mit Respekt und Sympathie dargestellt wurde.

Abb. 5 Hans Fredrik Gude, Hochgebirge mit aufziehendem Unwetter, 1847. Baronie Rosendahl

Tidemands wichtigste Grundlage war die Genremalerei in Düsseldorf, insbesondere so wie sie von Rudolf Jordan und Carl Hübner entwickelt worden war. Doch er erzielte aussagekräftigere Ergebnisse als seine Vorgänger, sowohl in bezug auf kompositorische Geschlossenheit als auch in einem direkteren und stärker vertieften Verhältnis zu seinem Motivkreis. Diesen entdeckte er erst richtig während einer Studienreise im Jahre 1843, deren Bedeutung er in einer späteren Lebensbeschreibung selbst unterstreicht: »Was ich auf dieser Reise sah und erlebte, wirkte so mächtig auf mich, daß es mich unwiderstehlich dazu trieb, die Richtung in der Kunst einzuschlagen, die für mein ganzes Wirken entscheidend sein sollte. Ich fühlte mich um so mehr dazu aufgefordert, die Charakterzüge, Sitten und Gebräuche dieses kraftvollen Naturvolkes darzustellen, als niemand vor mir dieses reiche Feld bearbeitet hatte, und es wurde schon manch ehrwürdiger Brauch nicht mehr gepflegt, manch wunderschöne Tracht ausgetauscht gegen lächerlich unschöne Moden.«

Die Entdeckerfreude war ein Teil des Wirkens dieser Künstler. So wie Dahl auf dem Gebiet der Landschaft wollte Tidemand im Bereich des Volkslebens neue Einsichten gewinnen und in seinen Bildern ein Stück norwegischer Wirklichkeit festhalten. Das beobachtende Interesse wird am deutlichsten in seinen Skizzen und in vielen hervorragenden Ölstudien, die er während häufiger Sommeraufenthalte in seiner Heimat anfertigte. Tidemands fertige Kompositionen haben jedoch einen etwas anderen Charakter. Sie behandeln Situationen von allgemein menschlichem Interesse, oft entscheidende Begebenheiten im Leben eines Menschen. Diese Arbeiten sind immer durchkomponiert und mitunter dramatisch erzählt. Das ethnologisch richtige Milieu bekommt dadurch eine rhetorische Überzeugungsfunktion; es unterstreicht die Wahrheit und Authentizität der Darstellung. Indem er sich mehr an die traditionsreichen und insofern konservativen gesellschaftlichen Verhältnisse hielt, gelang es ihm darüber hinaus, eine historische Tiefe anzudeuten. Er beschäftigte sich vorzugsweise mit einer Welt, in der viele Werte der Vergangenheit noch lebendig waren. Dieser Wunsch, die Kontinuität in der norwegischen Gesellschaft sichtbar zu machen, zeigt sich auch darin, daß einzelne seiner Motive nicht als streng zeitgenössisch, sondern als zeitlich etwas zurückversetzt anzusehen sind. Eine Komposition, die ihn viele Jahre lang beschäftigte, ist *Nach dem Zweikampf bei einer norwegischen Bauernhochzeit* (Abb. 6).[2] Sie basiert teils auf einer norwegischen Volkssage und teils auf romantischen Dichtungen aus des Künstlers eigener Zeit, und das Ergebnis läßt sich sehr wohl als eine Übergangsform zwischen Historienmalerei und volkstümlichem Genrebild ansehen.

Jüngere Künstler, die unter Tidemands Einfluß standen, schufen viele Genrebilder in der von ihm entwickelten Art und versuchten sich außerdem gelegentlich an historischen Kompositionen. Olaf Isaachsen konzentrierte sich auf ein besonders traditionsreiches Milieu,

Abb. 6 Adolph Tidemand, Nach dem Zweikampf bei einer norwegischen Bauernhochzeit. Kompositionsstudie. Kohle, Gouache, Pastell. Nationalgalerie, Oslo

Abb. 7
Peter Nicolai Arbo,
Die wilde Jagd,
2. Version, 1872.
Nationalgalerie, Oslo

indem er die meisten seiner Motive aus dem Setesdalen nahm – wo die gesellschaftliche Struktur nur wenigen äußeren Einflüssen ausgesetzt gewesen und daher viel Althergebrachtes erhalten geblieben war. Die konsequentesten Bemühungen um eine norwegische historisch-mythologische Malerei verdanken wir Peter Nicolai Arbo. Sein Hauptwerk in dieser Hinsicht ist *Die wilde Jagd,* eine norwegische Variante dieses allgemeineuropäischen Themas (Abb. 7).

*

Arbos große, figurenreiche Komposition entstand in Paris, und ein gewisser Einfluß der französischen Salonmalerei läßt sich unschwer erkennen. Die jüngere Generation norwegischer Maler, die ab 1880 nach Paris strömte, suchte indessen neue Vorbilder unter den Meistern der Barbizon-Schule und bei den Realisten der Freilichtmalerei wie Bastien-Lepage. Obwohl der französische Realismus bald zur führenden internationalen Strömung wurde, führte dies bei den norwegischen Malern nicht zu einer allgemeinen Abschwächung ihres Gefühls von nationaler Verpflichtung.[3] Statt dessen kam es zu einer grundlegenden Umdeutung der nationalen Aufgabe der Kunst. Für die Realisten war die norwegische Wirklichkeit sowohl real als auch national. Es galt sie so wiederzugeben, wie man sie beobachten konnte, ohne auf Grund eigener Präferenzen eine Auswahl zu treffen oder sie auszuschmücken; eben so, wie man meinte, daß die Romantiker es getan hätten. Zu ihrem Programm gehörte außerdem die Forderung, aus dem Ausland nach Hause zurückzukehren, dort gegenwärtig zu sein und mit der Natur und der Umgebung zusammenzuleben, denen man künstlerisch Ausdruck verleihen wollte.

Eine der führenden Landschaftsmalerinnen dieser Generation, Kitty L. Kielland, berichtet 1890 in einem Artikel von den Erkenntnissen, die sie und ihre Freunde während ihrer

Studienjahre in Paris gewonnen hatten: »Letzten Endes waren es die französischen Künstler, die uns die Richtschnur gaben; sie sagten uns, daß sie von einem so jungen Land keine Konkurrenz erwarteten, was Fähigkeiten anbelangt, sondern daß sie von uns Frische und nationale Eigenart erwarteten [...]. Und ich war bald überzeugt davon, daß es etwas Frisches und Unbekümmertes war, etwas Kühnes in Farbe und Auffassung, das wir selbst gesehen und gefühlt hatten und das unsere Abteilung zu einer ausgeprägt *norwegischen* Ausstellung machte, im Gegensatz zu allen anderen Ländern. Ganz recht, in unserer Ausstellung fehlten die Fähigkeiten und die angeborene Eleganz der alten Kulturländer (woher sollte sie die auch haben?), aber sie hatte nationale Eigenart.

Wohin wollen die Maler, künstlerisch gesehen?

Diejenigen, die wirklich etwas wollen, die wollen dahin, daß sie mit einem neuen, frischen Blick, befreit von ausländischem Einfluß, unsere Natur und unser Leben mit norwegischen Augen sehen.«

Es geht also hier nicht in erster Linie um Motivwahl an und für sich, sondern darum, *wie* das Motiv gesehen und dargestellt wird. Kitty Kielland wußte zwischen diesen beiden Problemen zu unterscheiden. Sie war sich darüber im klaren, daß auch ältere Künstler ihre Motive zu Hause gesucht hatten, doch sie hatten sie auch »fremdem Einfluß unterworfen. Sie haben sie fremdem Verständnis angepaßt, und die Bilder haben dadurch etwas kosmopolitisch Wohlgeordnetes bekommen, das nicht der reinsten und besten Darstellung der Wesensmerkmale des einzelnen Landes entspricht.«

Abb. 8
Adolph Tidemand, Die Haugianer, 1848. Kunstmuseum Düsseldorf

Abb. 9 Erik Werenskiold, Bauernbegräbnis, 1885. Nationalgalerie, Oslo

Man kann sich nun fragen, worin diese neue Wahrheit bestand, doch die Antwort ist nicht so ohne weiteres zu finden. Wir wollen dazu zwei Hauptwerke der norwegischen Malerei vergleichen, die das Leben des Volkes darstellen – Tidemands *Die Haugianer* von 1848 (Abb. 8) und Werenskiolds *Bauernbegräbnis* von 1885 (Abb. 9). Ein moderner Betrachter wird offensichtliche Ähnlichkeiten feststellen, sowohl in der Motivwahl als auch in der Anschauungsweise. Auch Typen und Ausdruck scheinen wiederzukehren. Die Unterschiede sind stilistischer Natur; es handelt sich vor allem um Lichteinfall, Farbgebung und Pinselführung. Eine Ausdrucksform der Pariser Pleinair-Malerei setzt sich nach der Düsseldorfer Malweise im Übergang von der Spätromantik zum frühen Realismus durch. Doch Werenskiold meinte, daß die Veränderung in einer anderen, tiefer gehenden Sphäre lag. Die Realisten waren der Wahrheit näher gekommen, und dies galt gleichfalls für die Darstellung der nationalen Eigenart. Werenskiold schreibt in einem Artikel aus dem Jahre 1886: »Wir hatten verstanden, daß wir uns an die Natur halten mußten, *direkt,* was die anderen nicht verstanden hatten; wir gingen nach Paris, lernten von dem fortschrittlichen, gesunden, logischen Gedankengang der Franzosen; verstanden, daß wir uns, wenn wir uns an die Natur halten sollten, an *unsere* Natur halten mußten, die wir kannten und liebten; und dann fuhren wir nach Hause [. . .]. *So* und nicht anders ist der Beginn unserer nationalen Kunst.

Mit dem Naturalismus *mußte* zwangsläufig eine nationale Kunst kommen; ich meine natürlich einen Naturalismus, der *wirkliche Kunst* ist, nicht diese platte Nachahmung der äußeren Formen der Natur, der man so oft im Ausland begegnet.«

Werenskiolds Darstellung ist weniger nuanciert als die von Kitty Kielland; das Verhältnis zwischen Thema und Darstellungsform wird nicht analysiert. Doch die Einstellung ist im wesentlichen die gleiche. Es ist nicht mehr ausreichend, sich an eine nationale Thematik zu halten; das hatten die Romantiker ja auf ihre Weise auch getan. Nationale Kunst wurde jetzt eine Frage der Anschauungsformen, um mit Wölfflin zu sprechen. Die nationale Gewißheit konnte nicht länger da draußen gesucht werden, unter den äußeren Dingen, sondern in dem eigenen Erleben des Künstlers und der Ausdrucksweise, zu der er gefunden hatte.

*

Diese Wendung nach innen, zum eigenen Beitrag des Künstlers, sollte in der Neuromantik noch stärker betont werden. Anschauungsformen müssen Darstellungsformen weichen, eine Akzentverschiebung, die darauf hinweist, daß sich allmählich ein symbolistischer Einfluß geltend machte. Es gab indessen wenige norwegische Maler, die so weit gingen, auf die Grundprinzipien der realistischen Darstellungsweise zu verzichten. Symbolismus und Synthetismus zeigen sich meist nur als modifizierende Tendenzen.[4] Dies läßt sich bei einem der führenden Neuromantiker, Halfdan Egedius, beobachten. Er behielt ein enges Verhältnis zur sichtbaren Wirklichkeit, und er setzte die Tradition fort, indem er besonders ausgeprägte, volkstümliche Lebensbereiche studierte, deren Charakter als deutlich national empfunden wurde. Er stand jedoch auch unter einem anderen Einfluß. Wie schon angedeutet, wurde gerade zu diesem Zeitpunkt, gegen Ende des Jahrhunderts, die Frage nach der nationalen Kunst nicht nur als Programm, sondern auch als Problem aufgeworfen.

Die zentralen Persönlichkeiten in der entstehenden Diskussion waren der Maler Gerhard Munthe und der Kunsthistoriker Andreas Aubert. Sie nähern sich einer expliziten Formulierung des Problems, das implizit in den Artikeln von Kielland und Werenskiold vorhanden war: Worin besteht eine nationale, in diesem Fall eine norwegische Kunst?

Wenn die Wahl des Motivs nicht mehr ausschlaggebend ist, sondern auch die Darstellungsform wichtig wird, muß die nationale Eigenart der Kunst auf eine neue Weise ausgelegt werden. Diese neue Grundlage suchte man, indem man auf die dem norwegischen Volk eigene schöpferische Wirksamkeit verwies. Allgemein genommen war der Gedanke nicht ganz neu. Schon vor der Mitte des Jahrhunderts hatte man sich in Norwegen sehr entschieden für das Sammeln und Veröffentlichen von Volksdichtung und Volksmusik eingesetzt. Im Jahre 1849 hatte sogar Ole Bull dafür gesorgt, daß in Christiania (Oslo) ein Konzert mit dem legendären Fiedel-Spieler »Myllarguten« veranstaltet wurde.[5] Die Literatur und die Musik der Zeit blieben von der Kenntnis der Volkskultur ebenfalls nicht unbeeinflußt, und in der Architektur gab es Versuche, an die lokale Holzbautradition anzuknüpfen. Doch was die Malerei anging, so stellte sich die Sache lange anders dar. Wir haben gesehen, daß einige Maler die Einrichtungen, Gebrauchsgegenstände und Kleider der ländlichen Bevölkerung studierten, und solche Studien fanden dann auch ihren Niederschlag in ihren größeren Kompositionen. Doch sie existieren nur als Motiv und fungieren vor allem als milieucharakterisierende Elemente. Solche Merkmale wurden für den eigenen Stil und die Darstellungsweise der Maler nicht bedeutsam, ganz einfach, weil sie sehr verschiedene Prinzipien der visuellen Anordnung zugrunde legten.

Die Krise des Realismus gegen Ende der achtziger Jahre führte bald zu einer Änderung dieser Prinzipien. Dadurch konnte die Volkskunst zum ersten Mal Form und Stil der neueren Malerei beeinflussen. Man verstand, wofür die Kunsthistoriker der Wiener Schule gleichzeitig eine Begründung zu geben versuchten, daß nämlich die Volkskunst auf anderen Spielregeln basierte, daß sich dort ein anderes ›Kunstwollen‹ durchsetzte. In Norwegen blieb Munthe der große Befürworter einer ›dekorativen Kunst‹, deren grundlegende Prinzipien sich von denen der herrschenden ›naturalistischen‹ Malerei in ihrem Wesen unterschieden: »Da die dekorative Kunst nicht die Illusion zum Ziel hat, braucht sie sie auch nicht als Mittel; doch als eine streng formale Kunst (wesensverwandt mit Musik und Dichtung) wirkt sie durch Ideenassoziationen und muß auch durch diese ihre Saiten stimmen [...].« Munthe hat sein ganzes Leben lang realistische Landschaften gemalt. Doch sein Interesse ging ständig mehr in Richtung streng vereinfachter, dekorativer Kompositionen (Abb. 10). Er betrachtete sie zunächst als originale, künstlerische Schöpfungen, doch es besteht kein Zweifel daran, daß sie wesentliche Voraussetzungen in der Volkskunst haben, besonders in den Bildteppichen.

In seinen wenigen, aber interessanten schriftstellerischen Werken erörtert Munthe sowohl das Verhältnis zwischen dekorativer und naturalistischer Kunst als auch die Frage nach einem nationalen künstlerischen Ausdruck. Der Zusammenhang zwischen diesen beiden Themen kommt besonders deutlich zum Ausdruck in der Erörterung dessen, was er eine »norwegisch-nationale Farbwahl« nennt. Er geht von der Voraussetzung dessen aus, was er eine nationale Einstellung nennt – » ›was‹ und ›wie‹ der Nationalcharakter für Kunst empfindet« –, und meint, daß diese sich in der Volkskunst erkennen lasse. Die physischen Voraussetzungen sind nicht mehr so interessant: »Eine solche Farbwahl von äußeren Dingen (norwegische Natur, Fauna oder Flora) abzuleiten, ist auch eine oberflächliche und daher unbrauchbare Verfahrensweise, wenn es sich um dekorative Kunst handelt, die ja nicht an die Illusion appelliert, jedenfalls nicht in der direkten Bedeutung dieses Wortes.«

Aubert hatte etwa die gleichen Gedanken, als er 1895 in seiner Antrittsvorlesung das zu bestimmen versuchte, was er »einen norwegischen Farbeninstinkt« nannte. Diesen stellte er dem herrschenden und, wie er meinte, verflachenden, dekorativen Geschmack entgegen. Ihn sah er als einen letzten Ausdruck der stark philosophischen und einseitig formalistischen Interessen der Aufklärungszeit und des Klassizismus. Daher gelte es, »wieder Kind zu werden, die natürliche und ursprüngliche Farbenfreude wiederzugewinnen.« Aubert betont die naturgegebenen Voraussetzungen stärker als Munthe. Selbst wenn man sich den Farbensinn aneignen muß, basiert er doch letztlich auf Instinkten: »[...] von Tag zu Tag werden diese beiden Worte: *das Dekorative* und *das Nationale* mehr und mehr die künstlerische Losung unserer Zeit. Und beide treffen sich in einem steigenden Bedürfnis nach volks-

Abb. 10
Gerhard Munthe, Die Freier (auch ›Die Nordlichttöchter‹ genannt), 1892. Aquarell. Nationalgalerie, Oslo

tümlicher Kunst.« Die Erneuerung, auf die er hinweist, muß durch eine verstärkte Besinnung auf die künstlerischen Traditionen geschehen, und im Falle der Norweger gab es da nicht so viele Möglichkeiten: »So wie jetzt die Verhältnisse in unserem Land sind, hat fast nur in der bäuerlichen Kultur das künstlerisch Ererbte eine nationale Prägung.«

Als ein bedeutender Kunsthistoriker war sich Aubert natürlich darüber im klaren, daß Impulse von außen für die Entwicklung der norwegischen Kunst entscheidend gewesen waren. Wie wir gesehen haben, war er sich auch dessen bewußt, daß sein eigenes Interesse für das national Eigenständige Teil einer allgemeinen internationalen Strömung war. Daher mußte er auch bei seinem Versuch, ein norwegisches »Farb-Temperament« plausibel zu machen, weniger Gewicht auf das spontan zu Schaffende als auf das unbewußt, aber konsequent Auszuwählende legen; so sprach er gern von der »ursprünglichen Anpassung des Fremden an die heimischen Verhältnisse und Forderungen«. Dadurch erscheinen seine Behauptungen nüchterner, als es auf den ersten Blick scheint. Es ist jedoch wichtiger, sich darüber klar zu werden, daß seine Absicht über die rein beschreibende, kunsthistorische Behandlung des Phänomens hinausging. Als ein authentischer Fortführer der nationalen Begeisterung der Romantik wollte er eine theoretische Grundlage für die künstlerische und besonders die dekorative Arbeit im zukünftigen Norwegen schaffen.

Agnieszka Morawińska

Die *Polonia* von Stanislaw Wyspiański

Stanisław Wyspiańskis *Polonia* (Abb. 1)[1] gehört zu den bekanntesten und häufig in Erinnerung gerufenen Darstellungen Polens und ist dessen gehaltvollste und prächtigste malerische Vision vom Ende des 19. Jahrhunderts; in ihr verschmilzt die allegorische Tradition mit der Vieldeutigkeit des Symbolismus. Der große, mit Pastell gemalte Karton ist ganz ausgefüllt mit der Vision, die trotz der Unterteilung in sechs Felder ein Ganzes bildet. Die jede räumliche Tiefe entbehrende Komposition ist das Ergebnis der Gegenüberstellung zweier Richtungen: des kraftlosen Niedersinkens einerseits und des energischen Aufstrebens andererseits. Die Hauptfigur ist im rechten Teil die ohnmächtig werdende Frau im schwarzen Kleid mit dem nach hinten gesunkenen Kopf, den aufgelösten dunklen Haaren und reglos niederhängenden Händen; sie ist mit einem riesigen Schwert umgürtet, das sie niederzieht. Ihr roter, hermelinbesetzter sowie mit Adlern bestickter Königsmantel bläht sich und füllt den ganzen Mittelteil der Komposition aus. Auf der linken Bildseite entspricht ihr ein scharf mit schwarzen Linien gezeichneter trockener Strauch. Geisterhafte Gestalten blicken sie entsetzt an. Über ihr und hinter ihrem Mantel (den Wyspiański selbst Krönungsmantel genannt hat) tauchen Jünglinge auf, andere klettern über ihr empor, die ausgestreckten nackten Arme in die Höhe reckend, während hinter dem vertrockneten Strauch blaublühende schwertlilienartige Blumen aufschießen.

Die Gestalt im schwarzen Trauerkleid – es ist die Polonia – war zur Zeit des Januaraufstandes 1863 und der diesem Volksaufstand unmittelbar vorausgehenden Ereignisse in der polnischen Kunst entstanden. Dieser tragische, bis heute in Polen lebendige Akt der nationalen Unabhängigkeitsbewegung brachte eine Kunst der Trauer hervor, deren Heldinnen Witwen, Mütter und Bräute der Aufständischen, der Gefallenen oder der nach Sibirien Verbannten waren. Die Symbolik dieser Darstellungen war oft der der religiösen Kunst gleich, die schwarze Frauengestalt war eine Personifizierung Polens oder eine Darstellung der Muttergottes als Königin Polens, die gemeinsam mit dem Volk litt, das seinerzeit ihrer besonderen Fürsorge anvertraut wurde. Sie wurde auch als Symbol des Todes oder der Trauer um das gestorbene Vaterland verwendet. Reich an derart vieldeutigen Frauengestalten war die Kunst Artur Grottgers, dem es gelang, in fünf Zeichnungszyklen das bis heute nachwirkende Bild des Januaraufstandes zu gestalten.[2] Eine trauernde Polonia malte auch Jan Matejko, ein gleichaltriger Kollege Grottgers und Lehrer Wyspiańskis, in seinem Gemälde von 1863, das unter der Bezeichnung *Polen, in Ketten geschmiedet* bekannt ist.[3] Eine der Polonia auf dem Fensterentwurf Wyspiańskis eng verwandte Frauengestalt ist die gleichzeitig entstandene, vieldeutige, auf dem Fensterbrett sitzende Person auf dem Gemälde *Melancholie* von Jacek Malczewski.[4]

Abb. 1 Stanisław Wyspiański, Polonia, 1894. Pastellzeichnung auf Karton. Muzeum Narodowe, Kraków

Abb. 2 Stanisław Wyspiański, Gelöbnis des Königs Jan Kazimierz, 1892. Glasbild für das Fenster der Kathedrale in Lemberg, Skizze, Stift auf Papier. Muzeum Narodowe, Kraków. Der obere Teil rechts; der untere Teil links ▷

Die Geschichte des Kartons *Polonia* ist ziemlich verwickelt. Er ist der ausgearbeitete Teil eines großen, nicht ausgeführten Entwurfes für ein farbiges Fenster der Kathedrale in Lemberg, dem Wyspiański zwei Jahre Arbeit gewidmet hat (Abb. 2).[5] Bei diesem Entwurf tauchten zum ersten Mal jene Ideen auf, die später die Grundlage seines Schaffens als Maler und vor allem seiner literarischen Arbeiten bildeten. Im September 1892 wandte sich Władysław Łoziński als Vertreter des Komitees für die Restaurierung der Lemberger Kathedrale an den damals in Paris studierenden Wyspiański und bestellte bei ihm den Entwurf für ein farbiges Fenster der Kathedrale; das Thema der Darstellung sollte das Gelöbnis König Jan Kazimierz' sein (einen ähnlichen Auftrag für ein farbiges Kirchenfenster mit dem Bildnis König Kazimierz des Großen erhielt damals Józef Mehoffer). Kurze Zeit später, Ende Oktober, stellte Wyspiański in Lemberg eine erste Skizze der Komposition vor, die akzeptiert wurde. An dem Entwurf für das Kirchenfenster arbeitete er bis Juni 1894 abwechselnd in Krakau und in Paris, wobei er oft über finanzielle Nöte klagte, die es ihm erschwerten,

entsprechende Modelle zu engagieren. Aus diesem Grund mußte er die Arbeit für mehrere Monate (von Juni bis September 1893) unterbrechen. Gerade entstand eines seiner ersten literarischen Werke, das Kurzdrama *Königin Polens*, eine literarische Weiterentwicklung der Darstellung des Gelöbnisses von Jan Kazimierz auf dem Kirchenfenster.[6] Am 24. Mai 1894 sandte Wyspiański schließlich den oberen Teil des Entwurfs nach Lemberg; beigefügt war »eine große Zeichnung der Hauptfigur dieser Komposition, eine Polen darstellende Zeichnung [...] schön erfaßt [...]. Ich hoffe, daß jemand sie kauft, aber ich möchte nicht, daß der erste beste sie erwirbt; ich habe einen Preis von 1000 rheinischen Gulden festgesetzt [...].«[7] Den unteren Teil des Entwurfs vollendete Wyspiański erst am 29. Juli 1894. Zunächst akzeptierte der Lemberger Stadtrat den Entwurf und beschloß, ihn auszuführen, dann aber verlangte er Änderungen vom Künstler. Angesichts der Ablehnung Wyspiańskis, Änderungen vorzunehmen, verzichtete der Stadtrat im Dezember 1894 schließlich auf die Ausführung des Entwurfs. Man war der Ansicht, daß die Malerei Wyspiańskis »eine zu einseitige, extreme Richtung repräsentierte«. Dies war weder das erste noch das letzte Scheitern Wyspiańskis.

Thema des Kirchenfensters und des dramatischen Fragments war jenes Geschehen, da König Jan Kazimierz (aus dem Geschlecht Wasa) Polen der besonderen Fürsorge der Muttergottes empfohlen hatte – ein ebenso historisches wie symbolisches Ereignis, das später den Charakter des polnischen Katholizismus und auch die Einstellung des Volkes prägte –, welches seine Hoffnung in die Fügung Gottes und in die Fürsorge der Jungfrau Maria setzte. 1656, zur Zeit des Einfalls der Schweden in Polen, hatte Jan Kazimierz von Polen am 4. April, wie Wyspiański angibt – jedoch am 1. April, wie die Historiker behaupten –, das polnische Volk in der Kathedrale zu Lemberg der besonderen Fürsorge der Muttergottes anvertraut, die er Königin Polens nannte; er hatte gelobt, das Land zu retten, die Feinde von seinem Boden zu vertreiben und den Bauern Freiheit und Recht zu verleihen (das letztgenannte Gelöbnis hat er notabene nicht gehalten).

Von der ersten Skizze über den Entwurf des Kirchenfensters und das dramatische Fragment entwickelte Wyspiański seine Idee einer Komposition zweier Sphären, einer unteren geschichtlichen und einer oberen visionären. Der untere Teil der Glasmalerei besteht aus der historischen Szene mit dem knienden König zur Rechten, darüber den Bischof und darunter Heerführer Czarniecki, Adeligen und Bauern – alle auf den Knien – mit dem bekrönten Bilde auf dem Altar, mit den Wappen Polens, Litauens und des Hauses Wasa sowie Inschriften links unten (Abb. 3).

Zur selben Zeit, da Wyspiański seine Kartons für die Lemberger Kathedrale entwarf, malte Jan Matejko sein unvollendetes, letztes Gemälde zum gleichen Thema, sein *Gelöbnis des Königs Jan Kazimierz.*[8] Schon vorher, 1889 während des Studiums Wyspiańskis an der Schule der Schönen Künste in Krakau und seiner engeren Kontakte mit dem Meister, hatte Matejko eine Ölskizze für das Gelöbnis angefertigt (Abb. 4).[9] In der Fassung des unteren Teils von Wyspiańskis Entwurf (Abb. 2, 3) kann man unschwer das Vorbild Matejkos erkennen – den schräg gestellten Altar, die im Profil erfaßte Gestalt des Königs und die dominierende Gestalt des Bischofs. In den Regieanweisungen für das dramatische Fragment

Abb. 3 Stanisław Wyspiański, Gelöbnis des Königs Jan Kazimierz, 1894. Glasbild für das Fenster der Kathedrale in Lemberg, Entwurf, Öl- und Emailfarben auf Leinwand. Muzeum Narodowe, Kraków. Der untere Teil links; der obere Teil rechts

Wyspiańskis kommt auch die verglaste königliche Loge vor, die man oben in Matejkos Skizze erkennt, doch sowohl bei der Ölskizze als auch in seinem monumentalen Gemälde hat sich Matejko darauf beschränkt, die historische Szene darzustellen. Und auf die für ihn charakteristische Weise hat er darin sein Urteil über die Geschichte zum Ausdruck gebracht: Es scheint, daß die hinter Heerführer Czarniecki knienden Bauern mit ihren Kampfsensen sowohl an den Beitrag der bäuerlichen Partisanen zum Krieg gegen die Schweden als auch an das nicht eingelöste Versprechen des Königs erinnern, das sich auf die weiteren Geschicke Polens ausgewirkt hat. Besonders aktuell war diese Frage bei den damaligen Diskussionen über die Gründe für die Niederlage des Januaraufstands und über die ablehnende Haltung der Bauern zum Aufstand.

Die Erweiterung der historischen Szene um den überirdischen Bereich, um die Vision Jan Kazimierz', in der Wyspiański seine Vorstellung von Polen und seine Prophezeiung der

Abb. 4 Jan Matejko, Gelöbnis des Königs Jan Kazimierz, 1889. Skizze, Öl auf Mahagoni. Muzeum Narodowe, Kraków, Jan-Matejko-Haus

Zukunft zum Ausdruck gebracht hat, ist ausschließlich seine eigene Idee. Der obere Teil des Kartons und die Zeichnung *Polonia* erzählen vom Tod und verheißen zugleich die Wiedergeburt – das Freiwerden der wesentlichen, geistigen Aktivitäten des Volkes. Ähnlich verhält es sich mit dem Inhalt des Dramas *Königin Polens,* in dem er durch eine tragische Situation die geistigen Kräfte des Königs und den guten Willen des ganzen Volkes freisetzt. Als Leser von Camille Flammarion und – wie Zdzisław Kępiński meint – auch von Eduard Schuré[10] hat Wyspiański in diesem Karton die Idee vom Tod und von der geistigen Wiedergeburt des Volkes umrissen. Die Vermittlung ausländischer Theosophen war dabei nicht einmal erforderlich, weil der eleusinische Mythos sehr tief in der Wyspiański so nahe stehenden polnischen Romantik verwurzelt war. Auf diesen Mythos griff der Künstler zurück, als er in zwei Dramen jene bis heute die polnische Einbildungskraft beherrschende Vorstellung vom Novemberaufstand schuf: in der *Warschauerin,* an der er ab 1892, also parallel zum Kirchen-

Abb. 5 Jean Auguste Dominique Ingres, Gelöbnis Ludwigs XIII., 1824. Öl auf Leinwand. Musée Ingres, Montauban

Abb. 6 Artur Grottger, Erscheinung, Lithuania-Zyklus, 1866. Zeichnung auf Karton. Muzeum Narodowe, Kraków

fenster, arbeitete, und in der später (1901–1904) geschriebenen *Novembernacht.* Im oberen Teil des Fensterentwurfs, in der Vision Jan Kazimierz', tauchte zum ersten Mal im Schaffen Wyspiańskis die mythische Zeit auf, in der die Polonia – wie die Kore in Eleusis und jene der *Novembernacht* im Warschauer Łazienki-Park – in die Unterwelt niedersteigt, um wiedergeboren zu werden. Die Kora aus der *Novembernacht* spricht die Worte aus, die der Schlüssel für die Geschichtsphilosophie Wyspiańskis und zugleich für den Gehalt seines Kirchenfensters sind – »Sterben muß, was leben soll.«

Im oberen Teil des Kirchenfensters (Abb. 3) wächst aus dem Rauch der Kerzen und den hochschießenden Blumen die bekannte Gestalt der Polonia hervor, und darüber recken Jünglinge ihre Arme in die Höhe, wo der Erzengel Michael sein Schwert aus der Scheide zieht. Auf der linken Seite inmitten der aufragenden Blumen erscheint eine bäuerliche Maria mit dem Kind, die Wyspiański später mit dem Titel *Caritas* noch zweimal gemalt hat. Durch Liebe und Geisteskräfte sollte also die Wiedergeburt der Kore – der Polonia – erfolgen.

Das Rahmenthema des königlichen Gelöbnisses hat eine Tradition, deren bekanntestes Beispiel das 1824 im Pariser Salon ausgestellte und oft nachgestochene und reproduzierte *Gelöbnis Ludwigs XIII.* von Ingres für die Kathedrale in Montauban ist (Abb. 5). Das Gemälde war zu jener Zeit entstanden, da die auf den französischen Thron zurückgekehrte Bourbonendynastie bestrebt war, ihre Position zu festigen, indem sie an wichtige Ereignisse der Geschichte erinnerte und sich auf ihre Verbindung mit der katholischen Kirche berief. Ingres bekam den Auftrag, ein Bild zu malen, auf dem Ludwig XIII. am Himmelfahrtstag der Muttergottes die Insignien Frankreichs opfert. Um die Probleme zu lösen, die er bei der Verbindung der historischen Darstellung mit der religiösen Szene der Himmelfahrt hatte, berief er sich auf das geheiligte Vorbild der alten Kunst. Er stellte den knienden König in einem Mantel mit den Lilien der Bourbonen zu Füßen eines Altars dar. In den ausgestreckten Händen hält er Krone und Zepter, und über ihm erblickt man hinter einem von Engeln beiseitegezogenen Vorhang eine Raphaelsche Madonna. Es scheint, daß Artur Grottger beim letzten Karton seines Lithuania-Zyklus, bei der *Erscheinung*, an dieses Vorbild angeknüpft hat (Abb. 6). Dort erscheint der in einem sibirischen Bergwerk Verbannten, die neben einem Karren kniet, die von goldenem Schein umstrahlte Muttergottes mit dem Kind. Die Verbannte erinnert in ihrer Haltung und in der Gestik der Hände an den König in Ingres' Bild, wobei allerdings auf der Zeichnung Grottgers die irdische und himmlische Wirklichkeit nicht getrennt sind: die Ostrobramska-Muttergottes (die die Raphaelsche Madonna ersetzt) ist vom Altar in den Stollen eines sibirischen Bergwerks herabgestiegen.

Das Gemälde Ingres' ist ein Werk klassischer Ausgewogenheit, bei dem selbst übernatürliche Erscheinungen den Gesetzen der Logik unterworfen sind. Diese Gesetzmäßigkeiten wurden von der Romantik, deren später Vertreter Grottger war, erschüttert. Der Neuromantiker Wyspiański malte den unteren Teil des Kirchenfensters, den Bereich der irdischen Wirklichkeit, indem er gleichsam pflichtgemäß auf das Vorbild Matejkos zurückgriff. Seine wahre künstlerische und geschichtsphilosophische Aufgabe war hingegen der obere, der über die Geschichte hinausgehende Teil, hergeleitet aus der eigenen Phantasie, die eine Projektion seines künftigen Schaffens und ein Bekenntnis des Glaubens an den Sinn der Geschichte des Volkes darstellt.

Hans Joachim Neidhardt

Gustav Heinrich Naekes *Heilige Elisabeth im Hofe der Wartburg Almosen spendend*

Fast gleichzeitig mit dem bedeutendsten der ›sächsischen Nazarener‹, Julius Schnorr, traf Heinrich Naeke Ende 1817 in Rom ein, wo er sich besonders durch sein zeichnerisches Können rasch die Achtung seiner Künstlerkollegen erwarb. In der Ausstellung der Romdeutschen im Frühjahr 1819 im Palazzo Caffarelli zeigte er eine Zeichnung *Vertreibung aus dem Paradies,* die noch seine klassizistische Schulung verriet. Im übrigen widmete er sich mit Leidenschaft dem Studium der italienischen Renaissancemeister vor und um Raffael. 1820 erhielt er eine Reihe ehrenvoller Aufträge: Nach der Bestellung des großen Bildes mit der Heiligen Elisabeth durch Quandt wurde Naeke in die Arbeit an einem neunteiligen Gemälde-Zyklus zum Leben und Leiden Jesu einbezogen, den der Naumburger Domherr von Anspach durch preußische und sächsische Künstler ausführen ließ. Das Thema von Naekes Bild war »Christus, den Jüngern zum letzten Mal erscheinend«. Den Auftrag verdankte er der Vermittlung Schnorrs. Wenige Monate später wurde ihm die Mitarbeit an den seit 1817 in Arbeit befindlichen Fresken des Casino Massimo angetragen. Doch fühlte sich der bescheidene und inzwischen mit mehreren Aufträgen belastete Künstler der monumentalen Aufgabe nicht gewachsen und lehnte ab.

Als Partner Overbecks, der das Gegenstück *Auffindung Mosis* dazu malte, präsentierte sich Naeke 1823 mit dem Gemälde *Jakob und Rahel.* Den Doppelauftrag empfingen die Künstler 1821 von Johann Heinrich Albers in Bremen. Bemerkenswert ist der Gleichklang nazarenisch-lyrischer Gestimmtheit in beiden Werken. Bereits am 6. Januar 1824 wird Naeke als Akademielehrer und außerordentlicher Professor nach Dresden zuruckberufen, erhält jedoch auf sein Ersuchen Aufschub für seinen Amtsantritt bis zum Herbst. Am 19. Mai 1824 schreibt Schnorr an Quandt: »[...] Keiner aber verläßt wohl mit so schwerem Herzen Rom als Näcke [sic!]«. In der Tat war Rom für Naeke wie für kaum einen anderen sächsischen Maler der Ort kreativer Erfüllung, weil – wie er meinte – »der Sinn für Formenschönheit nur da sich gedeihlich entwickelt, wo die Natur selbst mit Liebe schönere Formen gebildet hat, im glücklichen Süden.«[1]

*

»Von den Aufträgen, die Herr Quandt gegeben, und den Ankäufen, die er gemacht hat, will ich nur einige anführen. Näcke [sic!] ist aufgetragen, eine große Komposition, die heilige Elisabeth, welche Almosen unter die Armen verteilt, vorstellend, in Öl auszuführen [...].« Diese früheste Nachricht über Naekes Hauptwerk[2] (Abb. 1) steht in einem Briefe Schnorrs vom 22. Februar 1820 an seinen Vater in Leipzig.[3] In dieser Zeit muß Naeke mit der Arbeit am Gemälde begonnen haben. Die Idee dazu stammt allerdings nicht vom Auftraggeber Johann Gottlob Quandt, welcher im Oktober 1819 zu längerem Aufenthalt in Rom eingetroffen war. Vielmehr hatte Naeke die Komposition als fertige großformatige Zeichnung bereits in Dresden ausgeführt und mit nach Rom gebracht.[4] Nach dieser Zeichnung fertigte er einen Karton in der vorgesehenen beträchtlichen Größe des Gemäldes, den er – nach Schnorr – Ende Mai 1820 »unter den Händen« hatte.[5]

Naeke hat das Werk in Rom nicht vollendet. Er arbeitete außerordentlich langsam und führte zwischendurch andere Arbeiten aus. Obwohl es Anfang 1822 bereits ziemlich weit gediehen war, konnte er sich nicht entschließen, es in einem Zuge durchzumalen. Vor den Augen der Malerkollegen hielt er es ängstlich verborgen. Im Mai 1823 beklagte sich Quandt bei Schnorr in Rom über Naekes Säumigkeit[6], doch erlaubte es wohl dessen selbstkritische Penibilität nicht, das Bild vorzeitig aus der Hand zu geben. Im Dezember 1823 schreibt Schnorr an Quandt: »Naecke [sic!] arbeitet den ganzen Tag, zeigt aber noch immer nichts. Seine Gewissenhaftigkeit bei der Arbeit ist zur Krankhaftigkeit geworden. Die Lebendigkeit seiner Bilder erliegt unter der Korrektheit.«[7] Als Naeke ein Jahr später nach Dresden zurückkehrte, brachte er das Gemälde unvollendet mit. Erst 1827 wurde er damit fertig und zeigte es im August in der Kunstausstellung der Akademie, wo es viel Beifall erhielt.[8]

Abb. 1 Gustav Heinrich Naeke, Die Heilige Elisabeth im Hofe der Wartburg Almosen spendend. 1820–27

Abb. 2 Julius Schnorr von Carolsfeld, Der heilige Rochus Almosen austeilend, 1817. Museum der bildenden Künste zu Leipzig

Schon mit seinem Thema aus dem altdeutsch-vaterländischen Legendenkreis um die thüringische Landgräfin hebt sich das Werk gegenüber den um 1820 bei den Nazarenern üblichen Stoffen aus dem Alten und Neuen Testament ab. Naekes Vorliebe für diese geistige Welt hatte sich in dem 1814 vollendeten Gemälde *Die Heilige Genoveva in der Wildnis* bereits angedeutet. Die inhaltliche Verbindung mit Julius Schnorrs *Heiliger Rochus Almosen austeilend*[9] liegt deutlich zutage (Abb. 2). Ob er das Ende 1817 in Wien gemalte Werk des acht Jahre Jüngeren gesehen hat, ist fraglich. Wenn er noch im Dezember 1817 mit der fertigen großformatigen Zeichnung in Rom eintraf, ist bei seiner langsamen Arbeitsweise eine direkte Übernahme der formalen Bildidee kaum denkbar, obgleich die Ähnlichkeit des kompositionellen Aufbaus beider Bilder frappierend ist. Die Eigenständigkeit von Naekes Komposition wird im übrigen durch eine Entwurfszeichnung (Abb. 3) erhärtet, deren Flüchtigkeit sie als Ideenskizze ausweist.[10] Sie zeigt zwar noch nicht das konkrete Thema, aber doch das Motiv in einer einprägsamen Bildidee.[11] Im Gegensatz zum späteren Gemälde ist es hier – wie bei Schnorr – ein männlicher Heiliger, welcher die Almosen spendet. Er steht erhöht gegenüber der Pilgerschar vor einem Portal. Die angedeutete Architekturbühne ist – wie die ganze Szene – seitenverkehrt in das Elisabeth-Bild übernommen worden. Das Motiv der erhöhenden Stufe, welche zugleich die sozialen Sphären gegeneinander abgrenzt, fehlt in der Darstellung Schnorrs. Während Naeke den frommen Kleriker in die mildtätige Landgräfin verwandelte und dieser mehrere Begleitfiguren zugesellte, hat er die aus fünf Personen bestehende Hauptgruppe der zweiten Reihe des Volks im Gemälde übernommen: Den Mann mit Pilgerstab, der einem neben ihm stehenden Jüngling die Hand auf die Schulter legt, und die Mutter mit den beiden Kindern. Auch der bärtige Alte, welcher seinen Hut bittend präsentiert, kehrt im Bilde wieder. Schließlich findet sich als Notat auf dem unteren Blattrand die im Bild anstelle der beiden Knienden verwendete Gruppe zweier junger Frauen.

*

Obwohl Schnorr seinen *Heiligen Rochus* ohne unmittelbaren Kontakt mit den römischen Nazarenern gemalt hatte, erkennt Johannes Jahn darin »das Wesen nazarenischer Malerei in ungewöhnlicher Reinheit.«[12] Man darf dieses Prädikat unbedenklich auch auf Naekes *Heilige Elisabeth* übertragen. Ähnlich wie bei Schnorr ist die Bedeutung der Farbe als Gestaltungselement stark zurückgenommen, so daß das Werk ohne wesentlichen Verlust an Aussagekraft auch auf sie verzichten könnte. Sie hat – auch da, wo sie Licht- und Schattenpartien markiert – weniger eine sinnliche als eine raumklärende Funktion, sofern sie nicht sogar, wie hier im Gewande der Heiligen, andeutungsweise mittelalterliche Symbolik wiederaufnimmt. Um so stärkeres Gewicht haben Zeichnung und Komposition. All das ist gut nazarenisch, aber es ist auch gut klassizistisch. Klassizistische Prinzipien hatte Naeke in den Jahren seiner Ausbildung in Dresden bei Joseph Grassi und Ferdinand Hartmann kennengelernt. Die große figürliche Gruppenkomposition historischen oder mythologischen Inhalts galt schon damals an der Akademie als Hauptaufgabe der Malerei. Naeke, der erst als Zweiunddreißigjähriger römischen Boden betrat, beherrschte solche Kunst meisterhaft. So wird man Hermann Riegels Feststellung, die *Heilige Elisabeth* zeige »unverkennbar eine sehr glückliche Anlehnung an Overbeck«[13], nur bedingt beipflichten können. Der noch in Dresden ausgearbeiteten Komposition liegt jene antithetisch-dualistische Struktur zugrunde, die Rudolf Zeitler als dominierendes Ordnungsprinzip klassizistischer Figurenbilder um 1800 erkannt hat.[14] Sie äußert sich in einfachen Kontrasten, hier einmal der lebendig bewegten Form der Menschenmenge gegenüber der prismatischen Ruhe und Glätte der Architektur, zum anderen der beiden einander konfrontierten Gruppen. Deren bildflächenparallele Anordnung auf einer nicht eben tiefen Vordergrundbühne und die daraus resultierende Vorliebe für Profilfiguren sind auch für klassizistische Gruppenkompositionen typisch. Freilich begegnen sich Naeke und Overbeck, der von Eberhard Wächter in Wien klassizistisch beeinflußt worden war, in ihren sehr ähnlichen Auffassungen. So ist Paul Ferdinand Schmidt zuzustimmen, welcher in Naeke eine parallele Erscheinung zu Overbeck sieht und meint: »Sein Anschluß an die Nazarener [...] konnte ihm wohl das eigene Wesen nur bestärken, vielleicht von Schlacken reinigen: Seine Formenwelt gehörte ihm allein.«[15]

*

Abb. 3
Gustav Heinrich Naeke, Ein Heiliger Almosen austeilend, um 1816/17. Staatliche Kunstsammlungen Dresden

Die Ausweitung der Darstellung von St. Elisabeths Almosenspende zur Massenszene ist Naekes Idee, also eine Erfindung des 19. Jahrhunderts. Trotz so gewaltigen dramaturgischen Aufwandes konzentriert sich das eigentliche Geschehen, das Spenden und Empfangen, in zwei Personen: der Heiligen und dem Alten, der die Gabe in seinem Hut empfängt. Die meisten mittelalterlichen Darstellungen des Themas – seien sie skulpiert oder gemalt – kommen daher auch mit diesen beiden Gestalten aus. Dabei handelt es sich bei dem Armen, der mit Speise, Trank oder Kleidung beschenkt wird, in der Regel um einen männlichen Krüppel auf Krücken, welcher die Hand nach der Gabe ausstreckt.[16] Die tradierten Kennzeichen des Elenden – Körpergebrechen, flehend erhobene Hand und Empfang des Almosens – sind bei Naeke allerdings auf drei Personen verteilt. Der bedeutungsperspektivische Größenunterschied zwischen der Heiligen und ihrem Schützling, der noch auf einer Nürnberger Altartafel um 1510[17] etwa drei zu eins beträgt, wird rudimentär in Naekes Komposition auf ›natürliche‹ Weise durch Erhöhung der Heldin angedeutet.

Stellt man das Zentralmotiv des Elisabeth-Mythos – Spenden und Empfangen – in weitere bildstrukturelle Zusammenhänge, so kommt man auf das Rahmenthema[18] der ›Übergabe‹, welches mit unterschiedlichen religiösen oder weltlichen Inhalten betrachtet werden kann. Aus der abbreviierenden Symbolsprache der mittelalterlichen Kunst heraustretend, gewinnt die Darstellung seit dem 15. Jahrhundert an erzählerischer Breite und Realistik. ›Übergaben‹ von Insignien der Macht, von Urkunden, bedeutsamen Büchern, Schlüsseln und ähnlichen Sinnzeichen werden zu öffentlichen Ereignissen, dargestellt in vielfigurigen Szenen. Den beiden Hauptakteuren werden jeweils Assistenzfiguren zugesellt. Der inhaltlichen Bipolarität entspricht die Ordnung der Personen in zwei einander gegenüberstehenden

Abb. 4 *Christian Gottlieb Schick, Sokrates, den Giftbecher entgegennehmend, um 1800. Graphische Sammlung, Staatsgalerie Stuttgart*

Gruppen. So gesehen folgt Naekes *Heilige Elisabeth* einem bereits in der Renaissancemalerei entwickelten Kompositionsmuster, welches zum Beispiel Peruginos Wandbild *Jesus übergibt den Schlüssel an Petrus* (um 1480) in der Sixtinischen Kapelle zugrunde liegt. Ein weiteres berühmtes Beispiel für das Rahmenthema ist Velázquez' Gemälde *Übergabe von Breda* (1635), in dessen Zentrum die Überreichung des Stadttorschlüssels an den Sieger steht. Auch in der zeitgenössischen klassizistischen Kunst erscheint das Motiv. So läßt sich Naekes Bild nicht nur mit Schnorrs *Heiligem Rochus,* sondern auch mit Gottlieb Schicks bildmäßiger Zeichnung *Sokrates, den Giftbecher entgegennehmend* (um 1800; Abb. 4)[19] vergleichen: Inhaltlich zwar eine makabre Umkehrung der ›Almosenspende‹, formal jedoch außerordentlich ähnlich.

*

1834 erhielt der Zeichner und Kupferstecher Christian Ernst Stölzel (1792–1837) den Auftrag, nach Naekes *Heiliger Elisabeth* eine Radierung als Jahresgabe für die Mitglieder des Sächsischen Kunstvereins anzufertigen. Das Blatt, im Todesjahr Naekes 1835 ausgegeben, zeigt eine Reihe bemerkenswerter Abweichungen gegenüber dem Gemälde (Abb. 6). Da Stölzel als Vorlage für seine Radierung eine genau gleichgroße Zeichnung Naekes benutzt hat[20] (Abb. 5), entsprechen die Veränderungen also der Absicht des Künstlers. Sie beziehen sich insbesondere auf die Hauptgestalt der Szene, die Heilige Elisabeth. Sie wird in der Fassung von 1834 in zweifacher Hinsicht ›zurückgenommen‹. Im Gemälde hatte Naeke Wert auf Betonung ihres sozialen Status gelegt. Da ist es die edle Fürstin in prächtigem Gewande, geschmückt mit der goldenen Landgrafenkrone, die sich zum armen Volke herabläßt. Die späte Fassung dagegen läßt die Heilige auch äußerlich eher schlicht, ohne Krone und feudales Kostüm, fast wie eine Bürgersfrau erscheinen und in die Gruppe der sie begleitenden Mägde zurücktreten. Damit wird hier mehr das franziskanische Element in der Elisabeth-Legende betont.

Nicht zu übersehen ist auch die Veränderung der recht phantastischen, romanisch gemeinten Architekturkulisse. Die oktogonalen Abschrägungen der Palas-Ecke und der – im Gemälde zweistufigen – Treppe werden durch kubisch vereinfachte Lösungen ersetzt. Hier scheint noch einmal das Studium Albrecht Dürers, bei dem es so verspielte Formbrechungen nicht gibt, mit Nachdruck gewirkt zu haben. Die scharfe Mauerecke und Schattenkante trennen die beiden Gruppen optisch jetzt viel entschiedener, zumal auch die vermittelnde Kindergestalt zwischen Elisabeth und dem bittenden Volke wegfällt. So erscheint die Komposition von 1834 strenger als die des Gemäldes. Die Vereinfachung der Architektur und die damit verbundene klare Trennung von Licht- und Schattenflächen kommt zudem der graphischen Wirkung des Blattes zugute.

Abb. 5 Gustav Heinrich Naeke, Die heilige Elisabeth im Hofe der Wartburg Almosen spendend, 1834. Staatliche Kunstsammlungen Dresden

Abb. 6 *Christian Ernst Stölzel (nach Naeke), Die heilige Elisabeth im Hofe der Wartburg Almosen spendend, 1834. Dresden, Kupferstichkabinett*

Im übrigen zeigt die späte Elisabeth-Variante Naekes Zeichenstil auf der Höhe seiner Entwicklung. Man darf das äußerlich unscheinbare, heute stark vergilbte und durch Flekkenbildung in seiner Wirkung beeinträchtigte Blatt des achtundvierzigjährigen Dresdner Akademieprofessors als den vermächtnishaften Ausdruck seines ästhetischen Credos bezeichnen, denn nur wenige Monate nach dieser Arbeit ist er an einem Herzleiden gestorben. Es ist das Bekenntnis zur Linie als dominierendem Ausdrucksträger und zur menschlichen Gestalt als dem vornehmsten Gegenstand bildnerischen Bemühens, mit dem sich sein konsequentes Nazarenertum ausspricht. Stärker noch als im Gemälde verdichtet sich in dem transparenten Liniengefüge der abstrakten Zeichnung die Idee zu geschlossener Form. Mit goldschmiedhafter Feinheit und Präzision hat Naeke die vielfigurige, kunstvoll aufgebaute Komposition bis in die Details der kleinsten Gestalten des Hintergrundes durchgezeichnet. Nichts bleibt unklar oder dem Zufall überlassen, nichts geht in Dämmerschatten unter. Alle die kunstvollen Verschränkungen und Überschneidungen sind in ihren Formzusammenhängen verstanden. Hier wird die additive Methode der plastisch-linearen Zeichnung zu einem Höhe- und Endpunkt getrieben. Die charaktervolle Konsequenz und künstlerische Qualität, mit der Naeke sein nazarenisches Konzept zu verwirklichen suchte, verdient die Achtung der Nachgeborenen.

Karlheinz Nowald

»Das ungeheure Drama des Lebendigen« – Hans von Marées' Neapler Fresken

In Neapel, in der Zoologischen Station, unter den Marées-Fresken von 1873 – wie kommt es, daß mich hier immer wieder eine große Feierlichkeit erfüllt, so als wäre das Gemalte dort oben an den Wänden eine konzentrierte Auslegung des Daseins, voll paradiesischer Wirklichkeit und trotzdem ungeschönt? Ist es nur die Erlösung nach der langen Reise und dem Neapler Stadttumult? Oder eine Nähe, die aus meinem letzten Schuljahr in Wuppertal kommt und von Marées' Farbskizzen für die Bilder der Station im dortigen Museum? Oder die Erinnerung an den ominösen Fund von Repros dieser Fresken im Briefkasten in Heidelberg, zwei Häuser-Blocks damals von Jens Christian Jensen im Kurpfälzischen Museum? Ist es also nur der Kurzschluß zwischen Initiation und Erfüllung, immer wieder? Ich weiß es nicht und möchte es auch in der Schwebe lassen, will nur verdeutlichen, daß mir die Arbeit über diese Fresken mehr bedeutet als die Erledigung einer irgendwie interessanten Aufgabe. Und zudem ist da mehr als mein biographischer Kontakt. Zu keinem von Hans von Marées' Werken ist die Liste der Veröffentlichungen (in Uta Gerlach-Laxners Katalog von 1980) so lang wie zu diesem. Alles scheint schon gesagt, nur Variation des bereits Bekannten noch möglich zu sein.

Trotzdem werden wir wohl mit den Undeutlichkeiten leben müssen, die über dem Zustandekommen des Arbeitsauftrags an Hans von Marées durch Dr. Anton Dohrn, den Gründer und Leiter der Station, liegen; da schweigen einfach die Quellen. Doch sieht es so aus, als habe Marées sich diese Gelegenheit tatsächlich im Handstreich verschafft (Brief an Konrad Fiedler vom 29. Juni 1873).

Ebenso undeutlich dürfte bleiben, wie eigentlich das in den Fresken verwirklichte Bildprogramm entstanden ist. Es ist singulär – könnte das von Dohrn kommen, hat er Wünsche gehabt, Vorschläge gemacht, wenigstens Anregungen oder Richtung gegeben? Das läge nahe, denn Dohrn war durch und durch bewegt von einer Idee und konnte (trotz seiner gelegentlichen melancholischen Verdunkelungen) äußerst beredt und überzeugend sein. Oder ist das Programm ganz Marées' (eventuell zusammen mit Adolf von Hildebrand entwickelte) eigene Sache? Auch hier schweigen, zunächst, die Quellen.

Doch jetzt: dieses Gefühl heiteren Erhobenseins angesichts der Fresken, wie ist es, unabhängig von meinen privaten Konditionen, zu erklären? Ist es einfachhin die Großzügigkeit der Kompositionen, in denen viel Luft und Hallraum bleibt, ist es die gelöste Sicherheit der scheinbar ganz entspannten und doch auch gesammelten Gegenstands- und Figurenverteilung, der kräftig-nervige Pinselstrich, der beherrschte Farbsatz – kurz, das pur Künstlerische? Oder hat mit diesem Gefühl auch die Thematik und ihre spürbare Verwobenheit zu

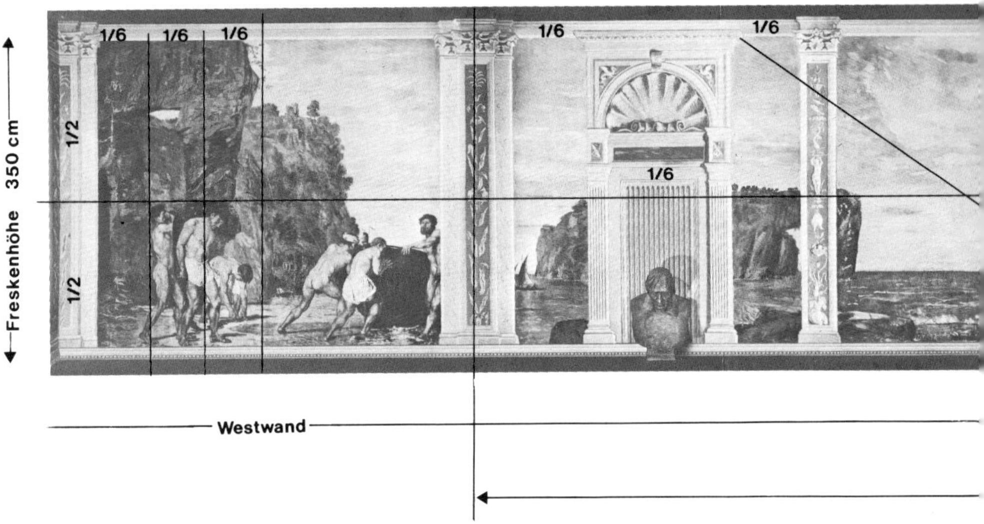

Abb. 1 *Hans von Marées, Fresken in der Zoologischen Station Neapel, 1873. West-, Nord- und Ostwand: Aufbruch der Fischer, Meereslandschaft, Pergola*

Abb. 2 *Hans von Marées, Fresken in der Zoologischen Stat*

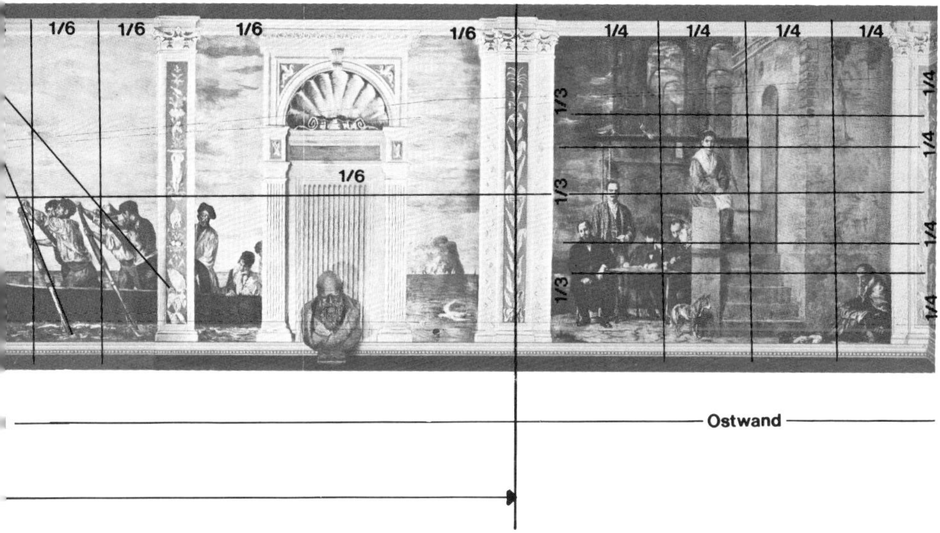

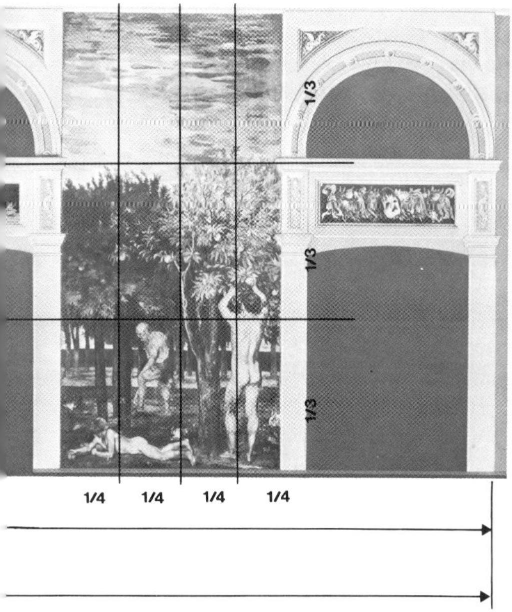

'3. Südwand: Orangenhain

tun, diese Verbindung von blankem Süden, Meer, Himmel, Land, Arbeit und Muße, die Abfolge der Bilder und die in ihnen zur Wirksamkeit gebrachten Konfrontationen? Soll ich leichthin antworten: dies alles zusammen?

Es fallen ja die Differenzen zur Wand- und Deckenmalerei von Marées' Zeitgenossen ins Auge. Ich denke dabei gar nicht an die Nazarener, die hier (trotz Jensen) nicht in Frage kommen, ich denke an Arnold Böcklin und Anselm Feuerbach. An Böcklins Wandbilder im Treppenhaus des Museums an der Augustinergasse in Basel (1868–1870) mit den Darstellungen der Magna Mater, der Flora und des Apollon als Verkörperungen von Natur- und Geistesmächten. Und an Feuerbachs *Titanensturz* an der Aula-Decke der Kunstakademie in Wien (1875–1879, 830 × 693 cm), diesem virtuos komponierten Sinnbild auch von Lebens- und Arbeitskämpfen. Große Gelegenheiten fürwahr, große Themen, große (im Gegensatz zu Marées etwas überfüllte) Bilder, aber was bearbeiten sie eigentlich – Gegenwart? Oder etwa Wirklichkeit? Allenfalls eine in alter Literatur und Überlieferung fixierte. Sie exhumieren traditionelles Bildungsgut und versuchen ihm in zu Bedeutung aufgeblähten, narrativ pointierten Kompositionen machtvolle Gegenwart zu geben – wirkungsbezogen, didaktisch, feierlich-leer.

Bei Marées ist das ganz anders. »Der Gegenstand«, schreibt er am 20. Juli 1873 aus Neapel an Konrad Fiedler, »ist ganz aus dem Leben gegriffen.« Das muß man langsam lesen. Denn dieser Satz ist knappstes, fast möchte ich schreiben: polemisches Programm. Zwar hört sich das zunächst einmal nach Realismus an, doch ein Blick genügt: sicher ist da Wirklichkeit, gesehene Welt, doch ist sie ganz offensichtlich auf Wesentliches hin geläutert und mit klassischen Idealen gefüttert. Der Mensch, der nackte und der bekleidete, in nahezu idealer Landschaft, die in ihrer gegebenen Gestalt Welt vertritt – das ist nicht der in der Mitte des 19. Jahrhunderts mögliche Realismus von, sagen wir, Courbet oder Menzel. Es herrscht Anschaulichkeit. Gesehene Landschaft, gesehene Menschen, gesehene Architektur, gesehene Stilleben – Natur, nirgends aber Literatur. Und das eben ist das Programm: nicht der Realismus als Stil, sondern die durch das Perspektiv eines Ideals gesehene Realität.

Und nirgends Ereignis, einmalige Handlung, sondern überall die fast in Zuständlichkeit übergehende Figur des sich Wiederholenden. Nicht der Augenblick und seine Zündung, sondern das Verrinnen der Zeit in die Ewigkeit des Daseins-Destillats. In allem, selbst in der kräftigsten Bewegung, das regelmäßig Wiederkehrende und dadurch das Dauernde, wie seit der Antike. Das gilt für die Bilder der Arbeit, die Darstellung der Vorbereitung zum Fischfang, der Ausfahrt übers Meer, der Orangenernte und Bodenbestellung. Wo Ruhe herrscht, im Pergola-Bild, im Bild der beiden Frauen im Hain, da ist stillstehende Aktualität, Gegenwart, die durch ihre Reglosigkeit der Ewigkeit übergeben ist.

Schaut man den Bilderkreis an, dann sieht man: dies ist kein illusionistisches Panorama. Vielmehr sind es miteinander zusammenhängende Stationen, ein Zyklus, in dem sich das Panorama des Daseins malt mit der Vorbereitung zum Fischfang, der Ausfahrt übers Meer, der Orangenernte an Land und dem Ausruhen unter der Pergola am Feierabend, mit gemeinschaftlicher Arbeit und gemeinschaftlicher Ruhe, mit Muskelspiel und Kontemplation, mit Physis, Geist und Herz, mit Tag und mit Abend.

Woran also ist Marées interessiert? Offensichtlich an der Spannweite des sichtbaren Seins. Am Sein der Natur und am Sein des (und der) Menschen. An der Darstellung der Verschränkung von Mensch und Natur im Handeln und Sinnen.

Sehen, was ist. Dem Gesehenen Struktur geben, Form. Und Sinn. Vielleicht ist der Pfiff der Fresken gerade dies: Marées ist nicht von etwas Fertigem ausgegangen, von einem stehenden Modell, sondern hat im Vollzug der Arbeit das Modell erst gewonnen und zur Sichtbarkeit gebracht – als eine »Offenbarung« (Gottfried Boehm). Damit meine ich schon den Prozeß der Programmplanung, aber ich meine damit auch eine grundsätzliche Arbeitshaltung, die sich nicht nur auf die Entwicklung eines Programms bezieht, sondern vor allem auf die Erfindung und Bewältigung des Bildes überhaupt. Hier nämlich, glaube ich, ist der Kern der Sache, aus der das komplexe Bildprogramm erst folgt. Daß es komplex ist, ist rasch klar – man braucht nur den Versuch zu machen, für diese Fresken einen Titelsatz zu finden, der mit einer einzigen Aussage mitteilt, was hier eigentlich zu sehen ist; wie schwer, wie unmöglich das scheint. Aber das hängt auch damit zusammen, daß das einzelne Bild als komplexe Struktur gedacht ist.

In dieser Arbeitshaltung liegt Modernität. Das Bild ist nicht Bearbeitung von etwas Bekanntem, sondern von etwas Fremden, das erst durch die Realisation des Bildes bekannt wird. Marées' Kompositionen gehen nicht auf Wirkung und Effekt aus. Bravour, Erregung von Staunen – das war Böcklins und Feuerbachs Sache. Und Marées? »Hat er nicht alles gekonnt, was die Zeit nicht kann, und gerade das nicht, was alle können?« fragt Adolf von Hildebrand im Nachruf auf Hans von Marées; eben, er beherrschte den Umgang mit dem modischen Klischee nicht, die Technik der oberflächlichen Überraschung, sondern war interessiert an einem Weltbild und -verständnis, das in den Bildern dauernde Form werden sollte. Und dafür sah er Vorbilder und Anregungen nicht bei den Zeitgenossen. »Wir müssen das Vergangene als Hülfsmittel, als Muster betrachten, um wie diese etwas zu erreichen, was fortwirkend ist«, schreibt er am 20. Juli 1871 an Hildebrand, nicht zu lange nach seiner Reise zusammen mit Fiedler nach Spanien, Frankreich, Belgien und Holland (am 23. Juli 1869 hatte er aus Paris an Hildebrand geschrieben: »Wenn man auch im Einzelnen vieles Lobenswerthe sieht, so habe ich doch kein Werk gefunden, welches eine absolute Meisterschaft documentirte und somit also nichts, was einem zum Vorbild dienen könnte.«). Und was dieses Muster war, das wird angesichts der Neapler Fresken (doch dieser nicht allein) klar. Es ist das klassische Bild, so wie es in der Frührenaissance erfunden wurde. Das Bild, das als »Bildleib« (Theodor Hetzer) nicht nur seine eigene Einheit aussagt, sondern auch die Einheit der Welt. Die Gesetzlichkeit dieses Bildes beherrschte die europäische Malerei von Giotto bis an den Beginn der Goya-Zeit. Von da trat an ihre Stelle das Gesetz des Individuums. Die verlorene Bildeinheit zurückzugewinnen, daran arbeitete Marées vor allem. Er verwirklichte sie durch die Verbindung der gewählten Figuren und Gegenstände mit dem gewählten oder gegebenen Bildviereck. Er entwickelte die kompositionelle Struktur aus der noch leeren Bildfläche, aus der geheimen Geometrie des kahlen Bildfelds. Und er schloß sich damit an die große Tradition des klassischen europäischen Bildes an.

Wie dort gibt es bei ihm diese elementaren Teilungen. Mittelsenkrechte, Mittelwaagerechte als magistrale Gliederungen, durch welche seine Bilder nicht nur Rückgrat gewinnen, sondern das Bildfeld als tragender Grund der Malerei fühlbar bleibt. Und weitere einfache Teilungen, Drittel, Viertel, Sechstel, immer Kontakt zum Bildgesamt haltend, Zusammenschluß von Bildfeld und Bildgegenstand zur Bildeinheit erzeugend. Das gittert, gruppiert, gliedert die großen Flächen und besorgt großzügige Breitung zugleich mit unschematischer Verzahnung.

Doch geht Marées mit dieser Gliederungsweise locker um. Am dichtesten ist sie im Pergola-Fresko, am offensten im Bild mit dem Aufbruch der Fischer. Auf dem Bild der Meerfahrt treten zur Dominanz der Vertikalen und Horizontalen Schrägen, welche durch ihren Verlauf und ihre Endungen an ausgezeichneten Punkten der Bildränder den potentiellen Bewegungen von Boot und Ruderern Tempo geben und zugleich die Bildeinheit hervorbringen und sichern. Überdies wird durch sie hier die ganze, kompliziert unterteilte Wand zum Bild und nicht nur das Mittelfeld – die Breite der unterbrechenden Scheindekorationen und -architekturen wird als Maß in die Gestaltung des Bildes eingewirkt; die Stellung der Ruderer im Boot ist von der Breite der kannelierten Felder unter den gemalten Muschelnischen bestimmt (siehe die Abbildungen).

Die Farbgestaltung hat an solcher Bearbeitung der Bildfläche wesentlichen Anteil – aber auch an der Thematisierung der Verschränkung von Mensch und Natur. Auf wenige deutliche Töne gestimmt, gewährleistet die Farbe formalen und inhaltlichen Zusammenhang. Es sind im wesentlichen nur vier Töne (für alle Bilder annähernd dieselben), die Julius Meier-Graefe in seinem dreibändigen Marées-Buch von 1910 aufzählt, wobei das Übergreifende im Gegenstandsbezug sich von selbst ergibt: »das Blau des Meeres und des Himmels; das Weiß des Wellenschaums, der Wolken und mancher Details; das Braun des Fleisches und der Architektur der Pergola; das Grün der Vegetation, das in der Hauptwand [Meerfahrt] und der westlichen Wand [Aufbruch zum Fang] nur geringe Bedeutung besitzt, dagegen in den Fensterbildern stark hervortritt und auch in der Ostwand [Pergola] einen wesentlichen Akzent beisteuert.« (Bd. 2, S. 164)

Es geht Marées nicht um die Wiedergabe der Fülle der Farben in der Natur, sondern um ein Destillat, das übergegenständlichen Bildzusammenhang erzeugt und demnach bildgesetzlich funktioniert und das gleichzeitig sinnstiftend wirkt, indem durch dieses Farbdestillat die Einheit von Mensch und Natur anschaulich wird. Das wären die beiden systematischen Funktionen der Farbe, die freilich – und dies nun im Unterschied zu Delacroix etwa – nicht aus einer eigenen Farbsystematik kommen (Delacroix' Saint-Sulpice-Fresken in Paris werden nach meiner Meinung zu Unrecht mit Marées in Verbindung gebracht, wenn damit die Systematik des Kolorits gemeint ist; doch ist die offene und luftig-weite Kompositionsweise des Bildes mit *Jakobs Kampf mit dem Engel* als Anregung für die Neapler Fresken möglich). Jedenfalls bietet die von Marées in seinem Brief vom 18. Juli 1873 aus Neapel an Melanie Tauber entwickelte Farb-Fleckentheorie dafür keinen Anhaltspunkt, wie auffällig hier auch der Gleichklang mit Gedanken von Arthur Schopenhauer, John Ruskin und Jules Laforgue sein mag (»Unser Auge nimmt zunächst in der Natur nur verschiedenartig begrenzte und gefärbte Flecken wahr, und nur unsere Erfahrung und Wissen lassen uns auch die ganzen Gegenstände erkennen. Schon die bloße naive Nachahmung dieser Flecken bringt stets eine gewisse Täuschung hervor.«). Anders steht es mit seinen von Karl von Pidoll mitgeteilten späteren Überlegungen zur Farbe und ihrem Verhältnis zu Licht und Dunkel, die, sollten sie schon in der Neapler Zeit ausgereift gewesen sein, die Farbhaltigkeit auch in den verschattetsten Partien als aus bewußter Einsicht kommend erklären könnten.

Der einfache Neapler Farbsatz, der auf langen Skalen ausvariiert und dabei von Rotakzenten durchschossen wird, ist, ungewöhnlich für Marées, dessen Bilder sonst meist dunkel sind, außerordentlich hoch und hell genommen. Vielleicht eine Folge der Freskomalerei, vielleicht auch des hellen Südens (als Arbeitsort und Motiv), vielleicht auch der Einsicht in die Farbhaltigkeit der Schatten – jedenfalls hat er wichtigen Anteil an der Wirkung von Helle, Strahlung, Feierlichkeit und Erhobenheit.

Das Bildprogramm ist ohne Beispiel. Die Zoologische Station am Golf von Neapel war das erste Institut dieser Art überhaupt, die Bildthemen mußten also völlig neu ge- und erfunden werden. Das Bilderdenken der Konvention hätte hier Szenen aus Poseidons Reich entstehen lassen, Nereiden, Tritonen, Fischschwänze und Schuppen, Dreizack und schäumende Wasser, jedenfalls aus humanistischer Schulbildung Entsprungenes, sagenhaft Mythologisches. Zur Not auch Klabautermann & Co, Schwind'sche Fabeln. Aber nichts davon. Statt dessen elementar Anschauliches, ganz aus dem Leben Gegriffenes, von allem »Literatürlichen« (so Rilke angesichts von Cézanne) Befreites. Kein Wissen ist nötig, diese Bilder verständnisvoll zu schauen.

Das Kraftvolle und Würdige der Fresken legt nahe, ihren Sinn sogleich hoch anzusetzen und zu vermuten, es ginge hier um Grundsätzliches, um das Meer, die Erde, das Dasein, um Wasser, Erde, Luft, um das stetige Leben, um Arbeit und Ruhe, um gemeinsames Schaffen und gemeinsames Sinnen – unhistorisch, unmythisch, einfach und wahr.

Damit griffe man über Marées' eigene Auskunft, er wolle hier »in zusammengehender Weise den Reiz des Meer- und Strandlebens ausdrücken« (Brief an Irene Koppel vom 3. Juli 1873) sogleich hoch hinaus, mag die hochgestimmte Deutung am Ende auch richtig sein. Tatsächlich ist Marées' Angabe wohl eine Untertreibung und das etwas knapp formulierte Ergebnis gründlichen Nachdenkens über die thematischen Möglichkeiten der Dekoration. Ihr Ausgangspunkt, der in den Fresken noch sichtbar ist, dürfte viel näher in der öffentlich zu sehenden Arbeit der Station liegen. Das läßt sich erschließen aus einem Vortrag, den Dohrn am 6. November 1875 vor der Geographischen Gesellschaft in Berlin gehalten hat (publiziert in der Deutschen Rundschau, Bd. 6, Januar–März 1876, S. 120–127 – Der Nachweis bei Meier-Graefe ist unrichtig; Dank an Frau Leonhardt von der Bibliothek der kirchlichen Hochschule Berlin). Danach beschäftigte die Station einige Fischer, welche die von den Forschern benötigten und dann in den (noch heute zu besichtigenden) Aquarien gehaltenen Meerestiere brachten. Und genau das – und zunächst gar nichts weiter – ist in den beiden Fresken mit dem Aufbruch der Fischer und der Meerfahrt dargestellt. Die geplanten Porträts der Institutsmitglieder Dohrn, Nikolaus Kleinenberg und Charles Grant sowie der beiden Künstler Marées und Hildebrand (Marées-Brief vom 20. Juli 1873 an Fiedler) hätten als

Beobachter und Dirigenten der Tierbeschaffung dieser Darstellung der Institutsarbeit gedient (und der Absetzung der traditionellen Künstlersignatur im Bildnis) und nur eine relativ eindimensionale Sinnschicht ermöglicht. Indem diese Männer schließlich auf dem Pergola-Fresko porträtiert wurden, ja indem überhaupt die Pergola mit ihrer Hintergrundarchitektur (dem Palazzo di Donna Anna am Posillipo, ein Stück westlich von der Station) erfunden wurde, hat Marées – zunächst immer noch unter Wahrung der Darstellung der Arbeit und des Feierabends des Instituts – die Fresken für einen vielschichtigeren Sinn geöffnet; unabhängig davon, daß die Orangenhainbilder der Fensterwand zu den frühen Bildideen gehören, eine solche Sinn-Weitung also von Anfang bedacht war.

Durch die Erfindung des Pergola-Bildes und die Porträts auf ihm wurde im Boot des Meerfahrt-Bildes Platz für die Darstellung einer Gruppe anonymer Gestalten, welche die Geschlechter und Lebensalter vertreten mögen. Von ihnen geht eine Bedeutungsbrücke zu den Orangenhainbildern, wo ebenfalls die Geschlechter und Lebensalter dargestellt sind und zudem, in den beiden einander zugewendeten Frauen, das Motiv der Freundschaft anklingt (daß hier ›Italia‹ und ›Germania‹ gemeint sein könnten, halte ich für abwegig); und es geht von ihnen eine Überbrückung zum Pergola-Bild, das durch die Einfügung der beiden Frauen ebenfalls an der Darstellung der Geschlechter teilnimmt. Diese beiden Frauen erscheinen als Monumente ihrer selbst, als bildwichtige Akzente und Balancen, zugleich aber auch als inhaltliche Konter – so wenig ihre Rollen näher definiert sind, vielleicht am ehesten in Richtung Heim und Herd, Alter und Jugend, Tätigkeit und Ruhe zeigen und damit auch Gegengewichte werden zur Darstellung der Arbeit der Männer und auch deren Kontemplation. Es handelt sich dabei um Überbrückungen sowohl innerhalb des Pergola-Bildes als auch zu allen anderen Fresken – der ganze Saal ist erfüllt von Beziehungskonstellationen, welche die Bilder untereinander vernetzen. Schwer, diesem unmittelbar Anschaulichen umständlich mit Worten zu folgen. Indem ich mich auf ihre versuchsweise Beschreibung einlasse, gerate ich in das Unterholz traditioneller Auslegungen (und auch meiner eigenen) und dabei an den Rand noch nachvollziehbaren Schreibens. Doch ist vielleicht trotzdem zu sehen, wie fruchtbar gerade die Motive des Pergola-Bildes für die Verknotung der Sinnstruktur des ganzen Zyklus sind.

Die Palazzo-Ruine als Fond der Pergola spielt Menschenwerk ein und seine Vergänglichkeit (die unheimlich um die kahlen Mauerbögen flatternden Vögel voll Todesahnung) und steht zugleich im Kontrast zu verschiedenen Bewegungsrhythmen und Zeitbezügen der Bilder. Die tägliche Arbeit und ihre aktuellen Bewegungen, der alltägliche Feierabend, die jährliche Bodenbestellung und Ernte, die Lebensalter und die Lebensdauer der Menschen – und dagegen Dauer und Verfall der Architektur in Jahrzehnten und Jahrhunderten. Doch wirkt in dieser Ruine noch etwas anderes. Denn sie ist Ortsbestimmung, weil Porträt – der einzige definitive Aufruf von Neapel und seiner Umgebung. Auf ein Vesuv-Zitat hat Marées wohlweislich verzichtet; es erschien ihm wohl zu pittoresk und besonders.

Die Stilleben in den Supraporten der Fensterwand. Sie haben, wie Meier-Graefe bei seinen Farbbeobachtungen feststellte, nur geringen koloristischen Zusammenhang mit den übrigen Fresken (sind wohl auch als Einübungen und Erprobungen zuerst gemalt). Aber ihre

Früchte und Blumen, die Meeresfrüchte und Girlanden, die Vögel und die Theatermasken, sie stellen die Arbeit der Fischer (auf dem Bild des Aufbruchs und der Meerfahrt) frei von der bloßen Materialbeschaffung für die Station und machen ihre Arbeit auch als Jagd nach Nahrung kenntlich; sie binden dazu die Orangenernte ein; sie erinnern an Theater und Literatur und auch an Vergänglichkeit (wieder der Zeitbezug); und (indem in ihnen antike pompejanische Mosaiken variiert werden – die betreffenden Vorlagen heute im Museo Nazionale von Neapel) alludieren auf die lokale antike Wandmalerei. Also ein Ortsbezug anderer Art als in der Ruine des Palazzo di Donna Anna am Posillipo.

Jetzt erst ist wohl voll kenntlich, warum ich gesagt habe, hier male sich ein Panorama des menschlichen Daseins, zeigten sich Mensch und Natur in ihrer Verschränkung. Aber noch immer ist offen, woher Marées dieses Programm genommen hat, wenn nicht aus Eigenem.

Diese Möglichkeit möchte ich nicht ausschließen, aber nun noch einmal an Dohrn erinnern. Denn das bisher Ausgesagte ist ein wenig zu naheliegend-bequem. Dohrn war ein glühender Anhänger von Darwins Lehre, zu der er sich in den einleitenden Passagen seines schon genannten Vortrags vehement bekennt. Die Idee der Stationsgründung hat in seiner Bewunderung für den Darwinismus ihren Ursprung. Konnte er also damit zufrieden sein, daß im Fresken-Saal allein die beiden von Hildebrand modellierten (als finto bronzo geschwärzten) Gipsbüsten von Charles Robert Darwin und des Zoologen Karl Ernst von Baer als Zeugen und Belege seiner Anhängerschaft standen (und heute noch stehen)? Oder ging von seiner Darwin-Begeisterung auch etwas auf Hans von Marées über und sickerte ins Bildprogramm ein? Könnte man annehmen, in der Freskenfolge sei der Kampf ums Dasein vergegenwärtigt? Hingeschrieben und verworfen; einfach viel zu outriert.

Aber Dohrn war alles andere als ein Fach-Fanatiker. Sein Vortragstext bezeugt eine fast dichterische Formulierungskraft (siehe etwa seine Beschreibungen des Tier- und Pflanzenlebens in den Aquarien; allerdings hatte er für die Bildkünste gar keine ›Antenne‹, in seinen Veröffentlichungen über die Station sind die Fresken nicht einmal erwähnt). Unmöglich, daß ein Mann, der den folgenden Gedanken äußern konnte, nicht auch Marées berührt hätte. Dohrn sagte im Vortrag: »Sind doch Forschen und Dichten nichts weniger als einander ausschließende Gegensätze! Gehört doch zu vollem Gelingen in Kunst wie in Wissenschaft gleiche Kraft der Phantasie wie der Kritik, schöpferischer Intuition wie feinfühlender Beobachtung.« (S. 122) Und in diesem Zusammenhang findet er anstelle des abgegriffenen Schlagworts vom ›Kampf ums Dasein‹ eine andere Formulierung und sagt: »das ungeheure Drama des Lebendigen«. Und das, läßt es sich nicht auf Marées' Freskenfolge übertragen und als sein Schlüsselwort verstehen? Es wäre dieser Satz, der sich leicht als Titel-Satz und Überschrift der Fresken brauchen ließe. Man darf ihn nur nicht zu eng auslegen und die Fresken als billige Illustrationen einer Abstammungslehre nehmen, sondern, ganz unspezifiziert, als tragenden Gedanken. Dann verbindet er sich wie von selbst mit einem anderen Schlüsselwort aus Dohrns Vortrag: »Ich muß sehen«. In ihm liegt jene Erbschaft, die uns Karl von Pidoll, einer der späten Marées-Schüler, als Botschaft und Essenz von Marées' Arbeit und Denken überliefert hat: »Sehen lernen ist Alles.«

Tilman Osterwold

»Ichperspektive – Bildperspektive – Weltperspektive«. Am Beispiel Caspar David Friedrich und Lyonel Feininger*

»Eins weiß ich heute schon. Der Menschheit schenke ich eine neue Weltperspektive; hoffentlich erleb ich's auch noch, daß ich sie in hundert Bildern festlege [...].«
Lyonel Feininger, Brief an seine Frau Julia vom 11. 6. 1914 aus Weimar

»Die Zeit der Herrlichkeit des Tempels und seiner Diener ist dahin, und aus dem zertrümmerten Ganzen eine andere Zeit und anderes Verlangen nach Klarheit und Wahrheit hervorgegangen [...].«
Caspar David Friedrich, Brieffragment um 1830

Lyonel Feininger (1871–1956) kennzeichnet seine künstlerische Aufgabe mit einem in die Zukunft gerichteten Engagement. Caspar David Friedrich (1774–1840) schildert seinen Beitrag zum Bau einer neuen Zeit bei der Bearbeitung einer Bildidee, über die er sich in dem zitierten Brieffragment noch näher ausläßt: »Jetzt arbeite ich wieder an einem großen Gemälde, das größte, so ich je gemacht [die Ellenangabe umgerechnet ca. 230 × 165 cm] [...]. Es stellt [...] das Innere einer zerfallenen Kirche dar. Und zwar hab ich den schönen und bestehenden und gut erhaltenen Dom zu Meißen zu Grunde gelegt. Aus dem hohen Schutt, der den inneren Raum anfüllt, ragen die mächtigen Pfeiler mit schlanken, zierlichen Säulen hervor und tragen zum Teil noch die hochgespannte Wölbung. Die Zeit der Herrlichkeit des Tempels und seiner Diener ist dahin [...].« Friedrich zerstört in seiner Phantasie einen bestehenden, völlig intakten Dom, um aus der Ruine die Hoffnung auf eine neue Zukunft symbolisch aufzubauen und wachsen zu lassen. Er versteht Kunst als Möglichkeit

* Dem vorliegenden Text, den ich Jens Christian Jensen widmen möchte, liegt das Manuskript eines Vortrages zugrunde, gehalten am 11. Juni 1971 in Bad Hersfeld – die Zeit, in der ich Jens Christian Jensen kennen- und schätzenlernte. Zu dem Aufsatz möchte ich noch eine Vorbemerkung machen. In den siebziger Jahren entfaltete sich ein neuer Aspekt landschaftsbezogener Kunst. Künstler haben ihre Arbeiten innerhalb der Natur als Teil von ihr realisiert. Sie wollten den subjektiven Standort des Menschen gegenüber der Natur aus ihrer existentiellen Selbsterfahrung heraus verstehen – und dieses vor Ort in großräumigen ›Naturskulpturen‹ sichtbar machen.

und Mittel, Dinge, Zeiten und Vorstellungen miteinander in eine ideale, absolute, der Bedeutung entsprechende Verbindung zu bringen. Die von ihm erhoffte zukünftige Realität will er im Bild auf einer überrealen Ebene darstellen (Friedrich hat übrigens eine ähnliche Bildidee um 1815 in einer Zeichnung der noch heute erhaltenen Jacobikirche in Greifswald als Ruine realisiert).

Was versteht nun Feininger unter seinem abstrakt formulierten Begriff »neue Weltperspektive«? Will er mit ihr neue Zukunftsaussichten darstellen oder aufbauen, soll sich die »neue Weltperspektive« umweltgestaltend auswirken? Oder bereichert er mit einer neuerdachten Sichtweise und Perspektive die optischen und bildformalen Gesichtspunkte? Zwischen Feiningers Leitsatz und Friedrichs Bildbeschreibung deuten sich bereits die möglichen Spannweiten an für ein in die Zukunft, auf etwas Neues gerichtetes Engagement. Eine Konfrontation dieser Zukunftsvorstellungen beider Künstler erscheint gerade dann plausibel, wenn sie mit einer Werkverwandtschaft korrespondiert. Wie Feininger in seiner künstlerischen Arbeit auf die Bildwelt Friedrichs reagiert, zeigt schon die Wahl seiner Bildmotive: Küstenlandschaften mit Menschen, Seebilder mit Schiffen, Mondlandschaften, Sonnenuntergänge, Regenbogenlandschaften, gotische Architekturansichten.

Für die Gegenüberstellung beider Künstler sind zwei Bildmotive gewählt, die auf die Tendenz der Eingangszitate Bezug nehmen: 1926 malte Feininger die *Wolke nach dem Sturm (Vogelwolke)* (Abb. 1), ein Motiv, zu dem es weitere Abwandlungen und Vorstudien gibt. Eine breit auseinandergezogene, bizarre, vogelförmige Wolke hängt in erstarrter Bewegung über einer Meeresküste, an der eine menschliche Figur steht. Diese Landschaftssituation ist in ein geradliniges, zerteilendes Formgerüst eingespannt. Feininger schafft künstliche optische Perspektiven, mit denen er eine Bildarchitektur inszeniert, die das Reale in unbestimmbare, statische, räumlich verzogene Verhältnisse und Zonen auflöst. Die erstarrte Verspannung des Objekts in ein abstraktes System geht von konstruierten Linien aus, die Raumschichten zu Flächen begrenzen, die ineinander verkeilt sind, um Kraftspannungen, Entspannungen, Ballungen und Zentren zu visualisieren. Mit anderen Worten: Feiningers formale Ambitionen führen vom Verständnis des Gegenstandes und seiner Bedeutung weg, sie zerreißen räumliche, reale Beschaffenheit zu Flächenfetzen. Feininger gibt den Bestandteilen der Landschaft räumliche Dimensionen und Ausstrahlungen (kleiner Mensch, weites Meer, große Wolke) sowie optische Maßstäbe innerhalb der formalen Bildkonstruktion. Der Mensch steht wie eine Maßstabfigur, die an Architekturaufrisse erinnert, vor der Landschaft. Die Beschaffenheit der Gegenstände wird in ihrer formalen Ausstrahlung ausgedeutet und zu künstlichen Dimensionen und Perspektiven gesteigert. Feininger macht die realen Gegebenheiten seinen künstlerischen Tendenzen dienbar.

Ein ähnliches Motiv hat Caspar David Friedrich um 1808/09 gemalt. In seinem *Mönch am Meer* (Abb. 2) steht eine menschliche Existenz einer Natur-Existenz gegenüber – eine Gegenüberstellung, die einen Weltbegriff klären soll. Der einsame Mönch ist klein vor der endlosen Weite. Er ist als Symbol der einsamen, den ewigen, endlosen, pantheistischen Naturdimensionen und -mächten gegenüber machtlosen, minderwertigen menschlichen Einzelexistenz begriffen, trotz seines Glaubens, der ihn näher an die von ihm ersehnte

Abb. 1 Lyonel Feininger, Wolke nach dem Sturm (Vogelwolke), 1926, Öl/Leinwand, 42,5 × 70 cm. Busch-Reisinger Museum, Harvard University, Cambridge/Mass.

Unendlichkeit heranträgt. Aus einer Summe von Einzelerfahrungen der natürlichen Gegebenheiten schafft Friedrich die absolute Vereinfachung eines grundsätzlichen Naturbildes. Er reduziert die Wirklichkeitsbestandteile auf diejenigen Elemente, die als Bedeutungsträger das intensive Gefühl von Größe, Endlosigkeit, Einsamkeit eindringlich und eindeutig symbolisieren (z. B. ist die vom Mönch aufgesuchte Landgrenze als äußerster Punkt der betretbaren Erde direkt mit Endlosigkeit konfrontiert). Friedrichs Bildinhalt ist die Wirklichkeit selbst, die zu erkennen und zu fühlen er sich engagiert, deren nicht nur sichtbare, sondern auch mögliche Dimensionen, Zeiten, Grenzen, Inhalte er bildmäßig erfaßt.

Demgegenüber ist Feiningers Bildinhalt die Form mit ihren die Realität überspannenden Dimensionen, die zwar die optisch orientierten Bildmittel und perspektivischen Einstellungen der Wirklichkeit gegenüber erweitern – wie man etwas anders sehen kann –, sich jedoch dabei über das Wesen und die Bedeutung realer Dinge hinwegsetzen. 1924 schrieb Feininger in einem Brief: »Gestern abend erlebte ich plötzlich meine Wolke, [...] in genau den Farben! Und es ist immer so, ich kann malen, was ich will – bestätigt wird's von der Natur selbst [...].«

Er hatte schon 1912 und 1913 seine künstlerische Motivation präzise dargelegt: »Ich komme zu einer eigenen Ausdrucksform für die Natur.« »Was ich aus der Natur brauchen kann, hole ich mir mit Begeisterung.« »1912 arbeitete ich gänzlich unabhängig und versuchte, die Geheimnisse der atmosphärischen Perspektive und Licht- und Schattenstufun-

Abb. 2 Caspar David Friedrich, Mönch am Meer, um 1808/09, Öl/Leinwand, 111 × 173 cm. Staatliche Museen Preußischer Kulturbesitz, Nationalgalerie Berlin (West)

gen sowie Rhythmus und Balance zwischen verschiedenen Objekten der Natur zu entreißen. Mein ›Kubismus‹, um es fälschlich so zu beschreiben, denn er stellt das Gegenteil der Ziele der französischen Kubisten dar, beruht auf dem Prinzip der Monumentalität und Konzentration bis zum absoluten Extrem meiner Sicht [...], meine Bilder nähern sich immer mehr der Synthese der Fuge [...]. Meinen ›Kubismus‹ (wieder fälschlich so genannt), nenne ihn lieber, wenn er schon einen Namen haben muß, ›Prisma-ismus‹ [...].« (Selbstverständlich baut Feininger auf den Erfahrungen des Kubismus, Futurismus, Divisionismus, Orphismus auf.) Feininger bestritt in einem Brief an Alfred Barr, dem späteren Direktor des Museum of Modern Art in New York, in Antwort auf einen Fragebogen 1944, eine Bezugnahme auf Friedrich: »Bilder von C. D. Friedrich sah ich erst viel später, als ich die Bilder (Vogelwolke, Dünen usw.) schon gemalt hatte, die zu der Annahme führten, daß ich von ihm beeinflußt sei.«

Wo immer sich Feininger über seine künstlerische Einstellung äußert, Natur für seine Kunst zu gebrauchen und ihre Elemente danach auszuwählen, wird man an Kriterien der idealen Landschaftsmalerei erinnert.

Ungeachtet der Frage, ob Feininger derartige Werke Friedrichs vor 1926 wirklich nicht gekannt hat – seine vorausgegangenen Aufenthalte in Hamburg, Berlin, Weimar, wo sich zahlreiche Friedrich-Gemälde befanden, machen das geradezu unwahrscheinlich –, zeigt ja der Vergleich beider Bilder, wie in der motivischen Nähe einander äußerst konträre künstlerische Vorgänge sichtbar werden können.

Inwieweit diese gegensätzlichen Auffassungen trotz der motivischen Annäherung von der historischen, gesellschaftlichen und damit auch kunsthistorischen Situation abhängen, bezeugt ein weiteres Vergleichsbeispiel, in dem beide Künstler geschichtsbezogen arbeiteten. Am 9. November 1918 brachte die Revolution das Ende des deutschen Kaiserreiches. Berliner Künstler gründeten die revolutionäre ›Novembergruppe‹, der sich auch Feininger anschloß. Das Ziel dieser Gruppe war der Zusammenschluß aller fortschrittlichen Kräfte der Künstler Berlins, getragen von dem Willen nach Neugestaltung des kulturellen Lebens. Im Manifest der ›Novembergruppe‹ von 1919 – Feininger schuf hierfür das Titelblatt *Rathaus in Swinemünde* – heißt es u. a.: »Unsere Stimmen sagen ›Ja‹ zu allem Keimenden und Werdenden.« Die praktische Umsetzung dieser Ziele fußt auf Erkenntnissen, die der Architekt van de Velde schon um 1900 in seinen Schriften formulierte, wo er esoterische Kunst ablehnte und eine umweltgestaltende Funktion der Kunst forderte, ein Gedanke, der gerade heute besonders aktuell anmutet. Van de Velde versuchte, seine Ziele in den 1902 gegründeten ›Werkstätten‹ und dem 1908 gegründeten ›Deutschen Werkbund‹ in Weimar zu praktizieren. Gropius, der ebenfalls der ›Novembergruppe‹ angehörte, trug die Ziele des Werkbundes in das von ihm begründete Staatliche Bauhaus in Weimar weiter. Durch die Einheit von Kunst und Technik sollte Kunst als Umweltgestaltung zu der Reform der Gesellschaft beitragen, die verloren gegangene Einheit von Kunst und Handwerk sollte wieder hergestellt werden. In dem Bauhaus-Manifest von 1919 heißt es: »Bilden wir also eine neue Zunft der Handwerker ohne die klassentrennende Anmaßung, die eine hochmütige Mauer zwischen Handwerkern und Künstlern errichten wollte! Wollen, erdenken, schaffen wir gemeinsam den neuen Bau der Zukunft, der alles in einer Gestalt sein wird: Architektur *und* Plastik *und* Malerei, der aus Millionen Händen der Handwerker einst gen Himmel steigen wird als kristallines Sinnbild eines neuen kommenden Glaubens.«

Gropius beauftragte Handwerker und ›Künstler‹ für die Leitung der verschiedenen Malklassen: Künstlerindividuen wie Kandinsky, Klee und Feininger, deren Beitrag zur Umweltgestaltung nur indirekt wirksam werden konnte, da sie primär an ihrer Malerei interessiert waren. Sie konnten mit ihren Erfahrungen den Schülern ästhetische und formale oder auch kunstphilosophische Grunderkenntnisse liefern. Feininger, der erste Maler, der ans Bauhaus geholt wurde, leitete die Druckklasse. Er schuf das Titelblatt zum Bauhaus-Manifest, dem das obige Zitat entnommen wurde, den Holzschnitt *Die Kathedrale des Sozialismus* (Abb. 3).

Wie stand Feininger zu seiner Lehrtätigkeit am Bauhaus? In Briefen aus dem Jahre 1919 sprach er sich direkt gegen die Durchdringung von Kunst und Technik aus, die das Bauhaus anstrebte: »[...] Gropius sieht das Handwerk – ich den Geist – in der Kunst. Aber von mir wird er nie verlangen, daß ich meine Kunst verändere [...].« »Gegen die Parole ›Kunst und Technik‹ lehne ich mich mit meiner ganzen Überzeugung auf – diese Verkennung der Kunst ist aber ein Symptom unserer Zeit. Und die Forderung nach ihrer Zusammenkoppelung ist in jeder Hinsicht unsinnig. Ein wirklicher Techniker wird sich mit Recht jede künstlerische

Abb. 4 Caspar David Friedrich, Die Kathedrale, um 1820, Öl/Leinwand, 152,5 × 70,5 cm. Sammlung Georg Schäfer, Schweinfurt ▷

Abb. 3 Lyonel Feininger, Die Kathedrale des Sozialismus, 1919. Holzschnitt

Einmischung verbeten; und auch die größte technische Vollkommenheit, andererseits, kann niemals den Gottesfunken der Kunst ersetzen!«

Indem Feininger den Kernsatz des Bauhaus-Manifestes angreift, vertritt er zugleich ein esoterisches Künstlertum mit kunstautonomen Kriterien. Zur Festigung dieser Position bedient er sich einer spätromantischen Gefühlsskala (»Gottesfunken der Kunst«), die auch bei Naturschilderungen und Äußerungen über Kunst in seinen Briefen durchstößt. Der Holzschnitt selbst zeigt eine derartige romantisierende Ebene. Das Titelblatt zielt auf eine Apotheose der Bauhaus-Idee. Es ist der visionäre Teil dieser neuen Idee, der ihren Ursprung und ihre Ausrichtung in die Zukunft symbolisiert, so wie Gropius beispielsweise von einem

»zum Himmel steigenden«, »kristallinen Sinnbild eines neuen kommenden Glaubens« sprach, oder wenn er 1923 in *Idee und Aufbau des Staatlichen Bauhauses* schrieb: »Der Mensch erfindet durch seine Intuition, durch seine metaphysische Kraft, die er aus dem All saugt, den stofflosen Raum des Scheins und der inneren Schauung, der Visionen und Einfälle; er fühlt die Zusammenhänge seiner Erscheinungsmittel, der Farben, Formen, Töne und verinnerlicht mit ihnen Gesetze, Maße, Zahlen. Aber dieser Raum der Schauung drängt zur Verwirklichung in der stofflichen Welt; mit Geist – und Handwerk wird der Stoff bezwungen [...].«

Diese kosmische, pathetische und geradezu idealistische Einstellung zur neuen Idee war für Gropius mit handwerklicher, technischer Arbeit an einer sozialen Umwelt verbunden, einer gesellschaftlichen, sozialistischen Praxis, in der sich der Architekt als Konstrukteur der Umwelt verstand. Nur der visionäre Teil der Bauhaus-Idee erhält in Feiningers Holzschnitt *Die Kathedrale des Sozialismus* eine Expression. Feininger assoziiert direkt – wie der Vergleich mit Friedrich zeigen wird – an die Romantik, indem er eine von Lichtstrahlen umflutete dreitürmige Kathedrale als Symbol verwendet. Die Lichtstrahlen gehen von einem größeren und zwei kleineren Sternen aus, die die Kathedrale erleuchten und mit dem dunklen Himmelsraum verbinden. Diese Lichtstrahlen und die vertikalen Himmelsstreifen konstruieren eine räumliche Endlosigkeit, in der die Kathedrale ohne räumlichen Anhaltspunkt in Luftscheiben schwebt. Feininger baut die Vision künstlich auf. Dem sozialen Effekt des Bauhauses stellt sich sein Holzschnitt geradezu entgegen: Statt Aufbau einer Realität wird sie in ihren verschiedenen Erscheinungsformen abgebaut. Eine neue Bildordnung schafft er, indem er die reale Raumordnung abbaut, verzerrt, zerstückelt (die unbestimmbar hintereinandergestuften Raumscheiben). Er hebt die perspektivische Gesetzmäßigkeit auf und schafft eine neue, künstliche Anti-Perspektive. Ebenfalls baut er den Materialcharakter der Gegenstände ab und durchleuchtet visionär alle Bestandteile. Die architektonische Substanz, der gotische Stil und der Kathedralbegriff sind ebenfalls nivelliert und in ein bildformales System eingespannt, in dem die zerstückelte Realität neu zusammengesetzt und ineinander verkeilt wird. Diese Zerstückelung darf nicht als expressionistische Darstellung einer Zerrüttung des Weltgeschehens überinterpretiert werden, da sie als formales Stilmittel gebraucht wird, um neue künstliche Perspektiven und optische Irritierungen vorzuführen.

Die Bauhaus-Idee und der in diesem Zusammenhang entstandene Holzschnitt Feiningers verweisen in eine hundert Jahre weiter zurückliegende Phase der Kunstgeschichte. Um 1820 malte Friedrich *Die Kathedrale* (Abb. 4). Das Bild hat die Form eines gotischen Fensters (es ist neugotisch gerahmt), so daß die Vision der Kathedrale hinter dem Fenster in einer Öffnung erscheint. Jegliche Bindung an die realen Verhältnisse und Dimensionen wird aufgegeben. Die steile, ätherische, dreitürmige, wie mit Edelsteinen bestückte Kathedrale erscheint in unbestimmbaren Raumschichten flächig vor der Sonne und hinter einer Wolkenmasse. Davor beten unter einem Regenbogen Engel ein Kreuz an, aus dessen Schnittpunkt Licht nach vorne ausstrahlt. Der gotischen Kathedrale fehlt jegliches konstruktive, baulich reale Moment, daß etwas gestaltet ist. Die Größenordnung der Gotik, die in ihrem Verhältnis der Baumassen von sich aus schon zum Superlativ neigt, wird in Friedrichs

Vorstellung von Gotik weiter und scheinbar bis ins Endlose gesteigert, obwohl ihre flächenhafte, filigrane und betont auch horizontal gegliederte Erscheinung eher ungotisch ist. Die Steigerung gotischer Architektur in derartige kosmische Dimensionen ist Ausdruck einer Idee, nämlich Gott im endlichen Bereich, im Bild also, als endlose Ahnung zu fassen. Der Romantiker will anhand seiner Realitätserfahrungen das schaubar machen, was im realen Bereich selbst nicht schaubar ist, das heißt: mit der Kunst wird an die Unschaubarkeit Gottes herangerückt. Die Kunst tritt damit als Vermittler zwischen Mensch und Gott, damit auch zwischen Mensch und Natur, wie Friedrich es auch selbst einmal formulierte. Im Bildaufbau werden die einzelnen Schritte in die Unendlichkeit hinein sichtbar. Die gotische Kathedrale gilt in den Augen des Romantikers als das höchste und Gott gemäße Menschenwerk.

Um Friedrichs engagierten historischen Standort zu vervollständigen und verständlich zu machen, sei hingewiesen auf seinen Zeitgenossen Karl Friedrich Schinkel (1781–1841), den Berliner Architekten und Maler. Für ihn war »die Architektur die Fortsetzung der Natur in ihrer konstruktiven Tätigkeit«. In seinen Bauideen wird wie bei Friedrich das Streben nach einer neuen Zeit und Gesellschaft mit neuen Ideen und Hoffnungen symbolisiert. Nach dem Ende der Freiheitskriege war das auch ein politisches Problem, an dem Schinkel und Friedrich interessiert waren. Schinkel faßt diese Symbolik in einer Beschreibung seines als Denkmal für die Freiheitskriege gedachten riesigen Domprojektes auf dem Leipziger Platz (1819) für seinen Auftraggeber König Friedrich Wilhelm III. so zusammen: »Dies Monument habe ich als ein Dreifaches angesehen: 1. als ein religiöses Monument, 2. als ein historisches Monument, 3. als ein lebendiges Monument in dem Volke, indem unmittelbar durch die Art der Errichtung desselben etwas begründet werden soll, welches fortlebt und Früchte trägt.« Wiedergeburt der Gotik heißt demnach Wiedergeburt der Nation, der Gesellschaft, des Glaubens, der Sitten, der Kunst. Deswegen nahm auch das Bauhaus den Gedanken der mittelalterlichen Bauhütte und des Gesamtkunstwerkes wieder auf.

Die historische Situation – Ende der Freiheitskriege, Ende des Ersten Weltkrieges, Neubeginn eines gesellschaftlichen und nationalen Zusammenlebens – überbrückt die Distanz eines Jahrhunderts. Friedrich wollte inmitten seiner historischen Situation Erfahrungen über göttliche, natürliche, subjektive und gesellschaftliche Existenzmöglichkeiten idealistisch verbildlichen. Auch der noch so unauffällige, vereinzelte, scheinbar minderwertige Gegenstand ist in seiner Wertigkeit, Bedeutung und seinen Verknüpfungen mit dem Weltganzen in eine essentielle Höhe gebracht. Die Misere und die Zwänge der damaligen historischen, gesellschaftlichen Situation bringen den Künstler dazu, mit Hilfe der Kunst bislang nie Gewußtes über die Zusammenhänge und Bedeutungen der realen Dinge zu verbildlichen und dadurch bewußt zu machen. Indem Friedrich die zukünftige Existenz des Menschen sieht, wird er für eine neue Zeit aktiv – ein Emanzipationsprozeß des bislang hierarchisch gebundenen Künstlers zu einem Individuum, das von sich aus die Möglichkeiten des Denkens und Fühlens auslotet und schöpferisch umsetzt. Der persönliche, nämlich nicht in die Gesellschaft integrierte Ursprung der großen Idee einer neuen Zeit erklärt zugleich, daß sie nur in Gestaltungen vorgeführt wurde, die von der Gesellschaft desintegrierte, isolierte Positionen markieren, z. B. die an das Tafelbild gebundene esoterische Kathedral-Vision

Friedrichs, die das Resultat einer persönlichen Erkenntnis aus der menschlichen Isolation heraus ist und auch bildmäßig isoliert erscheint; so auch Schinkels Denkmal-Idee, der Dom auf dem Leipziger Platz, der bewußt – sogar gegen die Vorschläge des königlichen Auftraggebers – frei vor der Stadt gelegen sein sollte. Diese Tendenz wird schon sichtbar in einer frühen Zeichnung Schinkels, die im Zusammenhang mit seiner italienischen Reise 1803/04 entstand, wo er den gotischen, in das Stadtzentrum integrierten Mailänder Dom auf die Berghöhen über Triest versetzt (vgl. Friedrichs *Dom zu Meißen als Ruine*).

Die industrielle, technische Entwicklung und die damit veränderten gesellschaftlichen Verhältnisse der folgenden hundert Jahre geben den umweltengagierten künstlerischen Ambitionen nach dem Ersten Weltkrieg eine neue historische Position und Bedeutung. Die Arbeitsansätze und Zielrichtungen des Bauhauses, der holländischen Gruppe de Stijl und des mit der russischen Revolution verbundenen Konstruktivismus sind mehr oder weniger praxisorientiert, da sie, bezogen auf den technischen, zivilisatorischen Stand der Gesellschaft, die künstlerisch notwendigen Veränderungen mit den sozial notwendigen Veränderungen zusammensahen. Derartiges dokumentiert das Bauhaus-Manifest oder viel mehr noch die Tatsache, daß sich in Rußland der Künstler in die soziale Revolution integrierte. Gerade in Rußland hat mit der Sozialisierung eine dahingehende Veränderung des Begriffs vom künstlerischen Medium stattgefunden, die dem Bauhaus nur bedingt (László Moholy-Nagy) zuzugestehen ist. Der von Tatlin als Propagandazentrum gedachte Turm von 1919 visualisiert z. B. die Kunst als in die Arbeit der Gesellschaft integrierten, sozialen Teil. Feiningers Holzschnitt einer sozialistischen Kathedrale, ebenfalls von 1919, visualisiert die Allegorie einer Idee mit – gemessen an der dafür nötigen gesellschaftlichen Auswirkung – rückfälligen, kunstautonomen Mitteln, deren medialer Begriff nicht zusammengesehen ist mit dem sozialen Effekt.

Im Laufe des 19. Jahrhunderts hat sich der Künstler zunehmend dem Bildinteresse verschrieben, wobei er sich durch die detaillierte Erforschung der möglichen künstlerischen Mittel immer mehr spezialisierte. Das Interesse am Bild übersprang die Wirklichkeit. So hat Feininger – im Gegensatz zu Friedrich – neue optische Einstellungen und Perspektiven dem Gegenstand, der Welt gegenüber vorgeführt, so daß sein Begriff »neue Weltperspektive« dahingehend reduziert verstanden werden muß. Denn Feiningers Kathedrale zeigt, wie das ausschließlich dem Bildinteresse entspringende und ihm verschriebene Kunstmittel der Visualisierung einer neuen Wirklichkeitsidee, in diesem Fall einer umweltgestaltenden, umweltengagierten Idee, nicht mehr gewachsen ist. Oder anders gesagt: In diesem Fall verändern sich nicht die künstlerischen Mittel mit den angestrebten gesellschaftlichen Verhältnissen – sie bleiben eher regressiv.

Peter Anselm Riedl

Das *Rastatter Rätsel* von Jürgen Goertz

I

Wer, bevorstehende Barockgenüsse im Sinn, aus der Rastatter Bahnhofshalle tritt, sieht sich fürs erste einem wunderlichen Ensemble gegenüber: Unter einem kuppelig gerundeten Regenschirm steht – von einem niedrigen Sockel unterfangen und von Wassergeriesel umgeben – ein ebenso ungleiches wie unzertrennliches Paar (Abb. 1, 2). Die Art der wechselseitigen Verschränkung der Figuren und der Umstand, daß die Köpfe völlig vom Schirm verhüllt sind, zwingen förmlich zur umkreisenden Betrachtung, wobei eine flache, mit Wasser gefüllte Bodenmulde für die Wahrung einer bestimmten Mindestdistanz sorgt. Was sich aus der prüfenden Umrundung ergibt, läßt sich viel eher als die Exposition eines Rätsels beschreiben denn als Lösung eines solchen. In sich schlüssig ist die Gestalt eines offenkundig älteren Mannes; stämmig von Wuchs, nur mit einem gegürteten, kurzärmeligen Hemd bekleidet und mit einer ganzen Serie von Attributen ausgestattet, steht er aufrecht, aber nicht eben stabil, auf dem Postament. Die ausgewinkelten Füße überbrücken Eckausbrüche des Sockelabschlußprofils. Die rechte Hand rafft den Umhang der zweiten Figur und hält zugleich drei Pinsel, denen man das Gebrauchtsein ansieht; über dem Handgelenk hängt der Krummgriff eines zugeklappten Regenschirmes, vor die Brustflanke schiebt sich der Kopf eines unter den Arm geklemmten Stierreliefs. Die linke Hand preßt den gedrehten Zipfel einer von der zweiten Gestalt ausgehenden Stoffbahn, welche die Beine des Mannes schräg umkurvt, gegen eine große Palette und diese gegen die Seite der Partnerfigur. Was aber hat es mit dieser Figur auf sich? Sehr viel größer dimensioniert als der Mann, strahlt sie weibliche Sinnlichkeit aus: die barock-schwellende Kraft einer übermächtigen Physis, welcher der andere nichts Gleichwertiges entgegenzusetzen hat. Und ist dabei doch kein leiblich intaktes Wesen, vielmehr ein Torso, ein Kunstprodukt ohne Kohärenz! Am schlagendsten wird das an der rechten Hand deutlich, die als Fragment dem Oberschenkel anliegt. Aber auch sonst wird der Charakter des Künstlichen und Unvollständigen erkennbar: an der Art, wie das linke Bein dem Sockel zu entwachsen scheint, und wie der rechte Fuß neben dem Sockel herunterhängt; am Fehlen der oberen Körperpartie, das sich nicht allein mit der Verhüllung durch den Schirm erklären läßt; am Gewaltigen der Gestalt überhaupt. Die eigentümliche Paradoxie eines Nebeneinanders anspringender Körperlichkeit und mangelnder Integrität wird sich als ein wichtiger Schlüssel für den ästhetischen und ikonographischen Zugang zu der Gruppe erweisen. Zunächst bewirkt sie beim Betrachter eine nachhaltige und phantasiefördernde Verunsicherung. Naturnahe Details, wie die vom Gewand freigegebene linke Gesäßhälfte oder das bis zum Oberschenkel entblößte rechte Bein, wollen mit anderen Einzelheiten, wie der (ihrerseits realistisch modellierten) armlosen Hand oder dem teils

Abb. 2 Bahnhofs-Variante, Detail

◁ *Abb. 1 Jürgen Goertz, Rastatter Rätsel, Bahnhofsvariante. Rastatt, Hauptbahnhof*

striemig aufgerissenen, teils gischtförmig aufgeworfenen Dreieck unter der rechten Schulter der Frau, wenn nicht auf einen Nenner gebracht, so doch in eine sinnvolle Beziehung gesetzt sein.

Zwei Folgerungen lassen sich aus dem ersten Schritt schauender Beschäftigung ziehen: Der mit Palette und Pinsel ausgerüstete Mann ist ein Maler; die weibliche Figur meint nicht ein leibliches Gegenüber, sondern ist die Inkarnation einer Idee – vielleicht der Idee der Beschwörung von körperlicher Präsenz durch die Kunst oder der Wirkung weiblicher Sinnenfülle auf den Künstler. Und noch ein Schluß wird durch morphologische Eigenarten nahegelegt: Der kleinwüchsige, muskulöse Maler kann niemand anderes sein als Pablo Picasso. Zu den jedermann vertrauten Charakteristika des Körperbaus kommt das Zeugnis des für Picassos Bildwelt so bedeutsamen Stiersymbols. – Ein chiffriertes Denkmal für einen der großen Meister unseres Jahrhunderts also? Oder ein Werk, das – vom Genius loci angeregt – an bestimmte traditionelle Darstellungs- und Allegorisierungsgewohnheiten anknüpft, um diese spielerisch zu aktualisieren? Eine Arbeit mit Sinnschichten, die geduldig aufgedeckt sein wollen? Oder einfach ein geistreiches Opus, das durch formale Geschlossenheit erfreuen und durch inhaltliche Offenheit unterhalten soll?

II

Unterstellt, der Rastatt-Besucher vermag sich für keine dieser Alternativen zu entscheiden und wandert im Bewußtsein weiter, von einem jedenfalls höchst originellen Kunstwerk begrüßt worden zu sein, so läßt sich für die folgende Begegnung eine heftige Verblüffungsreaktion voraussagen: Ein paar hundert Meter vom Bahnhof entfernt, nahe dem Rossi-Tor des Schloßparks, wartet das geheimnisvolle Paar schon wieder, dieses Mal freilich nicht unter der Tarnkappe des Schirms, sondern als Unterbau eines bizarren Arrangements (Abb. 3, 4). Der Schirm ist zwar wieder mit von der Partie, aber nunmehr, einige Meter abseits auf den Kopf gestellt, in der Funktion einer Brunnenschale, die aus einem Tüllenansatz des knorrigen Griffes spärlich Wasser empfängt. Bis zu der Höhe, auf der bei der Variante vor dem Bahnhof der Schirmrand ansetzt, gleichen sich die Gruppen formal ganz und gar. Wo in einem Falle indessen die Kuppe des Schirms verrätselnde Einigung bewirkt, führt im anderen das, was sich in der oberen Zone abspielt, zum Eindruck enthüllender Expansion. Über einer weit auskragenden, zum Rücken der männlichen Gestalt hin dreifach abgestrebten Grundkonstruktion, die an improvisierend geschichtete Möbelfragmente denken läßt, erhebt sich machtvoll die Büste einer Frau. Die Kombination von En-face- und Profilansicht, die achsversetzten Brüste und die schielenden Augen, der deformierte Mund und die einseitig fließenden Haarsträhnen – kurzum die gewollten, ausdrucksvollen Ungereimtheiten rufen sogleich Erinnerungen an weibliche Portraits aus Picassos reiferen Jahren wach, an Bildnisse jenes Typs, der sich bis heute als Bürgerschreckinstrument prominentesten Ranges bewährt hat. Auch Picasso selbst ist zugegen: In Halbfigur gegen das seiner Phantasie entsprungene Geschöpf gelehnt, den Kopf scharf nach rechts gewendet und den Blick auf ein unsichtbares Ziel gerichtet, führt er mit der weitausgestreckten Rechten einen Pinsel wie einen kleinen Pfeil, den es genau ins Ziel zu bringen gilt. Auf der Schulter des vom zerrissenen Hemd freigegebenen, torsierten linken Armes liegt eine riesige Pranke; eine Hand schiebt sich zwischen den Kopf des Malers und die Wange der weiblichen Gestalt; und eine weitere Hand hält seitlich hinter dem Frauenkopf eine Palette. So stellt sich das Ganze jedenfalls in der Ansicht dar, die sich schon durch die Relation der Gruppe zum benachbarten Barockportal als Hauptansicht definiert. Umschreitet man das Ensemble, löst sich das Verwirrspiel der Hände teilweise auf, um neuen Überraschungen Raum zu geben. Die drohende Pranke erweist sich als harmlose, hinter Picassos Schulter sackartig verschnürte Attrappe, die Hand mit der Palette als Körperteil eines ausgemergelten Weibes, das gleichsam als Kehrseite der Frauenbüste figuriert. Die Alte sitzt so auf dem Zwischengestell, daß ihr vorgestreckter rechter Fuß die pinselführende Hand Picassos berührt. Die rechte, die Palette stützende Hand quert die linke, welche ihrerseits auf dem Knie ruht. Der furchterregende Kopf mit glotzenden Augen und fletschenden Zähnen ist unter einer mähnenartigen Bekrönung mit einer großen Blume schoßwärts gesackt. Um den Körper schlingt sich ein schwerer, teilweise mit einem Rosettenmuster überzogener, unten wulstig gesäumter Umhang. Und vor dem Knie hängt kopfüber ein Stierschädel, in dessen Stirn das Einschußloch des Schlachtbolzens klafft, während aus den seitlichen Höhlen Augäpfel quellen.

Abb. 4 Rossi-Tor-Variante, Detail

Abb. 3 Jürgen Goertz, Rastatter Rätsel, Rossi-Tor-Variante, Rastatt

Wiederum bietet sich eine flüchtige Lesart an, in die selbstverständlich die Kenntnis der Gruppe vor dem Bahnhof eingeht: Der Schirm ist gefallen, auf einer allegorischen Ebene stellt sich – an plastischer Unmittelbarkeit nichts schuldig bleibend – dar, was Picassos Künstlertum ausmacht: die zupackende Vitalität, die formverändernde und damit neue Form stiftende Phantasie, die kraftentfesselnde Selbstauslieferung ans Weiblich-Sinnliche; und zugleich die dunkle Kehrseite in Gestalt des Unheimlichen und Vergänglichen. Die Hand, die dem Maler die Palette hält, ist, unvermutet, die Hand eines Dämons des Verfalls. Selbst der Schirm, dieses witzig umfunktionierte Requisit, ist mit einem Vanitasverweis angereichert: An einer Seite sind seinem Rand ein Stein und die Hälfte eines Stierunterkiefers eingelagert – ein Element also, die inhaltlich und stimmungsmäßig den Bogen zur Figurengruppe – will sagen: deren finsterer Seite – schlagen. Aber folgt solche Deutung nicht zu sehr dem äußeren Befund, verliert sie sich nicht im Auflisten eher literarischer Qualitäten?

III

Man muß, um der Leistung von Jürgen Goertz gerecht zu werden, die beiden Gruppen schärfer in den Blick nehmen, muß ihre formalen, farblichen und inhaltlichen Besonderheiten genauer benennen und ihr Verhältnis zueinander charakterisieren. Daß ein bildnerischer Gedanke gleichsam in zwei einander bedingende und sich erklärende Spielarten auseinandergefaltet ist, setzt für sich schon in Erstaunen; wie das gestalterisch gemeistert ist, verlangt eine eingehende Prüfung.

Was die Technik angeht, sind beide Gruppen Bronzegüsse nach überwiegend aus Ton gebildeten Modellen. Einige Teile – wie der Sockel, die beiden Schirme und die Zwischenbasis der Rossi-Tor-Variante – wurden unter Mitverwendung vorgegebener Materialien aus Holz konstruiert. Die Gruppe vor dem Bahnhof ist mit einer grünlichgrauen Patina überzogen, durch die stellenweise das Goldgelb des Metalls schimmert und die vom Wasser bereits eine lebendige Zeichnung erhalten hat. Vergoldung hebt einige Details hervor: die Palette, das Stierkopfrelief, die drei Pinsel und, weniger prononciert, den an Picassos Arm hängenden Regenschirm und den um das Hemd gelegten Gürtel. Insgesamt geht von der Gruppe, auch wenn sie erst wenige Jahre zählt, die Wirkung einer gewissen Klassizität und Alterswürde aus. Anders bei dem Ensemble am Rossi-Tor. Hier dominiert, in berechnetem Gegensatz zu den Rosatönen der nahen Barockarchitektur, aber auch zum Grün der Vegetation, eine kühle Grünspantonigkeit. Sie bindet die so unterschiedlichen Teile der Figurengruppe zusammen und hilft, die Distanz zwischen dieser Gruppe und dem Schirm-Brunnen optisch zu überbrücken. Vergoldungen fehlen, dafür ist ein anderes Mittel der Akzentuierung eingesetzt: Sämtliche Augen (also die Picassos, der weiblichen Halbfigur, der monströsen Alten und des Stierschädels) sind kunstvoll in Gießharztechnik gearbeitet und der Bronze so einverleibt, daß von ihnen eine magische Belebung, nicht aber eine Umstimmung in Richtung aufs Veristische ausgeht.

Die Patinier- und Gießharzeffekte sind indessen nur die letzten Pointen einer ausgiebigen Nutzung bildnerischer Möglichkeiten. Goertz weiß seine Register wirkungsvoll zu ziehen, von frappierender Wirklichkeitsnähe bis zu temperamentvoller Abstraktion, von klassisch anmutender Modellierung bis zur Anverwandlung von Zufallsfunden. Elegant beschreibt er anatomische Details, wie die Nacktpartien des stehenden weiblichen Torsos, fast ruppig geht er mit anderen um, wie dem pinselführenden Arm Picassos; er übertreibt, so bei den gezerrten Muskel- und Hautsträngen des Halses von Picasso oder den welken Formen der Alten, und er nimmt straffend zurück, wie bei der Rückenpartie des stehenden Meisters. Die Zweidimensionalität seiner gemalten Vorlage für die Frauenbüste übersetzt er in ein Relief, das an einigen Stellen schwellende Plastizität gewinnt und in der Brustzone in fleischige Körperlichkeit übergeht. Und er setzt den realitätsnahen Formen abstrahierende oder gänzlich abstrakte entgegen, die auf ihre Weise bildnerische Spannung verbürgen: die an Flügelansätze erinnernden Erhebungen und Furchungen am Rücken des Frauentorsos, die Behaarung andeutenden Graffiti auf dem Körper Picassos, die Kerben und Schrunden auf den Stoffen, die markanten konzentrischen Einschläge des Tonstampfers. Als wiederbenutzte

Abb. 5
Rossi-Tor-Variante, Detail

Formteile, die ihre eigene Geschichte hinter sich haben, geben sich beispielsweise das Abschlußprofil des Sockels und, bei der Gruppe am Rossi-Tor, die aus Resten von neugotischem Kirchenmobiliar geschichtete Basis des Oberteils zu erkennen. Indirekt ist ein objet trouvé, nämlich ein ausgedientes Kegelzahnrad, in den Abdrücken des Stampfers (die eine hübsche Blume im Haar oder eine wilde Kraterlandschaft suggerieren können) zugegen. Als Abformungen von einst Belebtem weisen sich die Stierschädelteile, die knorrige Stange des Schirm-Brunnens und ein Schneckenhaus am inneren Brunnenrand aus (Abb. 5).

Daß aus dem Disparaten jeweils eine Einheit geworden ist, ist der überzeugenden bildnerischen Regie zu danken. Bei der Gruppe vor dem Bahnhof setzt Goertz auf die synthetische Kraft einer achsenbezogenen Komposition. Die (unsichtbar bleibende) Stange des aufgespannten Schirms markiert das Lot, um das sich die beiden Körper gedrängt ordnen. Die Kontur bleibt ringsum weitgehend geschlossen und in der Obhut der krönenden Kuppel. Das, wenn auch kritische, Gleichgewicht ist gewahrt: Picasso hält den Torso *und* hält sich an ihm fest, der Torso bedrängt seinen Partner *und* scheint auf dessen stützenden Beistand angewiesen! Das Wasser, welches aus dem bekrönenden Knauf sprudelt und aus den hängenden Knäufen des Schirmgestänges rinnt, apostrophiert die sozusagen labile Regelmäßigkeit des Ensembles. Die Gruppe am Rossi-Tor lebt von ganz anderen Formverhältnissen. Aus dem kopflosen Paar ist ein massenmäßig in die Defensive verwiesener Unterbau geworden, ein brüsker Schnitt leitet die plastische Entfaltung des Oberteils ein. Halten sich unten die Volumina und die Richtungswerte einigermaßen die Waage, so herrscht oben eine Unruhe, die in den physiognomischen Dissonanzen des Frauenkopfes gipfelt. Der malende Picasso agiert ins Leere hinein, aber sein psychischer und physischer Einsatz gibt seiner Gebärde Sinn: Malen als absolute Lebensäußerung! Die Frauenbüste, die für sein

Werk steht, scheint ihn in die Zucht zu nehmen; doch die Riesenpranke, die man zunächst mit ihr verbindet, erweist sich als ambivalentes Attribut des Künstlers selbst, und die an die Wange gelegte Hand, die man offenkundig der Büste zuzuordnen hat, schafft eher eine Trennung zwischen Schöpfer und Geschöpf als eine Verbindung. Wie eine geheime Versuchung taucht die Palette hinter der Frauenschulter auf – formal eine wichtige Umrißbereicherung, inhaltlich ein Element, welches das raumhaltig gewordene Konterfei in den Bereich der Malerei zurückverweist. Die schwierigen Übergänge zwischen der Hauptansicht – die der Seite der unteren Gruppe entspricht, welche durch die Attribute Stierkopfrelief, Regenschirm und Pinseltrias geprägt ist – und der Rückansicht mit der gespenstischen Greisin sind durch Umdeuten eines Materials in ein jeweils anderes bewältigt: Fleisch scheint in Stoff umzuschlagen, Stoff zum Bestandteil der Anatomie zu werden. Das, was man die Vanitas-Seite des Oberteils nennen könnte, wirkt undynamischer und zugleich ungeordneter als die Hauptschauseite; das Thema des Verfalls drückt sich nicht zuletzt in den Richtungsdivergenzen der Formen aus.

Im übrigen kommt dem zum Brunnen umgerüsteten Schirm auch plastisch eine wichtige Funktion zu. Seine raumgreifende Entfaltung nach oben hin spielt auf die quasi verkehrten Massenverhältnisse der Gruppe an, seine geradezu absurd stabile Konstruktion gibt ihm – von der Stein- und Knocheneinlage ganz abgesehen – etwas Phantastisches. Und phantastisch muten auch Details wie die acht unterschiedlich großen Kugelknäufe des Gestells und die von einem gedrechselten Stuhlbein abgeformte Wassertülle am klobigen Griff an. Das Moment des Spielerischen wird hier, wo das eigentlich Inhaltliche zurücktritt, besonders sinnfällig.

IV

Was hat Jürgen Goertz dazu bewogen, den Auftraggeberwunsch, für Rastatt ein öffentliches Monument zu schaffen, in Gestalt der beiden beziehungsreichen Gruppen zu erfüllen? Welche geschichtlichen Erinnerungen sind in den Werken aufgehoben, welche individuellen Erfahrungen in ihnen fruchtbar gemacht? Das bislang Beobachtete leitet zu einem Schlüsselbegriff hin, der diese Fragen zu beantworten und verschiedene Aspekte miteinander zu verknüpfen hilft. Ich meine den Begriff ›Sensualismus‹ und denke dabei an die außerordentliche Bedeutung sinnlicher Erfahrung in der Kunst des Barocks, an die Rolle der Sinnlichkeit im Leben und im Werk Picassos und an den eminent sensualistischen Charakter des bildnerischen Ansatzes von Goertz. Keine Frage – alle Kunst ist auf sinnliche Erfahrung angewiesen, ob das nun den Produzenten oder den Rezipienten betrifft. Aber es gibt so etwas wie eine Intensitätsskala, die über das wirkungsentscheidende Ausmaß des Sinnlichen im Zusammenspiel mit anderen Faktoren informiert. Und da lassen sich sehr wohl Unterschiede ausmachen, die Zeitstil- oder Individualstil-abhängig sein können. Die Vermittlungsweise des Barocks, die alle Inhalte, auch und gerade die metaphysischen, durch das Sinnlich-Anschauliche gegenwärtig macht, ist ein epochentypisches Phänomen, der bis ins höchste

Alter ungebrochene Sensualismus Pablo Picassos im wesentlichen ein individualtypisches. Goertz hat die geistige Herausforderung der alten Barockresidenz Rastatt angenommen, um gleichzeitig dem großen und an Vitalität unüberbotenen Bahnbrecher der Kunst unseres Jahrhunderts seine Reverenz zu erweisen. Er hat das sicherlich aus einem Gefühl innerer Verwandtschaft heraus getan und in der begründeten Erwartung, persönlichem Geschichtsverständnis und subjektiver Kunstpraxis Geltung verschaffen zu können.

So wenig vom einstigen Prunk des Rastatter Schloßparks übriggeblieben ist: Es gibt beispielsweise in unmittelbarer Nachbarschaft der Gruppe von Goertz noch eine jener Freifiguren, welche Vorstellungen, Erfahrungen und Ideale unterschiedlicher Art im Sinne des Barocks personifizieren und durch Attribute veranschaulichen. Die weibliche Gewandfigur auf schwungvollem Rokokosockel, die aus einem Füllhorn Blüten und Früchte quellen läßt, ist nicht als Monument aufzufassen, vielmehr als ein leiblich höchst gegenwärtiges Zeugnis der für die Epoche charakteristischen Weise des Weltverständnisses: Flora verbildlicht das produktive Wirken der Natur, indem sie sich in der Anmut ihrer Jugend mit einem Gegenstand darstellt, den die Zeitgenossen ohne weiteres zu deuten vermochten. Häufig verbinden barocke Gartenfiguren allegorische Aussage mit kapriziöser Erfindung – es sei nur an die zauberhaften Skulpturen von Ferdinand Dietz im Park des ehemals fürstbischöflich-würzburgischen Schlosses Veitshöchheim erinnert. Goertz hatte zweifellos barocke Allegorien im Sinn, wie sie sich ja auch auf der Ehrenhofbalustrade und im Innern des Rastatter Schlosses finden, aber gewiß nicht den Plan, historisierend an solche Formulierungen anzuschließen. Was er wollte und was ihm gelang, war eine Neustiftung des Allegorischen fernab traditioneller Verabredungsmuster, fernab auch jenes pathetischen Denkmalgehabes, wie es viele Werke des 19. Jahrhunderts ästhetisch und inhaltlich so sehr belastet.

Eine eher anekdotische Anregung mag mitgespielt haben: die weltbekannte Photographie von 1948, die den damals siebenundsechzigjährigen Picasso mit einem riesigen Sonnenschirm ausgerüstet hinter der mädchenhaft fröhlichen Françoise Gilot – der Mutter seiner Kinder Claude und Paloma – am Strand zeigt. Picasso trägt den Schirm als einen Schattenspender, dem zugleich noch etwas von seiner kultischen Vergangenheit anhaftet: Beschirmen als ein pragmatischer Akt, der – mit leicht ironischem Unterton – zugleich ein Akt des *Über*höhens und damit *Er*höhens ist.

Aus der Kunstgeschichte ließen sich viele Beispiele für die reiche Bedeutungsskala des Schirmmotivs nennen, vom Schirm innerhalb der feierlichen Prozession oder des Herrscherauftritts über den Schirm, der vom Galan oder vom exotischen Sklaven zu Häupten der Dame getragen wird, bis zum Wald der Schirme auf Auguste Renoirs bestrickendem Gemälde in der Londoner National Gallery. Goertz bedenkt manche erprobten Möglichkeiten der Anwendung eines Schirms offensichtlich mit und verwirft sie doch zugunsten einer verblüffenden Alternative: Einmal nutzt er die Schirmkuppel zur Verschleierung von Gemeintem (wobei absurderweise das Gerät, das vor Regen schützen soll, selber zur Wasserquelle wird), das andere Mal stellt er den Schirm nicht nur förmlich, sondern auch funktional auf den Kopf, indem er ihn zur Brunnenschale umstilisiert.

V

Die freie Weise, mit der Wirklichkeit umzugehen, gründet letztlich auf den Errungenschaften, wie sie der Kunst seit dem Kubismus zur Verfügung stehen. Aber es fällt auf, daß Goertz sich nicht auf eine bestimmte stilistische Position festlegt, daß er – wo er Picasso zitiert – sich auf den Maler und nicht auf den Plastiker beruft und daß er freimütig auf Portraitphotos zurückgreift, aus denen er ›seinen‹ Picasso herausdestilliert. Indem unterschiedliche Anregungen und Tendenzen kombiniert werden, erscheint das Widersprüchliche aufgehoben und ein gleichzeitig facettenreicher und schlüssiger Stil zur Geltung gebracht, dem mit den üblichen Kriterien nicht beizukommen ist. Man könnte es sich leichtmachen und mit der Vokabel ›postmodern‹ operieren, doch liefe man dann Gefahr, über der Bewertung der geistreichen Applikation von allerlei Erinnerungen die genuine Kraft der Erfindung zu unterschätzen. Eben dies zeichnet die Kunst von Jürgen Goertz aus: daß die Auseinandersetzung mit spezifischen Bedingungen und mit geschichtlichen Vorbildern Kräfte der Phantasie freisetzt, die über alle Anspielungen hinaus den Blick auf Neues und Bedeutungsvolles öffnen. Wie Goertz etwa seine moderne Variante der Musen-Allegorie mit dem Vergänglichkeitsgedanken verbindet, das ist in hohem Maße bemerkenswert. Wenn im Mittelalter die Rückseite der verführerischen ›Frau Welt‹ mit Schlangen, Gewürm und Zeichen der Verwesung bedeckt war, so bietet sich die Rückseite der von dem Gemälde *Frau im rotem Sessel* (1939; Modell saß wahrscheinlich Picassos Geliebte Marie-Thérèse Walter) angeregten Frauenbüste am Rossi-Tor als monsterhafte Greisin dar. Und diese entschleierte ›Frau Welt‹ hält, von vorn nicht erkennbar, dem Maler die Palette!

Schon die weibliche Gestalt der Bahnhofs-Variante ist in buchstäblichem Sinne brüchig. Aber die bindende Kuppel des Schirms läßt dieses Faktum vergessen. Bei der gleichsam ›unbedeckten Version‹ – es gibt solche bedeckten und unbedeckten Spielarten einer Komposition im Bereich einer heute reichlich harmlos anmutenden Gattung erotischer Graphik im 18. Jahrhundert – ist es der schroffe Gegensatz des oberen Teils der Gruppe, welcher Brüchigkeit als ein Gegeneinander von Jugend und Alter, Blüte und Zerfall, Akt des Malens und Bedrohung dieser Aktivität durch das Altern des Künstlers selbst enthüllt. Es bedarf keiner besonderen Gelehrtheit, um dies zu erkennen, nur einer geduldigen Betrachtung und natürlich jener aufgeschlossenen Neugierde, ohne die ein sinnvoller Umgang mit Kunst ohnedies undenkbar ist.

Wenn ich also im Sensualismus ein Bindeglied zwischen den beiden Rastatter Werken, ihren barocken Ahnen (wenn man davon überhaupt sprechen darf) und dem Lebensverständnis Pablo Picassos zu erkennen meine, dann liegt es mir fern, gewisse Verwandtschaften – die ohnehin mehr innere als äußere sind! – als Abhängigkeiten zu interpretieren. Künstlerische Innovation ist immer auf eine fruchtbare – was durchaus nicht heißen muß: unkritische – Beziehung zur Tradition angewiesen, und gerade Goertz bezeugt durch seine Arbeiten, wie sehr er aus vorgegebenen Sachverhalten und Stimmungen höchst eigenwillige Folgerungen zu ziehen versteht. Die starke Sinnlichkeit, die alle seine Arbeiten auszeichnet, wäre nicht denkbar ohne eine Vernunftkontrolle, welche das übermächtige Angebot der

Überlieferung auf Möglichkeiten der Aus- und Umdeutung hin abzufragen vermag, aus denen Eigenes erst erwachsen kann. Die verblüffende Feststellung, daß auch heute Zugewinn an figurativen und ikonographischen Werten möglich ist, ohne daß sozusagen einfach Geschichte in die Gegenwart hineinverlängert würde, macht wohl jeder, der sich mit Arbeiten von Jürgen Goertz beschäftigt.

Die beiden Rastatter Gruppen sind, so gesehen, Zeugnisse der Selbstbehauptung des Erfinderischen inmitten einer Welt, die in vieler Hinsicht durch eine Verarmung der Einbildungskraft geprägt ist, die sich dem Wagnisbereiten aber zugleich als ein fast unerschöpflicher Fundus phantasievoller Lösungsmöglichkeiten darstellt.

VI

Jürgen Goertz hat den oberen Teil der Rossi-Tor-Variante als Kernstück für eine weitere, durch reiche Farbbehandlung ausgezeichnete Version benutzt. Das Ensemble von Picasso, Frauenrelief und Greisin ruht auf einem mannshohen, glattwandigen Sockel, dessen Grundriß aus zwei ungleichen Schenkeln und einem Kreisbogen kombiniert ist. Die Verbindung der beiden so gegensätzlichen Teile wirkt, obwohl die Basis der oberen Gruppe gegenüber dem Sockelquerschnitt verdreht ist und es zu einigen Überhängen kommt, insgesamt zuverlässig. Der aus verschweißten Leichtmetallplatten bestehende Sockel und der aus gleichem Material gegossene Figurenaufsatz sind auf eine an die Faßmalerei vergangener Jahrhunderte erinnernde Weise polychromiert; die Acrylfarben sind teilweise deckend aufgetragen, teilweise so dünn, daß das Metall durchschimmert und Lüsterwirkungen die Folge sind. Das Verhältnis der Farben zu dem, was die plastisch vergegenwärtigten Stoffe erwarten lassen, ist freilich sehr komplex. In einigen Bereichen ist die Polychromie wirklichkeitsnah – das Weiß des Hemdes und des Tierschädels oder die fahlen Hauttöne des alten Weibs muten vergleichsweise realistisch an –, in anderen weicht sie entschieden vom Natürlichen ab; so geben die schwärzlichen Inkarnattöne der Picasso-Gestalt etwas Aggressiv-Unheimliches. Indem sich die Farbskala des Frauenreliefs auf die des gemalten Vorbilds von 1939 beruft, kommt als Bezugswert nicht die Realität, sondern eine bildnerische Deutung dieser Realität ins Spiel. Die Spannung, die aus solch unterschiedlichen Farb-Gegenstands-Bezügen resultiert, wird durch die differente Behandlung der drei Sockelseiten gesteigert: Die der Hauptansicht zugeordnete plane Hochrechteckfläche ist eierschalenfarbig getönt, die große Wölbfläche seegrün, das schmälere Hochrechteck ist in einem kräftigen Blaugrau gehalten. Alle drei Farben sind von Gemälden Picassos abgeleitet.

Polychrome Plastik und Goertz – das sind seit Anfang der siebziger Jahre geradezu Synonyme. Durch seine farbigen Gießharzarbeiten ist Goertz bekannt geworden, Farbigkeit kennzeichnet auch seine Bronze- und Aluminiumschöpfungen der letzten Zeit. Allerdings ist in vielen der jüngeren Werke die chromatische Wirkung auf den Effekt von Patinatönen und Kunstharzeinlagen zurückgenommen (die beiden Rastatter Kompositionen sind

Beispiele dafür!). Die hier zur Debatte stehende Variante ist, gleich einigen verwandten Arbeiten, als Versuch zu bewerten, die Möglichkeiten der Gießharztechnik mit Vergleichbarem zu beantworten. Daß ein Metallguß nicht in ein transparentes oder teiltransparentes Medium verwandelt werden kann, ist Goertz so bewußt wie die Gefahr einer zu großen Annäherung an die Malerei oder an traditionelle Methoden der Farbfassung. Das Sicheinlassen auf ein raffiniertes Spiel mit der Wirklichkeit und der Phantasie, der Plastik und der Malerei wird zum Schlüssel einer Lösung, die nichts Kompromißhaftes hat.

Das Dogma von der Materialgerechtheit und Materialwürde ist von der Plastik unseres Jahrhunderts auf mannigfaltige Weise widerlegt worden. Oft war dabei Protest gegen spätklassizistisch-akademische Vorstellungen am Werke, wie sie hier und dort bis in unsere Tage Geltung beanspruchen. Bei Goertz scheint mir – bei allem Nonkonformismus seines Ansatzes – allerdings weniger Ablehnung gewisser Positionen von Bedeutung als der Gedanke einer Versöhnung der Gattungen. Seine Gießharzarbeiten machen sinnenfällig, daß sich vieles nur durch eine Kombination von Plastik und Farbe sagen läßt. Warum sollte sich diese Erfahrung nicht im Zusammenhang mit Metallgüssen bewahrheiten? Goertz könnte sich auf die ältere kunstgeschichtliche Überlieferung berufen, wenn er scheinbar Gegensätzliches zur Wirkungseinheit zusammenführt. Statt verbaler Argumente hat er Werke anzubieten – Werke, welche sich dadurch als echte Traditionsglieder ausweisen, daß sie Innovationskraft bezeugen.

Lothar Romain

Franz Marc und Joseph Beuys
Zur Wiederkehr des Romantischen in der deutschen Moderne

Folgte man nur den Etiketten, die ihnen angehängt wurden, könnte man jenseits aller kunstgeschichtlichen Überlegungen schon stutzig werden. Marc und Beuys stehen, wenn auch selten zusammengebracht, auf ihre Weise als Exponenten dessen, was noch heute im In- und Ausland unter Umgehung aller näheren Angaben als ›deutsch‹ bzw. ›typisch deutsch‹ bezeichnet wird. Das galt für Marc schon bald nach dem Zweiten Weltkrieg, als im Zuge der Wiederentdeckung und Rehabilitierung des von den Nazis Verfemten man schon 1947 ihn als einen »der lautersten Menschen der deutschen Geistesgeschichte«[1] pries, und 1957 Werner Haftmann einen Text über Marc mit der Feststellung begann: »Kein Werk eines deutschen Malers unseres Jahrhunderts hat so zum geistigen Besitz der Nation werden können wie die großen Tierbilder von Franz Marc.«[2] Auch Klaus Lankheit, sein wohl umsichtigster Interpret in den ersten Jahrzehnten nach dem Zweiten Weltkrieg, stimmt ein: »Marc wird immer in besonderem Maß als deutsch gelten.«[3] Ähnliches wurde in den siebziger Jahren auch über Joseph Beuys geschrieben, vor allem aus Anlaß jener denkwürdigen Ausstellung 1979/80 im New Yorker Guggenheim-Museum, als man Beuys in der Presse als das Inbild alles Deutschen hinstellte und gar Verwandtschaften zu Wagner aufzuspüren glaubte: »Götterdämmerung at the Guggenheim«, schrieb die Kritik oder: »The Wagnerian Chorus of Joseph Beuys at the Guggenheim« und »Arm in Arm mit Parzifal zum Gral«.[4]

Das besondere Maß des Deutschen, das Klaus Lankheit an Marc feststellt, ist sein Wurzeln in der Tradition der Romantik. In ihrer spätzeitlichen Form scheint man eben dieses auch bei Joseph Beuys auszumachen. In der Tat bekennen sich beide Künstler mit manchmal verblüffend ähnlichen Berufungen zu dieser Tradition. Allerdings stehen sie beide – der eine am Beginn der Moderne, der andere an deren Scheitelpunkt – in der Überzeugung, daß sie scheitern müsse, scheinbar soweit voneinander entfernt, daß gemeinsame Denkansätze hinter den unterschiedlichen Kunstvorstellungen beinahe verschwinden. Und doch lohnt sich das nähere Hinsehen, einerseits um die Wiederkehr des Romantischen als eine prägende Bewußtseinshaltung deutlich zu machen, andererseits auch um zu zeigen, wie die Jahrzehnte anderer Erfahrung gleichsam in zwei verschiedene Richtungen zu hoffen, zu konzipieren und zu arbeiten gelehrt haben. Es geht hierbei entgegen dem ersten Anschein nicht um völlig Unvergleichliches; denn der Plastiker Beuys, der nie ein Maler sein wollte, und der Maler Marc berühren sich im Medium der Zeichnung, wenngleich auch nur Rücken an Rücken, im Interesse für Natur und Tier. Was dem einen, Marc, allerdings mehr Skizze, Entwurf (Abb. 1–3) bedeutet, war für Beuys eine selbständige Äußerung seiner Weltsicht, in den Tierzeich-

Abb. 1 Franz Marc, Pferde auf der Weide, 1910/11. Bleistift, 11,1 × 17,9 cm

nungen (Abb. 4–6) eher die Beschwörung der einst heilen Vergangenheit in der zum Tode verurteilten Gegenwart, während Marc sie als Entwurf des Zukünftigen verstand.

Beide allerdings sahen sich an einer Zeitenwende stehen, in den Formulierungen von Beuys nicht mit jenem expressionistischen Pathos vorgetragen wie bei Franz Marc, nicht so ungebrochen optimistisch, aber in der Analyse ähnlich. Die Wende, die beide diagnostizieren bzw. postulieren, ist die einer Absage an den bloßen Rationalismus und die Alleinherrschaft einer von Vernunft geleiteten Weltsicht. Die Wissenschaft, verstanden als Einzelwissenschaften mit den auf sie gründenden Sachzwängen und den auseinanderlaufenden Denkinhalten, habe versagt, die Zeit sei reif für den Umbruch und für die lebensnotwendige Versöhnung von Geist und Natur.

»Das Zeitalter der Philosophie als Methode der Erkenntnis ist vorbei«, heißt es bei Beuys.[5] Und an anderer Stelle, als er sich mit dem Materialismus als einer Folge der Aufklärung, als Konsequenz eines eingeengten Wissenschaftsbegriffs beschäftigt: »Der Materialismus hat das Prinzip des Todes herausgearbeitet. [...] Der Todesprozeß ist methodisch die Auseinandersetzung mit den Todeselementen in der Umwelt. [...] Ja, wir leben in einer Todeszone, und in dieser Todeszone wird überhaupt erst bewußt, wie Leben aussieht.«[6]

Die absterbende Zeit bedeutet nicht endgültigen Untergang, sondern führt durch den Tod hindurch zu einem neuen Zeitalter. Die menschliche Geschichte ist zwar relativ kurz und wird »sehr schnell beendet sein. Ja, aber dann fängt die Geschichte des Menschen erst an.«[7] Es gilt, »daß wir heute erst gegenüber dem einseitigen analytischen Denken das synthetische, d. h. von allen Seiten herbeigezogene Gesichtspunkte, einleiten können, was wieder die Perspektive eröffnet zu einem größeren Weltverständnis. Man kann also sagen, die zweite Sphäre wäre die vom Menschen zu schaffende zukünftige Welt.«[8]

Bleiben wir, ohne hier genauer auf das zugrundeliegende Weltmodell von Beuys einzugehen, beim konstatierten Sterben jener einseitig auf der Rationalität der Wissenschaft gegründeten Geschichte. Ähnliches hat schon Franz Marc im Almanach *Der Blaue Reiter* dargestellt: »[...] noch liegt das weite Land voll Trümmer, voll alter Vorstellungen und Formen, die nicht weichen wollen, obwohl sie schon der Vergangenheit angehören. Die alten Ideen und Schöpfungen leben ein Scheinleben fort, und man steht ratlos vor der Herkulesarbeit, wie man sie vertreiben und freie Bahn schaffen soll für das Neue, das schon wartet. Die Wissenschaft arbeitet negativ, au détriment de la religion – welches schlimme Eingeständnis für die Geistesarbeit unserer Zeit.«[9]

Wie negativ Franz Marc, ähnlich den späteren Intentionen von Joseph Beuys, das Wirken, nicht das Wesen der Wissenschaften versteht, wird an anderer Stelle deutlich: »Gibt es ein kläglicheres Schauspiel als das Entzücken unsrer Leute über den Fortschritt der Wissenschaften und der Technik? Gibt es etwas Beschränkteres und Traurigeres als das Triumphgefühl unsrer Leute, alle Religion überwunden zu haben? Das glauben sie nämlich, die ›guten Mitteleuropäer‹. Auf was stützen sie ihren Dünkel? z. B. auf Maschinen. Als ob es irgendeine Maschine gäbe, die nicht schlechteste Imitation vergangener Handarbeit des Menschen ist. Surrogat, an dem der Geist verhungert. [...] Der einzige Witz unsrer gesamten moder-

Abb. 2 Franz Marc, Zwei Pferde in bergiger Landschaft, 1910/11. Bleistift, 21 × 16,8 cm. Staatliche Graphische Sammlung, München

Abb. 3 Franz Marc, Sterbendes Reh, 1908. Bleistift, 12,7 × 12,5 cm. Franz Marc Museum, Kochel am See

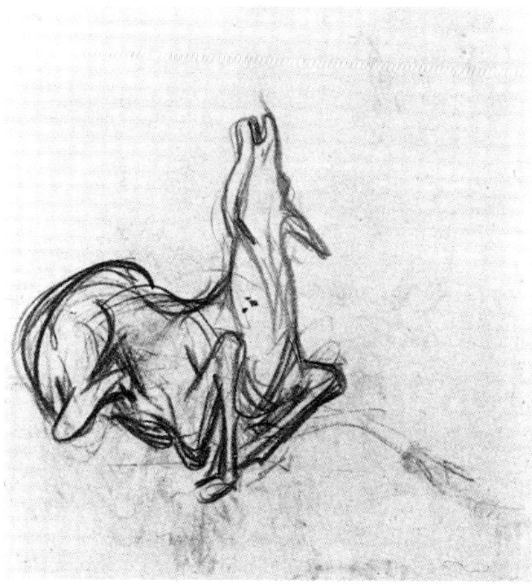

nen Technik und Wissenschaften ist offenbar der, uns vom Denken abzuhalten, Geist zu sparen. [...] Es wird aber eine Zeit kommen, in Bälde, da wird man unsre ganze Technik und Wissenschaft grenzenlos langweilig finden; man wird sie vollkommen liegen lassen, ja vergessen; man wird gar keine Zeit dazu haben, weil man mit geistigen Gütern handeln wird.«[10]

Das Handwerk wird hier gegenüber der Maschine als Symbol für eine Zeit der nicht entfremdeten Arbeit ausgespielt. Dieser Kommentar von Marc äußert nicht, wie sich durch andere Stellen belegen läßt, blinde Wissenschafts- und Technikfeindlichkeit. Im Gegenteil: Marc ebenso wie später Beuys sind einerseits beeindruckt, auch fasziniert von den Leistungen der Wissenschaften und der Technik – Beuys hat sein Interesse an den Naturwissenschaften nicht nur durch Studium und Äußerungen, sondern auch immer wieder in seinen Arbeiten bekundet –, aber beide stellen sich quer zur rein positivistischen Einstellung von Wissenschaft und Technik, zu deren Sachfiktionen, die man rational heißt, und der durch sie erzeugten Polarisierung von Welt in dominierenden Verstand und zu beherrschender Natur.

Ebenso wie später Beuys sieht auch Marc das Ende dieser Art wissenschaftlichen Zeitalters nicht als Untergang, sondern als Übergang zu einem neuen Zeitalter, in dem man »mit geistigen Gütern handeln wird.« Und er stellt sich hierbei bewußt in eine romantische Tradition: »Auch ist die Stunde zu solchen Betrachtungen günstig, da wir glauben, daß wir an der Wende zweier langer Epochen stehen; die Ahnung davon ist nicht neu; man hat den Ruf vor hundert Jahren schon lauter gehört. Damals wähnte man sich dem neuen Zeitalter schon sehr nahe, viel näher, als wir es heute glauben.«[11] Auch Beuys verweist auf diese Tradition des eigenen Denkens: »Der andere gute Ansatzpunkt wäre das Zeitalter des deutschen Idealismus, in dem die Konzeption, wie ich sie habe, auftrat. Bei den Romantikern findet man ihn, bei Novalis [...].«[12]

Am Anfang des Jahrhunderts wird so über den immer wieder konstatierten radikalen Bruch mit der morbide gewordenen bürgerlichen Gesellschaft und ihrer Kunst der Geist der Romantik beschworen, und über Jahrzehnte mit der Erfahrung von zwei Weltkriegen und Faschismus hinweg bleibt der »Ruf vor hundert Jahren« offenbar ungeschwächt. In Beuys findet er einen neuen Übersetzer, der im Sinne dieser Botschaft von sich selbst sagt: »Ich bin ein Sender, ich strahle aus.«[13]

Tatsächlich hatten sich ja auch die Frühromantiker im Um- und Aufbruch gesehen: neue Zeiten, aus den Trümmern der alten aufsteigend. »Ruinen sind die Mütter dieser blühenden Kinder«, heißt es bei Novalis. »Die bunte, lebendige Schöpfung zieht ihre Nahrung aus den Trümmern vergangner Zeiten.«[14]

Novalis, Schelling, Caspar David Friedrich und Runge sind Vorbilder, bei Marc wie bei Beuys gleichermaßen zitiert, wenn auch mit unterschiedlichem Akzent, nämlich bei Marc als Erwartung an die Moderne und bei Beuys als Überwindung der sich zum Tode hin entwickelnden Moderne. In beiden Fällen ist der Ausgangspunkt aber eine Zeitkrise und die damit einhergehende Krise des Zeitgeistes, wie sie schon die Frühromantik bewegte. Deren brennendste Frage war nach Marianne Thalmann »das Chaos der Wirklichkeit« geworden.

»Die romantische Ästhetik ist der Versuch, der Zeitkrise im Geistigen zu begegnen und den Deutschen von da aus als produktive Kraft ins Abendländische einzugliedern.«[15] Auch das schlägt Brücken zu Marc und Beuys, deren Deutschsein in einem bewußten Europäertum, bei Beuys besser noch: Universalismus eingebettet war.

Die Zeitkrise gründete sich für die Frühromantik in dem, worin noch in der zweiten Hälfte dieses Jahrhunderts Beuys ihre Wurzeln sah, nämlich in der durch die positivistischen Wissenschaften verhinderten freien Entfaltung menschlicher Kreativität, durch die der Mensch »ein freies Wesen ist«, das heißt nicht fremdbestimmt oder einseitig geleitet durch Rationalisierungen und Systematisierungen. Denn dieser Mensch ist für Beuys »ein Naturwesen auf der untersten Ebene, dann ist er ein Gesellschaftswesen, und darüber hinaus ist er ein freies Wesen«. Zum Gesellschaftswesen gehört der Bereich der Vernunft mit ihrem gesamten wissenschaftlichen Apparat. Auf der obersten Stufe des freien Wesens überschreitet der kreative Mensch die Grenzen der reinen Vernunft und gelangt zu umfassenderen Einsichten, dringt vor zu Zusammenhängen, die auf der Ebene des Gesellschaftswesens verborgen bleiben. Nur da, »wo der Mensch am weitesten fortgeschritten ist, nämlich in seiner Freiheit, eben wo er über das Gesellschaftliche, über das Kollektive hinausgewachsen ist zu einem freien Wesen«, findet wirkliche Entwicklung statt. Dort und nur dort setzt auch die künstlerische Tätigkeit an »und versucht, aus der freien Betätigung heraus Modelle zu erarbeiten, die für den Teil, wo der Mensch Gesellschaftswesen ist, ein brauchbares Modell zu erarbeiten.«[16]

»Durch Recherchen und Analysen«, so noch einmal Beuys, »kam ich zu der Erkenntnis, daß die beiden Begriffe Kunst und Wissenschaft in der Gedankenentwicklung des Abendlandes diametral entgegenstehen, daß aufgrund dieser Tatsache nach einer Auflösung dieser Polarisierung in der Anschauung gesucht werden muß und daß erweiterte Begriffe ausgebildet werden mussen.«[17]

Aus dem die Aufklärung nicht total negierenden, sondern in der Konsequenz verändernden Weltbild, das aus der Todes- (anstatt Erfolgs-)zone gegenwärtigen Denkens eine neue Fülle von Leben entstehen sieht, entwickelt er sein Verständnis von der Kunst und vom Künstler. Das Zeitalter der Philosophie ist zu Ende, »Bewußtseinserweiterung aber ist heute ein Bedürfnis. Hier setzt Kunst ein. Ich sage nicht, Kunst kann das besser als Philosophie, aber sie kann Anreize geben, weil sie ihr Bewußtsein am weitesten entwickelt hat.«[18]

Die Kunst als Instanz der Versöhnung, als Öffnung eines neuen Weltverständnisses, das verborgene und verdrängte Energien freilegt, davon war auch in der Romantik schon die Rede – als Antwort auf die Hilflosigkeit der Wissenschaft beim Blick auf das Ganze. Den Vereinzelungen setzte die Romantik ihren Leitsatz, daß »Eins in allem und alles im Einen« sei, entgegen. Darauf zielt auch der Enzyklopädieentwurf von Novalis ab: »Die Hülfsbedürftigkeit der äussern Wissenschaften ward in der letzten Zeit immer sichtbarer, je bekannter wir ihnen wurden. Die Natur fing an immer dürftiger auszusehen, und wir sahen deutlicher gewöhnt an den Glanz unserer Entdeckungen, daß es nur noch ein geborgtes Licht war, und daß wir mit den bekannten Werkzeugen und den bekannten Methoden nicht das Wesentliche, das Gesuchte finden und konstruieren würden. Jeder Forscher mußte sich gestehn, daß eine Wissenschaft nichts ohne die andere sei [...].«[19] An vielen Stellen bekundet Novalis, darin das Selbstverständnis der Frühromantik treffend formulierend, was über anderthalb Jahrhunderte später auch Beuys reklamieren wird: »Die Poesie ist das ächt absolut Reelle. Dies ist der Kern meiner Philosophie. Je poetischer, je wahrer.«[20]

Das »Eins in allem und alles im Einen« wird zum zentralen Satz eines Verständnisses von Kunst, das von der Frühromantik über die Anfänge der Moderne bis hin zur Gegenwart immer wieder auftaucht, gegründet auf der Kritik der Verstandeswelt, getragen von dem Bewußtsein, an einem Wendepunkt angelangt zu sein, und bestimmt von dem Ziel, in neuer Weise die Einheit von Geist und Natur zu konstituieren. Die Kunst ist dafür das Medium. »Wir sind uns wohl bewußt, welchen Dienst die wissenschaftlichen Übereinkünfte der Menschheit bisher geleistet haben; sie brachten uns die Befreiung aus den Kindheitsträumen des Menschengeschlechtes«, heißt es bei Franz Marc, »sie stellen die lange Schulzeit der Menschensöhne dar. Gerade in der Irrationalität der Wissenschaft liegt ihr erzieherischer Wert und ihre Würde. Aber was nun vor uns liegt, wird das mannbare Leben der Menschen sein. Alles ist eins. Raum und Zeit, Farbe, Ton und Form sind Anschauungsweisen, die der sterblichen Struktur unsres Geistes entstammen [...]. Mit dem Tod beginnt das eigentliche Sein, das wir Lebende (sehnsüchtig) unruhvoll umschwärmen wie der Falter das Licht.«[21]

Abb. 4 Joseph Beuys, Zwei Hirsche. 1948. Bleistift, 16 × 10,2 cm

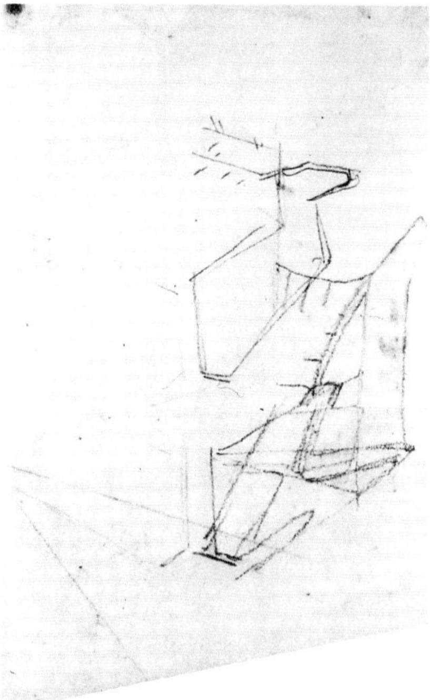

Abb. 5 Joseph Beuys, Hirschkuh, 1952. Bleistift, 32 × 39 cm ▷

Daß in der Todeszone erst Leben bewußt werde, hat auch Beuys Jahrzehnte später konstatiert und ebenso, daß die Geschichte des Menschen erst anfange, wenn sie beendet sei.[22] Und ähnlich wie Marc schätzt er das irrationale Potential der Wissenschaft. Darauf jedenfalls spielt er an, wenn er gesteht: »Eigentlich bedeutet Kunst in meiner Betätigung, so wie ich sie betreibe, die eigentliche Naturwissenschaft, wie ich sie betreiben wollte.«[23]

Der Begriff Kunst meint hier nicht ihre konkrete Erscheinung und Ausformung als Malerei, Plastik usw., sondern das Prinzip der Welt- und Wesensschau, der – wie es ein wohl eher unromantischer Künstler wie Ad Reinhardt von der Kunst gesagt hat – »Wahrheitssuche«, zielt auf die der Kunst zugesprochene Möglichkeit, Einheit darzustellen und gar modellhaft erleben zu lassen, während die Entwicklung der Gesellschaft nur Zerrissenheit und Entfremdung produziert.

Die Wege, die Marc und Beuys bei der Realisierung dieser romantischen Tradition gehen, führen in verschiedene Richtungen, sind ausgelegt durch unterschiedliche Erfahrungen und ausgeschildert durch andere Erwartungen. Dem im Konzept doch begrenzten malerischen Werk von Marc steht das universal interpretierte von Beuys gegenüber – unvergleichlich, wenn da nicht der gleiche geistige Strom als Nahrungsquelle wäre und das Interesse an Natur. In den Zeichnungen jedenfalls gibt es eine Berührung, die – auch wenn sie Rücken zu Rücken

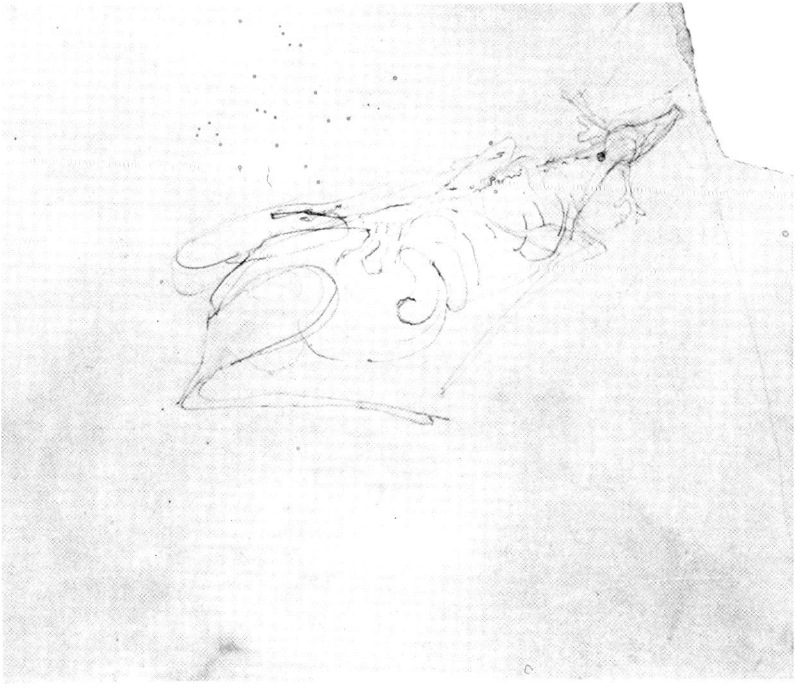

erfolgt – etwas von den geistigen Gemeinsamkeiten sichtbar macht und zugleich die Unterschiedlichkeit der Erfahrungen bezeugt. Die gemeinsame Tradition, so kann man daran ablesen, unterliegt Veränderungen durch die Fortentwicklung der Geschichte. Mit dem romantischen Erbe stellt sich der Künstler nicht außerhalb von Geschichte, wenn er deren Fortgang auch anders als der Fortschrittsoptimismus der Aufklärung sieht und darstellt.

Der Romantiker Marc war in vielfacher Hinsicht vom Geist der Menschheitsdämmerung des Expressionismus geprägt und beseelt, während zu Beuys dann doch besser die Götterdämmerung paßt. Marc war auf der Suche nach dem rein Geistigen in der Kunst, dem er bis zur Abstraktion nachspürte, während Beuys den Energien in der Materie, im Körperlichen zugewandt blieb. Trotz seines beherzten Eintretens für die noch junge Moderne hat sich Franz Marc in Bildaufbau und Komposition doch auf die Tradition des 19. Jahrhunderts – und nicht auf die der Romantik – gestützt. Seine Tiere werden, was Anspruch und Pose betrifft, wie Menschen behandelt und sind – als Dreiergruppen z. B. – nicht selten nach dem Vorbild der sonst so wenig geschätzten akademischen Malerei der zweiten Hälfte des 19. Jahrhunderts in die Landschaft gestellt.[24] Von solchen Bindungen an akademische Traditionen dagegen ist Beuys frei. Sein Vokabularium greift universaler und über Geschichtsräume hinweg zurück auf Mythisches, Vorgeschichtliches. Entsprechend weisen auch die Zeichnungen beider Künstler in unterschiedliche Richtungen, obwohl sie – bei Marc fast ausschließlich, bei Beuys auffällig häufig – das Thema Natur und Tier umkreisen. Die Wege können im Rahmen einer solchen kurzen Studie nur angedeutet werden. Sie einmal detailliert zu verfolgen vor dem Hintergrund der Wiedergeburt des Romantischen wäre eine Möglichkeit, heute Kunstgeschichte zu schreiben.

Für Franz Marc war die Zeichnung wesentlich ein Bereich der Studie, des Ringens um die Gestalt des Tieres und seine typischen Haltungen – jedenfalls ein Formulieren, das in den überwiegenden Fällen schon ganz ausgerichtet war auf die folgende Bildkomposition. Das ging soweit, daß er – wie Lankheit von den späten Zeichnungen im Krieg berichtet – sogar Angaben auf die zukünftige Gestaltung hin machte: »viel Hellgrün mit roten Spitzen«.[25] Nicht der tastende Strich, der zerlegt und gleichzeitig umkreist, wie später bei Beuys, kennzeichnet Marcs Zeichnungen, sondern der Versuch, Tiere gleichsam wie eine Person zu behandeln, ihre Eigenart und ihr Wesen – das ist ein zentraler Begriff bei Marc – aus dem Körper heraus zu entwickeln, offenzulegen. Marc versteht seine Tiere als lebendigen Bestandteil einer lebendigen Landschaft, so daß alles eins in ihr sei. Dieses Verständnis treibt er bildlich schließlich soweit voran, daß Landschaft sich aus dem Körper der Tiere erst zu entfalten scheint: aus Volumen entsteht Raum, das Eingeschlossene wird gleichzeitig zum Umschließenden.

»Meine Ziele«, so Marc über seine Arbeit, »liegen nicht in der Linie besonderer Tiermalerei. Ich suche einen guten, reinen und lichten Stil, in dem wenigstens ein Teil dessen, was wir moderne Maler zu sagen haben werden, restlos aufgehen kann. Ich suche mein Empfinden für den organischen Rhythmus aller Dinge zu steigern.«[26] Und an anderer Stelle, was vortrefflich seine Intention kennzeichnet: »Gibt es für den Künstler eine geheimnisvollere Idee als die Vorstellung, wie sich wohl die Natur in dem Auge eines Tieres widerspiegelt [...]. Ich

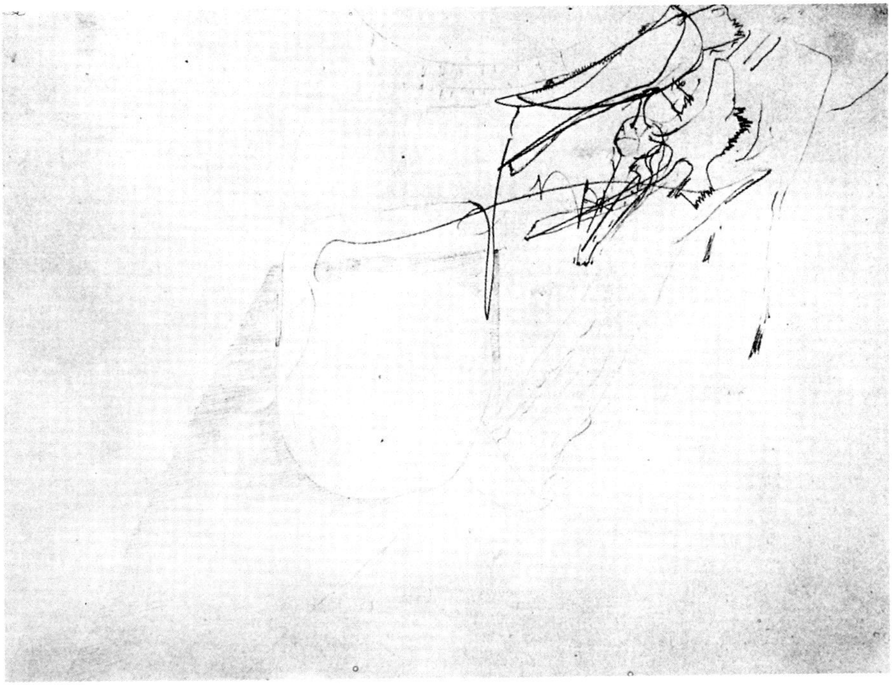

Abb. 6 Joseph Beuys, Hirsch und Mond, 1954. Bleistift, 21 × 29,5 cm

kann ein Bild malen: Das Reh. Pisanello hat solche gemalt. Ich kann aber auch ein Bild malen: ›das Reh fühlt‹. Wie unendlich feinere Sinne muß ein Maler haben, das zu malen.«[27] Hier wird die Personalisierung deutlich, die im Konzept Marcscher Tiermalerei steckt und die auch erklärt, warum in der Zeichnung als Entwurf wie im späteren Bild immer wieder die Vorbilder menschlicher Gruppierungen aus dem 19. Jahrhundert auftauchen.[28]

Das Tier ist für Marc das Symbol des noch Reinen, des Unverdorbenen, von keiner Zivilisation geschädigt. So notiert er: »Ich empfand schon sehr früh den Menschen als ›häßlich‹; das Tier schien mir schöner, reiner.«[29] Es wird zum Inbild der Utopie einer Überwindung der Zivilisation. Marcs Zeichnungen – und auch Bilder – greifen nicht zurück, durchforschen nicht die Zonen des Todes, sondern sind Darstellungen einer neuen Beseeltheit – eine Form auch von pantheistischem Sehen und Denken. So sind die Linien seiner Zeichnungen wie zur idealen Lebensform materialisierte Kraftlinien. Daß Marc schließlich in der Unbedingtheit seiner Suche nach dem rein Geistigen sich auch mit diesen Formulierungen nicht mehr zufrieden gab, sei hier nicht unterschlagen. Die Bemerkung vom schöneren Tier hat nämlich eine Fortsetzung: »aber auch an ihm entdeckte ich so viel Gefühlswidriges und Häßliches, so daß meine Darstellungen instinktiv, aus einem inneren Zwang heraus immer schematischer, abstrakter wurden, Bäume, Blumen, Erde, alles zeigte mir mit jedem Jahr mehr häßliche, gefühlswidrige Seiten, bis mir plötzlich die Häßlichkeit der Natur, ihre Unreinheit voll zum Bewußtsein kam.« Der Weg zur Abstraktion war schon weit beschritten, als er im Ersten Weltkrieg ein jähes Ende fand.

Das Thema Tier, vor allem Elch, Hirsch, auch Ziege und Biene, hat Joseph Beuys insbesondere von den vierziger bis zu den frühen sechziger Jahren in seinen Zeichnungen immer wieder umkreist, geistig angeregt auch durch seinen Lehrer Mataré, der sich ja zeitlebens mit der Tierskulptur beschäftigt hat. Mataré mag in gewisser Hinsicht auch eine Brücke zu Franz Marc sein, doch die Erfahrungen des jungen Beuys im Zweiten Weltkrieg und anschließend ließen um die Mitte des Jahrhunderts den Optimismus von Marc nur noch als Zeugnis einer unwiederholbaren Menschheitsdämmerung erscheinen. Während Marc in seinen Zeichnungen durch die feste Linie, im dominierenden Volumen sowie in den Bewegungen von Tier- und Landschaftsformen dem Leben seine ungebrochene Vision vorhält, kreisen die Formulierungen von Beuys eher um den Tod, um die gestorbene, erledigte, vom Menschen gejagte Kreatur.

Beuys geht es nicht darum, Bilder gleichsam als Vor-Bilder zu entwerfen, sondern eher, sie vor der Verflüchtigung zu bewahren, sie festzuhalten wie Erinnerungen an einstmals Intaktes, von dem jetzt nur noch – vielfach kaum mehr wahrnehmbare, geschweige denn benennbare – Spuren übrigbleiben. Seltsam brüchig sind oft die Linien, mit »Verlagerung der Motive aus den Bildzentren«[30], wie Armin Zweite in einem ausführlichen, einfühlsamen Text zur Beuys-Ausstellung im Lenbachhaus 1981 feststellte. Ein gegenseitiges Durchdringen von freiem Linéament mit realistischen Details, Durchsicht durch eine Oberfläche bis auf die Skelette wie freie Umschreibungen versteinerter Abdrücke – und eben mit allen diesen Assoziationen wohl auch ausdrücklich ausgestattet. Ferne Anklänge an Marcs Tierschicksale sind auch nach Ansicht von Zweite nicht zu leugnen, doch weisen die Formulierungen in unterschiedliche Richtungen.

»Ein breit gefächertes Instrumentarium formaler Mittel«, so noch einmal Zweite, »überspielt dabei immer wieder diejenigen Elemente der Darstellung, die Gegenständliches bezeichnen. Die Skala reicht dabei vom undeutbaren Gekritzel bis zum realistischen Detail, wobei alles ineinander zu fließen scheint.«[31]

Das Thema Hirsch spielt z. B. für Beuys eine gewichtige Rolle, schafft Erinnerungen an christliche wie heidnische Mythen, ohne diese allerdings überzubetonen. Während es Marc bei der Zeichnung solcher Tiere noch zum Symbol, zum positiven Ausdruck einer neuen Bild- und Lebensdimension drängte, bewegt sich Beuys zeichnend in jenen unteren Regionen des Todes, von denen Kafkas Jäger Gracchus spricht. Es geht nicht einseitig um Tod, sondern um die Erinnerung an Leben und – bezogen auf die Mythen – auch um Erinnerung an ehemals wirksame Kräfte, die in Zukunft neu zu gewinnen wären.

»Der tote Hirsch«, sagt Beuys, »ist das Ergebnis von Schändung, Mißverkennen, einfach aufgrund der Bewegung mit dem Geist unterliegt der Hirsch scheinbar. Weil er erst mal tot ist. Aber dadurch entsteht er natürlich gerade bei mir.«[32] In archetypischen Bildern, die bis in die Formulierung hinein Verblassendes mit dem zögerlichen Entstehenden neuer Bewegungen zusammenbringen, werden nicht Versprechen mitgeteilt, sondern Mutmaßungen, daß die Urbilder auch Widerschein einer neuen Zukunft sein könnten: Tod als Keimzelle des Lebens, die Suche nach Erfahrung von Natur, nicht deren Idealisierung.

Marc und Beuys stehen in einer geistesgeschichtlichen, nicht aber in einer geradlinigen (kunst-)geschichtlichen Kontinuität. Das schafft Verwandtschaften in der Formulierung der Positionen, des Verständnisses von Kunst und der Berufung auf ein gemeinsames Erbe, aber der historische Abstand zwischen beiden verlangt auch die Formulierung unterschiedlicher Erfahrungen, die völlig verschiedene Ausdeutung ähnlicher Sujets – bei Marc als utopischer Entwurf eines unbeschädigten Lebens, bei Beuys als Festhalten des schon fast Vergessenen, damit sich daraus wieder neue Bilder verfestigen mögen.

Siegfried Salzmann

Gedanken in Tirgu-Jiu

Dem Freund und Kollegen Jens Christian Jensen, dessen außerordentliche Leistungen als Museumsmann und abgewogenes Understatement-Urteil in Sachen Kunst und Künstler zu Recht hoch geschätzt sind, möchte ich einen Erlebnisbericht widmen. Er entspricht also nicht einem wissenschaftlichen Beitrag zur Kunstgeschichte, den man für eine Festgabe dieser Art erwartet, sondern entstammt dem uns gemeinsamen Milieu des Ausstellungsmachens.

Im Frühjahr 1976 erhielt ich einen Eilauftrag aus der Kulturabteilung des Auswärtigen Amtes, eine Ausstellung deutscher Plastik von der Jahrhundertwende bis zur Hitlerschen Machtergreifung im Jahre 1933 im Muzeul de artă al Republicii Socialiste România in Bukarest zu organisieren. Der deutsche Botschafter Erwin Wickert, selbst von Haus aus Kunsthistoriker und mit einer Dissertation über den Bildhauer August Gaul promoviert, half zusammen mit seinem Kulturattaché Dr. Lang, das Vorhaben zu verwirklichen, das mit komplizierten Auflagen aus dem politischen Raum belastet war. Da im Duisburger Lehmbruck-Museum gerade die Vorbereitungen für eine große Ausstellung zum 100. Geburtstag des rumänischen Künstlers Constantin Brancusi auf Hochtouren liefen, konnten die Vorbesprechungen koordiniert und vor Ort geführt werden.

In der kleinen walacheiischen Landstadt Tirgu-Jiu am Fuße der Karpaten, unweit des Geburtsortes des Künstlers Hobiţa (Pestosani Gorj), erlebte ich das skulpturale Ensemble in seiner überwältigenden Großartigkeit (Abb. 1). Es entstand als Denkmal für die Gefallenen des Ersten Weltkrieges in den Jahren zwischen 1935 und 1938. Der materielle und finanzielle Aufwand für das Projekt wurde fast ausschließlich von örtlichen Frauenverbänden und dem Künstler selbst getragen, der nicht zuletzt aus Liebe zu seiner Heimat erhebliche Opfer brachte.

Die einzigartigen Werke, die jeder europäischen Hauptstadt zur Ehre gereichen würden, vereint eine Achse von über einem Kilometer Länge. Sie geht im Westen vom Ufer des Flusses Jiu aus, zieht sich nach Osten durch einen Park hin zum oberen Teil des Städtchens. In ihr finden sich die vier plastischen und architektonischen Monumente: der *Tisch des Schweigens*, das *Tor des Kusses*, die Kirche St. Aposteln und die *Endlose Säule*. Überhöht, nahe der Uferböschung des Flusses Jiu, steht in einer Wegeskreuzung der *Tisch des Schweigens;* zwölf steinerne Hocker aus übereinandergesetzten Halbkugeln um einen mühlsteinartigen Tisch aus gelbgrauem Kalkstein. Beim Aufmessen fiel mir der unverhältnismäßige Abstand zwischen den Sitzen und dem Tischrand auf. Brancusi sprach, wie sein Freund Grigorescu-Gorjan mir berichtete, vom »Tisch der Hungrigen«. Der Bildhauer dachte dabei an die von der Feldarbeit heimkehrenden Bauern, die trotz ihres Hungers ihre Mahlzeit

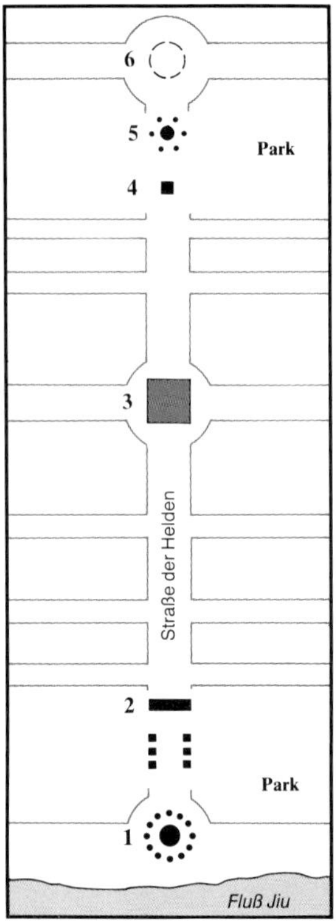

Abb. 1 *Plan des skulpturalen Ensembles von Constantin Brancusi in Tirgu-Jiu, 1935–38. 1 Tisch des Schweigens, 2 Tor des Kusses, 3 Kirche St. Aposteln, 4 Endlose Säule, 5 geplant: Tisch der Zeremonien, 6 Monument*

Abb. 2 *(rechts) Paul Klee, Hauptweg und Nebenwege, 1929, Öl/Leinwand, 83 × 67 cm. Museum Ludwig, Köln*

nicht ohne die vorangehende Zeremonie eines Tischgebets einnahmen – deshalb also die gleichsam feierliche Distanz zwischen Sitzen und Tisch.

Am Eingang des Parks folgt dann das wuchtige *Tor des Kusses* aus porösem grauen Travertin. Geht man weiter nach Osten, stößt man inmitten einer kreisförmigen Platzanlage auf die Kirche St. Aposteln (1927–1937). Man setzt den Weg auf der ›Straße der Helden‹ fort, überquert eine Eisenbahnlinie, gelangt über leicht ansteigendes Gelände zu einem Hügel, aus dem die berühmte *Endlose Säule* in den Himmel ragt. Sie ist – technisch ein kühnes Unterfangen – aus eisernen und ursprünglich gelb metallisierten Stahlrhomben zusammengefügt. Der Eindruck des unaufhaltsamen Emporstrebens und eines dynamischen Rotierens über und in der Landschaft ist hinreißend! – zumal am Boden in der Nähe Relikte von zwei weiteren Projekten liegen: ein *Tisch der Zeremonien* mit sechs Steinhockern und Reste eines anderen Monuments.

Nach nächtlicher Ankunft in der Landschaft am Fuße der Karpaten war ich, zum Erschrecken des Dolmetschers, morgens gegen sechs Uhr allein aus dem Hotel gegangen und hatte mir das Ensemble erwandert. Beim Zeichnen des Plans (Abb. 1) wurde mir klar, daß es Brancusi nicht nur um eine Hauptachse ging, sondern ebenso um die Querachsen. Er hatte von vornherein die Stadt und die Landschaft in die künstlerische Gesamtgestaltung mit einbezogen. Plötzlich fiel mir jenes Gemälde von Paul Klee ein, das den Titel *Hauptweg und Nebenwege* trägt, 1929 entstanden ist (Abb. 2), und von Kolberg so interpretiert wurde: »Über die wiedergegebenen Eindrücke von ägyptischer Landschaft und Atmosphäre hinaus, scheint in diesem Bild auch die gleichnishafte Bedeutungsfülle von Straßen versinnbildlicht, Straßen und Wege, die die hierarchische Ordnung des menschlichen sozialen Lebens, aber auch seine Geheimnisse, Eigenheiten, Irrungen und Verwirrungen symbolisieren.« In diesem Moment wurde der Schattenriß der Säule, der sich im aufgehenden Licht der Morgensonne präzisierte (Abb. 3), auf den Hauptweg projiziert und machte die Analogie noch augenscheinlicher. Ich empfand die verborgene Gemeinsamkeit und sah schlagartig die Parallelen: das nach allen Seiten Offensein, vor allem der Konstruktionen in ihren vertikalen und horizontalen Bezügen. Daß die Säule quasi unendlich fortgesetzt vorgestellt ist, entspricht der Achse des Hauptweges. Die Faßbarkeit einer festgelegten Strecke ist in beiden Fällen quasi aus einer Weltraumperspektive und damit in ihrem universellen Zusammenhang begriffen. Brancusis Ensemble ist allseitig und infinit angelegt, widerspricht damit der abendländischen Tradition solcher städtebaulichen Anlagen, die bewußt in sich abgegrenzt bleiben. Wie der Hauptweg bei Klee wirkt die Säule als zentrierendes und orientierendes Zeichen nach und in allen Richtungen; sozusagen der umgekehrte *Erdkilometer* von Walther de Maria. Beide, Brancusi wie Klee, bedienen sich linearer Strukturen, die mit ihren parallelen Verläufen aufs Unendliche verweisen. Daß sich beide, der Maler wie der Bildhauer, mit östlichen Kulturen auseinandergesetzt haben, Klee mit der ägyptischen, Brancusi mit der indischen, ist in diesem Zusammenhang nicht ohne Bedeutung. Dennoch lassen sich ihre genialen Schöpfungen nicht allein aus dem östlichen Wurzelgrund oder etwa aus Überlieferungen der rumänischen Volkskunst ableiten und ›erklären‹. Die außerordentliche Vielschichtigkeit des künstlerischen und historischen backgrounds deutet eher an, welche universellen Geister hier am Werke waren. Brancusi und Klee haben eine anonyme bildnerische Sprache für umfassende Aussagen gefunden, die tradierte nationale und kulturelle Normen und Grenzen sprengt. Sie verbindet über den ganzen Erdkreis, wirkt verbindlich, weil sie – jenseits von Schranken – menschlich im weitesten Sinne des Wortes ist.

So stellte Brancusi am Vorabend der Terrorherrschaft des Faschismus über Europa der engstirnigen nationalen und ideologischen Kunstmachtpolitik mit ihren restaurativen pathetischen Denkmälern sein Friedens-Mahnmal gegenüber. In ihm lebte und lebt der Geist eines sich opfernden und geopferten Menschentums, es beschwor brüderliche Gemeinsamkeit und friedvolles Miteinander. Trotzdem oder gerade deshalb provozierte dieses Frie-

Abb. 3 Schatten der ›Endlosen Säule‹ von Constantin Brancusi in Tirgu-Jiu

densmonument später Aggressionen und Attacken: sei es, daß deutschen Soldaten im Zweiten Weltkrieg die Säule als Zielscheibe diente oder danach die Russen mit Traktoren und Seilen versuchten, diese umzulegen und sie bei dieser Gelegenheit um fünf Grad aus der Achse verschoben – ein bis heute irreparabel gebliebener Eingriff. Auch Amerikaner wollten sich an der Säule vergreifen und sie für den Gegenwert von einer Million Dollar in die Vereinigten Staaten transferieren. Nicht zu vergessen, daß das kommunistische Regime Rumäniens Jahrzehnte brauchte, bis es sich, dann allerdings zu ›seinem‹ Brancusi bekannte. Ebenso tragisch wie zeittypisch ist es, daß das urbane Ensemble nicht in einer europäischen Hauptstadt aufgerichtet wurde, sondern abseits, am Rande des Kontinents auf halbem Wege nach Asien. Wenn der finnische Architekt Alvar Aalto Brancusis Kunst »als im Schnittpunkt zwischen westlicher und östlicher Kultur liegend« charakterisierte, so gilt dies im besonderen Maße für die Werke in Tirgu-Jiu.

Der rumänische Bildhauer hat von seiner *Endlosen Säule* geschrieben, daß sie wie ein immerwährendes Lied ist, das uns in die Unendlichkeit jenseits von allem Schmerz und gekünstelter Freude führt. Klees schöpferisches Gleichnis ist »der nicht nur imaginierte, sondern auch exakt geplante Entwurf einer möglichen Welt außerhalb der unseren.« Beide, Brancusi wie Klee, näherten sich, um mit Carola Giedion-Welcker zu sprechen, jenen »Träumen und Mythen der Menschheitsgeschichte, die den Menschen immer wieder seine irdische Schwerkraft überwinden lassen und ihm eine überirdische Schwebekraft verleihen.« Einen Abglanz davon habe ich damals in Tirgu-Jiu erlebt.

Ulrich Schulte-Wülwer

Niko Wöhlk als ›entarteter Künstler‹

Vor 50 Jahren, am 14. Juli und am 16. August 1937, fanden im Rahmen der Aktion ›Entartete Kunst‹ in der Kieler Kunsthalle zwei Beschlagnahmungen statt. Besonders hart betroffen waren die Künstler Christian Rohlfs, Ernst Barlach und Emil Nolde. Ihnen folgte ein Maler, dessen Name heute in Schleswig-Holstein weitgehend vergessen ist und außerhalb der Landesgrenzen völlig unbekannt sein dürfte: Niko Wöhlk stammte wie Emil Nolde aus dem deutsch-dänischen Grenzland; er ist, soweit ich sehe, neben seinem Freund Hans Holtorf der einzige schleswig-holsteinische Maler, der sich in den zwanziger Jahren künstlerisch mit Emil Nolde auseinandersetzte, wobei er angesichts begrenzter künstlerischer Mittel nur selten über reines Epigonentum hinauskam.

Leben und Werk von Niko Wöhlk wurden aus Anlaß seines 100. Geburtstages in zwei Ausstellungen ausführlich gewürdigt[1], es soll daher an dieser Stelle nur auf sein Verhältnis zu Emil Nolde und auf die Ereignisse des Jahres 1937 näher eingegangen werden.

Niko Wöhlk wurde am 2. Mai 1887 in Schleswig als Sohn eines Bäckermeisters geboren. Von 1905 bis 1908 besuchte er die Kunstgewerbeschule in Hamburg, 1910 arbeitete er in München, 1911 besuchte er in Hamburg die Schule des Landschaftsmalers und Graphikers Arthur Siebelist. Seit 1913 war er in seiner Heimat ansässig, zunächst südlich der Grenze in der Landschaft Angeln, ab 1920 nördlich der Grenze an der Apenrader Förde. 1916 machte er die Bekanntschaft von Hans Holtorf, der Anfang der zwanziger Jahre mit dem ›Maskenwagen der Holtorf-Truppe‹ in die Theatergeschichte eingegangen ist. Holtorf, der damals noch Gymnasiast war, brachte seinem zwölf Jahre älteren Freund die Ideale des Wandervogels nahe: »Bald stand sein eigenes Dasein, das ohne Ehe blieb, ganz im Zeichen jener an Ursprünglichkeit und Natürlichkeit orientierten Lebensform, und auch sein künstlerisches Werk ist ohne Eingehen auf diese Ideale kaum verständlich«, schreibt Ernst Schlee.[2] Wie die meisten Künstler, die der Jugendbewegung nahe standen, fühlten sich auch Holtorf und Wöhlk zum Expressionismus hingezogen. Zunächst waren es Werke von Marc, Pechstein und Heckel, die als Vorbilder dienten. Letzterer arbeitete seit 1913 jeden Sommer in Osterholz an der Flensburger Förde, in deren Nähe sich auch Wöhlk und Holtorf in den Jahren um 1920 aufhielten.

1922 scheint es sogar einen persönlichen Kontakt zwischen Wöhlk und Heckel gegeben zu haben, denn Wöhlk schreibt in einem Brief an Holtorf: »Am Nachmittag stoße ich mit Heckel zusammen bei Mutter Christiansen«[3]; damit war ein Kramladen in Langballig an der Flensburger Förde gemeint, wo die Künstler auch Farben einkaufen konnten. Doch zu diesem Zeitpunkt war bereits Emil Nolde das erklärte und verklärte Vorbild, dem Wöhlk wie einem Phantom hinterherlief.

Abb. 1 Niko Wöhlk, Chinesisches Boot, 1923. Aquarell. Städtisches Museum Flensburg

Der Einfluß von Nolde war so stark, daß einige Jahre später auch Hans Holtorf von dem Sog mitgerissen wurde: »Unser beider damaliges Verhältnis zur modernen Kunst ließ sich mit einem Acker vergleichen, der soweit vorbereitet war, daß nur noch der Sämann kommen brauchte. Dieser Sämann wurde Nolde«, schrieb Holtorf in seinen Lebenserinnerungen.[4] Wo Wöhlk auch nur von einem Nolde in Privatbesitz erfuhr, suchte er um Erlaubnis nach, ihn betrachten zu dürfen. Nichts wünschte Wöhlk sich sehnlicher als eine persönliche Begegnung mit seinem 20 Jahre älteren Landsmann, doch wer sich Noldes schroffe Zurückhaltung anderen Künstlern gegenüber und seine Scheu vor ihm unbekannten Personen bewußt macht, weiß, daß er kaum geneigt gewesen sein kann, Wöhlk kennenzulernen, als dieser sich 1922 bei ihm in Berlin anmeldete. In Wöhlks Briefen schlägt sich das folgendermaßen nieder: »Zu Nolde gehe ich auch, hab mir [sic.] vorgenommen«, und dann, sieben Wochen später: »[...] aber Berlin ist doch sehr beschissen. Nolde schrieb mir ab.«[5]

Wöhlk suchte daraufhin auf andere Weise Annäherung an sein Vorbild. Nolde war 1913 auf der Suche nach dem Ursprünglichen und Urmenschlichen in das Inselreich der Südsee

Abb. 2 Niko Wöhlk, Segelboot, 1923. Aquarell. Städtisches Museum Flensburg

gefahren. Wöhlk verfolgte seit 1920 ähnliche Reisepläne, die 1922 konkrete Formen annahmen. Auf dem Frachtdampfer einer Apenrader Reederei fuhr er in die Biskaya, dann über Algier, Alexandria und Aden bis nach Indien. Die Aquarelle, die auf dieser Reise entstanden, belegen, daß Wöhlk es sich nicht nur angewöhnt hatte, seine Umgebung unter dem Blickwinkel Noldes zu betrachten, sondern daß dies auch in der von Nolde entwickelten Technik der Aquarellmalerei geschah (Abb. 1, 2). Man würde Wöhlk jedoch unrecht tun, wenn man ihn ausschließlich als Epigonen abstempelt; Wöhlk fühlte sich mit Nolde nicht nur stammesverwandt, sondern auch wesensmäßig verbunden; er glaubte, in der Phantasiewelt Noldes Verwandtes zu spüren.[6] Wie Nolde hatte auch Wöhlk Halluzinationen sowie Traumbilder, und für vergleichbare Naturerlebnisse fanden sie nicht nur ähnliche Bildformulierungen, sondern auch beinahe gleichlautende Beschreibungen. Nolde erinnert sich an einen Seesturm an Bord eines Schiffes mit folgenden Worten: »Ich stand, krampfhaft am Geländer der Treppe mich festhaltend, schauend und staunend, mit dem Schiff und den Wellen auf und nieder schwankend. Dieser Tag ist mir in einer so starken Erinnerung geblieben, daß jahrelang nachher ich danach meine Meerbilder malte, die Bilder mit wogenden, wilden, grünen Wellen und an der oberen Kante nur ein klein wenig gelben Himmel.«[7]

Und bei Wöhlk heißt es: »Schändliche Türme und tiefe Gruben ließen das Schiff krachen und schreien [...], erst nachträglich genieße ich die Schönheit dieser elementaren Wasserberge. Dunkelblau bald grün und schwarz, [...] und im Vordergrund ein breites Geisterweiß. Am Himmel breites schwarzes Geschiebe und nur überm Horizont ein blasses Gelb [...].«[8]

1924 stellte Wöhlk in Apenrade ein Gemälde *Indisches Boot* aus, das auf Reiseerinnerungen zurückging; es zeigte mehrere dunkelhäutige Gestalten in einem Boot, darunter eine mit ausholender Bewegung rudernde, die als Silhouette vor einer grünlichen Meeresfläche erscheint. Das Bild wurde 1926 von der Kieler Kunsthalle angekauft, ebenso eines der 1928/29 entstandenen Blumenbilder, die ein weiteres Mal den starken Einfluß Noldes zu erkennen geben.

Bei einem Aufenthalt in Berlin trug Wöhlk sich erneut mit dem Gedanken, Nolde zu besuchen. Im Dezember 1928 schreibt er in einem seiner Briefe: »bisher noch gesträubt, zu Nolde zu gehen.« Das ist sicher euphemistisch; er hat es nicht gewagt, das Gefühl der Unterlegenheit war offenbar zu groß. Immerhin muß Wöhlk die Aufmerksamkeit Noldes auf sich gezogen haben: im August 1930 besuchte ihn eine Freundin Ada Noldes aus Berlin, und von ihr erfuhr er, was ihn brennend interessierte: »Nolde wohnt jetzt Westend, Neubau mit Riesenatelier, Scheinwerfer usw., sehr raffiniert.«[9] 1934 hoffte Wöhlk, gemeinsam mit Nolde in Meldorf ausstellen zu können; er wollte ihm schreiben, schob es mehrfach auf, um es dann doch zu lassen. Noldes abweisende Art dem Kreis um Wöhlk gegenüber, aber auch seine ungebrochen positive Einstellung zum geistigen Klima in Deutschland spricht aus einem Brief, den er am 12. Mai 1937, zwei Monate vor den ersten Beschlagnahmeaktionen in deutschen Museen, an einen jugendlichen Freund Niko Wöhlks richtete, der als Wandervogel und Gymnasiast Künstler werden wollte und Nolde nach Wegen zu diesem Ziel gefragt hatte:

»Emil Nolde, Berlin-Charlottenburg, Bayernallee 10
12. 5. 1937
Herr Hans Jessen.

Ihr Brief v. 27. 2. blieb bis jetzt unbeantwortet liegen, es richten sich leider so viele Anforderungen an mich, daß ich sie kaum erledigen kann. Aber auch kann ich Ihnen nicht viel Wesentliches sagen, von Akademie, Kosten, Stipendien u. s. w., weil ich weiß nichts davon u. kenne die Wege nicht. In der Gegenwart jedoch, jedenfalls in Deutschland, muß es herrlich sein jung zu sein, weitschauende Ideen tragen die Jugend hoch u. alles, was wir, als ich jung war, selbst erringen mußten, fällt heute fast unbehindert der Jugend zu. Wenn Sie sich im Lager der Jugend erkundigen, wird Ihnen sicherlich alles viel besser gesagt, als ich es kann oder könnte.

Mit freundlichem Gruß Emil Nolde«[10]

Wöhlk behielt das Interesse an Nolde bis zu seinem Lebensende bei. In den für einen Deutschen in Dänemark sehr schweren Nachkriegsjahren schrieb Wöhlk 1948: »Von Nolde möchte ich wieder hören, ich hab an mir jetzt auch seine Elendsjahre recht kennen gelernt.«[11] Doch auch in diesen späten Jahren kam eine persönliche Begegnung nie zustande, aber 1951 fuhr der hochbetagte Nolde nach Flensburg, um sich im dortigen Museum die große Ausstellung anzusehen, die hier nach dem Tode Wöhlks in Erinnerung an ihn gezeigt wurde.

Auf dieser Nachlaßausstellung überwogen Bilder aus den späteren Schaffensjahren von Niko Wöhlk, der sich in den dreißiger Jahren vom Expressionismus gelöst und zu einem neoromantischen Stimmungsmaler gewandelt hatte. Ausschlaggebend hierfür war wahrscheinlich das Verhalten seines Freundes Hans Holtorf, der »Nolde ebenfalls zum Gott erhoben« hatte, sich aber 1930 von seinem übermächtigen Vorbild zu lösen begann, weil er sich hiervon verführt und in einen »bedenklichen Zeitgeist« verstrickt sah.[12] Mit Entschiedenheit distanzierte er sich später von der »wilden Zeit« – und mit ihm sein Freund Niko Wöhlk. Für diesen Schritt darf man beiden wohl kaum opportunistische Absichten nachsagen, sie fühlten sich vielmehr von ihrem Vorbild Nolde erdrückt, den sie als Menschen weiterhin verehrten.

Ernst Schlee hat darauf hingewiesen, daß sich auf dem Gebiet der bildenden Kunst der Prozeß der Gleichschaltung in Schleswig-Holstein langsamer vollzog als im übrigen Reich: »Die kunstfeindlichen Tendenzen, die 1937 zum Durchbruch kamen, hatten in dieser Sphäre der Provinz 1935 noch keine Wirkung.«[13] Es scheint hier und da sogar noch bis 1937 Unsicherheit darüber geherrscht zu haben, welche die offizielle Kunstrichtung des Nationalsozialismus werden würde. Unmittelbar nach der Machtergreifung hatte es nämlich den Versuch einiger Intellektueller und Künstler gegeben, den Expressionismus in die offizielle Kunstpolitik des Nationalsozialismus einzubeziehen. Obwohl sich das Scheitern dieser Bemühungen sehr früh abzeichnete, glaubten nicht wenige, selbst nach den ersten Aktionen des Bildersturms und Entlassungen von Direktoren und Professoren, sich mit dem Nationalsozialismus arrangieren zu können. Unter dem Hissen der Hakenkreuzfahne hoffte man, die moderne Kunst mit in das Dritte Reich hinüberretten zu können.[14] Für diejenigen, die immer noch an eine Trennung von Kunst und Politik glaubten, fegten die Nationalsozialisten erst im Jahre 1937 mit der ›Großen deutschen Kunstausstellung‹ und der gleichzeitigen Ausstellung ›Entartete Kunst‹ die letzten Hoffnungen hinweg.

Als Adolf Ziegler für die ›Große Deutsche Kunstausstellung‹ des Jahres 1937 »alle deutschstämmigen im Reiche oder im Ausland lebenden Künstler« aufrief, »ihre Werke zur Durchsicht nach München zu schicken«[15], fühlte sich auch Niko Wöhlk angesprochen. Ermutigt wurde er hierzu von seinem langjährigen Gönner Ernst Schröder, einem der führenden Grenzlandpolitiker des Landesteils Schleswig, der als politischer Journalist von 1918 bis 1920 am Abstimmungskampf mitgewirkt hatte und nun Hauptschriftleiter der Zeitung ›Der Schleswig-Holsteiner‹ war.

Niko Wöhlk bewarb sich mit mehreren Bildern: Eines läßt sich mit Sicherheit identifizieren, da der originale Einlieferungsschein erhalten ist[16]; es handelt sich um das Gemälde

Abb. 3 *Niko Wöhlk, Kornfeld, 1934. Öl auf Leinwand. Privatbesitz Flensburg*

Kornfeld von 1934 (Abb. 3), als dessen Eigentümer Ernst Schröder angegeben wurde. Im Besitz der Familie Schröder befindet sich ein zweites Bild, ein Blumenstück (Abb. 4), von dem es in der Familienüberlieferung heißt, daß es 1937 in München ausgestellt war, allerdings nicht auf der ›Großen Deutschen Kunstausstellung‹, sondern auf der Parallelausstellung ›Entartete Kunst‹.

Es ist denkbar, daß Wöhlk aus einem Gefühl der Unsicherheit heraus zwei so gegensätzliche Werke wie das expressionistische Blumenbild und die vergleichsweise gemäßigte Landschaft nach München schickte. Tatsächlich gibt es Anhaltspunkte, daß sich die Auswahlkommission über ihre Richtlinien nicht recht einig war.

Am 5. Juni besichtigten Hitler und Goebbels zusammen mit der Jury die Auswahl. Goebbels notierte an diesem Tag in sein Tagebuch: »Wir schauen uns die Auslese der Jury an. Bei der Plastik geht es ja noch, aber bei der Malerei ist es z. T. direkt katastrophal. Man hat hier Stücke aufgehängt, die einem direkt das Grausen beibringen [...]. Der Führer tobt vor Wut.«[17] Hitler griff daraufhin brachial in die jurierte Ausstellung ein. Ein Jahr später erklärte er rückblickend: »Bei unzähligen Bildern war es ersichtlich, daß vom Einsender die beiden Ausstellungen [gemeint sind die ›Entartete‹ und die gleichzeitige ›Deutsche‹] verwechselt worden waren.«[18]

Abb. 4 Niko Wöhlk, Blumen, 1929. Öl auf Leinwand. Privatbesitz Hamburg

Was geschah nun mit dem oder den Bildern Niko Wöhlks? In der ›Großen Deutschen Kunstausstellung‹ fand kein Bild von Niko Wöhlk Berücksichtigung, statt dessen sah Wöhlk zu seinem Entsetzen sein Blumenbild in der Ausstellung ›Entartete Kunst‹. Einer seiner Freunde aus der Wandervogelzeit schreibt dazu aus der Erinnerung:

»Das Jahr 1937 war zum ›Jahr der Deutschen Kunst‹ ernannt worden. Aus diesem Anlaß war unter großem Aufwand in München das sogenannte ›Haus der Deutschen Kunst‹ gebaut worden. Die bildenden deutschen Künstler wurden damals aufgefordert, ihre Arbeiten zur Ausstellung nach München zu schicken. Auch Niko folgte der Aufforderung, einige seiner Malereien einzureichen, denn er war der Auffassung, daß gerade ein deutscher Auslandskünstler in die Ausstellung aufgenommen werden müßte.

Niko hatte durch Ernst Schröder im Sommer 1937 einen Zuschuß für unsere Alpenfahrt bekommen. Dieses verdankten wir der engen Freundschaft zwischen Niko und ihm.

Was lag nun näher, als diese Alpenfahrt 1937 mit den Eröffnungsfeierlichkeiten zum ›Jahr der Deutschen Kunst‹ in München zu verbinden! In München erlebten wir dann die ersten Tage zum ›Jahr der Deutschen Kunst‹. Wir erlebten den großen Umzug am Eröffnungstag, sahen die führenden Persönlichkeiten des Reiches und die großartigen Aufmärsche der Wehrmacht und der Parteiorganisation [. . .]. – Ja, wir wurden einfach von Jubel und von der

Begeisterung der Massen mitgerissen. – Am nächsten Tag waren wir dann auch zur Ausstellung im ›Haus der Deutschen Kunst‹. Ich erinnere sehr gut, daß Niko sehr still und in sich gekehrt war. Er wußte zu der Zeit bereits, daß seine Bilder nicht in der Ausstellung vertreten waren, aber er kannte den Grund dafür noch nicht.

Parallel zur Ausstellung im ›Haus der Deutschen Kunst‹ fand die Ausstellung der sogenannten ›Entarteten Kunst‹ statt. Durch wen oder wie Niko erfuhr, daß ein, wie er sagte, ›unschuldiges Blumenbild‹ der zwanziger Jahre von ihm in die ›Entartete Kunst‹ gelangt war, kann ich nicht sagen, aber durch dieses Blumenbild stand Niko auf der schwarzen Liste. – Niko fuhr daraufhin an einem Nachmittag allein in die Innenstadt Münchens, während wir Jungen das Technische Museum besichtigten. Später, während der nachfolgenden Alpenfahrt, erfuhren wir, daß Niko an jenem Nachmittag den damaligen Oberbürgermeister von Flensburg, Dr. Kracht, aufsuchte, der in den Tagen auch in München weilte, und den Niko persönlich gut kannte. Dr. Kracht hat sich für Niko eingesetzt und dafür gesorgt, daß das Blumenbild aus der ›Entarteten Kunst‹ entfernt wurde. (Damals sagte man hinter vorgehaltener Hand, daß in der Ausstellung ›Entartete Kunst‹ die eigentliche deutsche Kunst zu sehen sei!) Niko hat in den folgenden Jahren sehr unter diesem Ereignis gelitten, und unsere nachfolgende Alpenfahrt war dementsprechend von seiner depressiven Stimmung überschattet. Anhand meines Fahrtentagebuches kann ich die damalige Alpenfahrt gut verfolgen. In einem abendlichen Gespräch während der Fahrt, ja es war eigentlich mehr ein Selbstgespräch Nikos, ließ er seiner Bitterkeit freien Lauf. Er wiederholte, was der Propagandaminister in einer großen Einweihungsrede u. a. gesagt hatte: ›[...] denn Kunst kommt von Können!‹ [...] und fügte dann hinzu: ›[...] aber diese Leute können ja nichts!‹«[19]

Es ist zunächst davon auszugehen, daß Wöhlk dieses Blumenbild zur ›Großen Deutschen Kunstausstellung‹ eingereicht hat, von wo es dann an die Ausstellung ›Entartete Kunst‹ weitergegeben wurde. Wenn dies zutrifft, so wäre dies allerdings ein Einzelfall. Es ist daher zu fragen, ob das Bild auch auf andere Weise als durch persönliche Einlieferung nach München gelangt sein kann. Ist es, obwohl es keine Inventarnummer trägt, möglicherweise mit einem der in der Kieler Kunsthalle beschlagnahmten Bilder identisch?

Am 14. Juli 1937 erschien Dr. Walter Hansen aus Berlin, ein Mitarbeiter Zieglers und einer der intrigantesten Kunstspitzel der Nazizeit, in der Kieler Kunsthalle. Wie sich die Kieler Kunsthistorikerin Lilli Martius, die diese Aktion miterlebte, erinnert, verfügte er über eine unmittelbare Vollmacht vom Führer und eine Liste der für München vorgesehenen Kunstwerke.[20] Nachdem er sich Galerie, Depot und Kupferstichkabinett angesehen hatte, beschlagnahmte er 31 Aquarelle und Zeichnungen, vier Graphiken, zwölf Gemälde und eine Plastik. Niko Wöhlk war mit folgenden Arbeiten betroffen: *Indisches Flußboot* (1926, Öl), *Tigerlilien* (1929, Öl), sechs Aquarellen von der indischen Reise (1926) und einem Bilderbogen, bestehend aus 31 Aquarellen, die Wöhlk der Kunsthalle 1927 geschenkt hatte.[21]

Außerdem wurde in der Kunsthalle ein weiteres Gemälde Wöhlks mit dem Titel *Gladiolen* beschlagnahmt, das sich als Leihgabe des Oberpräsidiums in der Kunsthalle befand.[22] Dieses Bild könnte in der Tat mit dem in der Ausstellung ›Entartete Kunst‹ identisch sein, denn auf dem dort gezeigten Bild sind u. a. Gladiolen dargestellt. Auch stimmt die Größe überein, beide Bilder messen 65 × 70 cm mit Rahmen, doch muß man bedenken, daß dies wahrscheinlich das Maß aller in diesen Jahren entstandenen Blumenbilder Wöhlks ist.[23]

Leider geht aus den Unterlagen der Kieler Kunsthalle nicht hervor, ob das Bild *Gladiolen* von Hansen beschlagnahmt wurde oder von Ziegler, der am 16. August 1937 nach Kiel kam, um »eine Nachlese übergangener oder übersehener Werke entarteter Kunst zu halten«.[24] Es müßte jedoch von Hansen mitgenommen worden sein, denn die Ausstellung ›Entartete Kunst‹ wurde in München bereits am 19. Juli eröffnet; als Ziegler nach Kiel kam, lief die Ausstellung bereits sechs Wochen. Auch muß das Bild Wöhlks noch im Juli oder August aus der Ausstellung herausgenommen worden sein, denn ab etwa Ende August 1937 begann man, den Bildern in der Ausstellung Inventarnummern zu geben; der Name Wöhlk aber taucht in keinem der Verzeichnisse auf.[25]

Daß ein Bild aus der Ausstellung ›Entartete Kunst‹ wieder herausgenommen wurde, war kein Einzelfall. Bereits in den ersten Tagen der Ausstellung wurde *Der Turm der Blauen Pferde* von Franz Marc entfernt, »nachdem der Deutsche Offiziersbund eine Protestnote an die ›Reichskammer der bildenden Künste‹ gerichtet hatte, worin zum Ausdruck kam, daß ein um das Reich und Vaterland verdienter, mit dem EK 1 ausgezeichneter und im Ersten Weltkrieg vor Verdun gefallener Offizier nicht mit der Schande dieser Ausstellung in Verbindung gebracht werden könne.«[26] Zwei der Plastiken von Rudolf Belling, der *Dreiklang* und der *Kopf*, wurden aus der Ausstellung genommen, weil Bellings Bronze *Der Boxer Schmeling* zur gleichen Zeit auf der ›Großen Deutschen Kunstausstellung‹ zu sehen war. Dieses Nebeneinander hatte eine Flut von brieflichen Anfragen aus der Öffentlichkeit hervorgerufen.[27] Im Verlauf der Ausstellung wurden sogar einzelne Räume vorübergehend geschlossen, um Neuordnungen und Umhängungen vornehmen zu können. Ein Raum blieb spätestens von der zweiten Woche an für die allgemeinen Besucher geschlossen und wurde nur Journalisten und Personen mit Sondergenehmigung geöffnet.[28]

Trotz der Unsicherheit, die bei den Organisatoren der Ausstellung in Einzelfällen herrschte, ist der Einfluß, den Dr. Ernst Kracht in München hatte, bemerkenswert. Die Motive seines Eingreifens waren rein freundschaftlicher Art. Oberbürgermeister von Flensburg war er erst seit dem 26. März 1936, zuvor war er Landrat von Norder-Dithmarschen gewesen und seit dieser Zeit bestand zu Hans Holtorf und Niko Wöhlk ein freundschaftliches Verhältnis.[29] Wahrscheinlich bemühte sich Kracht ebenso erfolgreich auch um die Arbeit eines anderen schleswig-holsteinischen Künstlers, den er aus seiner Amtszeit als Landrat ebenfalls persönlich kannte[30]: Der seit 1930 mit seiner Familie in Heide lebende Maler Willi Graba hatte der Kieler Kunsthalle 1936 ein zwei Jahre zuvor entstandenes Aquarell *Bazar in Tetuan (Marokko)* geschenkt. Dieses Blatt war von Hansen bei seiner Aktion vom 14. Juli 1937 beschlagnahmt worden und hing nach Unterlagen der Kunsthalle Kiel vorübergehend in der Ausstellung ›Entartete Kunst‹.[31] Auch in diesem Fall scheint Kracht dafür gesorgt zu haben, daß das Bild aus der Ausstellung herausgenommen wurde.

Die Frage muß offen bleiben, ob Wöhlk das ›Blumenbild‹, das kurze Zeit auf der Ausstellung ›Entartete Kunst‹ hing, ursprünglich zur ›Großen Deutschen Kunstausstellung‹ eingereicht hat oder ob es identisch ist mit dem in der Kieler Kunsthalle beschlagnahmten Bild des Oberpräsidiums. In jedem Fall scheint Kracht das Bild mit nach Flensburg genommen und Ernst Schröder übergeben zu haben.

Durch die Ereignisse des Jahre 1937 fühlte sich nicht nur Niko Wöhlk verkannt, der Mitglied der NSDAP war und das »Musterbeispiel eines Mitläufers«[32] gewesen sein soll. Es ist bemerkenswert, schreibt Lilli Martius, daß die Beschlagnahme in der Kieler Kunsthalle vor Parteimitgliedern nicht Halt gemacht hat, »was auch für Nolde und einige andere Künstler zutrifft«.[33] Gerade bei den betroffenen jungen Künstlern stieß dies auf große Verständnislosigkeit. Alfred Mahlau war soeben Mitglied der Preußischen Akademie der Künste geworden. Von Else Wex-Cleemann wurde ein Gemälde beschlagnahmt, obwohl sie im Haus der Kunst mit dem Bildnis des SS-Standartenführers Hermann Behme vertreten war.[34] Hans Groß, der bereits im Jahre 1919 mit einer völkischen Rede an der Kunstschule in Weimar für Unruhe unter Studenten und Professoren gesorgt hatte und die Schule verlassen mußte[35], war 1933 mit einem ›Blut und Boden‹-Pamphlet *Wege zur nordischen Kunst* hervorgetreten. Doch sie alle nahmen die für sie unbegreiflichen Vorgänge zumindest nach außen schweigend hin, nur der wesentlich ältere Emil Nolde protestierte und forderte unter Hinweis auf seine langjährige Parteimitgliedschaft nach Ablauf der Wanderausstellung ›Entartete Kunst‹ seine beschlagnahmten Bilder zurück:

»Nolde an Goebbels 2. 7. 1938

Sehr geehrter Herr Minister.
Mit der Abtretung Nordschleswigs an Dänemark bin ich dänischer Staatsangehöriger geworden und zur dortigen deutschen Minderheit gehörend Mitglied der N.S.D.A.P.N. Ich bitte Sie ergebenst auf Grund des veröffentlichten Gesetzes die mir gehörenden Bilder zurückgeben zu wollen [. . .].

Als der Nationalsozialismus auch gegen mich und meine Kunst die Benennungen ›entartet‹ und ›dekadent‹ prägte, empfand ich dies sehr als Verkennung, denn es ist nicht so, meine Kunst ist deutsch, stark, herb und innig.

Nach der Abtretung Nordschleswigs wäre es mir leicht gewesen, ein gefeierter Künstler in aller Welt, auf Grund politischer Dinge, zu werden, wenn nicht ich meine Zugehörigkeit zum Deutschtum stets allem vorangestellt und bei jeder Gelegenheit im In- und Ausland ich kämpfend und bekennend für Partei und Staat eingetreten wäre, dabei trotz eigener Diffamierung oder vielleicht deshalb umsomehr, von der Weltbedeutung des Nationalsozialismus zu überzeugen vermochte. Ich darf gewiß hoffen, meine Anliegen bewilligt zu erhalten.
Heil Hitler
gez. Emil Nolde«[36]

Tatsächlich gehörte Noldes neunteiliges Altarwerk *Das Leben Christi,* um dessen Rückgabe er ausdrücklich bat, zu den wenigen Werken, die von den Nationalsozialisten 1939 an ihre Besitzer ausgehändigt wurden. Die an Nolde zurückgegebenen Bilder stellten allerdings nur einen Bruchteil der insgesamt 1052 Arbeiten Noldes dar, die als ›entartet‹ konfisziert wurden.

Was von den fast 16000 in der Aktion ›Entartete Kunst‹ beschlagnahmten Werken »international verwertbar schien«, wurde nach Abschluß der Ausstellung gegen Devisen an das Ausland verkauft, die »völlig wertlosen« Restbestände verbrannt.

Niko Wöhlk, der sich schon vor der offiziellen Ächtung des Expressionsimus von dieser Stilrichtung gelöst hatte, blieb in den folgenden Jahren unbehelligt, trat als Maler zur Zeit des Nationalsozialismus gleichwohl nicht mehr an die Öffentlichkeit. Nolde hingegen, der auf künstlerischem Gebiet nicht bereit war, irgendeinen Kompromiß zu machen, wurde von allen deutschen Künstlern einer der von den Nationalsozialisten am stärksten diffamierte.

Bernhard Tillmann

Die anatomischen Zeichnungen des Leonardo da Vinci*

In einer Festschrift für Jens Christian Jensen kommen in erster Linie Fachkollegen zu Wort. Als Mediziner verspüre ich daher ein gewisses Unbehagen, an dieser Stelle über ein kunstgeschichtliches Thema zu schreiben, zumal Leonardo da Vinci einen Autor, der über seine anatomischen Zeichnungen zu referieren beabsichtigt, nicht gerade ermuntert, wenn er sagt: »Ich rate dir, bemühe dich nicht mit Worten, wenn du nicht zu Blinden sprichst.« Wenn ich dennoch, unter Mißachtung dieser Mahnung, über Leonardos anatomische Zeichnungen schreibe, wird dies ausschließlich aus der Sicht des Anatomen geschehen können.

Wer die Originale aus der königlichen Bibliothek auf Schloß Windsor gesehen hat oder gute Faksimileausgaben betrachtet, spürt unmittelbar, wie außergewöhnlich diese Zeichnungen sind. Faszinierend daran ist nicht so sehr, daß sich ein Maler mit Anatomie beschäftigt. Was uns an den Zeichnungen Leonardos bis heute bewegt, sind seine Entdeckungen und ihre Dokumentation sowie die Art der Darstellung. Es ist aber auch die unbeantwortete Frage, was den naturwissenschaftlich forschenden Künstler veranlaßt haben mag, so tief in eine ihm vom Beruf her fremde Materie einzudringen und seine Ergebnisse in Zeichnungen festzuhalten.

Es ist durchaus nicht Leonardos Privileg, intensive anatomische Studien betrieben zu haben. Auch Michelangelo nahm an Sektionen teil, seine daraus gewonnenen Erkenntnisse aber dienten der Malerei, der sie stets untergeordnet blieben. Unter Leonardos anatomischen Zeichnungen sind ebenfalls Aktstudien. Sie stammen zum Teil aus der Zeit, als er an der *Schlacht von Anghiari* arbeitete. Vermutlich lernte Leonardo in der Werkstatt seines Lehrmeisters Verrocchio die ideale Darstellung der menschlichen Körperoberfläche in Form des ›uomo scorticato‹, des enthäuteten Menschen, kennen. Die Zeichnungen von der Präparation eines alten Mannes im Spital Santa Maria Nuova zu Florenz bezeugen dies (Abb. 1). Leonardo beschreibt die Präparation ausführlich: »Diese Anatomie beschrieb ich sehr gewissenhaft und ohne große Mühe, da er frei von Fett und Säften war, die das Erkennen der verschiedenen Organe verhindern.«

Indem Leonardo den enthäuteten Menschen zum morphologischen Studienobjekt macht und die Ergebnisse in Skizzen festhält, entfernt er sich von einer zweckgebundenen Oberflächenanatomie. Das ist kein flüchtiger Flirt zwischen Anatomie und Kunst, wie wir ihn von seinen Künstlerkollegen kennen; seiner anatomischen Tätigkeit liegt primär das naturwis-

* Gekürzte Fassung eines Vortrags im Rahmen der ›Bürgeraktion Erweiterungsbau Kunsthalle zu Kiel‹ 1983.

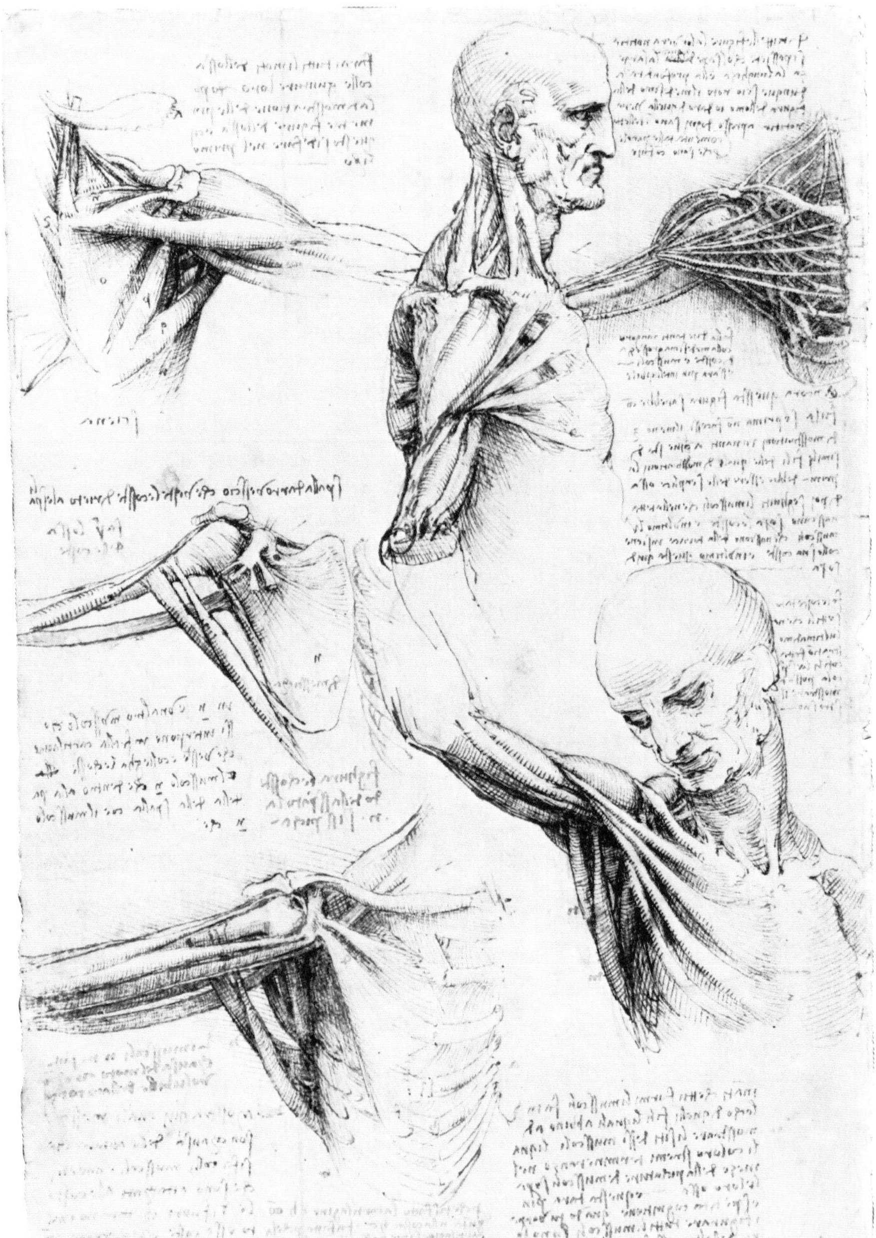

senschaftliche Interesse des Forschers zugrunde. Leonardos Aufzeichnungen belegen dies: »Getrieben von meiner Neugierde, zog ich aus, die von der sinnreichen Natur geschaffene große Menge vielfältiger und eigentümlicher Formen zu betrachten.« Naturerfahrungen sammelt man im Experiment oder am Objekt.[1] Leonardos induktives Vorgehen unterscheidet sich vom traditionellen deduktiven Arbeiten seiner Zeitgenossen. Wenn er in praxi dennoch von dieser Maxime gelegentlich abweicht und in seine Zeichnungen falsche physiologische und anatomische Vorstellungen aus dem Schrifttum übernimmt, ohne sich von deren Richtigkeit überzeugt zu haben, so erscheint mir das angesichts des vielfach betriebenen Geniekultes um den Meister wohltuend menschlich.

Als Beispiel sei die Darstellung der Koitusposition im Längsschnitt (Abb. 2) angeführt, die, wie auch andere Zeichnungen, zahlreiche Fehler enthält. Leonardo hat hier falsches Wissen seiner Zeit in die Skizze eingearbeitet. Fehlerhaft sind die Darstellungen der Gebärmutter als gekammerte Höhle sowie die Gefäßverbindungen zwischen Uterus und Brüsten. Anatomisch falsch ist auch die Darstellung der zwei Systeme von Samenwegen. Die oberen Röhren ziehen aus der Gegend des Rückenmarks zum Penis. Der untere Teil der Samenwege kommt vom Hoden. Die Vorstellung, daß der aktivste Teil des Samens aus dem Rücken-

◁ *Abb. 1* *Leonardo da Vinci, Muskeln der Schulter. Feder und braune Tinte, laviert, über schwarzer Kreide, 29,2 × 19,9 cm. Windsor Castle, Königliche Bibliothek, RL 19003v*

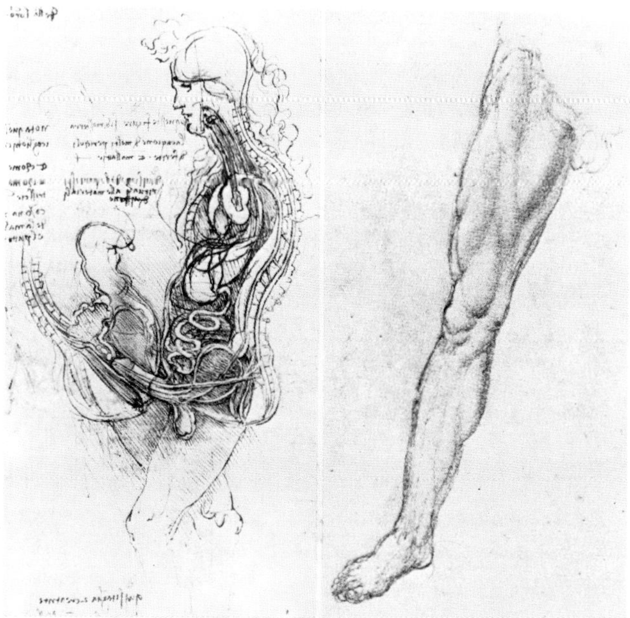

Abb. 2
Leonardo da Vinci, Koitusposition im Längsschnitt (links, Ausschnitt). Feder und dunkelbraune Tusche, mit Numerierung von Manuskripttexten in schwarzem Blei, im 19. Jahrhundert hinzugefügt, 27,6 × 20,4 cm. Windsor Castle, Königliche Bibliothek, K/P 35r; RL 19097v. Die Muskulatur des Beines (rechts, Ausschnitt). Schwarze Kreide mit Feder und brauner Tusche, 30,1 × 19,0 cm. Windsor Castle, Königliche Bibliothek, K/P 89r; RL 12631r + 12633r.

mark stamme, geht auf Avicenna und Galen zurück. Die starken Venengeflechte, die von Genitale und Blase durch das Becken zum Kreuzbein und weiter zur Lendenwirbelsäule ziehen, mögen zu dieser falschen Darstellung beigetragen haben. Nachweisen läßt sich diese Vermutung nicht; doch hat sich Leonardo in späteren Skizzen korrigiert.

Die Darstellung des Koitus veranlaßte auch Sigmund Freud, sich mit Leonardos »Seelenleben« und seiner »geschlechtlichen Eigenart« zu befassen. Er bediente sich dabei auch einer Abhandlung Reitlers, der Leonardo anhand der Darstellung des Zeugungsaktes »starke Sexualverdrängung« unterstellte. Reitler schließt dies u.a. aus der seiner Ansicht nach unkorrekten Stellung der unteren Extremitäten bei Mann und Frau; so habe Leonardo beim Mann die rechte Rumpfhälfte, jedoch das linke Bein, bei der Frau die linke Rumpfhälfte, aber das rechte Bein gezeichnet. Reitler stützt sich dabei auf eine Kopie der Zeichnung Leonardos, in der man freimütig Ergänzungen vorgenommen hat und dabei sehr leichtfertig mit der Anatomie umgegangen ist. Bei genauer Betrachtung der Originalabbildung ergibt sich folgender Befund[2]: Die Linie im unteren Bereich des Oberschenkels zieht beim männlichen Individuum bogenförmig zur Kniescheibe. Sie entspricht damit der Kontur des inneren Schenkelmuskels, der in diesem Bereich in seine Sehne übergeht, und nicht dem äußeren Schenkelmuskel, dessen Muskelsehnenübergang etwa 10 cm oberhalb des Kniegelenks liegt. Leonardo hat demnach tatsächlich beim Mann ein rechtes Bein gezeichnet. Auch der Muskelwulst am Bein des weiblichen Individuums entspricht dem inneren Schenkelmuskel und damit einem linken Bein. Wie genau Leonardo die Muskeln und deren Oberflächenrelief im Bereich des Kniegelenks kannte, zeigen mehrere Zeichnungen dieser Körperregion (Abb. 2).

Leonardo hielt seine Studien in Skizzen fest, da er über die Art und Weise, wie anatomische Grundlagen in der Medizin seiner Zeit vermittelt wurden, unzufrieden war. Die Anatomie war zu Leonardos Lebzeiten noch kein Forschungsobjekt, sie war zweckgebunden an die notwendigsten Eingriffe der Bader. Der Stand anatomischer Kenntnisse beruhte größtenteils auf Überlieferungen, deren Basis in physiologischen Spekulationen, nicht aber in morphologischen Befunden wurzelte. Anatomisches Wissen wurde vorwiegend durch Beschreibungen, kaum je durch Abbildungen weitergegeben. Die wenigen vorhandenen Abbildungen waren ausgesprochen einfach und weit davon entfernt, anatomische Fakten auch nur annähernd genau wiederzugeben. Leonardo konnte wie die Anatomen seiner Zeit Neuland betreten.

Leonardo hat Sektionen in Padua, Pavia und Florenz beigewohnt. Leichenöffnungen waren in der damaligen Zeit problematisch. Möglichkeiten zur Konservierung gab es noch nicht. Leonardo schildert die Situation sehr drastisch: »Und wenn du Lust zu solchen Sachen haben solltest, wird dich vielleicht dein Magen daran hindern; und wenn dieser dich nicht hindert, wird dich vielleicht die Angst hindern, zu nächtlicher Zeit mit solchen gevierteilten und enthäuteten schrecklich anzusehenden Toten zusammenzusein.«

Die anatomischen Zeichnungen, die in den Jahren zwischen 1485 und 1515 entstanden, sind größtenteils Arbeitsskizzen, die während der Sektionen entstanden. Leonardo hält Situationen und Präparationsschritte wie im Protokoll einer wissenschaftlichen Untersuchung fest. Die zeichnerischen Befunde ergänzt er durch schriftliche Notizen, die, in Leonardos toskanischem Dialekt, von rechts nach links und spiegelbildlich geschrieben sind. Außer derartigen ›Protokollskizzen‹ gibt es zahlreiche Abbildungen, die aus der Synthese mehrerer Befunde entstanden. Leonardo schreibt dazu: »Und ihr, die ihr sagt, es wäre besser, einen Anatomen bei der Arbeit zu beobachten, als diese Zeichnungen anzusehen, ihr hättet recht, wenn es möglich wäre, alle auf diesen Zeichnungen dargestellten Dinge an einer einzelnen Figur zu betrachten.«

Er bildet Typisches ab und keine Zufallsbefunde und wird damit zum ersten Autor eines anatomischen Atlas. Inhalt und Gliederung seines Werkes weichen vom traditionellen Vorgehen, einer Anatomie von Kopf bis Fuß, grundlegend ab. Offensichtlich hatte Leonardo den Plan, ein anatomisches Werk in Form einer Anthropologie herauszugeben.[3] Im Prinzip liegt dem anatomischen Unterricht noch heute diese Ordnung zugrunde: Die Anatomen gliedern den Stoff in Embryologie, Anatomie des Bewegungsapparates, der inneren Organe, des zentralen und peripheren Nervensystems, der Sinnesorgane sowie der topographisch-klinischen Anatomie. Zum weiteren Verständnis phylogenetischer, embryologischer und funktioneller Zusammenhänge wird die vergleichende Anatomie einbezogen.

Leonardos Ideen zur didaktischen Gestaltung und Darstellungsweise seiner Zeichnungen haben nicht nur Eingang in Lehrbücher und Atlanten der Anatomie gefunden, sondern dienen noch heute der Wissensvermittlung in anatomischen Vorlesungen. Bei einigen Abbildungen zum Bewegungsapparat zeichnet Leonardo die anatomischen Strukturen unter verschiedenen Blickwinkeln. Er schreibt über diese aus der Architektur übernommene Darstellungsweise: »Wahre Form eines jeden Körpers erhält man, indem man ihn in verschiedenen Ansichten sieht.« Die Befolgung dieses didaktischen Prinzips gilt als Qualitätsmaßstab für anatomische Atlanten.

Bei der Darstellung der Brust- und Armmuskulatur (Abb. 3) fasziniert den Anatomen z. B. in erster Linie nicht die exakte übersichtliche Darstellung der einzelnen Muskeln, sondern die Art der Darstellung. Man sieht die freigelegte Muskulatur in einer Folge verschiedener Blickwinkel, wobei der Arm um 180° gedreht wird.[4] Anatomische Atlanten unserer Tage verwehren dem Betrachter meistens eine derartig vielfältige Anschauungsmöglichkeit und begnügen sich mit Ansichten der Vorder- und der Rückseite einer Extremität. Die Zeichnungen dieses Blattes vermitteln aber auch Bewegung, ein Ideal, um das sich die Künstler des Quattrocento in ihren Bildern stets bemühten.

Wegweisend für die didaktisch anschauliche Darstellung, Muskelfaserverläufe auf dünne Schnüre zu reduzieren, war der äußerst schwach entwickelte große Brustmuskel, den Leonardo, wie bereits oben erwähnt, bei einem alten Mann aus dem Hospiz Santa Maria Nuova in Florenz sezierte (Abb. 1). Den Vorteil dieser Darstellungsweise beschreibt er: »Bevor du die Muskeln bildest, mach an ihrer Stelle Fäden, die die Lage dieser Muskeln darstellen sollen; die Enden dieser Fäden sollen in der Mitte der Ansätze der Muskeln an den Knochen auslaufen. Und das wird eine klarere Kenntnis geben, wenn du alle Muskeln zeichnen willst, einer über dem anderen; sonst wird deine Zeichnung verwirrend erscheinen.« Diese Idee Leonardos wurde von dem Anatomen Hermann Braus am Anfang unseres Jahrhunderts zum ersten Mal für Abbildungen seines Lehrbuchs übernommen.

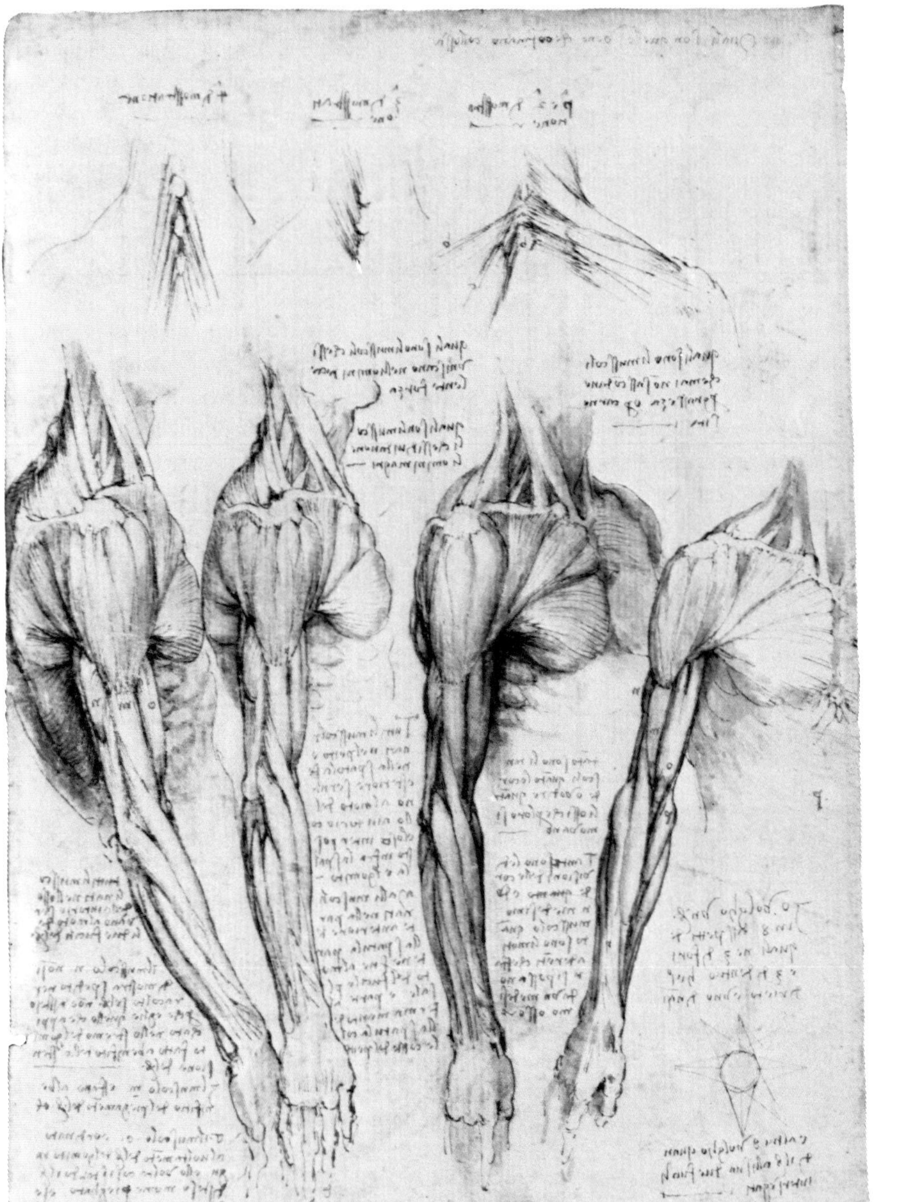

Einen didaktischen Kunstgriff wendet Leonardo auch bei der Darstellung der Gelenke an, indem er die miteinander in Kontakt stehenden Skelettelemente so weit auseinander rückt, daß die Gelenkflächen sichtbar werden (Abb. 4). Vertikale Linien erleichtern dem Betrachter zusätzlich die Zuordnung der miteinander artikulierenden Skelettanteile. Leonardo hat sich auch zu dieser neuen Darstellungsweise schriftlich geäußert: »Zuerst zeigst du alle diese Knochen voneinander getrennt und derart angeordnet, daß jeder Teil jedes einzelnen Knochens der Seite des Knochens zugekehrt ist, von dem er getrennt worden ist und mit dem er wieder zusammengefügt werden muß, wenn du alle Knochen dieser Füße wieder in ihren ursprünglichen Zustand zusammensetzest.« Diese Idee haben nicht nur spätere Lehrbuchautoren, sondern auch Betreuer anatomischer Sammlungen übernommen.

Um Form und Ausdehnung der Hirnkammern zu studieren, injizierte Leonardo erstmals Bienenwachs in das Ventrikelsystem eines Ochsengehirns (Abb. 5). Diese Methode wird bis heute in der Anatomie zur räumlichen Darstellung von Hohlorganen verwendet. Im Prinzip basieren zahlreiche Untersuchungstechniken der Röntgenologie, z. B. bei der Diagnostik im Bereich des Magen-Darm-Traktes oder der Gefäße, auf Leonardos Idee.

◁ *Abb. 3 Leonardo da Vinci, Muskel des rechten Armes, der Schulter und der Brust. Feder und braune Tinte, laviert über Spuren schwarzer Kreide, mit dünnen roten Kreidestrichen zwischen den Hauptfiguren, 28,8 × 20,2 cm. Windsor Castle, Königliche Bibliothek, RL 19009v*

Abb. 4 Leonardo da Vinci, Die Wirbelsäule (Ausschnitt). Feder und braune Tinte, laviert über Spuren von schwarzer Kreide. 28,6 × 20,0 cm. Windsor Castle, Königliche Bibliothek, RL 19007v

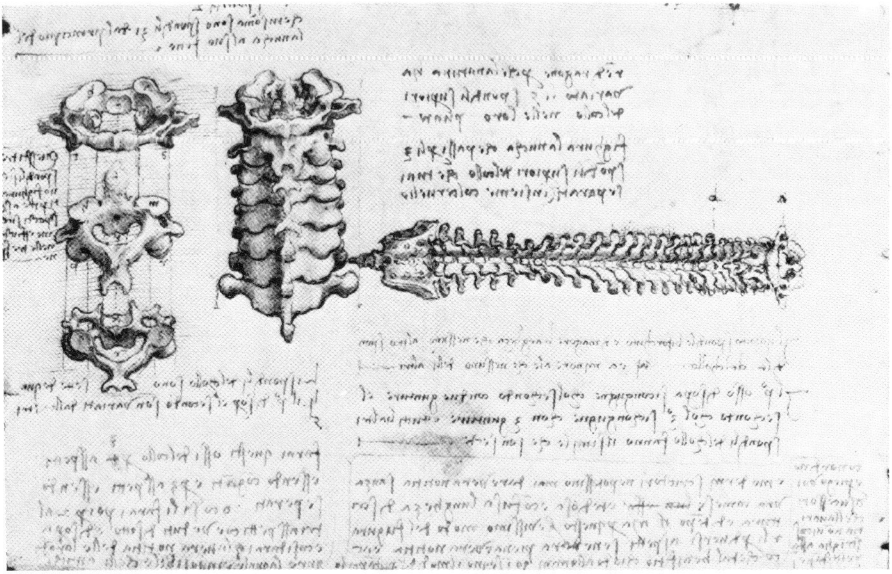

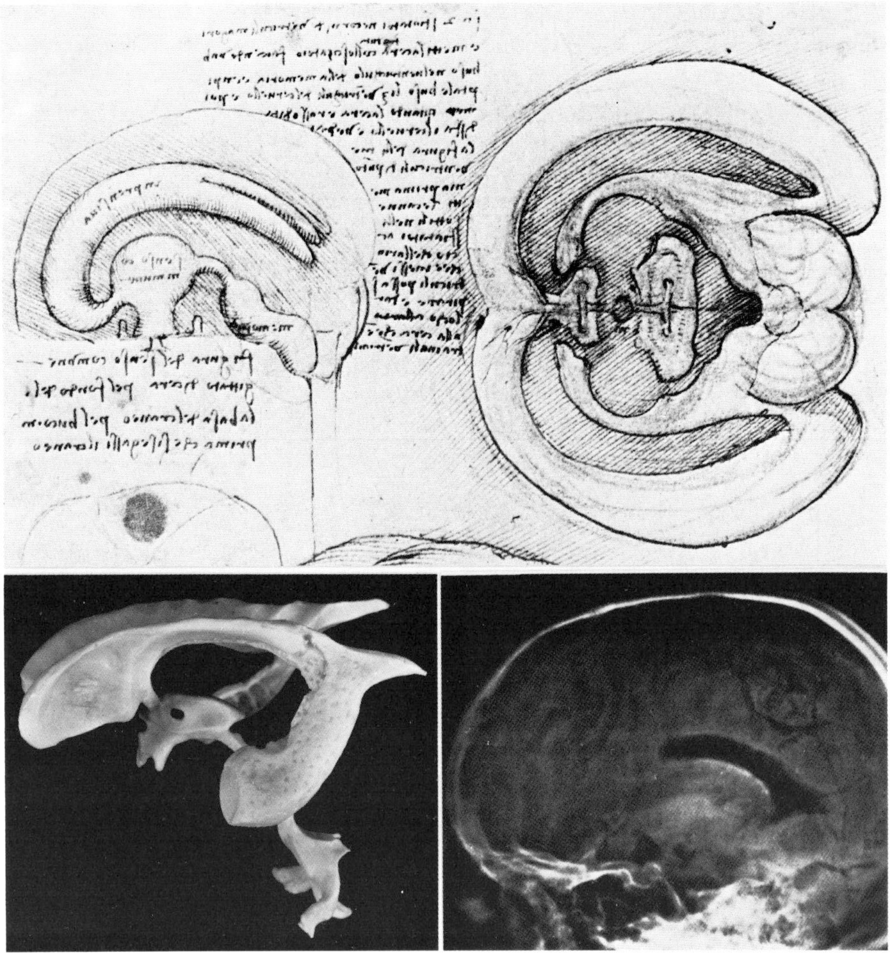

Abb. 5 *Leonardo da Vinci, Das injizierte Gehirn, um die Form der Hirnkammern zu zeigen (oben). Feder und braune Tusche mit schwarzer Kreide, 20,0 × 26,2 cm. Windsor Castle, Königliche Bibliothek, K/P 104r; RL 19127r; (unten links:) Kunststoffausguß der vier Hirnkammern vom erwachsenen Menschen. Präparat: G. Klaws; (unten rechts:) Normales Pneumencephalogramm. Die hinteren Anteile der seitlichen Hirnkammern sind mit Luft gefüllt. Aus: W. Scheid, Lehrbuch der Neurologie. Stuttgart 1980*

Ziel anatomischer Studien ist es, räumliche Vorstellungen über die Struktur des Körpers zu gewinnen. Nach Herrlinger ist Leonardo der erste Anatom, der sich am ›gläsernen Menschen‹ versucht hat. Zu den Methoden, die Leonardo anwendet, um den menschlichen Körper transparent zu machen, zählt u. a. eine einfache Technik, das Anlegen von Serienschnitten mit Schrägansichten.[5] Auf diesem Darstellungsprinzip beruhen ebenfalls moderne Techniken der Bildwiedergabe, wie z. B. Computertomographie oder Magnetische Resonanz-Tomographie (Abb. 6).

Angesichts von Inhalt, Originalität und Art der Darstellung der anatomischen Zeichnungen, wundert man sich, daß nicht Leonardo, sondern Andreas Vesal als Begründer der Anatomie der Neuzeit gilt. Dafür gibt es mehrere Gründe: Vesals *De humani corporis fabrica* erschienen 1543 erstmals im Druck. Eine derartige Verbreitung blieb Leonardos Zeichnungen vorenthalten. Die Sammlung wurde nach seinem Tod auf einer Odyssee zwischen Spanien, Holland und England im 16. und 17. Jahrhundert auseinandergerissen. Ihr größter Teil kam erst Ende des 18. Jahrhunderts zufällig im Schloß von Kensington wieder ans Tageslicht. Veröffentlichungen von Faksimileausgaben erschienen um die Jahrhundert-

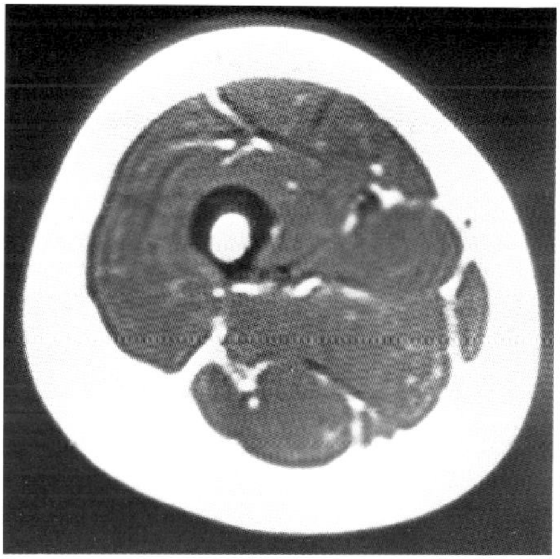

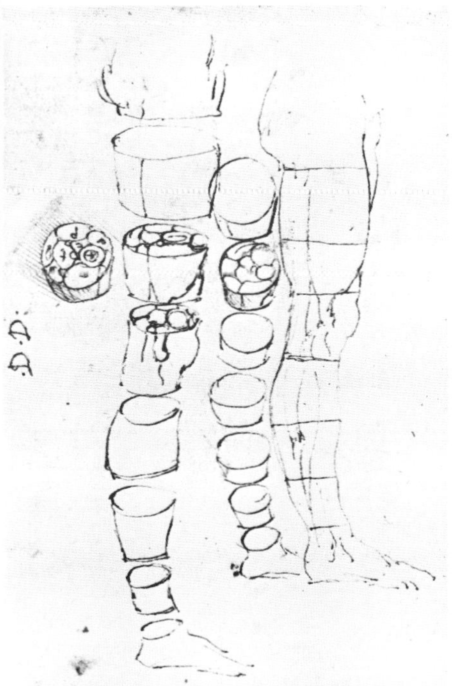

Abb. 6 Leonardo da Vinci, Querschnitt des Beins (rechts). Feder und braune Tusche. Windsor Castle, Königliche Bibliothek, RL 12627v; (oben:) Magnetische Resonanz-Tomographie aus dem rechten Oberschenkel eines Erwachsenen. Die einzelnen Muskeln, der Oberschenkelknochen und das Unterhautfettgewebe heben sich deutlich ab. Aufnahme: Dr. med. G. Horstmann, Radiologische Klinik der Universität zu Kiel, Direktor: Professor Dr. med. H. Gremmel

wende. So blieben die Zeichnungen etwa 400 Jahre der Öffentlichkeit vorenthalten. Herrlinger schreibt dazu: »Ein anatomischer Atlas etwa aus der Zeit um 1850, der Leonardos Handzeichnungen zum Vorbild genommen hätte, wäre ein revolutionäres Werk gewesen.«

Den hohen Rang der wissenschaftlichen Aussage und künstlerischen Qualität in Leonardos Zeichnungen lernt man besonders dann schätzen, wenn man einen Blick auf die Darstellungen seiner Zeitgenossen und nachfolgender Anatomen wirft. In zahlreichen anatomischen Abbildungen des 16. und 17. Jahrhunderts wird der präparierte Körper in dramatischer Pose in eine Landschaft gestellt. Diese Art der Darstellung soll dem Betrachter offensichtlich den Eindruck des Schrecklichen nehmen. In Abbildungen, z. B. bei Valverde und Estienne, greifen die Präparate aktiv in die Darstellung ein. In anatomischen Darstellungen von Ruysch werden die präparierten Körperabschnitte zu einem Arrangement aufgebaut; sie sind zum Objekt eines Stillebens geworden.

Leonardos anatomische Zeichnungen zeichnen sich demgegenüber durch große Sachlichkeit aus. Seine meisterhafte Zeichenkunst bedarf keiner ablenkenden Tricks, um den Betrachter vergessen zu lassen, daß hier anatomische Präparate dargestellt werden. Seine Abbildungen bleiben stets ästhetisch, für ihn gilt auch der tote Mensch noch als Maß aller Schönheit.

Hugo Wagner

René Auberjonois und Deutschland

René Auberjonois, 1872 in Lausanne geboren, ist mit Félix Vallotton und Cuno Amiet die bedeutendste Malerpersönlichkeit der Schweiz nach Ferdinand Hodler. Im Ausland ist er wenig bekannt geworden, nicht zuletzt deshalb, weil er jede Publizität verabscheute.

Nach dem Besuch des Gymnasiums in Lausanne und einer nach kurzer Zeit abgebrochenen Banklehre folgt 1894 ein erster Aufenthalt in England, wo er vor allem das Violinspiel pflegt und nebenher Karikaturen zeichnet. Mit der Absicht, sich in der Musik weiterzubilden und die deutsche Sprache zu erlernen, begibt er sich im Januar 1895 nach Dresden. Er wohnt in der Lüttichaustraße im Herzen der Altstadt, schreibt sich im Polytechnikum ein, hört Vorlesungen über Philosophie und Literatur und befreundet sich mit dem Rektor, der sich von ihm französische Lektionen korrigieren läßt und ihm als Gegenleistung Deutschunterricht erteilt. Bald jedoch befürchtet er, trotz aller Anstrengungen ein nur mittelmäßiger Violinspieler zu werden. Er möchte, schreibt er den Eltern, statt der Musikstunden lieber Zeichenunterricht nehmen. Am 4. März 1895 erfahren wir: »Heute morgen habe ich in der katholischen Kirche einer Messe beigewohnt. Der König und der ganze Hof waren anwesend, seine Majestät ist sehr fromm und fast bigott und befolgt die religiösen Pflichten genau. [...] Die Messe war wundervoll, grandios geradezu, der Chor bestand aus den besten Sängern der Oper. Ihre königliche Hoheit war in einer Loge über dem Altar, die Familie verteilte sich auf die Logen nebenan. Der König ist sehr populär, liebt es, im schlecht bespannten Wagen herumzufahren und mit ruhiger Miene den noch ruhigeren Huldigungen zu antworten. [...] Die Ferien beginnen am 15., aber ich werde daraus den Vorteil ziehen, mich etwas länger [mit Kunst] zu beschäftigen. Ich werde alle Tage Scheffler haben, zweimal pro Woche Zeichnen, und ich möchte dreimal wöchentlich eine Stunde bei Fräulein Schmidt[1] nehmen, um nochmals die Grundlagen, die mir fehlen, zu erlernen. Ich habe endlich auch meinen Lehrer gefunden, er heißt Schurig[2], der sehr fein (mit Feder und Bleistift) zeichnet und der mir zwei Stunden pro Woche erteilt.« Auberjonois hört *Lohengrin*, die *Walküren* und sichert sich ein Abonnement für den *Ring der Nibelungen.* Von Zeit zu Zeit spiele er auch etwas Geige. Der Entscheid zugunsten der Malerei ist also inzwischen gefallen. Am 26. April desselben Jahres schreibt er: »Am vergangenen Montag war der Geburtstag des Königs, mit großer Ehrenparade, der unsere ganze Pension beigewohnt hat. Ein Freund von Frau Schmidt hat uns sein Zimmer zur Verfügung gestellt, so daß wir einen ausgezeichneten Platz hatten. Der Kaiser war gekommen, um sein Grenadierregiment in Revue passieren zu lassen. [...] Ich pflege weiterhin die Zeichnung mit der Feder, übe die Perspektive oder kopiere die alten Zeichnungen von Rembrandt.«

Keine dieser Kopien hat sich erhalten. Wohl aber einige Karikaturen, wie sie Auberjonois zuvor schon wiederholt an eine humoristische Zeitung in Genf geschickt hatte, von denen mehrere publiziert worden sind.[3] Eine weitere Zeichnung, die ein elegantes Paar am Teetisch zeigt und 1895 datiert ist, trägt die Bleistift-Notiz: »Fliegende Blätter«. Doch hat sie sich in keiner Nummer der bekannten Münchner Zeitschrift finden lassen.

Mitte 1895 zieht Auberjonois wieder nach England, besucht die Kensington School of Art, 1896 wird er in Paris Schüler von Luc-Olivier Merson. Im September 1899 aber finden wir ihn nochmals in Deutschland, er malt Landschaften in Bayern und ein Straßenbild in Rothenburg, das diesen Aufenthalt, über den wir keine weitere Nachricht besitzen, verbürgt (Abb. 1).[4] Das Gemälde steht ganz in der Tradition damaliger Kunstübung und verrät noch wenig persönlichen Ausdruck.

Später scheint Auberjonois Deutschland nicht mehr aufgesucht zu haben. Er hat sich hier aber verschiedentlich – doch stets nur mit wenig Werken – an Ausstellungen beteiligt, so 1904 an der ›Internationalen Kunstausstellung‹ in Düsseldorf, 1909 an einer gleichen Veranstaltung in München, 1925 im ehemaligen Kronprinzen-Palais in Berlin, im Jahre danach in Dresden und 1928 in Baden-Baden. Erst viel später wieder kam er in Deutschland zu Wort, 1955 und 1964 auf der Kasseler documenta, das erste Mal mit Gemälden, das zweite Mal als Zeichner. 1956 folgte eine größere Ausstellung von Zeichnungen, die in Berlin, Düsseldorf und Stuttgart gezeigt wurde[5]; 1959, kurze Zeit nach dem Tod des Malers, hat Werner Schmalenbach eine sorgfältig zusammengestellte Ausstellung für Hannover vorbereitet, die danach auch im Städel gezeigt worden ist, und dem Katalog eine eindrückliche Analyse vorangestellt.[6] Erst 1977 fand wieder eine umfassende Ausstellung des malerischen und

Abb. 1
René Auberjonois in Rothenburg. Foto von 1899

Abb. 2 René Auberjonois, Comte von S[chwerin], um 1910. Bleistift, 32,7 × 23,5 cm. Privatbesitz

zeichnerischen Werkes statt, die in Mannheim und Bremen allgemein Anerkennung fand[7] und anschließend auch in Paris zu sehen war.

Die Beziehungen der Maler der ›Brücke‹ zur Schweiz waren rege. Cuno Amiet, mit Auberjonois befreundet, trat 1906 auf Einladung der deutschen Künstlergruppe als aktives Mitglied bei. Am 4. März 1909 schreibt Karl Schmidt-Rottluff an Amiet: »Wenn wir dies Jahr eine neue Collektion zusammenstellen, sollen Trachsel, Auberjonois eingeladen werden, nicht Hodler. Ich finde, wenn wir Amiet haben, können wir keinen Hodler brauchen, das ist schon verschieden in der Generation.«[8] Es scheint jedoch, daß Auberjonois nie mit den Brücke-Malern ausgestellt hat, doch ist seine Kunst, wie wir sehen, zur Kenntnis genommen worden.

Von 1896 bis 1914 hielt sich Auberjonois – mit Unterbrechungen – in Paris auf. Zu seinen nächsten Freunden zählte Eric Klossowski (1875–1949), der Vater des Malers Balthus, der aus Ostpreußen stammte und zu Beginn des Jahrhunderts gelegentlich mit Auberjonois im ›Salon des Indépendants‹ in Paris ausgestellt hat; später war er auch als Bühnenbildner und Kunstschriftsteller tätig und veröffentlichte 1923 ein Buch über Honoré Daumier, das weite Verbreitung fand. In Paris traf Auberjonois auch Julius Meier-Graefe (1867–1935), der 1895 die erste Biographie über Auberjonois' Landsmann Vallotton veröffentlichte und dessen *Entwicklungsgeschichte der modernen Kunst,* 1904 erschienen, von Auberjonois eifrig studiert wurde.[9] In dieser Zeit muß die Bildniszeichnung entstanden sein, die als *Comte von S.* (Abb. 2)[10] überliefert ist. Laut Katalog von Hannover ist Graf Schwerin dargestellt (über den wir nichts weiter in Erfahrung bringen konnten), dem Auberjonois vor dem Ersten Weltkrieg in Paris begegnet sein muß und dessen Eleganz und weltmännische Haltung mit dem kleinen spitzen Mund und dem üblichen Monokel er mit wenigen Strichen einzufangen wußte. Früher als andere hat der Dichter Rainer Maria Rilke die Bedeutung von Auberjonois als Maler und als Zeichner erkannt. Als er im Juni 1926, ein halbes Jahr vor seinem Tod, in Lausanne eine Ausstellung des Waadtländers gesehen hatte, schrieb er an Werner Reinhart: »[...] Auberjonois hat unbedingt *das* erreicht, was Ramuz in seiner Kunst nun mit so unverbrüchlicher Sicherheit vorweist: die centrale Entschlossenheit, die den Kontur von irgendwoher erreicht und ihn immer auf die gleiche Mitte bezieht; ein Ziel, dem er sich nur über scheinbare Verrenkungen hin annähern konnte. Jetzt haben alle Abweichungen, Vereinfältigungen und Absichtlichkeiten untereinander einen sie durchaus rechtfertigenden Bezug: etwa den, der bei einer Person zwischen dem Bug der Nase und der Form der Finger besteht; ich will damit sagen, einen Bezug von tiefer Herkömmlichkeit, dem auch jener nichts mehr vorwerfen darf, der ihn etwa antipathisch fände. [...] Es wäre sehr zu wünschen, daß andere Galerien Auberjonois in diesem Zusammenhang seines Werkes aufzeigten: dieser Maler steht jetzt am Vorabend seiner vollkommenen Gültigkeit und Reife.«[11]

Begreiflich, daß die beiden großen Kriege eine Distanzierung des Malers zu Deutschland brachten. Der Ausbruch des Ersten Weltkrieges zwang Auberjonois wie so viele Künstler

Abb. 3 René Auberjonois, Göring, 1940. Bleistift, 33 × 24,4 cm. Privatbesitz

Abb. 4 René Auberjonois, Kate am Strand, 1945. Bleistift, 33,5 × 24,5 cm. Privatbesitz

Abb. 5 René Auberjonois, Zirkusreiterin, um 1947. Öl auf Leinwand, 61 × 50 cm. Städtische Galerie im Städelschen Kunstinstitut, Frankfurt/Main

zur Rückkehr ins eigene Land. Der zweite Krieg war schwerer zu begreifen. Im Oktober 1940 – nach der Niederwerfung Frankreichs – schrieb Auberjonois seinem alten Freund Klossowski: »Wie sehr liebte ich ein bestimmtes Deutschland, das ich gekannt habe, verkümmerte Reste der großen Zeit von Goethe und von Jean Paul, von Hölderlin, von Herder. Mein Alter erlaubt mir, seine Gestalten in Erinnerung zu rufen, die Nietzsche's heftiger Sturm schon weggefegt hatte.« Die Beziehung zu diesem anderen Deutschland brach auch während des Krieges und später nicht ab. An Goethe bewunderte Auberjonois, wie er immer den Ring zu sprengen wußte, der ihn einzuschließen drohte – »und dies ohne Feigheit. Welch volles und verwirklichtes Leben«. Nietzsches *Fröhliche Wissenschaft* gehörte zu den Lieblingsbüchern des Malers, er zitierte den Philosophen gerne, vor allem in seinen späteren Jahren wünscht er sich dessen Worte über seiner Haustür: »Wer hier eintritt, wird mir eine Ehre erweisen; wer es nicht tut – ein Vergnügen.« In einem Brief des schon über Achtzigjährigen heißt es: »Goethe habe ich fallen lassen, ich war übersättigt. Ich hab mich erneut auf Hölderlin, Novalis, Nietzsche gestürzt.«

Während des Krieges hat Auberjonois deutsche ›Größen‹ der Gegenwart gelegentlich karikiert, so etwa 1940 Göring (Abb. 3), wobei ihm jeweils seine Begabung für die Karikatur, die er schon in seiner Frühzeit ausgebildet hatte, zustatten kam. Mit wenig Mitteln, mit der Betonung des groß geöffneten Mundes, erreicht er die beabsichtigte Wirkung, die Wortgewalt des Marschalls sinnfällig werden zu lassen. Wir wollen hier aber besonders auf zwei Beispiele seiner Kunst hinweisen, die sich in deutschem Besitz befinden, so auf eine Zeichnung von 1945, die ein bekannter Maler erworben hat und die ein Mädchen am Strand zeigt (Abb. 4). Immer wieder waren es die Künstler, die Auberjonois größte Hochachtung bewiesen, selbst wenn sie ganz andere Wege gingen; wohl geschah dies aus der Erkenntnis heraus, daß da einer der allen Malern auflauernden Gefahr der Routine, Erstarrung und Wiederholung zu widerstehen wußte. Immer an den Gegenstand gebunden und doch nie naturalistisch, ist seine Zeichenkunst von höchster Sensibilität und Zartheit, intim, ja scheu, trotz des zögernden Striches stets von großer formaler Sicherheit. Das Gemälde einer Zirkusreiterin im Städel hat Auberjonois mit 75 Jahren geschaffen (Abb. 5).[12] Mit dem wenige Jahre älteren Pierre Bonnard gehört er zu denjenigen, die, mit den Worten Werner Schmalenbachs, das unablässige Verdichten der Malerei als höchstes Ziel angestrebt haben. Darin aber »ist, so wenig man ihn bis heute in Europa kennt, René Auberjonois von europäischem Rang.«

Rolf Wedewer

Bild-Magie und Ready-made – Gedanken zum ›Erweiterten Kunstbegriff‹

Die Formel vom ›Erweiterten Kunstbegriff‹ ist seit langem durch Anspruch und Werk von Joseph Beuys in einer Weise besetzt, die leicht übersehen läßt, daß der Geltungsbereich dieser Formel keineswegs auf nur dieses Œuvre begrenzt, sondern von aufschließender Bedeutung allgemein für die Kunst unseres Jahrhunderts ist. Das gilt unter systematischen wie ebenso unter geschichtlichen Aspekten; ihrem notwendig verallgemeinernden Umriß gelten die folgenden, innerhalb des gegebenen Rahmens fragmentarischen Überlegungen.

Lassen wir also außer Betracht, was denn Beuys unter dem ›Erweiterten Kunstbegriff‹ versteht und wie er vermittels seiner Arbeiten diese Anspruchsformel praktisch definiert hat. Um ein systematisches und geschichtliches Raster skizzieren zu können – darin allein auch die Beuys'sche Position gesehen werden kann –, müssen wir erst einmal fragen: Was heißt ›Erweiterung des Kunstbegriffs‹? Gibt es einen solchen überhaupt im Sinne definitorischer Eindeutigkeit und mithin Unveränderlichkeit? Oder ist das nicht eher eine geschichtliche Frage? Dann sprechen wir aber von einer Veränderung dessen, was man jeweils als Kunst versteht beziehungsweise verstanden hat. Was vermag dann eine Erweiterung des Kunstbegriffs zum Verständnis des damit Gemeinten beizutragen? Denn eine Ausweitung von Begriffen deutet darauf hin, daß das Bezeichnete den bisherigen Definitions-Radius überschreitet und mithin der Begriff seine Trenn-Schärfe und schließlich überhaupt seine Verbindlichkeit verliert. Zwangsläufig stellt sich die Frage, ob das, was der ›Erweiterte Kunstbegriff‹ umschließt, noch der Kunst zugehört oder nicht sinnvoll auf einer anderen Ebene, beispielsweise jener der Soziologie erörtert werden muß? Handelt es sich, mit anderen Worten, da überhaupt noch um Kunst? Dieser Einwand ist oft genug vorgebracht worden.

Also ›Erweiterung des Kunstbegriffs‹; die Erörterung dieser Anspruchsformel setzt logischerweise voraus, daß es einen solchen Begriff in aller Eindeutigkeit gibt. Eben das aber ist, wie die Kunstgeschichte weiß, keineswegs der Fall. Schon aus der Kunst genuinen Gründen ist es nie gelungen, sie in das Prokrustesbett einer normativen Ästhetik zu zwingen. Gewiß, die Malerei etwa Cézannes galt der überwiegenden Zahl seiner Zeitgenossen nicht als Kunst, zu sehr widersprachen seine Bilder dem herrschenden Verständnis, wie es der Akademismus der Salons behauptete. Und tatsächlich bedeutete das von Cézanne herbeigeführte »Ende der wissenschaftlichen Perspektive« (Nowotny) einen radikalen Bruch mit der Tradition. Nur, die Kunstgeschichte kennt vergleichbare Traditionsbrüche auch aus früheren Zeiten, man denke nur an Giotto oder – innerhalb eines anderen Bedingungsrahmens – an Chardin. Aber darf man darob schon von einer ›Erweiterung des Kunstbegriffs‹ sprechen statt von seiner Veränderung, also von einem geschichtlichen Wandel der jeweils herrschenden Vorstellung, was unter Kunst zu verstehen sei? Jedenfalls war während des künstlerischen Umbruchs, in dem sich die Moderne konstituierte, wohl ständig die Rede vom Traditionsbruch und in polemischen Wendungen gegen die neuen Erscheinungsformen auch von Nicht-Kunst, nicht hingegen aber von einer – zudem perspektivischen – Erweiterung des Kunstbegriffs.

So gesehen kann der ›Erweiterte Kunstbegriff‹ nicht die geschichtliche Veränderung von Kunst und Kunstverständnis umschließen, sondern sich nur auf eine Erweiterung der vertrauten Gestaltungskategorien beziehen. Der Kunstbegriff, dessen Erweiterung in Anspruch und zur Debatte steht, muß danach notwendig ein kategorialer sein. Die überkommenen Gestaltungskategorien wie Skulptur, Malerei oder Zeichnung stellen einen klar definierbaren Erfahrungs-Rahmen dar, und zwar ungeachtet der Tatsache, daß innerhalb dieses Rahmens jeweils eine Fülle höchst differenter Erfahrungen formuliert werden kann; der Hinweis beispielshalber auf Rembrandt, auf Cézanne oder Picasso mag das Gemeinte veranschaulichen. Die Grundbedingungen und Möglichkeiten des Mediums bleiben unverändert; daß es sich stets um ein Bild handelt, steht außer Frage. Denn die Fläche als Medium der Darstellung zu wählen, hatte – wie Georg Picht in *Kunst und Mythos* ausführlich analysiert hat – immer schon eine Reihe von Folgen, die wir so leicht wie häufig übersehen. Das beginnt, nach Picht, mit dem einfachen Faktum, daß solche Darstellungsflächen im allgemeinen rechteckig geschnitten sind, »das heißt, die zwei Dimensionen der Fläche sind durch ihre geometrische Umgrenzung eindeutig bezeichnet. Die Umgrenzung markiert ein Koordinaten-System, innerhalb dessen die Lage jedes Punktes, nach oben und unten, rechts und links eindeutig bestimmt werden kann. Das macht es möglich, nach den Gesetzen der ebenfalls mathematisch festlegbaren Perspektive, drei-dimensionale räumliche Phänomene auf diese Fläche fehlerfrei zu projizieren, während auf einer unbegrenzten und geschwungenen Fläche, wie etwa auf dem Bauch eines Gefäßes, auch die Perspektive aus den Fugen geht oder nur noch illusionistisch angedeutet werden kann. Aus diesen einfachen Beobachtungen ergibt sich, daß den präparierten Flächen, die wir benutzen, eine besonders für das europäische Denken sehr folgenreiche Grundannahme vorausgeht: Die Annahme, alles, was für die Anschauung dargestellt werden kann, müsse prinzipiell mathematisierbar sein. Wenn man die Felder möglicher Anschauung von vornherein so präpariert, daß in ihnen nur Mathematisierbares zur Darstellung gelangen kann, muß jede unter dieser Bedingung gemachte Erfahrung die vorausgesetzte Grundannahme bestätigen. Das, was nicht mathematisierbar ist, kann innerhalb eines so präparierten Feldes von vornherein nicht zum Vorschein kommen.«[1]

Diese Grundannahme hat nun Cézanne beispielsweise nicht nur bezweifelt, sondern mit dem »Ende der wissenschaftlichen Perspektive« als nicht mehr – unbegrenzt – gültig aufgehoben. Auch was im vertrauten Verständnis, das heißt, nach den bis dato herrschenden Regeln, nicht mathematisierbar ist, stellt gleichwohl eine Realität dar und läßt sich als solche zur Anschauung bringen. Wir stehen hier vor einem Grundproblem, das – mit allem Vorbehalt – jenem vergleichbar ist, das sich für die philosophische Begründung der Quanten-Mechanik stellte. In einem Aufsatz zu dieser Problematik konstatiert Georgi Bratoev, der

Weg zu dieser philosophischen Begründung »beginnt mit dem Versagen unserer Sprache als Versagen der in ihr verankerten Ontologie. Insofern mit der Quanten-Mechanik auch eine neue Sprache vorliegt, ›die der gewöhnlichen Sprache an vielen Stellen sehr fremd ist‹, besteht von solchem Standpunkt die Aufgabe der philosophischen Analyse darin, aus der eigenen Struktur dieser – der neuen Denkweise adäquaten – Sprache die hinter ihr stehende Ontologie abzulesen.«[2]

Auch das »Ende der wissenschaftlichen Perspektive« ist mit einem Versagen der – bisherigen – Formensprache des Bildes und ihrer Logik gleichbedeutend, und somit der vermittels der Perspektive definierten, in ihrem Konstruktions-Prinzip begründeten Ontologie. Cézanne entwickelt eine radikal neue Formensprache, beziehungsweise Bild-Grammatik, aber gleichwohl formuliert er die solcherart begründete Ontologie nach wie vor innerhalb des alten Erfahrungs-Rahmens einer rechteckigen Fläche, deren zwei Dimensionen durch ihre geometrische Umgrenzung eindeutig bezeichnet sind. Steht das nicht offenkundig im Widerspruch zueinander? Vordergründig betrachtet: sicherlich. Das Koordinaten-System der rechteckigen Fläche bleibt unangetastet und damit auch die Möglichkeit der perspektivischen Projektion. Aber diese ist eben nur möglich und keineswegs – wie Cézanne belegt – zwingend. Also lassen sich nach wie vor die einzelnen Bild-Punkte ›nach oben und unten, rechts und links‹ eindeutig auch auf den Gemälden Cézannes bestimmen; lediglich die Positionen ›vorn‹ und ›hinten‹ werden nicht mehr innerhalb des Konstruktions-Schemas der Perspektive bestimmt. Diese Definition bezieht sich jetzt auf einen anderen, auf einen vom Augenschein weithin unabhängigen Parameter: auf den Raumwert der Farbe.

So gravierend und folgenreich die mit der neuen Formen-Sprache und der ihr eigentümlichen Bild-Grammatik gegebene, durch den angedeuteten Wechsel des Parameters für die Positionen von ›vorn‹ und ›hinten‹ bestimmte Ontologie ist – offensichtlich sprengt ihre Formulierung nicht den alten Erfahrungs-Rahmen der rechteckigen Fläche. Ein Gleiches gilt bekanntlich für die Bilder beispielsweise des Kubismus, des Konstruktivismus oder späterhin auch der Monochromie. Das bedeutet in der Konsequenz zunächst nichts anderes als den Verzicht auf die Realisierung einer möglichen Implikation der rechteckigen Fläche, eben der perspektivischen Projektion. Zugleich jedoch wird in einer Art dialektischer Kehre durch diesen Verzicht eine andere, bis dato nicht bedachte Implikation thematisch.

Wenn schon die rechteckige Umgrenzung der Fläche nicht nur praktische Gründe, sondern mit Picht eine »konstitutive Funktion für alles [...], was auf der Fläche dargestellt wird« hat, so ist ähnlich zu vermuten, »daß auch die Homogenität der Fläche eine Darstellungsfunktion hat, die wir zu leicht übersehen. Man braucht nur die Augen aufzumachen, so wird bereits klar, in welcher Gestalt uns die homogene Fläche die Sphäre möglicher Anschauung präsentiert. Sie präsentiert uns nämlich diese Sphäre als ein Vakuum, das allenthalben mit sich selbst identisch ist. Identität als mathematisch dimensioniertes Vakuum vorgestellt: Das ist die neuzeitliche Vorstellung des Raumes. Wir wissen heute, daß der wirkliche Raum der Natur nicht die Gestalt eines dreidimensionalen Vakuums hat. Die Region, in der die wirklichen Phänomene der wirklichen Welt zur Erscheinung gelangen, hat eine Struktur, die sich auf die homogene rechteckige Fläche nicht abbilden läßt.«[3]

Das wäre im einzelnen zu diskutieren, wie vor allem auch die Frage, ob die Darstellung der physikalisch definierten Strukturen dieser »Region« überhaupt eine strukturelle Möglichkeit der Kunst ist beziehungsweise für sie in dieser strikten Form Thema sein kann. Und wenn ja, innerhalb welchen Modifikations-Rahmens ließe sich das äquivalent zur Darstellung bringen? Für den Gang unserer Überlegungen muß genügen, daß durch den Verzicht auf die perspektivische Projektion unmittelbar ein nicht-dreidimensionaler Raum in Form eines Spannungsfeldes thematisch wird, und diese neue Ontologie – bedingt durch die Darstellungs-Funktion der Homogenität der rechteckig umgrenzten Fläche – widerspruchslos innerhalb dieses alten Erfahrungs-Rahmens formuliert werden kann. Insofern sprechen wir hier folgerichtig von einer, wenn auch fundamentalen Veränderung der Kunst und vermeiden ebenso konsequent die Formel vom ›Erweiterten Kunstbegriff‹. Diese Veränderung, vereinfachend resümiert, ermöglicht eine Darstellung dessen, was der unmittelbaren Anschauung verborgen bleibt und im Fortgang der Erkenntnis, schließlich überhaupt das anschauliche Vorstellungsvermögen überfordert, der Anschauung schlicht sich verweigert. Das auf der Fläche Dargestellte ist in dem Fall erst recht nicht identisch mit dem, was es darstellt, sondern eine Abstraktion, eine Konstruktion unter den prä-formierenden Bedingungen des Erfahrungs-Rahmens der Gestaltungskategorie.

Bedenken wir dagegen die vielfältigen dreidimensionalen Erscheinungsformen der Moderne, die mit so vagen Etiketten wie ›Objekt‹ oder mit ein wenig Verzweiflung noch immer als ›Plastik‹ eingestuft werden, dann scheint es sich da anders zu verhalten.

Fragen wir also zunächst wieder nach den Grundbedingungen der Gestaltungskategorie Plastik als eines eigengesetzlichen Erfahrungs-Rahmens. Allgemein erkennen wir der Plastik ein zwar schwer zu fixierendes, gleichwohl aber unbezweifelbares Wirkungs-Potential zu, und zwar gleichgültig, ob es sich um eine figurative, oder wie im einzelnen auch immer, abstrahierte Formbildung handelt. Mithin ist sie in ihrer Grundeigentümlichkeit, entgegen dem Augenschein mitunter, alles andere als statisch. Es deutet im Gegenteil alles darauf hin, die Plastik, so sie eine solche ist, als ein prinzipiell dynamisches Gebilde zu verstehen. Das heißt in der Konsequenz: Nicht ihre zweifelsfreie Dreidimensionalität, die ja von sich aus mit kategorialer Notwendigkeit Statik anzeigt – und mithin zumindest mittelbar auf eindeutig umgrenzte Flächen verweist –, ist das entscheidende Charakteristikum, sondern ihre Erscheinung als Wirkungsgefüge, darin das Ganze mehr ist als die Summe seiner Teile. Oder, wie Georg Picht es formuliert hat: »Das Medium des Darstellungs-Raumes der Plastik ist nicht, wie man meint, die Dreidimensionalität des Raumes, sondern die Kraft. Deswegen ist das plastische Kunstwerk nicht res extensa, sondern Gestalt. Im Unterschied zur Traumwelt der Anschauungsbilder ist die Sphäre der Plastik jene Sphäre, die wir Wirklichkeit nennen. Dabei gebrauchen wir aber das Wort ›Wirklichkeit‹ weder im Sinne von Realität, noch im Sinne der aristotelischen energeia. Wir nennen Wirklichkeit den Darstellungsraum der wirkenden Kräfte.«[4] Tatsächlich, was ist Plastik, als ein Wirkungsgefüge definiert, anderes, als ein Kraftfeld in mehr-dimensionaler Erstreckung?

Diese Bestimmung provoziert indes sogleich die Frage: Was soll es, wenn wir scheinbar unversehens von Mehr- statt von Dreidimensionalität sprechen? Kurz und bündig: Das

Moment der Zeit. Denn Kräfte wirken im Ablauf der Zeit, also in der Veränderung. Daß dies keineswegs nur metaphorisch gemeint ist, belegt ein vergleichender Blick etwa auf eine ägyptische Block-Figur und eine Arbeit beispielsweise von Norbert Kricke. Dieser Vergleich demonstriert darüber hinaus zweierlei. Zum einen: Wenn das im Darstellungs-Medium der Fläche Dargestellte mit dem, was es darstellt, notwendigerweise nicht identisch ist, nicht identisch sein kann, und man folglich je nach Zeit und Standpunkt von Illusion oder Abstraktion spricht, so steht im Unterschied dazu fest, daß die Plastik im angedeuteten Sinne ›wirklich‹ ist. Sie ist unmittelbare und unvermittelte Präsenz und insofern wirklich auch und gerade insofern sie von sich aus über ihre materiale Präsenz und Identität hinausweist. Ihr Abstraktionsgrad – gegenüber der den Sinnen erscheinenden Wirklichkeit – ist gegenüber dem auf einer rechteckigen, mithin geometrisch definierten homogenen Fläche formulierten Bild – ein grundsätzlich anderer.

Wie aber verhält sich die Bestimmung der Plastik als eines mehrdimensionalen Wirkungsgefüges zu ihrer unaufhebbaren materialen Unbewegtheit? (Die Objekte der Kinetik bleiben hier unberücksichtigt). Die Antwort hierauf lautet, noch einmal mit Georg Picht: »[...] wir erfahren das, was Kraft ist, durch den Widerspruch der Spannung des Gestus gegen die Unbeweglichkeit der Kontur. Damit wird die Funktion der reinen Kontur oder der Gestalt im engeren Sinne des Wortes deutlich. Sie ist nicht dreidimensionaler Umriß, sondern sie hat das Vermögen, die Kraft zu bannen. Über jeglicher Plastik liegt ein Bann, ja man muß es noch schärfer formulieren: Plastische Kunst ist überhaupt nichts anderes als das Vermögen, im Darstellungs-Raum der wirkenden Kräfte Bannformeln auszuprägen, denen diese Kräfte unterworfen werden. Plastik ist ihrem Wesen nach Magie.«[5]

Zum anderen: Wird die geschlossene Form – wie sie etwa die ägyptische Block-Figur repräsentiert – aufgebrochen, und sehen wir diesen Prozeß analog zum Verzicht auf das Konstruktions-Schema der Perspektive in der Malerei, dann wird die erwähnte Mehr-Dimensionalität der Plastik unmittelbar thematisch –, analog wiederum zur Darstellungs-Funktion der Homogenität der rechteckig umgrenzten Fläche. Hier wie dort, in der modernen Plastik wie in der modernen Malerei, wird auf diese Weise thematisch, was Picht die »Eigenkraft der Potentialität des Darstellungs-Mediums« genannt hat.[6] Nur eben auf je verschiedene Weise, und zwar insofern, als bei der modernen Plastik die Veränderung der Kunst nur bis zu einem gewissen Grad innerhalb des vertrauten Erfahrungs-Rahmens formuliert werden kann. Hinzu kommt, daß entsprechend die Trennungslinie zwischen einer Veränderung der Kunst und einem kategorial ›Erweiterten Kunstbegriff‹ oftmals nur schwer zu bestimmen ist, zumal dieser Prozeß des Wandels, in schematischer Sicht, auch noch auf verschiedenen Ebenen abläuft, die wir hier andeutungsweise mit den Namen Picasso, Duchamp und Naum Gabo bezeichnen wollen.

Wohl kaum ein Künstler hat mit vergleichbarer Radikalität die Kategorien des Plastischen in einem Maße gesprengt wie Picasso. Wenn er die unterschiedlichsten Materialien und Fundstücke in seine skulpturalen Gestaltungen integriert, dann widerspricht das allem, was bis dato zur Plastik gedacht worden war. Die berühmte *Ziege* aus dem Jahre 1950 beispielsweise besteht fast zur Gänze aus Fundstücken. Wie Françoise Gilot berichtet, waren Fundstücke für Picasso oftmals der Anlaß eines schöpferischen Abenteuers. »Bei der ›Ziege‹ war es allerdings umgekehrt. Zuerst hatte Pablo die Idee, die Skulptur einer Ziege zu machen. Dann erst suchte er nach Dingen, die er dazu gebrauchen konnte [...]. So las er auch eines Morgens einen alten weidengeflochtenen Papierkorb auf. ›Das ist genau das, was ich für den Brustkorb der Ziege brauche‹. [...] Dann erinnerte er sich an einen Palmwedel, den er vor etwa zwei Jahren bei einem Spaziergang am Strand aufgelesen hatte [...]. Jetzt fand er, daß ein Stück davon in das Gesicht der Ziege passen würde. Er schnitzte ein wenig daran herum, um Mund und Nase die richtigen Proportionen zu geben. Ein anderes Stück wurde in das Rückgrat eingearbeitet. Die Hörner bildete er aus Weinreben und die Ohren waren Pappstücke, die er wie Ohren geformt und mit Gips gefüllt hatte. Für die Beine nahm er Holzstücke, dünne Äste, die er von einem Baum abgeschnitten hatte. Die Äste, die er für die Hinterbeine verwandte, hatten Knoten, die aussahen wie Gelenke, und sie ›bogen‹ sich an den richtigen Stellen. Er steckte Metallstücke, die er aus dem Gerümpelhaufen herausgesucht hatte, in die Lenden, um sie zu betonen und ihre eckige und knochige Form heraus zu modellieren.«[7]

Unabhängig davon, daß der Bronze-Guß diesen Assemblage-Charakter leicht übersehen läßt, und die *Ziege* sich sehr genau an ihrem Vorbild orientiert, haben wir mit dieser Skulptur das exemplarische Beispiel eines kategorial ›Erweiterten Kunstbegriffs‹ vor uns. Übrigens hatte Picasso auf andere Weise schon mit den frühen kubistischen Konstruktionen den Skulptur-Begriff entscheidend erweitert. Rückt man diese frühen Arbeiten zusammen mit der *Ziege* in einen Blickwinkel, dann wird etwas Wichtiges evident, daß eine Erweiterung des kategorialen Kunstbegriffs in der Skulptur keineswegs gebunden ist an die Bedingungen der Ungegenständlichkeit, wie man vielleicht hätte vermuten können. Die Betonung der charakteristischen Form als Form ist vielmehr entscheidend.

In einem geradezu polaren Gegensatz zu Picassos Vorgehen steht die künstlerische Strategie Marcel Duchamps, der mit den Ready-mades eine nicht minder radikale Erweiterung des Kunstbegriffs bewirkt.[8] Da wird nichts mehr innerhalb der überkommenen Gestaltungs-Kategorie der Plastik dargestellt, mit den Ready-mades wird vielmehr unvermittelt der reale Gegenstand selbst präsentiert. Ein solches factum brutum kann man nicht mehr wie bislang als ein Kunstwerk interpretieren, sondern allenfalls sachgerecht beschreiben. Wenn nun seine Bedeutung offenkundig nicht auf einer inhaltlichen und formalen Notwendigkeit beruht, so kann das Ready-made nur eine gewissermaßen funktionelle Bedeutung haben.

Im Bewußtsein der Risiken einer – hier unumgänglichen – Vereinfachung: Die funktionelle Bedeutung der Ready-mades besteht unter anderem in ihrem polemischen Gestus gegen das bloß noch Ästhetische, das mit der Wirklichkeit, wie immer diese definiert sein mag, nichts mehr zu tun hat, weil es längst in bloßen Schablonen erstarrt ist. Anders formuliert, es entbehrt einer übergreifenden Sinnhaftigkeit, die Duchamp mit der Ablehnung dessen zurückfordert, was er den optischen Schauder nennt. Auf eine Frage Pierre Cabannes, wie er diese Ablehnung erkläre, antwortet Duchamp: »Aus der übersteigerten Bedeutung, die diesem optischen Moment immer beigemessen wurde. Seit Courbet meint man, die Malerei wende sich ausschließlich an das Auge – ein allgemeiner Irrtum. Der optische Schauder. Vorher hatte die Malerei ja auch andere Funktionen, sie war religiös,, philosophisch oder moralisch ausgerichtet.«[9] Auf die Formel gebracht: Es geht Duchamp um die Rückgewinnung von Bedeutung für die Kunst, und das ist für ihn nur denkbar vermittels eines unverstellten Ding-Bezuges. Darin nur eine ästhetische Provokation zu sehen oder eine platte Dinglichkeit, wäre indes ein gründliches Mißverständnis. In dem Falle nämlich würde man die konstitutive Potentialität der Ready-mades ignorieren, wie sie durch die Präsentation des Gegenstandes im Museum aktualisiert wird. Da ist zum einen die durch die museale Präsentation des Gegenstandes bewirkte Verrätselung – eines komplexen Zusammenhangs von Wissen und Erfahrung, von Erinnerung und Empfindung. Und zum anderen umschließt diese Potentialität der Ready-mades eine Komponente, die mit der unverstellten Dinglichkeit des Gegenstandes, der durch seine museale Präsentation als ein besonderer behauptet wird – nahezu zwangsläufig verbunden ist, qua Wissen um die ursprüngliche Bedeutung generell der Ding-Kategorie in der Auseinandersetzung mit Wirklichkeit.

In seinen Anfängen schon und bei den sogenannten Naturvölkern noch bis in unsere Zeit hat der Mensch stets versucht, die Totalität von Welt und Wirklichkeit auf dem Wege der Verdinglichung zu definieren. Diese Methode beruht auf der Prämisse einer magischen Dimension eines jeden beliebigen Gegenstandes, die ihm folglich nicht aus genuinen Gründen anhaftet, sondern ihm jeweils zuerkannt wird durch Besonderung. Nun sieht Duchamp das Ready-made gewiß nicht als einen Ding-Fetisch in diesem Verständnis an, aber den impliziten Verweis darauf kalkuliert er ebenso gewiß als einen thematischen ein.

Damit ist uns ein Indiz dafür in die Hand gegeben, auf welch größeren Zusammenhang die Ready-mades vermittels eben ihrer unverstellten Dinglichkeit verweisen, wie übrigens auf differenzierte Weise allgemein die spätere Objekt-Kunst: Die Grenze zwischen der Wirklichkeit der Kunst und der Wirklichkeit des Lebens soll programmatisch verwischt und schließlich aufgehoben werden. Dieser Intention vermag die Kunst freilich schon rein appellativ nur dann zu entsprechen, wenn sie den tradierten kategorialen Kunstbegriff entschieden verändert, beziehungsweise ihn radikal erweitert. Ihn vermittels der Ding-Kategorie zu erweitern, bedeutet in der Konsequenz dann nichts anderes als den Ausgriff auf Vorstellungen, die sich innerhalb des in der Tradition definierten Erfahrungs-Rahmens von Plastik deshalb nicht formulieren lassen, weil sie dem europäischen, dem rationalen Denken weithin fremd sind oder hier doch nur eine periphere Rolle spielten. Das ändert sich erst, als allmählich gegen Ende des 19. und dann rapide während der ersten beiden Jahrzehnte unseres Jahrhunderts die Kunstwerke außereuropäischer Kulturen, Afrikas zumal und Ozeaniens, in den Blick der Künstler geraten.

Die damit verbundenen Intentionen und Hoffnungen beschreibt zu Beginn der zwanziger Jahre Eckart von Sydow, einer der bekanntesten Interpreten der Kunst der Naturvölker zur damaligen Zeit: »Die einzigen Museen, die uns heute etwas wesentliches bedeuten, sind die Sammlungen der Kunstwerke primitiv-exotischer Völkerschaften.« Alle anderen Museen lassen »den klaffenden Riß zwischen den einzelnen Menschen und ihrer Kultur« erkennen. »Wird nun bei uns nicht allüberall der Ruf nach Einheit laut, suchender Wille der Gemeinschaft? Wie vollkommen scheint er nicht verwirklicht in den exotischen Sammlungen! Hier fehlt das Historisierende, gleichzeitig scheinen alle Dinge sich vollendet zu haben. Und solche Kunst bleibt kein äußeres Gewand, sie dringt tief ein, wirklich, deutlich-sichtbarlich ritzt sich kunsthafter Rhythmus in die Haut. Aufgehoben ist solchermaßen die Kluft zwischen dem Menschen und seinem kunstvollen Tun. Wenn wir durch diese exotischen und primitiven Dinge fühlend hindurchwandern, wird uns das Unterbewußte wieder lebendig, Wesens-Schau, Ganzheit, Einheitlichkeit.«[10]

Hier drückt sich jenes Unbehagen aus, das aus der entwickelten Technik, d.h. aus der Industrialisierung und ihren sozialen Folgen resultiert. In diesem Blickwinkel hat sich die Technik längst verselbständigt. Sie ist nicht mehr dem Menschen dienstbar, sondern nach diesem Verständnis ist es genau umgekehrt: Sie deformiert ihn zum Objekt seiner Objekte. Parallel dazu zerbröselt der Wirklichkeits-Charakter der Dingwelt, die jedwede Bedeutsamkeit solcherart einbüßt beziehungsweise eingebüßt hat. Es liest sich wie ein Kommentar zu den Ready-mades von Duchamp, wenn Giorgio de Chirico 1914 notiert: »Jedes Ding hat zwei Aspekte: Den gewöhnlichen Aspekt, den wir fast immer sehen und den jedermann sieht und den geisterhaften und metaphysischen, den nur seltene Individuen sehen mögen [...]«. Er ließe sich markieren mit der Bedeutung der Form als Form. Auf eine, zugegeben, riskante Weise könnte man unter diesem Aspekt des ›Erweiterten Kunstbegriffs‹ Verbindungsfäden spinnen zwischen den beiden höchst unterschiedlichen Ebenen, die wir hilfsweise mit den Namen Picasso und Duchamp bezeichnet haben. Ohne hier Verschiedenheiten auch nur andeutungsweise verwischen zu wollen, soll derart lediglich angezeigt werden, daß mittels einer kategorialen Erweiterung des Kunstbegriffs – der aus den skizzierten Gründen notwendig allein vom Medium Skulptur ausgehen kann – Erfahrungsbereiche erschlossen worden sind, die bei aller Differenz im einzelnen doch einen gemeinsamen Grund haben: Nämlich die Thematisierung von Vorstellungen außerhalb des Dominanz-Bereichs des Rationalismus.

Bedenkt man jedoch jene dritte Ebene schließlich, für die wir den Namen Naum Gabo eingesetzt haben, so wird eine weitreichende Ambivalenz des kategorial ›erweiterten Kunstbegriffs‹ offenkundig. Auch die Arbeiten dieses Künstlers sind eindeutig Belege eines energisch ›Erweiterten Kunstbegriffs‹, nur daß sie mit den schon erwähnten Vorstellungen und Intentionen keinerlei Berührungspunkte haben. Der programmatische Verzicht auf die für die Plastik konstitutiven Elemente von Volumen und Masse, die Auflösung der geschlossenen Form in Flächen und die Entdeckung des Leer-Volumens zielen strikt auf eine Definition von Plastik als einem mehr-dimensionalen Wirkungsgefüge, des »Darstellungsraumes der wirkenden Kräfte«.

Ziehen wir an dieser Stelle eine Zwischenbilanz, dann können wir feststellen, daß die Erweiterung des Kunstbegriffs sinnvoll nur als eine kategoriale zu verstehen ist; daß diese Erweiterung eine Bedingung der Möglichkeit ist, die Potentialität der Plastik – als des »Darstellungsraumes der wirkenden Kräfte« – unmittelbar zu thematisieren und das in höchst differenter Vielfalt; und daß endlich eine solche Erweiterung des Erfahrungsbereichs allgemein das Mythische unmittelbar erschließt, in der Weise freilich moderner Form-

Reflexion. Festzuhalten gilt es dabei, daß die Erweiterung des Kunstbegriffs in dieser Richtung - zumindest über Strecken – eine programmatische Verwischung der Grenze zwischen der Wirklichkeit der Kunst und der Wirklichkeit des Lebens impliziert. In diese Zwischen-Bilanz gehört indes auch, daß ungeachtet der Radikalität jeweils der skizzierten Ansätze die Erweiterung des Kunstbegriffs bis dahin die Grenze des Objekthaften noch nicht gesprengt hat.

Das ist aufschlußreich für das Verständnis der mit dem Namen Duchamp markierten Ebene, beziehungsweise symptomatisch für das von Teilen der Moderne vorgetragene Programm einer Gleichsetzung von Kunst und Leben, das insofern nur appellativ sein kann, als es auf die kulturelle Struktur der Naturvölker verweist, die man – wie das Zitat von Eckart von Sydow pars pro toto belegt – als eine Einheit von Kunst und menschlichem Tun sah, eine eurozentrische Romantisierung, und also noch ohne Wissen um die kulturelle Tatsächlichkeit und in gleichem Maße gespeist aus Zivilisationskritik und sozial-romantischer Utopie.

Und überraschenderweise trotzdem ein hellsichtiges Verständnis, nicht nur, wenn man den damaligen ethnologischen Kenntnisstand bedenkt, sondern zusätzlich in Rechnung stellt, daß diese Hoffnungs-Sicht sich allein auf die Objekte gründet, denen außer den Künstlern erst wenige Fachleute künstlerischen Rang zuzubilligen bereit waren. Seit Neuerem erst liegen seitens der Ethnologie Studien vor, die auf empirisches Material gestützt nachweisen, daß sich Menschen nicht »auf beliebige oder zufällige Weise mit ihren Lebens-Problemen auseinander setzen, sondern [sie lassen] sich in ihrem Verhalten offensichtlich von ganz bestimmten ästhetischen Kriterien leiten. Alle Lebensäußerungs-Formen der Menschen – seien es beispielsweise die Art ihrer Behausung und Kleidung, die Gestaltung ihrer Gebrauchsgegenstände, und die Raumaufteilung, der Ablauf von Riten und Festen oder Sozialisations-Prozesse – lassen das Bemühen erkennen, die Lebenswirklichkeit nicht allein konkret praktisch, sondern auch ästhetisch, das heißt, durch Ordnen, Formen und Gestalten zu bewältigen. Doch kann es keine von den Lebens-Problemen der Menschen abgehobene Ästhetik im Sinne einer ›Theorie des Schönen an sich‹ geben, wie sie in der Geschichte der philosophischen Ästhetik von idealistischen Denk-Traditionen [...] immer wieder mystisch zu begründen versucht wurde [...]. Ästhetische Ausdrucksformen sind, das zeigt die Ethnologie, immer konkrete Schöpfungen konkreter Menschen und damit abhängig von den Existenz-Bedingungen und zentralen Lebens-Interessen dieser Menschen.«[11]

Es liegt auf der Hand, daß von dieser Feststellung her ein zusätzliches Licht auf die Bedeutungs-Dimension des ›Erweiterten Kunstbegriffs‹ fällt und dadurch ein Sektor einsichtig wird, der zuvor im Schatten verborgen bleiben mußte. In notgedrungen schematischer Verkürzung erweist sich vor diesem Hintergrund der ›Erweiterte Kunstbegriff‹ zu Teilen als eine moderne Funktion der alten Dichotomie von Natur und Kultur, deren bildhafte Ausdrucksform einst die Idylle war: hier auf der Reflexions-Höhe unserer Zeit, angezeigt durch die Avanciertheit der Darstellungs-Formen. Unter den skizzierten Aspekten des ›erweiterten Kunstbegriffs‹ gewinnt dessen Ambivalenz nun auch problemgeschichtlichen Kontur. Insofern ist der ›Erweiterte Kunstbegriff‹ ein Indikator des allgemeinen

Bewußtseins; entsprechend aufschlußreich, daß er ein Begriff erst der Moderne ist. Ob seiner unvermeidlichen utopischen Komponente umschließt er notwendig auch Kritik an der Gegenwart, und sei es ›nur‹ in der – einzig möglichen? – Form eines »ästhetischen Gegen-Potentials«. So und so geht es um die Rückgewinnung von Bedeutsamkeit, nicht mehr so sehr gegen den ›optischen Schauder‹ als vielmehr gegen die Herrschaft allein des Meßbaren und seiner praktischen Auswirkungen. Somit um so bemerkenswerter, daß dagegen jene, auch durch den ›Erweiterten Kunstbegriff‹ ermöglichte Thematisierung unmittelbar der »Eigenkraft der Potentialität des Mediums« Plastik als des »Darstellungs-Raumes der wirkenden Kräfte« im Sinne der Arbeiten von Naum Gabo – nicht erst heute – weit in den Hintergrund geraten ist.

Ist eine Rückgewinnung von Bedeutsamkeit – heute – möglich nur aus dem »Ursprünglichen«? Was das ist? – Der ›Erweiterte Kunstbegriff‹ – oder die Dichotomie von Natur und Kultur – heute.

Nikolaus Zaske

Erinnerung an die Nikolaikirche zu Stralsund

Die Ruhe um St. Marien zu Lübeck ist umgeschlagen in kritische Auseinandersetzungen. Kontroverse Meinungen haben die als sicher gegoltenen Feststellungen fraglich werden lassen und dadurch weitere Diskussionen eröffnet. Es sind drei neue Ansatzpunkte, welche das gewohnte Bild verändern: die Datierung des Marienchors, seine Abhängigkeiten, seine Einflüsse. Ist die Debatte vorerst auch auf Lübeck beschränkt, so betrifft sie doch indirekt den Nikolaichor zu Stralsund und andere Bauten dieses Typs. Ihn in die Erwägungen einzubeziehen ist notwendig, bringt aber zusätzliche Probleme mit sich. Das Thema der hochgotischen Backsteinkathedrale ist jedenfalls im Augenblick sehr bewegt und verlangt nach der Klärung wesentlicher Sachverhalte. Wenn hier mit einigen Fragen an St. Nikolai zu Stralsund erinnert wird, so geschieht das lediglich, um bei den laufenden Erörterungen diesen Bau im Vergleich mit Lübecks St. Marien zu halten. Mehr als Fragen können es in dem gebotenen Rahmen nicht sein.

Der Baubeginn des Lübecker Marienchors wird aus unterschiedlichen Gründen von Max Hasse, Hans-Joachim Kunst und – vorerst angekündigt – Jens Christian Holst später angesetzt.[1] Hasse führt dafür baugeschichtliche Fakten an, Kunst verweist auf die Sakristei von 1277 des Kölner Doms als Vorläuferin, Holst stützt sich auf materialtechnische Beobachtungen. Dietrich Ellger hatte Indizien für den Chorbeginn um 1260 erbracht[2], nunmehr sind Argumente für die siebziger Jahre des 13. Jahrhunderts gefunden. Die Spätdatierung des Lübecker Chors, obwohl sie nur mit rund zehn Jahren rechnet, hätte Folgen. Wird sie akzeptiert, so ist die Zeitstellung des Stralsunder Nikolaichors und anderer Kathedralanlagen zu überprüfen. Der Stralsunder Chor wurde oft als Nachfolger, gelegentlich als selbständiger Parallelfall zum Lübecker Marienchor aufgefaßt, seine Datierung aufgrund formengeschichtlicher Kriterien entsprechend bestimmt. Die Verwandtschaft beider miteinander ist offensichtlich, trotz verschiedenartiger Konzeptionen. Beide spiegeln die schöpferische Transformation des französischen Kathedral-Programms wider: ins Backsteingemäße, wie man, allein die technischen Gegebenheiten berücksichtigend, gemeint hat, oder gemäß der situationsbedingten Vorstellungswelt des stadtbürgerlichen und bischöflichen Bauherrn im ostelbischen Kulturraum.[3] Bestätigte sich die jetzt vorgeschlagene Datierung des Lübekker Marienchors, dann finden wir die »erstmalige Formulierung einer ›Kathedralchor‹-Planung vor 1266 am Lübecker Dom, dem somit diesbezüglich die Priorität zukommt. [...] Damit schmilzt freilich die Vorbildhaftigkeit St. Mariens für das Ostseegebiet allein schon aus chronologischen Gründen dahin.«[4] Der Lübecker Dom tritt stärker in den Vordergrund, zumal wenn man hervorhebt, daß »dessen Bauherren – Bischof und Domherren – letztlich auch diejenigen der Stadtpfarrkirchen waren«.

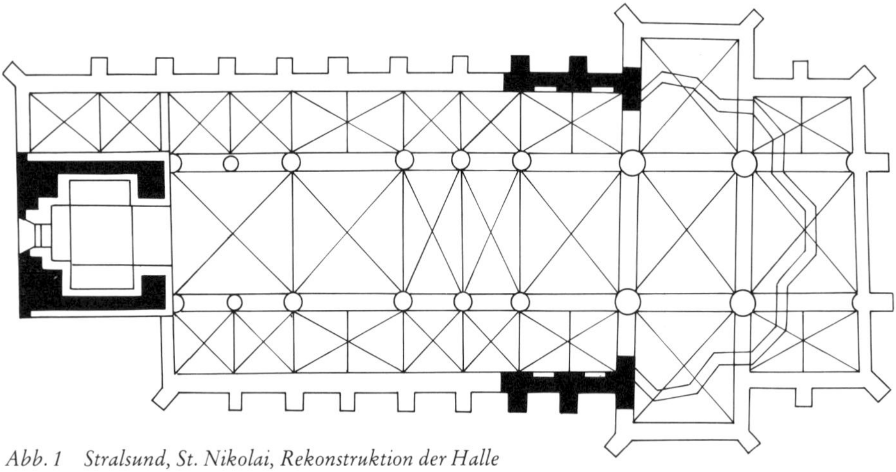

Abb. 1 Stralsund, St. Nikolai, Rekonstruktion der Halle

Abb. 2 Stralsund, St. Nikolai, Grundriß

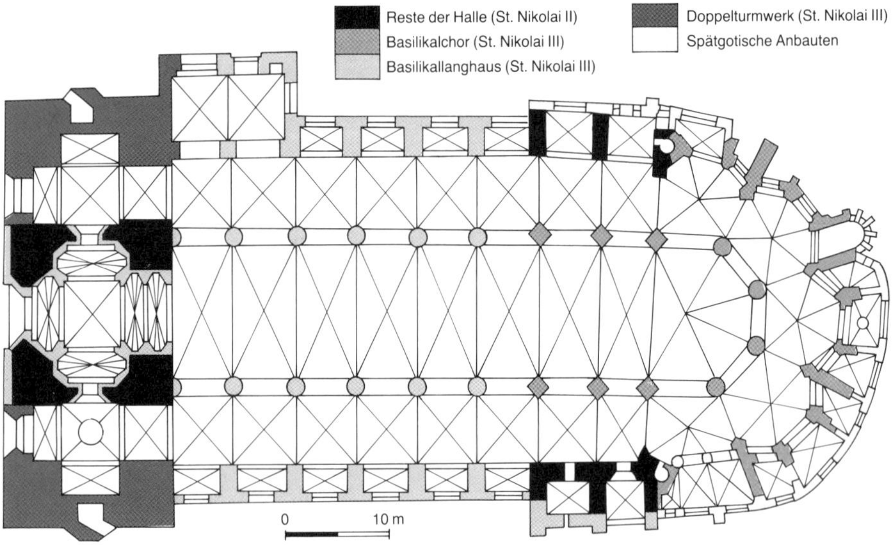

Hasse betont, daß St. Marien nicht Ratskirche gewesen sei, indes bleibt Erdmanns Frage zu beantworten: »Wie ist die ›fabrica‹ von Lübecker Kirchen in das Beziehungsgeflecht der mittelalterlichen Stadt einzubeziehen?«[5] Der Anteil stadtbürgerlicher Kreise an der Errichtung und Ausgestaltung von Pfarrkirchen ist unbestritten, aber diese Aktivität wäre zu präzisieren. Die Annahme, Lübecks Bischofsamt habe das kathedrale System eingeführt und auch der Marienpfarrei verordnet, oder diese habe es aus gesellschaftspolitischer Reaktion okkupiert, läßt sich kaum soweit verallgemeinern, daß sie auf Stralsunder Verhältnisse übertragbar ist. Auch die für Lübeck angenommenen Bezugslinien sind es dann schwerlich.

Bekanntlich war St. Nikolai zu Stralsund kein Bischofsdom, aber war sie Ratskirche? Ohne durch die Definition dessen, was eine Ratskirche ist, gedeckt zu sein, erinnern wir an einige Nachrichten über diese Pfarrkirche, die vielleicht ihren Status angehen. Leider sind Stralsunder Stadtbücher erst seit 1270 überkommen, urkundliche Erwähnungen selten. Es ist aufschlußreich, daß alle im 14. Jahrhundert verzeichneten Provisoren von St. Nikolai, außer zweien, Mitglieder des Rates sind und erst später auch andere Bürger, weil es vielfältige Pflichten auferlegte, vom Rat mit diesem Amt betraut werden.[6] So nimmt der Rat 1278 acht Last Getreide »ad opus b. Nicolai« entgegen, er fungiert als Vermögensverwalter der Kirche.[7] 1287 hören wir erstmals von Provisoren. Doch nicht sie, sondern der Rat stellt um 1288 den Magister Thidericus lapicida ein und sichert ihm für Bauarbeiten an St. Nikolai und der Stadtmauer dieselbe Entlohnung zu wie einem anderen Meister. 1314 rechnet Bernhard Weling, der an der Nikolaikirche arbeitet, einen Betrag mit zwei Ratsherren und dem Provisor der Kirche ab. Wieder sind es Ratsherren, welche 1348 den Meister Siegfried einstellen und in dem Vertrag mit ihm seine Dienste für die Stadt von seiner Bautätigkeit an St. Nikolai unterscheiden. Für St. Marien zu Stralsund gilt diese Regelung hinsichtlich Rat und Kirchenprovisoren nicht.

Es fällt auf, daß die wenigen für St. Nikolai schriftlich bezeugten Architekten Stadtbaumeister sind, angestellt vom Stralsunder Rat nicht nur für städtische Bauvorhaben, sondern zugleich als Baumeister jener Kirche. Der Rat, nicht die Provisoren, entscheiden über den Bauvorgang von St. Nikolai, die Kirche untersteht ihrem Verfügungsrecht, unterliegt ihrer Verantwortung. Sie ist Kirche des Stralsunder Rates, anders als St. Marien, wenn auch diese unter der Aufsicht des Rates bleibt. Darf angenommen werden, der Stralsunder Rat sei Bauherr von St. Nikolai und habe, wie im Fall der Lübecker Kirchen, das Bischofsamt, die Architekturkonzeption initiiert oder, auf welche Weise immer, mitgeformt, dann ist hier am Sund, wo kein Bischof direkt Richtwerte angibt, wo weder das Bedürfnis nach bischöflicher Repräsentation noch der lokalgeschichtlich bedingte Wille vorhanden sind, ihr entgegenzutreten, die Übernahme des Kathedral-Programms beachtlich und erklärungsbedürftig. Warum wählt das Stralsunder Patriziat, das kein Bischof innerhalb der eigenen Stadtmauern bedrängt und vielleicht zur Konkurrenz herausfordert, gerade diese Bauidee? Nehmen wir an, Rostock und Wismar hätten sich durch St. Marien zu Lübeck und St. Nikolai zu Stralsund veranlaßt gefühlt, das kathedrale Architekturmuster zu übernehmen, wonach aber richten sich um 1270 die Stralsunder: nach dem Lübecker Domchor, der nur schleppend vorankommt[8], oder nach der reduzierten Planung des kathedralen Marienchors, von dem in den siebziger Jahren des 13. Jahrhunderts gerade erst die Rede ist? Die Wahl des Stralsunder Patriziats steht nicht in dem für Lübeck erkennbaren, von der Anwesenheit des Bischofs geprägten Kontext. Ist er für Dom und St. Marien in Lübeck ausschlaggebend, dann fällt für Stralsund das Fehlen eines solchen ins Gewicht, d. h. mit derselben Konsequenz wie die Lübecker Architekturplanungen ist der Stralsunder Entwurf auf den jeweiligen Bauherrn zurückzuführen. Was aber aus solchem Kausalverhältnis heraus für Lübeck einleuchtet, ist für Stralsund problematisch, da es sich beide Male um den gleichen Bautyp handelt. Wir sind zufolge dieser Logik gezwungen, für St. Nikolai stadtbürgerlich-patrizische Intentionen zu reklamieren. Sieht das Bürgertum durch die Kathedralform ebenso wie der Bischof seine Architekturvorstellungen verwirklicht, dann begegnet uns hier, da beide gewiß unterschiedliche Ansprüche verfechten, das interessante Faktum der Mehrdeutigkeit eines Bautyps. Schließlich bedienen sich seiner die Doberaner Zisterzienser und der Schweriner Bischof.

Um den geschichtlichen Rahmen wenigstens sichtbar zu machen, seien einige Daten und Fakten notiert. Die folgenden Nachrichten auf Bauzustände zu beziehen, ist schwierig, wir sind auf Vermutungen angewiesen, drängen jedoch auf deren Wahrscheinlichkeit. 1234 verleiht Fürst Wizlaw I. von Rügen dem Ort Stralsund das deutsche Stadtrecht, welches bereits in Rostock gilt.[9] Die 1256 erwähnte Neustadt liegt 1290 innerhalb des Mauerringes, der beide Stadtteile, den alten und den neuen, umfängt. St. Marien wird erstmals 1298 genannt, 1303 ist St. Jakobi nachweisbar. Die erste Nachricht von St. Nikolai ist die Mitteilung aus dem Jahre 1278, der Rat habe, wie bereits zitiert, acht Last Getreide »ad opus b. Nicolai« entgegengenommen. 1298 leiht der Rat bei einem einheimischen und einem Lübekker Bürger eine größere Summe für die Kirche, vermutlich wegen umfangreicher Bauarbeiten, die zügig vorangehen, wenn nicht gar abgeschlossen werden sollen. Demselben Zweck dient doch wohl die Annahme des Getreides, dessen Erlös die Baukasse auffüllt. Während der siebziger Jahre des 13. Jahrhunderts diesen Aufwand der Halle gewidmet zu haben, deren massive Rundstabdienste stilistisch älterem Formgefühl entsprechen, wo doch die Kathedralchoranlage aktuell ist, wäre nicht einleuchtend (Abb. 1, 2). Glaubhafter scheint die Annahme von Baumaßnahmen für den hochgotischen Nikolaichor.[10] Lebhafte Tätigkeit bezeugt ferner die im Stralsunder Stadtbuch 1298/99 aufgezeichnete Verpflichtung des Ziegelmeisters Herrmanns, für St. Nikolai die Steine zu liefern (I. Stb. IV Nr. 548 u. 595).

1296 erhält der Jakobi-Altar (Pommersches Urkundenbuch III 1755), 1305 der Allerheiligen-Altar (PUB IV 2227) eine Vikarienstiftung. Bruno Faber spendet 1287 eine Summe für Wein und Oblaten (I. Stb. II Nr. 269). Seit 1307 werden Wächter für das Bildwerk der hl. Anna bestallt; wohl eine Vorsicht wegen der ›offenen‹ Baustelle. Die Ausstattung eines doch wohl neu errichteten Kirchenraumes beginnt. Von 1278 bis 1305 müssen, laut Urkunden und Eintragungen, Unternehmungen im Gange, nicht nur geplant gewesen sein, die Geld, Baumeister, Ziegel, Wächter und Altarbewidmungen erfordern. Der anhand von zeitgenössischen Nachrichten zu beobachtende Betrieb ist offenbar über das Anfangsstadium hinausgediehen. Denken wir an den Nikolaichor, so dürfte er in den siebziger Jahren des 13. Jahrhunderts schon Gestalt angenommen haben, da Altäre zugerüstet sind. Hier können stilistische Definitionen und Formenvergleiche weiterführen.

Abb. 3 Stralsund, St. Nikolai und Rathaus

Daß St. Nikolai als Ratskirche fungiert, wird vielfältig sichtbar. In ihr tagen die Ratsherren und besiegeln Rechtsgeschäfte. Hier hört die Bürgerschaft die ›bursprake‹; Verordnungen und Gesetze. Darüber gibt es Berichte.[11] Die Ratsherren stammen vorwiegend aus dem Kreis der Fernhändler. Als mächtigste Gilde tritt hier wie anderswo die der Gewandschneider hervor. Sie hat in einer Umgangskapelle des Nikolaichors ihren Altar.[12] An diesem Platz versammeln sich die Gewandschneider und beraten ihre Angelegenheiten. Unter den 1394 genannten sieben Provisoren von St. Nikolai sind die vier Bürgermeister Stralsunds und ein weiterer Ratsherr. Die Ratsherren, von denen wohl die meisten Gewandschneider sind, die Alterleute dieser Gilde, die Provisoren, haben noch am ehesten Zugang zu einer gehobenen Bildung. Fernhandel über See und Land, die Kalkulation des Warenhandels, die kaufmännische Buchhaltung verlangen spezielle Kenntnisse. Imponierende Handelsstädte im Heimatland und im Ausland mit ihren monumentalen Kirchen beeindrucken das Bewußtsein, ferne Handelspartner und deren kulturelle Umgebung vermitteln Richtpunkte. Der Rat, zusammengesetzt aus weitgereisten, weltaufgeschlossenen Fernhändlern, bestimmt zwar das Baugeschehen, aber ist er kirchenpolitisch und ideengeschichtlich geschult, um die Wahl der Architekturkonzeption, die Entscheidung für das reduzierte Kathedral-Pogramm entsprechend seiner Situation zu treffen?[13] Solange keine Instanz nachweisbar ist, welche diesen Akt ihm abgenommen oder für ihn geleistet hätte, sind wir genötigt, den Rat, mithin die führende Bürgerschaft, als Bauherrn und Planherrn zu akzeptieren. Wer sollte diese Instanz auch sein? Weder Landesherr noch Bischof scheinen je derartigen Einfluß auf Stralsund ausgeübt zu haben.

Aufgrund der unlängst neu vorgenommenen Datierung des Stralsunder Rathauses ergibt sich ein zeitlicher Zusammenhang zwischen ihm und der mit dem Kathedralchor begonnenen Nikolaikirche.[14] Außerdem tragen die Gewölberippen der nördlichen Rathauslaube dieselben Birnstabprofile wie die Chorgewölbe der Kirche. Offensichtlich ist der Rathausbau mit Absicht quer zur Westpartie der Kirche angeordnet, so daß beide Komplexe planmäßig aufeinander bezogen sind (Abb. 3). Über diese Konzeption wäre hinsichtlich der Bauherrnschaft nachzudenken, auch im Vergleich mit anderen Lagebeziehungen zwischen Kirche und Rathaus. Vor allem die Lübecker, Rostocker und Wismarer Verhältnisse kämen in Betracht. Auch diese Stralsunder Planung verlangt nach einer Erklärung des Charakters ihres Initiators. Bauherr des Rathauses und Vertreter der Absicht, Kirche und Rathaus in einer Monumentalkomposition zu vereinigen, kann doch nur der Bauherr St. Nikolais gewesen sein. Wer aber liefert für beide Projekte den eigentlichen Architekturentwurf, bietet Varianten an, mit denen sich der Bauherr auseinandersetzt, bevor er seine Entscheidung trifft?

Abb. 4 Lübeck, St. Marien, Mittelschiff und Chor

Abb. 5 Stralsund, St. Nikolai, Chorumgangswand mit oberem Laufgang

Abb. 6 Quimper, St. Lorentin, Mittelschiff und Chor nach Südosten

Im Unterschied zum Lübecker Marienchor (Abb. 4), aber ähnlich dem Domchor, erfüllt Stralsunds Nikolaichor hinlänglich das Muster des fünfteiligen Kapellenumgangs, bei dem die Kapellen und der ihnen vorgelagerte Umgangsabschnitt unter demselben Gewölbeschlußstein liegen (Abb. 5). Da die Kathedralchorfügung von Quimper nicht mehr unmittelbar mit St. Marien zu Lübeck verknüpft wird, wobei gewisse Übereinstimmungen zwischen beiden unbestritten bleiben, andere direkte Vorstufen für die Lübecker Marienkirche außerhalb des norddeutschen Backsteingebiets nicht gefunden sind, ist die Frage nach ihren entwicklungsgeschichtlichen Wurzeln offen (Abb. 6). Ähnlichkeiten zwischen den Kathedralchören zu Quimper und Stralsund wären allerdings anzumerken: die verhältnismäßig flache Kapellenbildung, die Engstellung der östlichen Binnenchorpfeiler, die Anordnung der Wendeltreppen, abgesehen von der Pfeilerknickung im Binnenpolygon.[15] Diese Merkmale rücken Quimper und Stralsund einander näher als Lübeck und Quimper. Allerdings entkräftet die relative und partielle Übereinstimmung zwischen Stralsund und Quimper nicht den Zweifel an diesem Bau als Urform der langen Reihe norddeutscher Kathedralchöre. Wer jedoch den Einfluß der französischen Architektur auf die Backsteingotik für unerheblich erachtet und lediglich den deutschen Anregungen nachspürt, kommt trotzdem nicht umhin, solche Gleichartigkeiten zu kennzeichnen, sogar zu erklären. Gewiß ist zur Zeit der Planung von St. Marien zu Lübeck und St. Nikolai zu Stralsund das gewaltigste Bauunternehmen in beeindruckender Nähe der Kölner Dom. Aber dessen Chorgrundriß

Abb. 7
Stralsund, St. Nikolai, Umgangswand

Abb. 8
Stralsund, St. Nikolai, Detail des Laufganges

beeinflußt die norddeutschen Bauherren nicht entscheidend; sie orientieren sich anderswo. Die Suche nach einheimischen Anregungen hat über Formenvergleiche oder Ideologieassoziationen tatsächlich den Kölner Dom ins nähere Sichtfeld gerückt: Sein Langhaus weist den in Lübeck und Stralsund bekannten Birnstab zwischen Kehlen auf, die Aufnahme der Hoheitsform bischöflicher Repräsentation, der Kathedrale, in Handelsstädten, die miteinander verkehren, scheint auf der Bedeutungsebene Verbindungsmöglichkeiten zwischen ihnen anzubieten. Solange für den Chorpfeiler von St. Marien zu Lübeck kein Vorbild nachzuweisen ist, weder in Köln noch in Frankreich, wenn auch hier schon eher verwandte Motive zu finden sind, hat er als Schöpfung des norddeutschen Baumeisters zu gelten. Ähnlich verhält es sich mit dem ›französischeren‹ Chorpfeiler von St. Nikolai zu Stralsund. Er ist ebenfalls eigenwillig, obwohl weniger ›backsteingemäß‹, da ihm die Wandidentität abgeht. Er ist mehr Bauglied als Mauerteil.

Der stilistische Charakter des Lübecker und Stralsunder Chorbaus spricht kaum für die Absicht, sich dem Kölner Formenprogramm anzunähern, im Gegenteil ist selbstbewußte Distanzierung zu bemerken. Bleiben wir beim Stralsunder Chor. Seine Bündelpfeiler korrespondieren mit dem Aufriß der inneren Chorumgangswand (Abb. 7). Sie wird durch die Wandpfeiler jochweise in ein von Spitzbogennischen gezeichnetes Sockelstück und die doppelt so hohe Fensternische gegliedert. Die Fensterwand ist zurückgesetzt, so daß auf dem Sockel eine Sohlbank entsteht. Laufgangtunnel durchbrechen die Wandpfeiler (Abb. 8). Wie im Chormittelschiff tragen Freipfeiler, Dienste und Gewölberippen dasselbe Birnstabprofil.

Jedoch ist das gesamte Umgangswandsystem völlig anders als das lübische, das weder Sokkelnische noch Laufgang kennt. Auffallend sind die Säulchen mit Basen und Kapitellen an den Laufgangtunneln. Die genauere Analyse des differenzierten, relativ plastischen Wandreliefs stieße auf stilistische Unterschiede zwischen ihm und den in demselben Bauzuge angelegten, auf derselben Planung fußenden Freipfeilern mit ihren Bündelungen linearer, keineswegs plastischer Formen. Der Bündelpfeiler reflektiert die entwicklungsgeschichtliche Position etwa des Langhauses von Saint Denis, die Umgangswand etwa jene der Reimser Kathedrale. Verschiedene Gegenden und Gestaltungsprinzipien kommen zu Wort.[16] Daraus ist zunächst auf die Kenntnisse des Baumeisters, auf seinen Ausbildungsgang und die Datierung seiner Architekturen zu schließen. Sodann wird ersichtlich, daß die Synthese von Formulierungen, welche je ihre eigene Entwicklungsgeschichte haben und voneinander unabhängige Entwicklungszustände verkörpern, durchaus zu den geläufigen Verfahren der architektonischen Disposition im 13. Jahrhundert zählt.[17] Reims, Saint-Denis und die sonst öfter für St. Nikolai wahrscheinlich gemachten Bezugspunkte in der französischen Architektur, kaum der Kölner Dom, bieten den eigentlichen Hintergrund der hansestädtischen Kathedralplanung. Sind die Anspielungen auf bestimmte Bausituationen auch ideologisch motiviert? Wenn ja, bedeuten sie mehr als eine Vergegenwärtigung der monumentalen königlich-bischöflichen Baukunst Europas in einer bürgerlichen Fernhandelsstadt?

Abb. 9 Naumburg, Dom, Westchor nach Westen

Soll aus der Hand ein deutsches Vergleichsbeispiel für das Wandsystem des Stralsunder Nikolaichors angeführt werden, so könnte es der Westchor des Naumburger Doms sein, ohne daß damit an irgendwelche Verbindungen gedacht wäre (Abb. 9).[18] Die Naumburger Proportionierung der inneren Polygonwand ähnelt der Stralsunder, ebenso der Aufriß: Sockelzone, Laufgang mit Säulen an den Tunneln, Fensterzone. Gewiß ist die Naumburger Anlage großartiger und von besonderem Charakter durch die Kooperation mit den Skulpturen. Bekanntlich hängt die Architekturmotivik des Naumburger Westchors mit Reims zusammen. Vorgeprägt ist das Laufgangsthema in Stralsund selbst, an den Seitenschiffen der Nikolaihalle. Ob Spitzbogennischen die Sockelzone darunter auflockern, konnte bis jetzt nicht geklärt werden. Auch die Lübecker Marienhalle überliefert dem Folgebau den Laufgang, er nimmt ihn jedoch nicht an. Warum entschließen sich die Stralsunder, dieses Motiv beizubehalten, die Lübecker nicht? Obschon es naheliegt, das Traditionsbewußtsein ins Spiel zu bringen, dürften noch weitere Faktoren mitgewirkt haben. Grundsätzlich entstammt der Laufgang im Hallenbau und der im Kathedralbau einer jeweils eigenen Entwicklungsgeschichte. Trotzdem bestehen Beziehungen zwischen den beiden Stralsunder Laufgängen, denn zweifellos hat das Vorhandensein des älteren in der Nikolaihalle den jüngeren in dem kathedralen Chorbau vorprogrammiert, wenn auch nicht bedingt. Denn der Laufgang im Kathedralchor setzt nicht einfach denjenigen der Halle fort, obschon beide an der Nahtstelle von Langchor und Umgang aufeinandertreffen. Er liegt niedriger, seine Tunnel sind kleiner, vor allem fehlen in der Halle die Säulchen. Überdies erfüllt er eine andere Funktion. Ihn zu übernehmen setzt voraus, das backsteingotische Wandrahmenwerk auszubilden.[19] Der Laufgang in der ›dicken Mauer‹ gehört zu einem anderen System als jener in dem differenzierten Gefüge der kathedralen Architektur. Man sieht indes an Lübecks Marienchor, daß die kathedrale Architekturstruktur durchaus nicht von allein den Laufgang mit sich bringt. Die Entscheidungsfindung zu verstehen, wäre wichtig, nicht zuletzt eben im Zusammenhang mit der Diskussion Lübecker Probleme.

Es ist bemerkt worden, daß der Obergaden des Stralsunder Nikolaichors nicht logisch auf die Gestaltung der Umgangswände und Freipfeiler antwortet: anstatt Bündelungen und Linearität bringt die Gadenzone schwere, von Laufgangtunneln durchbrochene Wandpfeiler und tiefe Fensternischen zur Geltung (Abb. 10). Sie wiederholt in gewissem Sinne den Wandaufbau der Halle. Der Unterschied zum Arkadengeschoß ist erheblich, er beruht sicher auf einem Planwechsel, der vielleicht zufällig, infolge der Ablösung eines Baumeisters zustandekommt. Die Möglichkeit, das bereits im Erdgeschoß realisierte Architekturprogramm zu unterbrechen, um traditionelle Vorstellungen zurückzurufen, wird genutzt, als habe man sie erwartet. Signalisiert der rigorose Planwechsel mit dem Rückgriff auf heimische Bauformationen die Ablehnung ›französisierender‹ und die Besinnung auf eigene, backsteinerprobte Ausdrucksmodi, oder richtet sich der Blick inzwischen auf Lübeck und veranlaßt entscheidende Korrekturen? Bereits im Umgang ist an der Verstärkung einiger Wanddienste durch Polygonvorlagen – die Kapelleneinschnürung wird straffer – ein korrigierender Einschnitt während des Chorbaus erkennbar.[20] Macht sich schon hier das Wirken eines neuen Baumeisters bemerkbar, der dann die Hochschiffswand konzipiert? Ist es über-

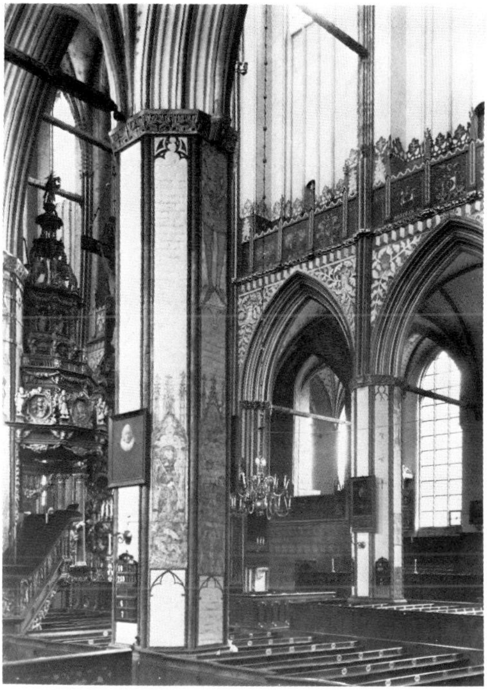

Abb. 10 Stralsund, St. Nikolai, Hochschiffswand

haupt notwendig, den Umschwung mit einer Orientierung des Planes an Lübeck zu begründen? Das würde bei den jetzigen Datierungsvorschlägen für den dortigen Marienchor einige Schwierigkeiten bereiten. Der Umschwung könnte gleichwohl aus der Stralsunder Situation erklärt werden. Jedenfalls verschränken sich Unter- und Oberbau des fertigen Nikolaichors zur kontrastvollen Gesamtgestalt, die kompositorische Absicht und ideellen Sinn offenbart.[21] Das lastende Obergeschoß mit den zum Teil zugesetzten Fenstern veranschaulicht eine andere Auffassung als das ›entmaterialisierte‹ Formengefüge der Arkadenzone. Die Umkehrung der Schwereverhältnisse bewirkt, daß die Architektur ›steht‹, anstatt daß sie aufwärtsstrebt.

Im Langhaus ist die Struktur der Hochchorwand für das Gadengeschoß beibehalten. Als Stützen erscheinen Achteckpfeiler. Der Kontrast zwischen beiden Geschossen wird, mit eigenen Mitteln, wiederholt, also planmäßig aufgenommen. So erhält die Organisation des Choraufrisses nachträglich ihre kompositorische Bestätigung.

Einige Probleme sind angesprochen. Davon beschäftigt uns im Augenblick am meisten, die Datierung des Stralsunder Nikolaichors stil- und formenkritisch zu präzisieren und die Beziehung zwischen Ratskirche und kathedraler Architekturmotivik außerhalb der unmittelbaren bischöflichen Aufsicht über die Hauptpfarrei einer Fernhandelsstadt zu beschreiben. Das heißt keineswegs, die übrigen Fragen blieben am Rande des Interesses.[22]

Anmerkungen zu den Beiträgen

Ulrich Bischoff: Kontinuität und Transformation eines Themas aus der Romantik. Joachim Bandau – Gloria Friedmann (S. 11–17)

1 Jens Christian Jensen hat in *Caspar David Friedrich. Leben und Werk*, Köln 1974, S. 203ff. einen Querschnitt bisheriger Deutungen vorgestellt.

2 Ebenda, S. 206.

3 Vgl. Helmut Börsch-Supan, Karl Wilhelm Jähnig: *Caspar David Friedrich* (Werkkatalog), München 1973, S. 387.

4 Jensen (s. Anm. 1), S. 206.

5 Vgl. Ulrich Bischoff: *Landschaftliches: Installationen und Ensembles nach 1984*. In: Katalog Joachim Bandau, Berlin 1987, S. 14ff.

6 Titel der gleichen Installation in der Galerie Maria Wilkens/Dorit Jacobs, Köln 1985; vgl. auch Katalog *Gloria Friedmann*. Köln 1985. Die bisher größte Ausstellung hatte Gloria Friedmann im Musée de Peinture et de Sculpture in Grenoble 1987; vgl. auch das Katalogbuch zur Ausstellung, *Gloria Friedmann. ICI-BAS ET AU-DELA* (Grenoble 1987) mit Texten von Günter Metken und anderen.

7 Diese Arbeit ist abgebildet im Katalog *Gloria Friedmann*. Centre d'Art de Flaine, Cluses 1986, o. S.

8 Gloria Friedmann in Katalog *Gloria Friedmann* (wie Anm. 6), o. S.

9 Vgl. Bernhard Marcadés Beitrag in dem Katalog *Gloria Friedmann. Hors Saison In Aeternum (Imago Mundi)*. Sion, Genf 1987, o. S.

10 Ich denke an Maler wie Carlo Maria Mariani, Mark Tansey und andere; vgl. auch Florian Rötzer: *Die Postmoderne auf der Suche nach sich selbst*. In: Kunstforum international. Bd. 92 (1987), S. 54ff.

11 Einige der Kunstwerke, die im Museum Fridericianum ausgestellt waren, lassen sich unter diesem Begriff zusammenfassen, wie z. B. Werke von Eberhard Boßlet, Toshikatsu Endo, Gloria Friedmann, Niek Kemps, Imi Knoebel, Wolfgang Nestler, Serge Spitzer, Jan Vercruysse und Michael Witlatschil.

Frank Büttner: Die Kunst, die Künstler und die Mäzene. Die Dekorationen zum römischen Künstlerfest von 1818 (S. 19–32)

1 Friedrich Rückert: *Gedichte, Auswahl des Verfassers.* Frankfurt 1843, S. 330–342; Johann David Passavant: *Ansichten über die bildenden Künste und Darstellungen des Ganges derselben in Toscana; zur Bestimmung des Gesichtspunctes, aus welchem die neudeutsche Malerschule zu betrachten ist.* Heidelberg, Speyer 1820, S. 82–86; Franz Nippold (Hrsg.): *Christian Carl Josias von Bunsen in seinen Briefen.* Berlin 1868, Bd. 1, S. 143–145; Johann Nepomuk Ringseis: *Erinnerungen.* In: Historisch-politische Blätter, Bd. 78 (1876), S. 911–919; Per Daniel Atterbom: *Reisebilder aus dem romantischen Deutschland.* Hrsg. von Elmar Jansen. Stuttgart 1970, S. 214–220; vgl. Winfried Frh. v. Pölnitz: *Das römische Künstlerfest 1818.* In: Historisches Jahrbuch der Görresgesellschaft, Bd. 50 (1930), S. 97–103 (mit der Liste der Teilnehmer an dem Fest).

2 Heinz Gollwitzer: *Ludwig I. von Bayern. Königtum im Vormärz.* München 1986, S. 761; Ernst Förster: *Peter von Cornelius.* Berlin 1874, Bd. I, S. 212–215; Margaret Howitt: *Friedrich Overbeck.* Freiburg 1886, Bd. I, S. 221–223.

3 Als besonders wichtig seien hier hervorgehoben die beiden Overbeck-Kataloge: J. C. Jensen: *Friedrich Overbeck. Die Werke im Behnhaus.* (Lübeck 1963; Lübecker Museumshefte 4); ders.: *Die Zeichnungen Overbecks in der Lübecker Graphiksammlung.* Lübeck o. J.; (Lübecker Museumshefte 8); ders.: *I Nazareni, das Wort der Stil.* In: Klassizismus und Romantik in Deutschland. Gemälde und Zeichnungen aus der Sammlung Georg Schäfer. Katalog der Ausstellung Nürnberg 1966, Schweinfurt 1966; ders.: *Overbeck in Wien 1806 bis 1808.* In: Anzeiger des Germanischen Nationalmuseums in Nürnberg, Jg. 1974, S. 105 ff.; ders.: *Malerei der Romantik in Deutschland.* Köln 1985.

4 Julius Schnorr von Carolsfeld: *Briefe aus Italien, geschrieben in den Jahren 1817 bis 1827.* Gotha 1886, S. 57.

5 Vgl. Frank Büttner: *Peter Cornelius, Fresken und Freskenprojekte.* Wiesbaden 1980, Bd. 1, S. 130 ff.

6 Vgl. Barthold Georg Niebuhr: *Briefe aus Rom.* Bern, München 1981, S. 210 ff. (Briefe, Neue Folge, 1916–1930, hrsg. von Eduard Vischer, Bd. I/1), Brief an G. A. Reimer vom 14. 8. 1817.

7 Vgl. Büttner (s. Anm. 5), S. 63 ff.

8 Nippold (s. Anm. 1), S. 144.

9 Ringseis (s. Anm. 1), S. 912; dort werden auch die Verse Rückerts zitiert:

»St. Lucas der Evangelist,
Der aller Künste Schutzherr ist,
Stellt heut hieher als Pförtner sich
Und heißt, o Herr, willkommen Dich,
Tritt ein, und sieh drin weiter an,
Was er, zu Ehren Dir, gethan.«

10 Ludwig Grote: *Joseph Sutter und der nazarenische Gedanke.* München 1972, S. 140 f. und S. 193, Kat. Nr. 16 (Studien zur Kunst des 19. Jahrhunderts, Bd. 14).

11 Ringseis (s. Anm. 1), S. 915. Die Ausführenden waren nach Passavant (s. Anm. 1), S. 85 Karl Vogel von Vogelstein, Johann Anton Ramboux, Johann Ludwig Lund und Wilhelm Wach (der nach einem Entwurf Konrad Eberhards arbeitete).

12 Köln, Wallraf-Richartz-Museum, Nr. 3103, Aquarell auf Papier auf Leinwand, 303,5 × 149 cm. Vgl. Rolf Andree: *Katalog der Gemälde des 19. Jahrhunderts im Wallraf-Richartz-Museum.* Köln 1964, S. 96 (Kataloge des Wallraf-Richartz-Museums, Bd. 1).

13 Ringseis (s. Anm. 1), S. 914.

14 Dresden, Sächsische Landesbibliothek, Schnorr-Nachlaß, Msc. Dresd. n 44 II, Blatt 289. Bleistift auf dünnem Papier 39 × 25 cm. Beschriftet unten rechts: »Zu der Feier des 28ten [sic!] April 1818 in Rom.«

15 Auch Schnorr von Carolsfeld kommt als Autor nicht in Frage. Die Frage, wer die Kopie anfertigte, muß vorerst offen bleiben. Das falsche Datum in der Beschriftung könnte dafür sprechen, daß sie von jemandem gezeichnet wurde, der am Fest selbst nicht teilnahm.

16 Insgesamt ist die Zeichnung von den Proportionen her etwas breiter als die Ausführungen. Deutliche Abweichungen sind in der Landschaft zu erkennen, aber auch bei der Anordnung der hintersten Figuren oder Details wie der Fahne am Kreuzstab des hinteren Papstes.

17 Dresden, Sächsische Landesbibliothek, Schnorr-Nachlaß, Msc. Dresd. n 44 II, Blatt 290, Bleistift auf dünnem Papier, 38,8 × 25 cm. Beschriftet unten rechts: »Zu der Feier des 28ten [sic!] April 1818 in Rom.«

18 Das Blatt ist mir nur aus der Photographie bekannt, die sich in der Photosammlung der Staatlichen Museen zu Berlin (DDR) befindet. Die Photographie trägt leider keinen Hinweis auf den früheren Besitzer, sondern nur die Angaben, daß es sich um eine Bleistiftzeichnung im Format 58,2 × 45,2 cm handele.

19 Vgl. beispielsweise den Entwurf zu *Siegfried fängt einen Bären* in der Hamburger Kunsthalle: Büttner (s. Anm. 5), Abb. 44.

20 Vgl. den Brief von Caroline von Humboldt vom 2. Mai 1818, in: Anna von Sydow (Hrsg.): *Wilhelm und Caroline von Humboldt in ihren Briefen.* Berlin 1913, Bd. 6, S. 185: »Die Landschaften beinah allein von Fohr, einem Heidelberger, ausgeführt, hatten etwas ungemein Romantisches und Schönes, der große Eichbaum war von Koch, die Blumen von Horny [...].«

21 Ringseis spielt hier auf Ludwigs Gedicht »Den deutschen Künstlern zu Rom im Jahre 1818« an, das nach der Aussage von Ringseis dem Fest vorausging, nach Förster und Howitt aber als Dank für das Fest verfaßt und nach Rom gesandt wurde. Abgedruckt bei Förster (s. Anm. 2), Bd. I, S. 214f.

22 Ringseis (s. Anm. 1), S. 913.

23 München, Staatliche Graphische Sammlung, Inv. 1909:73; Bleistift und Pinsel auf Papier, 78,3 × 78,3 cm; vgl. Ausstellungskatalog *Deutsche Künstler um Ludwig I. in Rom.* Bearb. von Gisela Scheffler. München 1981, S. 66. Zweite Fassung: Frankfurt, Städelsches

Kunstinstitut, Inv. 16292, Bleistift und Pinsel auf Papier, 80,5 × 75,8 cm; vgl. Frank Büttner: *Die klugen und törichten Jungfrauen im 19. Jahrhundert. Zur religiösen Bildkunst der Nazarener.* In: Städel Jahrbuch, Bd. 7 (1979), S. 223f.

24 Barbara Camilla Tucholski: *Friedrich Wilhelm von Schadow. Künstlerische Konzeption und poetische Malerei.* Diss. masch. Bonn 1984, S. 133ff.

25 Heinrich Schroers: *Die Bonner Universitätsaula und ihre Wandgemälde.* Bonn 1906; vgl. auch Berthold Hinz: *Friede den Fakultäten. Zur Problematik des Verhältnisses von Kunst und Wissenschaft zwischen Aufklärung und Vormärz – Die Fakultätenbilder in Bonn.* In: Michael Brix, Monika Steinhauser (Hrsg.): »Geschichte allein ist zeitgemäß.« Historismus in Deutschland. Gießen 1978, S. 53–72. Die Interpretation von Hinz, insbesondere im Hinblick auf die Darstellung von Dürer und Raphael in dem Bild der Philosophischen Fakultät ist nicht zu akzeptieren, weil sie auf einem nicht zu haltenden Historismusbegriff und auf einer Reihe von Fehlschlüssen basiert.

26 Stephanie Bielmeier: *Gemalte Kunstgeschichte. Zu den Entwürfen des Peter von Cornelius für die Loggien der Alten Pinakothek.* München 1983 (Miscellanea Bavarica Monacensia, Heft 106).

27 Förster (s. Anm. 2), S. 280.

28 Vgl. Büttner (s. Anm. 5), S. 97ff.

29 Giorgio Vasari: *Leben der ausgezeichnetsten Maler, Bildhauer und Baumeister.* Deutsche Ausgabe von Ludwig Schorn und Ernst Förster. Stuttgart, Tübingen 1847, Bd. V, S. 459f.

30 Ernst Förster: *Geschichte der deutschen Kunst.* Leipzig 1869, Bd. V, S. 57.

31 Friedrich Schlegel: *Ansichten und Ideen von der christlichen Kunst.* München 1959, S. 230 (Kritische Friedrich-Schlegel-Ausgabe, Bd. IV).

32 Vgl. Kant: *Kritik der Urteilskraft,* § 32; zur Bedeutung dieses Gedankens für die Kunstanschauung der Nazarener vgl. Frank Büttner: *Der Streit um die »neudeutsche, religios-patriotische Kunst.«* In: Aurora, Jb. der Eichendorff-Gesellschaft, Bd. 43 (1983), S. 65f.

33 Friedrich Schlegel: *Schriften zur Literatur.* Hrsg. von Wolfdietrich Rasch, München 1970, S. 292.

34 *Friedrich Overbeck's Triumph der Religion in den Künsten. Erklärung vom Meister selbst.* Frankfurt a.M. o.J., S. 10.

35 Friedrich Schlegel: *Geschichte der europäischen Literatur (1803–04).* (Kritische Friedrich-Schlegel-Ausgabe, Bd. XI S. 10f.); ders.: *Transzendentalphilosophie (Jenenser Vorlesung 1800–01)* (Kritische Friedrich-Schlegel-Ausgabe, Bd. XII S. 61f.); ders.: *Gemäldebeschreibungen [...], Nachtrag italienischer Gemälde (1803).* (Kritische Friedrich-Schlegel-Ausgabe, Bd. IV) S. 75f.): alle Zitate nach Karl Konrad Polheim (Hrsg.): *Der Poesiebegriff der deutschen Romantik.* Paderborn 1972, S. 96ff.

36 Förster (s. Anm. 30), S. 9f.

37 Nach Ringseis (s. Anm. 1), S. 915, soll Schadow das mittlere und das linke, Schnorr das rechte Sockelbild gemalt haben.

38 Christa Bürger u. a. (Hrsg.): *Zur Dichotomisierung von hoher und niederer*

Literatur. Frankfurt a. M. 1982; Bernd Sponheuer: *Musik als Kunst und Nicht-Kunst. Untersuchungen zur ästhetischen Dichotomie im musikästhetischen Denken zwischen Kant und Hanslick.* Habil. Schrift. (MS), Kiel 1984.

39 Welche Werke neben dem bekannten Buch von Adolph von Knigge *Über den Umgang mit Menschen* (Hannover 1788) gemeint sind, konnte ich nicht ermitteln. Es scheint mir aber sicher, daß es sich auch bei diesen um Werke der populären Aufklärung handelt.

40 Bunsen (s. Anm. 1), S. 144.

41 Vgl. die deutliche Kritik in dem aller Wahrscheinlichkeit nach von Jakob Salomo Bartholdy verfaßten Artikel: *Über die Kunstausstellung im Palaste Caffarelli zu Rom im April 1819.* In: Allgemeine Zeitung, Beilage Nr. 124, 23.7.1819, S. 496: »[...] Parteiwuth, aufgereizte Gehässigkeiten und Neid vergifteten den jugendlichen Frohsinn, die Anspruchslosigkeit, und zugleich die Hauptannehmlichkeiten des römischen Künstlerwesens. Aus den Hallen der Musen sehnte man sich nach der Herberge der Zunft, und wählte auf dem Feste in der Villa Scultheiß [sic!] am Himmelfahrtsabende 1818 die Lade des Handwerks zu seinem Symbole. Mehr als dreißig Neugeworbne kleideten sich bei dieser Gelegenheit (dem Zenithe des Schwindels) in das wenige Jahr zuvor ersonnene Gewand der Altvorderen, und Allegorien, Inschriften und Embleme bewiesen, daß man im Herzen unschuldig und nicht unheilsuchend, aber verkehrt und beschränkt seyn könne, und daß man auf einer ganz andern Stufe stehen müsse, um sich anzumaßen den Stall des Augias zu reinigen, und den Umgang mit Menschen zu Boden zu stampfen.« Für den Nachweis, daß Bartholdy, der ja kurz zuvor den Nazarenern die Gelegenheit gegeben hatte, in seiner Wohnung ihren ersten Freskenzyklus auszuführen, tatsächlich der Autor dieser Invektive war, vgl. Büttner (s. Anm. 5), S. 119f.

42 Dresden, Sächsische Landesbibliothek, Schnorr-Nachlaß, Msc. Dresd. n 44 II, Blatt 288, Simson erschlägt die Philister, Bleistift auf Papier, ca. 25 × 27 cm. Oben rechts ist die Ecke abgerissen. Beschriftet unten: »Zu einem Transparent Gemälde für das dem Kronprinzen Ludwig v. Bay. von den deutschen Künstlern veranstaltete Fest in der Villa Scultheis [sic!].«

43 Abgebildet bei Marianne Bernhard: *Deutsche Handzeichnungen der Romantik.* München 1974, Bd. 2, S. 1696.

44 Vgl. das 1833 datierte Blatt: *Kriemhild findet Siegfrieds Leichnam,* Dresden, Kupferstichkabinett, abgebildet bei Inken Nowald: *Die Nibelungenfresken von Julius Schnorr von Carolsfeld im Königsbau der Münchner Residenz.* Kiel 1978, Nr. 79, S. 355 (Schriften der Kunsthalle zu Kiel, hrsg. von Jens Christian Jensen, Bd. 3).

45 Norbert Suhr: *Karikaturen von Philipp Veit.* In: Mainzer Zeitschrift, Jg. 76 (1981), S. 1–53.

Bruno Bushart: Ein wiederaufgetauchtes Hauptbild von Hans Thoma (S. 33–37)

1 148,5 × 105,5 cm, Öl auf Leinwand, bezeichnet links unten: »Hans Thoma 1871«. Sammlung Georg Schäfer, Schweinfurt.

2 Brief an G. Gerland, Frankfurt, 7. März 1880; vgl. *Briefwechsel H. Thoma und G. Gerland,* Hrsg. von J. A. Beringer, Karlsruhe, Leipzig 1938, S. 43.

3 Hans Thoma: *Im Herbste des Lebens. Gesammelte Erinnerungsblätter.* München 1909, S. 36f.

4 Ebenda, S. 38.

5 Ebenda, S. 52.

6 Fritz von Ostini: *Hans Thoma.* Bielefeld, Leipzig 1900. – Henry Thode: *Thoma. Des Meisters Gemälde.* Stuttgart, Leipzig 1909 (Klassiker der Kunst). – H. Vollmer: *Thoma, Hans.* In: U. Thieme–F. Becker, Allgemeines Lexikon der bildenden Künstler. Leipzig 1939, Bd. XXXIII, S. 47ff. – Bei H. Thode wird im ›Verzeichnis der in diesem Bande nicht reproduzierten Gemälde Hans Thomas‹ S. 516 angemerkt: »Nr. LXXV (1872) Musizierende vor Bauernhaus. 1872 an Thomas Tee verkauft. Verschollen.«

7 Zitiert nach H. E. Busse: *Hans Thoma. Sein Leben in Selbstzeugnissen, Briefen und Berichten.* Berlin 1942, S. 69. – Vgl. Hans Thoma: *Aus achtzig Lebensjahren.* Hrsg. von J. A. Beringer, Leipzig 1929, S. 103.

8 H. E. Busse (s. Anm. 7), S. 74.

9 Ebenda, S. 85. – Vgl. auch Hans Thoma (s. Anm. 7), S. 110.

10 Brief von Hans Thoma an seine Mutter und Schwester, 16. Juni 1871. Vgl. Hans Thoma: *Aus achtzig Lebensjahren.* Hrsg. von J. A. Beringer. Das Bild ist bei Thode (1909) unter Nr. XLIII als verschollen aufgeführt.

11 Hans Thoma (s. Anm. 7), S. 111.

12 Briefwechsel H. Thoma und G. Gerland (s. Anm. 2), S. 36. Thoma hat offenbar das 1871 bereits verkaufte erste Bild zu den fünf des Jahres 1872 hinzugezählt.

13 Hans Thoma (s. Anm. 3), S. 51.

14 Hans Thoma: *Im Winter des Lebens. Aus acht Jahrzehnten gesammelte Erinnerungen.* Jena 1919, S. 56.

15 Ebenda, S. 58.

Klaus Herding: »Mir gefällt die Idee einer industriellen Kunst« – Andy Warhols *Flower Pictures* (S. 81–86)

1 So der Titel der Flaxman-Ausstellung der Hamburger Kunsthalle 1979.

2 Konrad Farner: *Gustave Doré. Der industrialisierte Romantiker.* München 1975.

3 Zu Warhols Sammlung und Nachlaß (Versteigerung am 23. 4. und 3. 5. 88) vgl. Der Spiegel, Jg. 42 (1988), Heft vom 29. 2., S. 172–79. – Zu Warhols Kunstbegriff vgl. grundsätzlich Rainer Crone: *Andy Warhol. Die frühen Werke, 1942 bis 1962.* Stuttgart, Bad Cannstatt 1987.

4 Vgl. Werner Spies: *Andy Warhol – Cars. Die letzten Bilder.* Ausstellungskatalog. Kunsthalle Tübingen 1988, S. 30 und Taf. 1–15; Werner Spies: *Von Andy Warhols Kunst und Art.* In: Frankfurter Allgemeine Magazin, Heft 416 (19. 2. 1988), S. 56–68.

5 Spies in Katalog Tübingen (s. Anm. 4), S. 19.

6 Anläßlich des *Rennwagens* von 1954; vgl. Spies in FAZ (s. Anm. 4), S. 60, 64.

7 Ausstellungskatalog *Andy Warhol: »Ich erkannte, daß alles, was ich tue, mit dem Tod zusammenhängt«.* Hamburger Kunstverein, 24. 10.–13. 12. 1987; hier S. 87 die wichtigste Literatur zu Warhol. – Die Ausstellung wurde vom Vf. besprochen in: The Burlington Magazine, Vol. CXXX (1988), No. 1018, S. 54. Nachzutragen ist, daß das Motto übernommen wurde aus: *Andy Warhol. Ein Buch zur Ausstellung 1978 im Kunsthaus Zürich.* Zürich 1978, S. 106. – Dazu auch: Spies in Katalog Tübingen (s. Anm. 4), S. 35.

8 Der nostalgische Zug Warhols scheint mir unverkennbar zu sein, auch wenn Spies in der FAZ (s. Anm. 4) dies bestreitet. – Zum allgemeinen Kontext vgl. Bernhard Kerber: *Amerikanische Kunst seit 1945.* Stuttgart 1971.

9 Achille Bonito Oliva: *Warhol verso de Chirico.* Mailand 1982, S. 70; hier nach Spies in Katalog Tübingen (s. Anm. 4), S. 26.

10 Daß seit 1818 von einem Stahlstich 30000 Abzüge gleicher Qualität hergestellt werden konnten, sei nur als ein (rein quantitatives) Beispiel industrieller Kunstproduktion erwähnt.

11 Vgl. Ausstellungskatalog *Zeitgeist.* Martin-Gropius-Bau Berlin 1982/83, Nr. 221 I–VII mit zwei Farbtafeln (unpag.).

12 Verzeichnis bei Rainer Crone: *Andy Warhol.* Hamburg 1970, S. 307–310.

13 Vorzügliche Beobachtungen hierzu wiederum bei Spies in Katalog Tübingen (s. Anm. 4), S. 26–30. – Abbildungsmaterial ferner in: Katalog Warhol (s. Anm. 7), Farbtafeln S. 24, 28, 39; Ausstellungskatalog *Druckgraphik. Wandlungen eines Mediums seit 1945.* SMPK, Kupferstichkabinett Berlin 17. 6.–16. 8. 1981, S. 96, 97; Ausstellungskatalog *Andy Warhol. Bilder 1961 bis 1981.* Kestner-Gesellschaft Hannover, 23. 10.–13. 12. 1981, Nr. 17, 21 (mit Farbabb.).

14 Ausstellungskatalog Hamburg (s. Anm. 7), S. 76.

15 Zit. nach Spies in Katalog Tübingen (s. Anm. 4), S. 28. Daher Spies' richtiges

Urteil: »Wenn es jemanden gegeben hat, der in der zweiten Hälfte des Jahrhunderts die Monotonie der Wiederholung und der Massenlieferung aufgebrochen hat, dann Warhol« (Ebenda, S. 25).

16 Julien Turgan: *Les grandes usines. Etudes industrielles en France et à l'étranger.* 20 Bde., Paris 1860–95, hier Bd. 3, S. 248.

17 Dabei sind zwischen dem Musterbuch der Firma Thierry-Mieg und der Wiedergabe bei Turgan Unterschiede in der Anordnung nicht auszuschließen.

18 Dagegen: Klaus Herding: *Industriebild und Moderne. Zur künstlerischen Bewältigung der Technik im Übergang zur Großmaschinerie (1830–1890).* In: Helmut Pfeiffer, Hans Robert Jauß, Françoise Gaillard (Hrsg.): Art social und art industriel. München 1987, S. 424–468.

Werner Hofmann: Anmerkungen zur Geschichte der Themenausstellung (S. 87–91)

1 Denis Diderot: *Essai sur la peinture.* In: Œuvres, Ed. de la Pleïade. Paris 1951, Kapitel II, S. 1121.

2 Diese Anordnung wurde erst im Katalog des Salons von 1791 aufgehoben, als die neuen Statuten in Kraft traten. Sie beseitigten alle Standesvorrechte: »il n'y a plus pour aucune partie de la Nation, ni pour aucun individu, aucun privilège ni exception aux droits communs de tous les François; qu'il n'y a plus ni Jurande, ni corporation de Professions, Arts & Métiers« *(Livret des Salons* von 1791, S. 2).

3 Maurice Denis: *Definition du Néo-Traditionisme, (1890).* In: Théories, Paris 1912.

4 *Lettre sur l'exposition des ouvrages de peinture, sculpture, etc. de l'année 1747.* Paris MDCCXLVII, S. 29.

5 Sabine Schulze: *Bildprogramme in deutschen Kunstmuseen des 19. Jahrhunderts.* Frankfurt/Main 1984, S. 22. Vgl. Volker Plagemann: *Das deutsche Kunstmuseum 1790–1870.* München 1967.

6 Gerd Schiff: *Johann H. Füssli.* Zürich, München 1973, Bd. 1, S. 152.

7 Johann Wolfgang von Goethe: *Nachricht an Künstler und Preisaufgabe (1799).* In: Schriften zur Kunst. Hrsg. v. Christian Beutler. 2. Aufl. Zürich 1965, S. 253 ff.

8 Der Text gilt als »Manifest des Realismus« und war dem Katalog der Ausstellung in der Ave de Montaigne beigefügt. Vgl. Pierre Courthion: *Courbet raconté par lui-même et par ses amis.* Genf 1950, Bd. 2, S. 60.

9 Katalog der Courbet-Ausstellung, Paris 1977, S. 260.

10 Denis Diderot: *Traité du Beau.* In: Œuvres (s. Anm. 1), S. 1105.

11 Ebenda, S. 1099.

12 Georg Friedrich Wilhelm Hegel: *Aesthetik.* Hrsg. v. F. Bassenge. Berlin 1955, S. 59.

Bernhard Kerber: Hans Arps *Sculpture à être perdue dans la forêt* (S. 103–111)

1 Paul Valéry: *Eupalinos oder über die Architektur.* Übertragen von Rainer Maria Rilke. Leipzig 1927, S. 135, 145, 149.

2 Hans Blumenberg: *Sokrates und das objet ambigu. Paul Valérys Auseinandersetzung mit der Ontologie des ästhetischen Gegenstandes.* In: F. Wiemann (Hrsg.): Epimeleia. München 1964, S. 300–308; auch für die folgenden Zitate.

3 *Hans Arp.* Werkkatalog I, Nr. 10.

4 Jan Brzekowski: *Hans Arp.* Lodz 1936, S. 11; zitiert nach: Stefanie Poley: *Hans Arp. Die Formensprache im plastischen Werk,* Stuttgart 1978, S. 130.

5 Poley (s. Anm. 4), Anm. 307. Zuerst bei Michel Seuphor: *Mission spirituelle dans l'art.* Paris 1953, S. 58.

6 Jean Clay: *La singulière ascens de Jean Arp.* In: Réalités (Paris) Nr. 180, Januar 1961, S. 66–73; zitiert nach Poley (s. Anm. 4).

7 Katalog *Hans/Jean Arp. Le temps des papiers dechirés.* Salle d'art graphique, Paris, 16 janvier – 28 mars 1983. Text Aimée Bleikasten, S. 19 mit Nachweisen.

8 Poley (s. Anm. 4), S. 46.

9 Ebenda S. 205, Anm. 169.

10 Zitiert nach Carola Giedion-Welcker: *Plastik des XX. Jahrhunderts,* Stuttgart 1955, S. 242. Vgl. *Max Ernst Werke 1929–1938.* Bearb. v. Werner Spies, Sigrid und Günter Metken. In: Max Ernst Œuvre-Katalog. Hrsg. v. Werner Spies. Köln 1979, Bd. 2, 4.

11 Max Ernst: *Ecritures.* Paris 1970, S. 57.

12 Johannes auf der Lake: *Skulpturen von Max Ernst. Ästhetische Theorie und Praxis.* Bochum 1986, S. 59 (Bochumer Schriften zur Kunstgeschichte, Bd. 8). Die inhaltlichen Aspekte, Vogeldarstellungen und Eiformen, sind hier ohne Interesse.

13 Auf der Lake (s. Anm. 12), S. 57.

14 Christian Kellerer: *Objet trouvé, Surrealismus, Zen.* Hamburg 1968, S. 20.

15 Hans Arp: *On my Way, Poetry and Essays 1912–1917.* In: The Documents of Modern Art. Hrsg. v. Robert Motherwell. New York 1948, S. 89.

16 Poley (s. Anm. 4), S. 166. Zur Bezeichnung ›objet trouvé et interprété‹ vgl. die Klassifizierung im Katalog zur Objekt-Ausstellung der Galerie Charles Ratton in Paris 1936.

17 Gottfried Böhm in Katalog: *Jochims. 1961–1982.* Frankfurter Kunstverein 1982, S. 32–34.

18 Arp (s. Anm. 15), S. 94, 98.

19 Ebenda, S. 97. – Poleys Interpretation (s. Anm. 4, S. 115): »[...] die Gleichung ›Kunst = Natur‹ aufgestellt [...]. Der Künstler erscheint als Medium eines natürlichen, von ihm nicht wesentlich beeinflußten Vorgangs« ist so nicht aufrechtzuerhalten.

20 Hans Arp: *Unseren täglichen Traum. Erinnerungen, Dichtungen und Betrachtungen aus den Jahren 1914–1954.* Zürich 1955, S. 83.

21 Zitiert nach Read, S. 83; Giedion-Welcker (s. Anm. 10), S. 110. Eduard Trier: *Bildhauertheorien im 20. Jahrhundert.* Berlin 1980, S. 2. Vgl. Katalog *Bodenskulpturen.* Kunsthalle Bremen 1986, Beitrag des Verf. Vgl. Poley (s. Anm. 4), S. 103.

22 Jane Hancock in Katalog: *Arp 1886–1986.* Württembergischer Kunstverein Stuttgart 13.7.1986 – 31.8.1986, S. 65.

23 Ebenda, S. 112.

24 Hans Arp: *Jours effeuillés.* Paris 1966, S. 329.

25 Arp (s. Anm. 15), S. 118.

26 Poley (s. Anm. 4), S. 103.

27 Katalog Hans/Jean Arp (s. Anm. 7), S. 19.

28 Hancock (s. Anm. 22).

29 Ebenda, S. 74.

30 Jean Arp: *Jalons.* IE, S. 357.

31 Poley in Katalog Arp (s. Anm. 22), S. 176 nach Schneider 1937 (beide Zitate).

32 Ebenda

33 Ebenda, S. 166.

34 Kellerer (s. Anm. 14), S. 27.

35 Ebenda, S. 42.

36 André Breton: *L'amour fou.* München 1970, S. 13.

37 Kellerer (s. Anm. 14), S. 30.

38 Breton (s. Anm. 36), S. 31. Vgl. Elisabeth Lenk: *Der springende Narziss. André Bretons poetischer Materialismus.* München 1971.

39 Wolfgang Fritz Haug: *Zur Kritik der Warenästhetik.* In: Kursbuch. Berlin 1970, Nr. 20, S. 140–158.

40 *Claes Oldenburg. Schreibmaschine.* Einführung von Bernhard Kerber. Stuttgart 1971, S. 20 (Werkmonographie zur bildenden Kunst in Reclams Universalbibliothek, Nr. 148).

41 Blumenberg (s. Anm. 2), S. 322–323. – Ich danke Claudia Müller und Heinz-Werner Lawo für wertvolle Anregungen.

Ulrike Krenzlin: Über Johann Gottfried Schadows Denkmal *Luise und Friederike von Preußen* (S. 113–120)

1 In den fünfziger Jahren, nach Schadows Tod, wurde das Werk in der im zweiten Geschoß des Berliner Stadtschlosses ausgebauten Bildergalerie aufgestellt. 1889 hatte Max Jordan, der Direktor der Nationalgalerie, das Gipsmodell aus dem Schadow-Nachlaß erworben. 1918 gelangte das Werk in den Parolesaal, was Schadows erstem, dem König unterbreiteten Vorschlag entsprach. Nach Auslagerung im Zweiten Weltkrieg kam es 1950 in die Nationalgalerie zu Berlin. Seit 1987 steht das Gipsmodell (1795) im neugegründeten Schinkel-Museum, das in der ehemaligen Friedrichswerderschen Kirche eingerichtet worden ist.

Friedhelm Krummacher: Prämissen des Historismus in Musik- und Kunstgeschichte (S. 121–129)

1 Carl Dahlhaus: *Historismus*. In: Funkkolleg Musikgeschichte. Europäische Musik vom 12. bis 20. Jahrhundert, Studienbegleitbrief 1, Mainz, Weinheim und Basel 1987, S. 79. Allerdings schränkte Dahlhaus ein: »Die Methode, sich ältere Techniken und Stilmerkmale anzueignen, läßt sich nur rechtfertigen, wenn dadurch, wie im Neoklassizismus Igor Strawinskys, herrschende Tendenzen herausgefordert werden [...].«

2 Wolfgang Hardtwig: *Kunst und Geschichte im Revolutionszeitalter. Historismus in der Kunst und der Historismusbegriff der Kunstwissenschaft*. In: Archiv für Kulturgeschichte 61 (1979), S. 154–190, besonders S. 157.

3 Hermann Beenken: *Der Historismus in der Baukunst*. In: Historische Zeitschrift 157 (1938), S. 27–68. Zu früheren Belegen des Begriffs in der Musikforschung vgl. Anm. 6 und 7.

4 Wolfgang Götz: *Historismus – Ein Versuch zur Definition des Begriffes*. In: Zeitschrift des deutschen Vereins für Kunstwissenschaft 33 (1969), S. 196–212.

5 Nikolaus Pevsner: *Möglichkeiten und Aspekte des Historismus. Versuch einer Frühgeschichte und Typologie des Historismus*. In: Historismus und bildende Kunst. München 1965, S. 13–24 (Studien zur Kunst des 19. Jahrhunderts, Bd. 1); vgl. auch Hans Gerhard Evers: *Historismus*. Ebenda, S. 25–42.

6 Heinrich Besseler: *Die Musik des Mittelalters und der Renaissance*. Wildpark-Potsdam 1931, 2. Aufl. Wiesbaden 1979. S. 10ff. (Handbuch der Musikwissenschaft. Hrsg. v. Ernst Bücken).

7 Herbert Birtner: *Johann Joseph Fux und der musikalische Historismus*. In: Deutsche Musikkultur 7 (1942–43), S. 1–14.

8 Walter Wiora: *Grenzen und Stadien des Historismus in der Musik*. In: Die Ausbreitung des Historismus über die Musik. Hrsg. von W. Wiora. Regensburg 1969, S. 299–327, besonders S. 320ff. (Studien zur Musikgeschichte des 19. Jahrhunderts, Bd. 14).

9 Erich Doflein: *Historismus in der Musik*. Ebenda, S. 9–38, besonders S. 24ff.

10 Carl Dahlhaus: *Historismus und Tradition*. In: Festschrift für J. Müller-Blattaus. Kassel 1966, S. 46–58 (Saarbrücker Studien zur Musikwissenschaft, 1); ders.: *Geschichtliche und ästhetische Erfahrung*. In: Wiora (s. Anm. 8), S. 243–247, ders.: Artikel *Historismus*. In: Die Musik in Geschichte und Gegenwart, Bd. 16 (Supplement), Kassel [u. a.] 1979, Sp. 693–702.

11 Doflein (s. Anm. 9), S. 20.

12 Vgl. dazu Carl Dahlhaus: *Die Musik des 19. Jahrhunderts*. Wiesbaden 1980, S. 269ff. (Neues Handbuch der Musikwissenschaft. Hrsg. von C. Dahlhaus, Bd. 6). Historische Bezüge in der Musik der Zeit wurden gewiß vielfach untersucht, ohne den Begriff Historismus zu bemühen, dem eine pejorative Note anhaftete. Gegen seine Anwendung wandte sich die ertragsreiche Arbeit

von Martin Geck: *Die Wiederentdekkung der Matthäuspassion im 19. Jahrhundert. Die zeitgenössischen Dokumente und ihre ideengeschichtliche Deutung.* Regensburg 1967, S. 74. (Studien zur Musikgeschichte des 19. Jahrhunderts, Bd. 9).

13 Hardtwig (s. Anm. 2), S. 24f., S. 25 Anm. 25; dazu auch Götz (s. Anm. 4), S. 206.

14 Vgl. Carl Dahlhaus: *Die Idee der absoluten Musik.* Kassel, München 1978, S. 91ff. und 105ff. (dtv WR 4310).

15 Zu den Konsequenzen für vokale Musik vgl. Friedhelm Krummacher: *Kunstreligion und religiöse Musik. Zur ästhetischen Problematik geistlicher Musik im 19. Jahrhundert.* In: Die Musikforschung 32 (1979), S. 365–393.

16 Zum Folgenden vgl. Carl Dahlhaus: *Zu Kants Musikästhetik.* In: Archiv für Musikwissenschaft 10 (1953), S. 338–347; Giselher Schubert: *Zur Musikästhetik in Kants »Kritik der Urteilskraft«.* In: Archiv für Musikwissenschaft 32 (1975), S. 12–25.

17 Kant: *Kritik der Urteilskraft.* Ausgabe A (1790), § 53 A 216, ferner § 51 A 209f.

18 Ebenda, § 47 A 182.

19 Ebenda, § 47 A 183, § 32 A 137.

20 Wilhelm Heinrich Wackenroder: *Sämtliche Schriften.* Reinbek 1968, S. 194 (Texte deutscher Literatur 1500–1800. Hrsg. von Karl Otto Conrady).

21 Ebenda, S. 164f.

22 E.T.A. Hoffmann: *Schriften zur Musik. Nachlese.* Hrsg. von Friedrich Schnapp. München 1963, S. 34ff.

23 Ebenda, S. 229f.; der Aufsatz *Alte und neue Kirchenmusik* erschien zuerst 1814.

24 Reaktionen auf Hegels These begegnen in Briefen Mendelssohns, vgl. *Briefe aus den Jahren 1830 bis 1847.* Bd. I: *Reisebriefe.* 8. Aufl. Leipzig 1869, S. 273, aber auch in dem grundlegenden Werk des Theoretikers Adolf Bernhard Marx: *Die Lehre von der musikalischen Komposition.* 2. Aufl. Leipzig 1848, Bd. 3, S. 237.

25 Georg Friedrich Wilhelm Hegel: *Ästhetik.* Hrsg. v. F. Bassenge. 2. Aufl. Berlin, Weimar 1965, Bd. I, S. 21.

26 Ebenda, S. 110.

27 Ebenda, S. 40.

28 Ebenda, S. 159 (dort auch die folgenden Zitate).

29 Ebenda, Bd. II, S. 319–323; zum gemeinsamen Verlauf der Künste vgl. ebenda, S. 8ff.; Adolf Nowak: *Hegels Musikästhetik.* Regensburg 1971, S. 179ff. und 204ff. (Studien zur Musikgeschichte des 19. Jhs., Bd. 25).

30 Carl Dahlhaus: *Grundlagen der Musikgeschichte.* Köln 1977, S. 91ff., besonders S. 116 (Musik-Taschen-Bücher, Theoretica 15).

31 Vgl. Karl Gustav Fellerer: *Der Palestrinastil und seine Bedeutung in der vokalen Kirchenmusik des 18. Jahrhunderts.* Augsburg 1929.

32 Normative Instanz war gewiß die Wiener Klassik, und zumal durch Beethovens Œuvre wurde die weitere Kompositionsgeschichte geprägt. Dem aktuellen Stand gegenüber hatten sich aber auch historische Rekurse zu legitimieren. Ältere Modelle waren also nicht nur zu zitieren, sondern ebenso zu integrieren und zu aktualisieren.

33 Dahlhaus (s. Anm. 1), S. 79.

34 Die folgenden Hinweise können nicht im einzelnen belegt werden, genannt sei nur zusammenfassend Georg von Dadelsen: *Alter Stil und alte Techniken in der Musik des 19. Jahrhunderts.* Diss. masch. Berlin 1951; ferner vgl. die in Anm. 8 und 9 angeführten Studien von W. Wiora und E. Doflein.

35 Dazu vgl. vom Verf.: *Mendelssohn – der Komponist.* München 1978.

36 Dazu ders.: *Bach- und Händel-Traditionen.* In: Die Musik des 18. Jahrhunderts. Hrsg. von Carl Dahlhaus. Laaber 1985, S. 383–393 (Neues Handbuch der Musikwissenschaft, Bd. 5).

37 Zur Vokalmusik dieser Komponisten liegen zwar einzelne Untersuchungen vor, eine zusammenfassende Darstellung steht noch aus.

38 Vgl. dazu Klaus Trapp: *Die Fuge in der deutschen Romantik von Schubert bis Reger.* Phil. Diss. Frankfurt a. M. 1958. Für weitere historische Reflexe fehlt ein verbindender Begriff, dessen Funktion wohl der Terminus Historismus leisten könnte.

39 Regers Streichquartette op. 54 (1900–1901) und op. 74 (1903–04) markieren Voraussetzungen für Schönbergs Weg, daneben aber stehen die vier bzw. sieben Sonaten für Violine solo op. 42 (1900) und op. 91 (1905) im Rekurs auf Bachs Modelle BWV 1001–1006.

40 Bevor sich der Begriff der Wiener ›Klassik‹ durchsetzte, galt als Synonym das Wort ›Klassizismus‹. Im Unterschied zum Historismus wäre heute von Klassizismus in der Musikgeschichte dort zu reden, wo der reflektierte Bezug zur Wiener Klassik gemeint ist; vgl. dazu vom Verf.: *Klassizismus als musikgeschichtliches Problem.* In: Report of the Eleventh Congress of the International Musicological Society Copenhagen 1972. Kopenhagen 1974, S. 518–526.

41 So wäre es auch kein Widerspruch, als Reflexe des Historismus auch Werke zu interpretieren, die statt der Nachahmung älterer Modelle deren aktualisierende Aneignung und Umformung repräsentieren.

42 Der vorstehende Beitrag entstand in dem gemeinsamen Colloquium von Kunst- und Musikhistorikern der Universität Kiel, das sich im Wintersemester 1987/88 Problemen des Historismus widmete. Für Hinweise und Auskünfte danke ich besonders Frank Büttner.

Magne Malmanger: Von nationaler Thematik zu einer nationalen Kunst (S. 131–145)

1 Erste moderne Übersetzung von Snorres Königssagas durch Peder Claussøn Friis 1633.

2 Tidemand arbeitete eine Reihe von Jahren mit diesem Motiv. Der erste Entwurf stammt aus dem Ende der vierziger Jahre, während die endgültige Version erst 1864 fertig wurde. Das Gemälde wurde an einen englischen Privatmann verkauft und befand sich um die Jahrhundertwende in einer Kunsthandlung in Berlin. Später hat es sich nicht wieder auffinden lassen. Doch das Werk ist durch eine Reproduktion bekannt, durch etliche Vorstudien und auch durch den schön gezeichneten Karton, der sich jetzt in der Nationalgalerie in Oslo befindet.

3 Es gab natürlich Ausnahmen. Maler wie Christian Krohg und Frits Thaulow lehnten die nationalen Bestrebungen als künstlerisch irrelevant ab.

4 Etwas vereinfacht läßt sich sagen, daß ein entscheidender Bruch mit der realistischen Darstellungsweise im Norwegen der neunziger Jahre nur durch Gerhard Munthe und Edvard Munch vollzogen wurden.

5 Torgeir Augundsson (1801–72), genannt »Myllarguten« (der Müllerjunge) aus Sauherad in Telemark, war der berühmteste der norwegischen Fiedel-Spieler.

Die Übersetzung dieses Beitrages besorgte Marie Louise Brüggemann, Kiel.

Agnieszka Morawinska: Die *Polonia* von Stanisław Wyspiański (S. 147–155)

1 Pastellzeichnung auf Karton, 298 × 153 cm. Nationalmuseum Kraków.

2 Fünf Zeichnungszyklen Artur Grottgers aus den Jahren 1861–1867: *Warschau I,* Nationalmuseum Wrocław; *Warschau II,* Victoria and Albert Museum, London; *Polonia,* Museum der Schönen Künste in Budapest; *Lithuania,* Nationalmuseum Kraków und Krieg, Nationalmuseum Wrocław; vgl. Wiesław Juszczak: *Artur Grottger-Pięc cyklów* [Artur Grottger – fünf Zyklen], Warszawa 1957, und Mieczysław Parąbski: *Artur Grottgers Polonia-Zyklus.* In: Polnische Malerei von 1830 bis 1914. Hrsg. v. Jens Christian Jensen. Köln 1978, S. 43–63.

3 Unvollendetes Gemälde, gemalt 1863–1864. Nationalmuseum Kraków, Abteilung Czartoryski-Sammlungen.

4 Gemälde in den Sammlungen des Nationalmuseums Poznan; vgl. A. Ławniczakowa: *Das Gemälde ›Melancholie‹ von Jacek Malczewski.* In: Pol-

nische Malerei von 1830 bis 1914 (s. Anm. 2), S. 96–103.

5 Den Verlauf der Arbeit am Kirchenfenster rekonstruiere ich anhand von Informationen und Auszügen aus Briefen Wyspiańskis oder aus an ihn gerichteten Briefen; vgl. Maria Stokowa: *Kalendarz życia i twórozości* [...] *Stanisława Wyspiańskiego* (Chronologie des Lebens und Schaffens [...] von Stanisław Wyspiański). In: Stanisław Wyspiański. Dzieła Zebrane [Stanisław Wyspiański. Gesammelte Werke]. Kraków 1892, Bd. 16, Vol. II. Die Entwürfe für die Glasmalerei des Kirchenfensters befinden sich gegenwärtig im Nationalmuseum Kraków. Oberer und unterer Teil jeweils 556 × 72 cm, Öl- und Emailfarben auf Leinwand.

6 Das Manuskript des Werkes trägt die Signatur »Stanisław Wyspiański, Paryz 12-go listopada 1893 r.p.«. Erstmals veröffentlicht wurde es erst nach dem Tode Wyspiańskis im Jahre 1908. Die Premiere der *Königin Polens* fand 1919 in Lemberg statt; vgl. *Stanisław Wyspiański. Dzieła Zebrane* [Stanisław Wyspiański. Gesammelte Werke]. Kraków 1964, Bd. 1. Kommentar S. 328–337.

7 Brief vom 24. Mai 1894 aus Paris an seinen Onkel Stankiewicz und dessen Frau. In: *Kalendarz życia i twórozości* [...] *Stanisława Wyspiańskiego* (s. Anm. 5), S. 258f.

8 Ölgemälde auf Leinwand, 315 × 500 cm. Gegenwärtig in den Sammlungen des Nationalmuseums Wrocław.

9 Ölskizze auf Mahagoni, 47,5 × 26 cm. Jan-Matejko-Haus, Abteilung des Nationalmuseums Kraków.

10 Zdzisław Kępiński: *Stanisław Wyspiański.* Warszawa 1984.

11 *Ingres.* Katalog der Ausstellung im Petit Palais, Paris. 27. Oktober 1967–29. Januar 1968, Nr. 131; vgl. auch R. Rosenblum, H. W. Janson: *19th Century Art.* New York 1984, S. 126ff.

Die Übersetzung dieses Beitrages besorgte Siegfried Schmidt. Für die sorgfältige Durchsicht des Manuskripts danke ich Bożena Steinborn und Ewa Żakowska.

Hans Joachim Neidhardt: Gustav Heinrich Naekes *Heilige Elisabeth im Hofe der Wartburg Almosen spendend* (S. 157–164)

1 Naeke an Adolph von Heydeck in Dessau. Dresden, 24. Juli 1828 (Dresden, Sächsische Landesbibliothek, Mscr. Dresden, App. 1191, Nr. 468).

2 Gustav Heinrich Naeke, *Die Heilige Elisabeth im Hofe der Wartburg Almosen spendend.* Öl auf Leinwand, 157,5 × 235 cm. Unbezeichnet. Frankfurt/Main, Kunsthandel.

3 In: Julius Schnorr von Carolsfeld: *Briefe aus Italien geschrieben in den Jahren 1817–1827. Ein Beitrag zur Geschichte seines Lebens und der Kunstbestrebungen seiner Zeit.* Gotha 1886, S. 169.

4 »Ein echter Mäzen, gab Herr Quandt jedem der ersten Maler Bestellungen auf Bilder [...], Näke [sic!] eine heilige Elisabeth, Almosen austeilend, welchen Gegenstand der Künstler schon in Deutschland in einer sehr großen Komposition als Zeichnung ausgearbeitet hatte.« In: Hermann Uhde (Hrsg.): *Erinnerungen der Malerin Louise Seidler.* Weimar 1862, S. 190.

5 »Overbecks und Näckes Arbeiten interessieren mich am meisten, ersterer ist mit drei Deckenbildern [für die Villa Massimo, Verf.] fertig, letzterer hat den Carton zu Quandts Bild unter den Händen. Näcke ist in dieser letzten Zeit ganz gewaltig aufgetreten. Ein paar Jahre lang hat er gar nichts gezeigt, kaum sich selbst, denn er war immer sehr verschlossen. Jetzt ist er viel mitteilender, heiterer, er läßt es zu, daß man seine Arbeiten sieht. Daß zu dieser glücklichen Veränderung Quandt nicht wenig beigetragen hat, ist außer Zweifel.« Schnorr von Carolsfeld (s. Anm. 3), S. 177f.

6 »Ich höre nichts von ihm, als wenn er an mich um neuen Vorschuß auf sein Gemälde schreibt, bisher habe ich ihm diesen auch nicht versagt, allein, es ist doch wohl auch ein erlaubter Wunsch von mir, zu erfahren, ob er an dem Bilde auch wirklich tätig gewesen ist, worauf ich bereits noch ganz kürzlich einen bedeutenden Theil des Honorars vorausbezahlt habe [...].« (30. Mai 1823) Zitiert nach: Rudolf Bemmann: *Aus dem Leben Johann Gottlob von Quandts.* In: Neues Archiv f. sächsische Geschichte 46 (1925), S. 1–46; hier S. 17.

7 Schnorr von Carolsfeld (s. Anm. 3), S. 451.

8 So schreibt Naekes Schüler Friedrich Wasmann von dem Gemälde, daß es »im Vergleich mit den Meisterwerken der alten Italiener auf der Galerie etwas matt und bunt im Kolorit aussah, aber streng und edel in Komposition und Zeichnung gehalten war und mich durch die Neuheit, nicht durch bloßen Farbeneffekt, sondern durch seine solide und korrekt durchgeführte Charakteristik, die mehr auf den Geist als auf das sinnliche Auge zu wirken geeignet war, unbeschreiblich anzog.« Friedrich Wasmann: *Ein deutsches Künstlerleben.* Leipzig 1915, S. 22.

Karl Förster vermerkt in seinem Tagebuch: »Fürwahr ein herrliches Gemälde! Ich kann wohl sagen, daß mich noch kein neueres Bild so ergriffen, so gerührt hat, als dieses reine Werk.« L. Förster (Hrsg.): *Biographische und literarische Skizzen aus dem Leben und der Zeit Karl Försters.* Dresden 1864, S. 315.

Der Auftraggeber J. G. von Quandt in einem Brief vom 1. März 1825: »Es ist glücklich in den Grenzen des Wirklichen gehalten, daß es durch seine Naturwahrheit weder das Edle herabzieht, noch das [...] Auge durch den Anblick von Gebrechen beleidigt. Dahingehend blickt die ewig und in allen Verhältnissen göttliche innere Menschennatur aus ihrer körperlichen Verdunklung und weltlichen Gebrechlichkeit hindurch, so daß der Geist freudig, selbst in Dürftigkeit und Rohheit das gleiche Wesen erkennt, ohne daß der Künstler die Wahrheit verfälscht oder verputzt hätte. Ich freue mich sehr auf den Besitz dieses Bildes, welches eine große Zierde meiner Sammlung werden wird [...].« Zitiert nach Bemmann (s. Anm. 6), S. 17.

9 Julius Schnorr von Carolsfeld, *Der heilige Rochus Almosen verteilend.* 1817, Öl auf Lw., 91 × 128 cm. Leipzig, Museum der bildenden Künste.

10 Gustav Heinrich Naeke, *Ein Heiliger Almosen austeilend.* Um 1816/17. Feder, Tusche; 21,2 × 26,6 cm. Dresden, Kupferstich-Kabinett, Inv. Nr. C 4650.

11 Vgl. Peter H. Feist: *Motivkunde als kunstgeschichtliche Untersuchungsmethode.* In: ders.: Künstler, Kunstwerk und gesellschaftliche Studien zur Kunstgeschichte und zur Methodologie der Kunstwissenschaft. Dresden 1978, S. 24 ff.

12 Johannes Jahn: *Museum der bildenden Künste Leipzig.* Leipzig 1961, S. 85.

13 Hermann Riegel: *Geschichte des Wiederauflebens der deutschen Kunst zu Ende des 18. und Anfang des 19. Jahrhunderts.* Hannover 1876, S. 324.

14 Rudolf Zeitler: *Klassizismus und Utopia. Interpretationen zu Werken von David, Canova, Carstens, Thorwaldsen, Koch.* Stockholm/Uppsala 1954, S. 73.

15 Paul Ferdinand Schmidt: *Bildnis und Komposition vom Rokoko zu Cornelius.* München 1928, S. 126.

16 Vgl. Friedrich Schmoll: *Die heilige Elisabeth in der bildenden Kunst des 13. bis 16. Jahrhunderts.* Marburg 1918.

17 Ebenda, S. 112, Tafel XXIII.

18 Vgl. Jan Białostocki: *Stil und Ikonographie. Studien zur Kunstwissenschaft.* Dresden 1966, S. 111 ff. (Die »Rahmenthemen« und die archetypischen Bilder).

19 Gottlieb Schick, *Sokrates, den Giftbecher entgegennehmend.* Um 1800. Graphit, Feder, Pinsel; 39,5 × 55 cm. Stuttgart, Staatsgalerie.

20 Gustav Heinrich Naeke, *Die Heilige Elisabeth im Hofe der Wartburg Almosen spendend.* 1834. Graphit; 14,8 × 22,5 cm. Dresden, Kupferstich-Kabinett, Inv. Nr. C 4693.

Lothar Romain: Franz Marc und Joseph Beuys. Zur Wiederkehr des Romantischen in der deutschen Moderne (S. 197–207)

1 Herbert Marwitz: *Idee und Gestalt.* In: Die Erlanger Universität 1 (1947). Hier zitiert nach: Klaus Lankheit: *Franz Marc.* Köln 1976, S. 167.
2 Werner Haftmann: *Skizzenbuch zur Kultur der Gegenwart. Reden und Aufsätze.* München 1960, S. 166.
3 Lankheit (s. Anm. 1), S. 167.
4 Zitiert nach Theodora Vischer: *Beuys und die Romantik.* Köln 1983, S. 10. Dieser klugen und aufmerksamen Arbeit sind mehrere Beuys-Zitate und einige Anregungen für unsere kurze Studie zu verdanken.
5 *Heute am Telefon: Joseph Beuys.* Interview Kölner Stadt-Anzeiger 14. 6. 1969.
6 Zitiert nach Vischer (s. Anm. 4), S. 94.
7 Ebenda, S. 95.
8 Ebenda, S. 92.
9 Franz Marc: *Schriften.* Hrsg. von Klaus Lankheit. Köln 1978, S. 144.
10 Ebenda, S. 111.
11 Ebenda, S. 144.
12 Zitiert nach Vischer (s. Anm. 4), S. 10.
13 Siehe dazu Lothar Romain, Rolf Wedewer: *Über Beuys.* Düsseldorf 1972, S. 84 ff.
14 Novalis: *Schriften.* Hrsg. v. Richard Samuel u. Paul Kluckhohn. Erg. u. neugeordnete Ausg. Leipzig 1929, Bd. 1, S. 231.
15 Marianne Thalmann: *Romantik und Manierismus.* Stuttgart 1963, S. 30.
16 *Werkstattgespräch: Joseph Beuys.* WDR III, 1. 7. 1969.
17 Götz Adriani, Winfried Konnertz, Karin Thomas: *Joseph Beuys. Leben und Werk.* Köln 1981, S. 74.
18 S. Anm. 5.
19 Novalis (s. Anm. 14), Bd. 2, S. 81.
20 Ebenda, S. 411.
21 Franz Marc (s. Anm. 9), S. 117 f.
22 S. Anm. 7.
23 Zitiert nach Vischer (s. Anm. 4), S. 22.
24 S. dazu Johannes Langner: *Iphigenie als Hund.* In: Katalog Franz Marc. München 1980.
25 Lankheit (s. Anm. 1), S. 154.
26 Marc (s. Anm. 9), S. 98.
27 Ebenda, S. 99 f.
28 S. Anm. 24.
29 Zitiert nach Lankheit (s. Anm. 1), S. 138.
30 Armin Zweite in Katalog *Joseph Beuys.* Städtische Galerie im Lenbachhaus. München 1981, S. 21.
31 Ebenda
32 Zitiert nach Romain, Wedewer (s. Anm. 13), S. 34.

Ulrich Schulte-Wülwer: Niko Wöhlk als »entarteter Künstler« (S. 213–223)

1 Ernst Schlee: *Niko Wöhlk zum 100. Geburtstag.* Katalog der Ausstellung des Städtischen Museums Flensburg und der Deutschen Zentralbücherei Apenrade 1987.

2 Ebenda, S. 11.

3 Langballig, ohne Datum (1922), Archiv Städtisches Museum Flensburg.

4 Hans Holtorf: *Jugend zwischen Malerei und Theater – Lebenserinnerungen 1899–1937.* Schleswig 1980, S. 141.

5 Schlee (s. Anm. 1), S. 15.

6 Holtorf (s. Anm. 4), S. 99 ff.

7 Emil Nolde: *Jahre der Kämpfe (1902–1914).* Flensburg o. J., S. 98.

8 Wöhlk an Hans Holtorf, an Bord von S. S. Valtameri, 1. Januar 1923. Archiv Städtisches Museum Flensburg.

9 Schlee (s. Anm. 1), S. 15.

10 Hanns Christian Jessen: *Als Tonderander Wandervogel bei Niko.* In: Niko Wöhlk und der Apenrader Wandervogel. Hrsg. von Hermann Paulsen. Apenrade 1987. Privatdruck (Büchereizentrale Apenrade).

11 Holtorf (s. Anm. 4), S. 106.

12 Ebenda, S. 143 ff.

13 Ernst Schlee: *Persönliche Eindrücke aus dem Kunstleben in der Provinz 1920–1937 – Ein Beitrag auch zur Lage der bildenden Kunst im Dritten Reich.* In: Nordelbingen, Bd. 53 (1984), S. 190.

14 Andreas Hüneke: *Der Versuch der Ehrenrettung des Expressionismus als »deutscher Kunst« 1933.* In: Zwischen Widerstand und Anpassung. Kunst in Deutschland 1933–1945. Katalog der Akademie der Künste. Berlin 1978, S. 51–53.

15 Katalog: *Große Deutsche Kunstausstellung 1937 im Haus der Deutschen Kunst zu München.* Vorwort S. 5.

16 Große Deutsche Kunstausstellung 1937 im Haus der Deutschen Kunst in München
Name des Künstlers: Wöhlk
Vorname: Nikolaus
Wohnort: Twerhol, Loit-Kirkeby (Nordschleswig)
Genaue Adresse: Dänemark
Bezeichnung des Werkes: Sommerlandschaft – Kornfeld (Obgenrader Förde)
Eigentümer des Werkes: Hauptschriftleiter E. Schröder
Anschrift für die Rücksendung: E. Schröder, Flensburg, Deutsches Haus.

17 Zit. nach: Mario-Andreas von Lüttichau: *›Deutsche Kunst‹ und ›Entartete Kunst‹. Die Münchener Ausstellung 1937.* In: Nationalsozialismus und ›Entartete Kunst‹. Hrsg. von Peter-Klaus Schuster. München 1987, S. 87.

18 Zit. nach: Berthold Hinz: *Die Malerei im deutschen Faschismus. Kunst und Konterrevolution.* München 1974, S. 38.

19 Marius Braune: *Rückblick.* In: Niko Wöhlk und der Apenrader Wandervogel (s. Anm. 10).

20 Lilli Martius: *Erlebtes den Verwandten und Freunden erzählt.* Kiel 1970, S. 104.

21 Mechthild Weyhe: *Nationalsozialistische Kunstpolitik am Beispiel der Kieler Kunsthalle.* Examensarbeit zur 1. Prü-

fung für das Lehramt an Realschulen, Kiel 1974. Die Arbeit enthält eine Liste der in der Kieler Kunsthalle beschlagnahmten Kunstwerke (S. 97–104). – Vgl. auch Kerstin Dronske: *Kultur und Politik in Kiel 1933–1937.* In: »Auf gut deutsch...« Kunst in Kiel in der Diktatur. Katalog Kieler Stadtmuseum 1984, S. 37–41; ferner: Gabi Holland: *»Entartete Kunst« in Kiel.* Ebenda, S. 65.

22 Bei Weyhe (s. Anm. 21), Liste S. 103, ist als Entstehungsjahr dieses Bildes 1927 angegeben, außerdem der Vermerk: Leihgabe des Oberpräsidiums. Wie mir Herr Jürgen Ostwald von der Kieler Kunsthalle freundlicherweise mitteilte, ist das Bild laut Inventarbuch 1929 datiert und als Ankauf vom Künstler eingetragen.

23 Schlee (s. Anm. 1), Abb. 47.

24 Dronske (s. Anm. 21), S. 39.

25 von Lüttichau (s. Anm. 17), S. 120–181.

26 Ebenda, S. 108.

27 Ebenda, S. 106.

28 Ebenda, S. 109ff.

29 Ernst Kracht: *Aus meinem Leben. Erinnerungen, Erlebnisse, Erfahrungen.* Heide 1986, S. 88.

30 Ebenda

31 Weyhe (s. Anm. 21), Liste S. 98.

32 Schlee (s. Anm. 1), S. 26ff.

33 Martius (s. Anm. 20), S. 106ff.

34 Dronske (s. Anm. 21), S. 39.

35 Hans M. Wingler: *Das Bauhaus.* Bramsche 1962, S. 48–51.

36 Diether Schmidt: *In letzter Stunde. Schriften deutscher Künstler des 20. Jahrhunderts.* Dresden 1964. Bd. 2: 1933–45, S. 152ff.

Bernhard Tillmann: Die anatomischen Zeichnungen des Leonardo da Vinci (S. 225–234)

1 »Mir scheint, es sei jegliches Wissen eitel und voller Irrtümer, daß nicht von der Sinneserfahrung – der Mutter aller Gewißheit – zur Welt gebracht wird und nicht im wahrgenommenen Versuch abschließt.«

2 Die Befunde wurden gemeinsam mit Dr. med. D. Mühlhoff im Seminar »Leonardo da Vinci« am Kunsthistorischen Institut der Universität zu Kiel im WS 1979/80 unter der Leitung von Professor Dr. phil. R. Haussherr erarbeitet.

3 »Dieses Werk beginnt mit der Empfängnis und beschreibt die Natur der Gebärmutter und wie der Foetus darin lebt [...]. Dann werde ich beschreiben, welche Glieder des Kindes nach der Geburt schneller wachsen als andere. Sodann beschreibe ich den erwachsenen Menschen, Mann und Frau, und die Beschaf-

fenheit von Hautfarbe und Physiognomie [...] und ich spreche von sämtlichen Funktionen der einzelnen Teile und gebe dir eine Beschreibung der ganzen Gestalt und Substanz des Menschen [...].«

4 »Wenn du die Körperteile des Menschen gründlich anatomisch kennenlernen willst, mußt du oder dein Auge sie aus verschiedenen Blickwinkeln betrachten von unten und von oben und von den Seiten, mußt jedes Glied umdrehen und seinen Ursprung suchen; auf diese Weise wird die räumliche Anatomie so klar, daß du sie verstehst.«

5 »Zeige die Anatomie des Beins bis zur Hüfte, aus allen Blickwinkeln, bei jeder Bewegung und in jeder Stellung; Venen, Arterien, Nerven, Sehnen und Muskeln, Haut und Knochen; dann die Knochen im Querschnitt, um ihre Stärke zu demonstrieren [...].«

Literatur

Hermann Braus: *Anatomie des Menschen.* Berlin 1921, 1. Bd.: Bewegungsapparat.

Anna Maria Brizio, Maria Viktoria Brugnoli, André Chastel: *Leonardo der Künstler.* Stuttgart, Zürich 1981.

Kenneth Clark: *Leonardo da Vinci.* Hamburg 1969.

Sigmund Freud: *Studienausgabe.* Hrsg. v. Alexander Mitscherlich u. a. Frankfurt a. M. 1969, Bd. X: Bildende Kunst und Literatur.

Heinz Goerke: *Die anatomischen Studien des Leonardo da Vinci.* Münchener Med. Wochenschrift, Jg. 119 (1977), Heft 48, S. 1567–68.

Robert Herrlinger: *Leonardo da Vinci und Hermann Braus.* Verh. Anat. Ges. 48. Vers., Anat. Ergh. 97, 1950, S. 97–100.

ders.: *Die didaktische Originalität in Leonardos anatomischen Zeichnungen.* In: Frühe Anatomie. Hrsg. v. R. Herrlinger u. F. Kudlien, Stuttgart 1967, S. 80–107.

ders.: *Geschichte der medizinischen Abbildungen von der Antike bis um 1600.* 2. verb. Aufl. München 1967.

Pierre Huard: *Die anatomischen Texte und Zeichnungen des Leonardo da Vinci.* In: Frühe Anatomie. Hrsg. v. R. Herrlinger, u. F. Kudlien, Stuttgart 1967, S. 53–79.

ders.: *Léonardo de Vinci. Dessins Anatomiques.* Paris 1968.

Kenneth D. Keele: *Leonardo da Vinci als Anatom.* In: Leonardo da Vinci. Anatomische Zeichnungen aus der königlichen Bibliothek auf Schloß Windsor. Hamburger Kunsthalle 1979. Gütersloh 1979, S. 13–19.

Volker Lehmann: *»Etwas höchst Nützliches für die Wundenheiler« ... Die anatomischen Zeichnungen Leonardo da Vincis.* In: Deutsches Ärzteblatt Jg. 1979, Heft 44, S. 2931–2936; Heft 45, S. 3001–3008.

Jean Mathé: *Leonardo da Vinci. Anatomische Zeichnungen.* Fribourg, Genève 1978.

Marielene Putscher: *Leonardo als Anatom. Reise ins Innere des Körpers.* In: die waage, Grünenthal, Heft 4, Bd. 20 (1981), S. 142–150.

Rudolf Reitler: *Eine anatomisch-künstlerische Fehlleistung Leonardos da Vinci.* Intern. Zeitschr. f. Psychoanalyse, Bd. 4 (1917), S. 88, 97–99, 205.

Hugo Wagner: René Auberjonois und Deutschland (S. 235–240)

1 Vermutlich Margaretha Schmidt, die im *Katalog der Ausstellung von Malwerken sächsischer Künstlerinnen* 1892 mit zwei Gemälden und einem Pastell vertreten ist (freundliche Mitteilung von Hans-Ulrich Lehmann, Kupferstich-Kabinett Dresden).

2 Felix Schurig (1852–1902), Genre- und Porträtmaler.

3 Le Papillon, Genf, 24. Oktober, 21. November, 5. Dezember 1894.

4 Hugo Wagner: *René Auberjonois. Das gemalte Werk.* Zürich, Denges 1987, S. 548, Nr. 843.

5 Katalog *René Auberjonois/Hermann Haller.* Zürich, Stiftung Pro Helvetia 1956; mit einem Vorwort von Georg Schmidt.

6 *René Auberjonois.* Kestner-Gesellschaft Hannover, Katalog Nr. 5, 1958/1959.

7 *René Auberjonois.* Kunsthalle Mannheim, Kunsthalle Bremen 1977, mit einem Vorwort von René Wehrli.

8 Brief im Nachlaß von Cuno Amiet; freundlich mitgeteilt von Prof. George Mauner.

9 François Fosca: *Ramuz et la peinture.* In: Alliance culturelle romande, Nr. 24 v. 24. September 1978, S. 91 f.

10 C. F. Ramuz: *René Auberjonois.* Lausanne 1943, Abb. S. 128.

11 Hugo Wagner (s. Anm. 4), S. 257.

12 Ebenda, S. 509, Nr. 734.

Rolf Wedewer: Bild-Magie und Ready-made. Gedanken zum ›Erweiterten Kunstbegriff‹ (S. 241–250)

1 Georg Picht: *Kunst und Mythos.* Stuttgart 1986, S. 308 f.

2 Georgi Bratoev: *Heisenberg und die philosophische Begründung der Quantenmechanik.* In: Denken und Umdenken. Zu Werk und Wirkung von Werner Heisenberg. Hrsg. v. Heinrich Pfeiffer. München 1977, S. 74.

3 Georg Picht (s. Anm. 1), S. 309.

4 Ebenda, S. 359.

5 Ebenda, S. 360.

6 Ebenda, S. 355.

7 Françoise Gilot: *Leben mit Picasso.* München 1965, S. 302 f.

8 Ich beziehe mich hier auf meinen Aufsatz *Realismus/Duchamp/Realität.* In: Realität, Realismus, Realität. Ausstellungskatalog, Wuppertal 1972.

9 Pierre Cabanne: *Gespräche mit Marcel Duchamp.* Köln 1972, S. 58.

10 Zitiert nach Niels von Holst: *Künstler, Sammler, Publikum.* Neuwied 1960, S. 285.

11 Sylvia M. Schomburg-Scherff: *Grundzüge einer Ethnologie der Ästhetik.* Frankfurt/M., New York 1986, S. 231 f.

Nikolaus Zaske: Erinnerung an die Nikolaikirche zu Stralsund (S. 251–261)

1 Max Hasse: *Die Marienkirche zu Lübeck.* München, Berlin 1983. Hans-Joachim Kunst: *Die Marienkirche zu Lübeck.* Worms 1986. Vgl. Rez. v. Wolfgang Erdmann. In: Ztschr. d. Ver. f. Lübeckische Gesch. u. Altertumskunde 67 (1987), S. 327ff.

2 Dietrich Ellger, J. Kolbe: *St. Marien zu Lübeck und seine Wandmalereien.* Neumünster i. H. 1951, S. 43ff.

3 Nikolaus Zaske: *Die St. Nikolaikirche zu Stralsund.* In: Baltische Studien, NF 46 (1959), S. 29–56. Ders.: *Die gotischen Kirchen Stralsunds und ihre Kunstwerke.* Berlin 1964, S. 32ff.

4 Erdmann (s. Anm. 1).

5 Ebenda

6 Horst-Diether Schroeder: *Bürgerschaft und Pfarrkirchen im mittelalterlichen Stralsund.* In: Zaske: Die gotischen Kirchen Stralsunds (s. Anm. 3), S. 260ff.

7 Für die folgenden Angaben vgl. die Belege, die hier nicht aufgeführt werden können, in Zaske: Die gotischen Kirchen Stralsunds (s. Anm. 3), passim; Schroeder (s. Anm. 6), passim; Zaske: Die St. Nikolaikirche (s. Anm. 3), passim.

8 Wolfgang Joachim Venzmer: *Der Dom zu Lübeck.* Diss. masch. Hamburg 1957. Wolfgang Erdmann gewährte mir freundlicherweise Einsicht in seine *Bibliographie zum Lübecker Dom 1975–1987.*

9 Zaske: Die gotischen Kirchen Stralsunds (s. Anm. 3). Schroeder (s. Anm. 6).

10 Bei Zaske: Die St. Nikolaikirche (s. Anm. 3) wurde, in Anlehnung an Ellger (s. Anm. 2), die Datierung stilkritisch auf den Lübecker Marienchor bezogen.

11 Schroeder (s. Anm. 6). Die Daten und Fakten sind mit diesem, der das *Liber memorialis* von Stralsund herausgegeben hat, durchgesprochen worden.

12 Schroeder (s. Anm. 6).

13 Vgl. zur Formengeschichte Nikolaus Zaske: *Stiltypik der bürgerlich-gotischen Backsteinkathedrale.* In: Stil und Gesellschaft. Hrsg. von Friedrich Möbius. Dresden 1984, S. 338–359 (Fundus-Bücher 89/90).

14 Andreas Grüger: *Das Stralsunder Rathaus im Mittelalter.* Diss. masch. Greifswald 1984.

15 Zaske (s. Anm. 13).

16 Ebenda

17 Darüber in: Protokollband zum 3. Greifswalder Kolloquium »Mittelalterliche Architektur und bildende Kunst im Ostseeraum« 1987 (in Vorbereitung).

18 Zaske (s. Anm. 13), dort Literaturangaben und Verweise.

19 Nikolaus Zaske: *Gotische Backsteinkirchen Norddeutschlands.* 2. Aufl. Leipzig 1970, passim.

20 Zaske, Die Nikolaikirche (s. Anm. 3), S. 29ff.

21 N. Zaske (s. Anm. 13).

22 Bei Gelegenheit wird eine genauere Auseinandersetzung mit den Ergebnissen zur Lübecker Marienkirche im Zusammenhang mit St. Nikolai zu Stralsund erfolgen. Hier sollte nur unsere Aufmerksamkeit gegenüber der aktuellen Problemlage angezeigt werden.

Verzeichnis der Farbtafeln

Die hier abgebildeten Werke wurden unter der Verantwortung von Jens Christian Jensen seit 1. Januar 1971 erworben. Es sind nur Beispiele, die die Erwerbungsrichtung verdeutlichen möchten. Von 1971 bis Dezember 1987 wurden 179 Gemälde, 80 Plastiken und Objekte, außerdem Aquarelle, Zeichnungen, druckgraphische Blätter, Videos und als besonderer Schwerpunkt »Druckgraphische Mappenwerke« erworben. Für die Grundsätze, nach denen angekauft wurde, siehe *Neuerwerbungen. Ein Rechenschaftsbericht von J. C. J.* In: Kunsthalle zu Kiel der Christian-Albrechts-Universität. Neuerwerbungen 1975–1979. Gemälde, Objekte, Zeichnungen, Druckgraphik (Kiel 1979). Wenn nicht anders vermerkt, wurden die Ankäufe aus Mitteln des Erwerbungsetats getätigt.

Abb. 1
Detlev Conrad Blunck
(geb. 1798 in Münsterdorf bei Itzehoe, gest. in Hamburg 1854)

Der Bildhauer Bertel Thorvaldsen in seinem römischen Atelier. 1834

Öl auf Leinwand, 139 × 102 cm
Bez. rechts unten: D. C. Blunck, Roma 1834
Erworben 1973 mit Unterstützung des Ministerpräsidenten des Landes Schleswig-Holstein (Galerie v. Negelein, Kiel)
Inv.-Nr. 734

Abb. 2
Peder Severin Krøyer
(geb. 1851 in Stavanger/Norwegen, gest. in Skagen/Dänemark 1909)

Skagens Südstrand. 1883

Öl auf Leinwand. 137 × 122 cm
Bez. rechts unten: S. K /Skagen 83/ – links unten: til HD/fra/SK /9.Oct./1906
Erworben 1979 (Auktionshaus Arne Brun Rasmussen, Kopenhagen, durch die Galerie v. Negelein, Kiel)
Inv.-Nr. 804

Abb. 3
Wassilij Dimitrijewitsch Polenow
(geb. 1844 in Petersburg, gest. 1927 in Borok/Bezirk Tula)

Waldweiher. 1881

Öl auf Leinwand. 134,5 × 90,5 cm
Bez. rechts unten: Вполйновь 1881
Erworben 1986, Dauerleihhabe der Kulturstiftung des Landes Schleswig-Holstein (Süddeutsche Privatsammlung)
Inv.-Nr. 908

Abb. 4
Gottfried Brockmann
(geb. 1903 in Köln-Lindenthal, gest. in Kiel 1983)

Der Raucher (Selbstbildnis mit Pfeife). 1928

Öl-Kasein auf Malpappe auf Hartfaserplatte aufgezogen. 60 × 46 cm
Bez. rechts unten: B
Erworben 1977 mit Unterstützung des Ministerpräsidenten des Landes Schleswig-Holstein (Jan Brockmann, Trondheim/Norwegen)
Inv.-Nr. 770

Abb. 5
Richard Mortensen
(geb. 1910 in Kopenhagen/Dänemark)

Houlgate. 1955

Öl-Tempera auf Leinwand. 162 × 130 cm
Bez. auf der Rückseite: Mortensen/1955/Houlgate
Erworben 1985, Dauerleihgabe der Kulturstiftung des Landes Schleswig-Holstein (Galerie Teufel, Köln)
Inv.-Nr. 880

Abb. 6
Asger Jorn
(geb. 1914 in Vejrum bei Stur/Dänemark, gest. in Aarhus/Dänemark 1973)

Los geht es wieder. 1963

Öl auf Leinwand. 130 × 97 cm
Bez. auf der Rückseite: Los geht es wieder/Jorn 63/München
Erworben 1978, Dauerleihgabe des Stifterkreises Kunsthalle zu Kiel (Galerie von de Loo, München)
Inv.-Nr. 790

Abb. 7
Emil Schumacher
(geb. 1912 in Hagen/Westf.)

Elam. 1982

Öl auf Holz. 170 × 250 cm
Bez. links unten mit weißer Farbe: Schumacher
Erworben 1984 aus Mitteln der Kulturstiftung des Landes Schleswig-Holstein und der Kunsthalle zu Kiel (Galerie Strelow, Düsseldorf)
Inv.-Nr. 853

Abb. 8
Bernhard Heisig
(geb. 1925 in Breslau)

Der Ruhm von gestern. 1980/81

Öl auf Leinwand. 151,8 × 252 cm
Bez. rechts unten: Heisig 80/81
Erworben 1987, Dauerleihgabe der Kulturstiftung des Landes Schleswig-Holstein (Galerie Brusberg, Berlin)
Inv.-Nr. 929

Abb. 9
Harald Duwe
(geb. 1926 in Hamburg, gest. bei Tremsbüttel 1984)

Nachkriegszeit. 1946–48

Öl auf Nesseltuch. 130 × 180 cm
Bez. rechts unten: H. Duwe/46–48
Erworben 1975 (Harald Duwe)
Inv.-Nr. 755

Abb. 10
Paul Wunderlich
(geb. 1927 in Berlin)

Amputierter Onkel. 1959

Öl auf Hartfaserplatte. 120 × 90 cm

Bez. rechts unten: Wunderlich 59
Erworben 1981 (Paul Wunderlich)
Inv.-Nr. 821

Abb. 11
Howard Kanovitz
(geb. 1929 in Fall River, Massachusetts/USA)

Projected Man. 1977

Acryl auf Leinwand. 152 × 228 cm
Bez. auf der Rückseite: Kanovitz/Projected Man/1977/»60 × 90« Liquitex Polymer Acrylic/Mat Varnisch
Erworben 1979, Geschenk der Daimler-Benz AG, Stuttgart, anläßlich des 50jährigen Bestehens ihrer Kieler Niederlassung (Galerie Jöllenbek, Köln)
Inv.-Nr. 793

Abb. 12
Reimer Jochims
(geb. 1935 in Kiel)

gegenwärtig. 1969/70

Öl auf Leinwand. 60 × 81 cm
Bez. auf der Rückseite: Reimer Jochims 69/70
Erworben 1971 (Galerie Rothe, Heidelberg)
Inv.-Nr. 727

Abb. 13
Antonio Calderara
(geb. 1903 in Abbiategrasso bei Mailand, gest. in Vaciago bei Mailand 1978)

Case (Häuser). 1958

Öl auf Sperrholz. 21 × 27 cm
Bez. auf der Rückseite: Antonio Calderara/28010 Ameno per Vaciago/»Case«/1958/cm 27 × 21/Antonio al...
Erworben 1979 (Galerie Rüdiger Schöttle, München)
Inv.-Nr. 798

Abb. 14
Gerhard Richter
(geb. 1932 in Waltersdorf/Oberlausitz)

Abendstimmung. 1969

Öl auf Leinwand. 120 × 150 cm
Bez. auf der Rückseite: Richter 69
Erworben 1972 (Galerie Zwirner, Köln)
Inv.-Nr. 730

Abb. 15
Siegfried Neuenhausen
(geb. 1931 in Dormagen)

Denkmal für João Borges de Souza. 1971

Textil, Holz, Kunststoff, Leimfarbe.
100 × 180 × 70 cm
Unbezeichnet
Erworben 1973 (Siegfried Neuenhausen)
Inv.-Nr. PL 80

Abb. 16
Reiner Ruthenbeck
(geb. 1937 in Velbert/Rheinland)

Tisch mit schrägem braunen Kasten. 1982

Holz, gestrichen und Stahlseil.
Kasten: 57 × 180 × 20 cm
Tisch: 89,5 × 180 × 115 cm
Unbezeichnet
Erworben 1987 (Reiner Ruthenbeck)
Inv.-Nr. PL 196

Abb. 17
Sigurdur Gudmundsson
(geb. 1942 in Reykjavik/Island)

Untitled Black Sculpture. 1981

Holz, Teer, Glas. 350 × 70 × 70 cm
Unbezeichnet
Erworben 1984 (Sigurdur Gudmundsson)
Inv.-Nr. PL 144

Abb. 18
Lothar Fischer
(geb. 1933 in Germersheim/Pfalz)

Piratenschiff. 1964

Ton. Bemalung von Heimrad Prem
(geb. 1934 in Roding, gest. 1978)
Bez. am Heck: Lothar Fischer/1964
Erworben 1987, Dauerleihgabe des Stifterkreises Kunsthalle zu Kiel, Gabe eines Förderers
Inv.-Nr. 200

Abb. 19
Gerhard Hoehme
(geb. 1920 in Greppin bei Dessau)

Jesus meine Zuversicht. 1962

Acryl, Leimfarben auf Leinwand.
200 × 180 cm
Bez. auf der Rückseite: G. Hoehme »Jesus meine Zuversicht« 1962
Erworben 1975 (Gerhard Hoehme)
Inv.-Nr. 748

Abb. 20
Peter Brüning
(geb. 1929 in Düsseldorf, gest. in Ratingen 1970)

Wesermündung. 1966

Öl auf Leinwand, 150 × 130 cm
Bez. rechts unten: Brüning 66
Erworben 1973 (Galerie Änne Abels, Köln)
Inv.-Nr. 733

Abb. 21
Per Kirkeby
(geb. 1938 in Kopenhagen/Dänemark)

Kerzen. 1982

Öl auf Leinwand. 130 × 200 cm
Bez. auf der Rückseite: Kerzen
Erworben 1984, Dauerleihgabe des Stifterkreises Kunsthalle zu Kiel (Galerie Crone, Hamburg)
Inv.-Nr. 859

Abb. 22
Karl Horst Hödicke
(geb. 1938 in Nürnberg)

Robert Robertis. 1973

Acryl auf Nessel. 155 × 190 cm
Bez. auf der Rückseite: KH Hödicke
Erworben 1979 (Karl Horst Hödicke)
Inv.-Nr. 792

Abb. 23
Jiři Georg Dokoupil
(geb. 1954 in Bruntal /ČSSR)

Der Weg in die wahre Demokratie. 1981

Kunstharzfarbe auf Nessel. 155 × 221 cm
Bez. auf der Rückseite: Dokoupil 81
Erworben 1983 (Galerie Michael Neumann, Kiel)
Inv.-Nr. 847

Abb. 24
Sigmar Polke
(geb. 1941 in Oels)

Art Deco. 1974

Acryl auf Leinwand. 148 × 181,5 cm
Unbezeichnet
Erworben 1975 (Sigmar Polke)
Inv.-Nr. 749

2 Peder Severin Krøyer, Skagens Südstrand. 1883

◁ 1 Detlev Conrad Blunck, Der Bildhauer Bertel Thorvaldsen in seinem römischen Atelier. 1834

3 Wassilij Dimitrijewitsch Polenow, Waldweiher. 1881

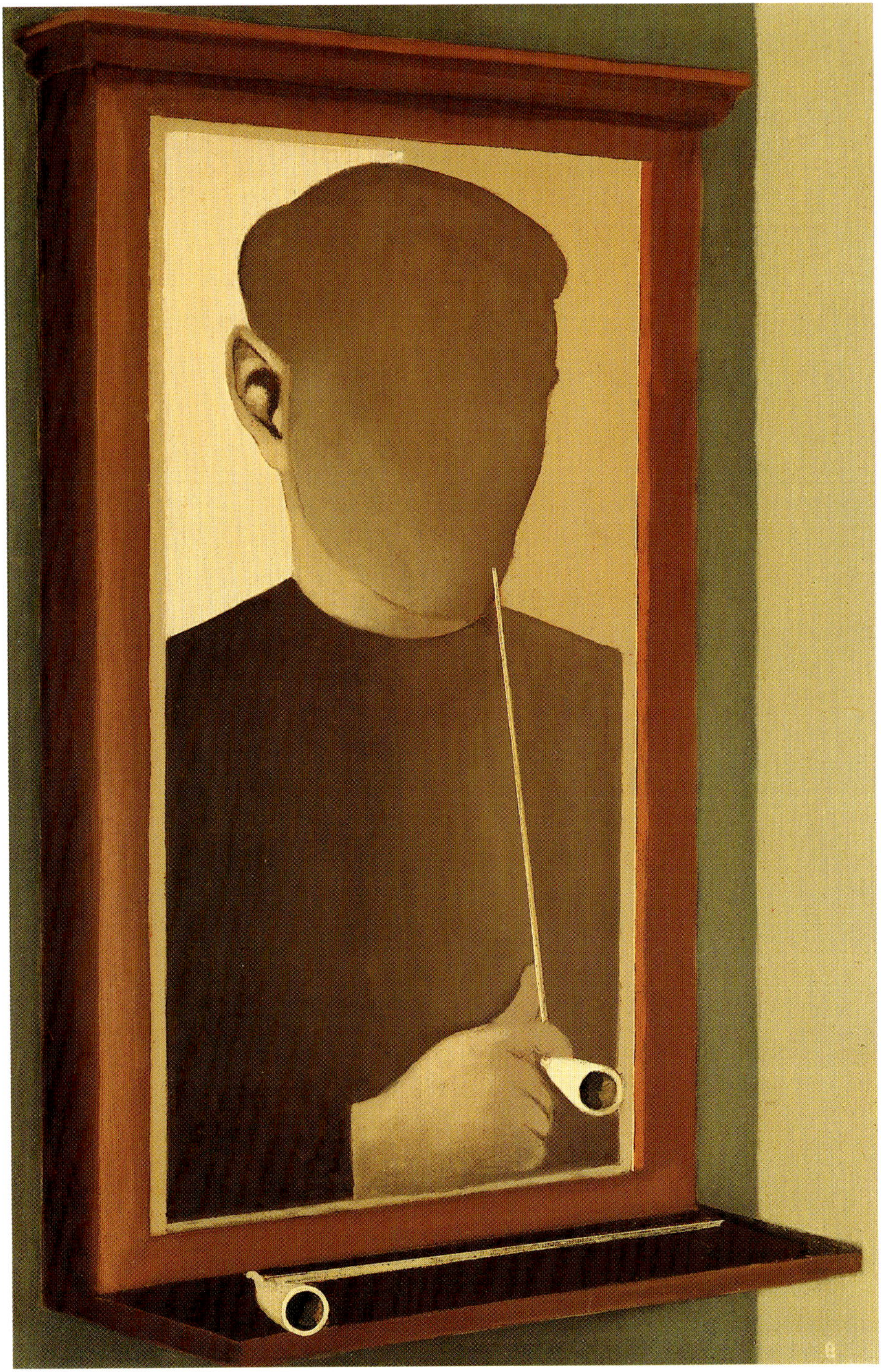

5 Richard Mortensen, Houlgate. 1955

4 Gottfried Brockmann, Der Raucher (Selbstbildnis mit Pfeife). 1928

6 Asger Jorn, Los geht es wieder. 1963

7 Emil Schumacher, Elam. 1982

8 Bernhard Heisig, Der Ruhm von gestern. 1980/81

9 Harald Duwe, Nachkriegszeit. 1946–48

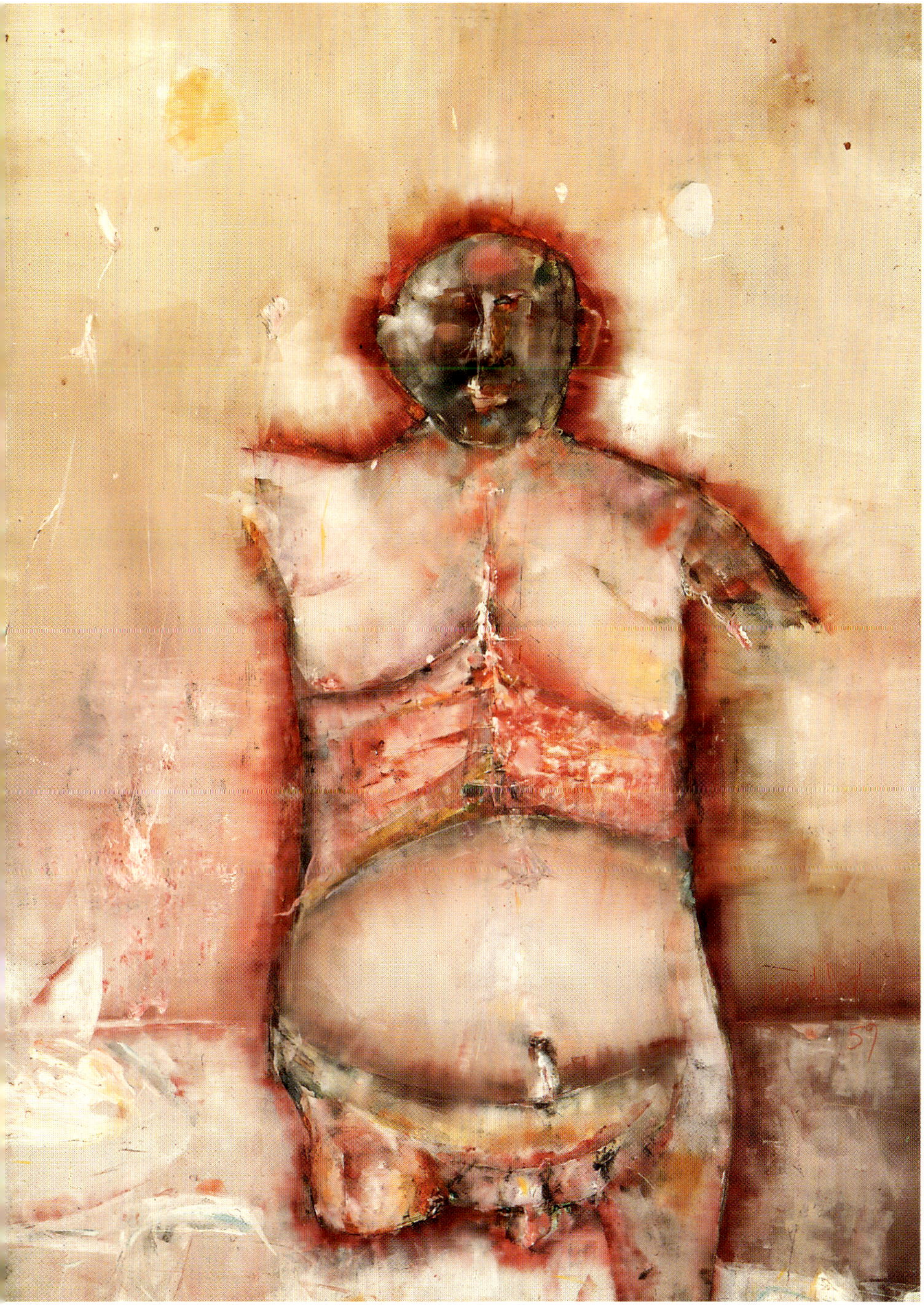

10 Paul Wunderlich, Amputierter Onkel. 1959

11 Howard Kanovitz, Projected Man. 1977

12 Reimer Jochims, gegenwärtig. 1969/70

13 Antonio Calderara, Case (Häuser). 1958

14 Gerhard Richter, Abendstimmung. 1969

15 Siegfried Neuenhausen, Denkmal für João Borges de Souza. 1971

16 Reiner Ruthenbeck, Tisch mit schrägem braunen Kasten. 1982

17 Sigurdur Gudmundsson, Untitled Black Sculpture. 1981

18 Lothar Fischer, Piratenschiff. 1964

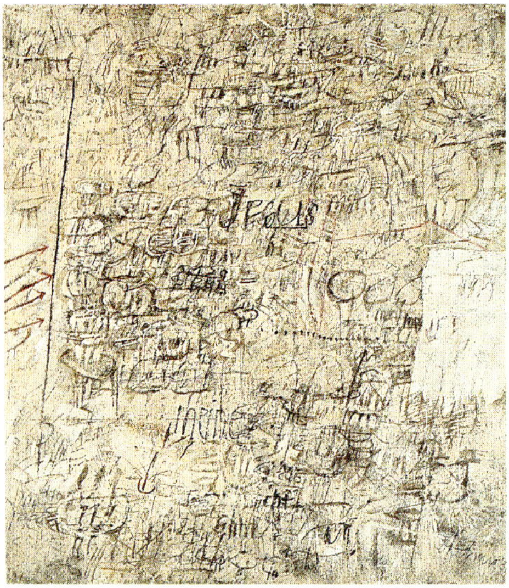

19 Gerhard Hoehme, Jesus meine Zuversicht. 1962

20 Peter Brüning, Wesermündung. 1966

21 Per Kirkeby, Kerzen. 1982

22 Karl Horst Hödicke, Robert Robertis. 1973

23 Jiři Georg Dokoupil, Der Weg in die wahre Demokratie. 1981

24 Sigmar Polke, Art Deco. 1974

Biographie Jens Christian Jensen

1928	Geboren am 11. Mai in Lübeck. Der Vater Julius A. Jensen ist Pfarrer. Die Familie des Großvaters Johann Jensen kommt aus Apenrade (Dänemark).
1936–1949	Grundschule in Travemünde, dann ab 1939 altsprachliches Gymnasium (Katharineum) in Lübeck. 1949 Abitur.
1937	Im Zuge des sogenannten Kirchenkampfes erhält der zur ›Bekennenden Kirche‹ gehörende Vater Hausarrest, Redeverbot und Gehaltsentzug für ein halbes Jahr.
1944/1945	Reichsarbeitsdienst, anschließend Wehrmacht. Die englischen Besatzungstruppen entlassen den noch Sechzehnjährigen kurz nach der Kapitulation.
1949–1956	Studium der Germanistik, Kunstgeschichte, Kirchengeschichte und Archäologie an den Universitäten Heidelberg und Mainz.
1956	Promotion in Kunstgeschichte an der Universität Heidelberg (bei Professor Walter Paatz) mit der Dissertation »Meister Bertram als Bildschnitzer. Das Verhältnis des Doberaner Lettneraltares zu den Skulpturen des Hamburger Petrialtares«. Nebenfächer: Archäologie, Kirchengeschichte. Anschließend ein vierteljähriger Stipendium-Aufenthalt in Paris.
1956–1958	Volontär am Museum für Kunst und Kulturgeschichte der Hansestadt Lübeck (Direktor Dr. Fritz Schmalenbach).
1958	Wissenschaftlicher Mitarbeiter des Kurpfälzischen Museum der Stadt Heidelberg.
1965	Kustos und Beamter am Kurpfälzischen Museum in Heidelberg. Seit 1961 Aufbau und Neuordnung der Graphischen Sammlung. Organisation von Ausstellungen.
1968	Geschäftsführender Vorsitzender des Heidelberger Kunstvereins. Vorbereitung und Konzeption von Ausstellungen (Nebentätigkeit).
1. Januar 1971	Berufung zum Direktor der Kunsthalle zu Kiel der Christian-Albrechts-Universität und geschäftsführender Vorsitzender des Schleswig-Holsteinischen Kunstvereins.
1972	Berufung in den Wissenschaftlichen Beirat der Sammlung Georg Schäfer in Schweinfurt. Seitdem in diesem Drei-Personen-Beirat tätig.
1973	Ernennung zum ›Leitenden Museumsdirektor‹.
1977	Ritter des Dannebrogordens.
1979	Verleihung des Professoren-Titels »in Anerkennung seiner Verdienste um die Aktivierung des Kunstlebens in Schleswig-Holstein und in Würdigung seiner wissenschaftlichen Leistungen« durch den Ministerpräsidenten des Landes Schleswig-Holstein.

Verzeichnis der Schriften von Jens Christian Jensen 1956 bis 1987

Das Verzeichnis ist unter I chronologisch geordnet. Unter II sind Bestands- und Ausstellungskataloge des Heidelberger Kunstvereins, der Kunsthalle zu Kiel (KHK) und des Schleswig-Holsteinischen Kunstvereins (SHKV) aufgeführt, die von Jensen herausgegeben wurden und/oder mit Vorworten versehen sind. Es folgen die Jahresberichte der Kunsthalle zu Kiel und des Schleswig-Holsteinischen Kunstvereins und eine Aufstellung der ›Schriften der Kunsthalle zu Kiel‹.

I

1956 Eröffnung der Ausstellung ›Religiöse Graphik des Expressionismus‹ im Behnhaus. In: Lübeckische Blätter, 116. Jg., Nr. 16 vom 14. Oktober 1956.

1957 Über die Bildschnitzkunst von Meister Bertram. In: Der Wagen 1957. Ein Lübeckisches Jahrbuch, S. 46–56.

Jahresschau Lübecker Künstler 1957. In: Lübeckische Blätter, 117. Jg., Nr. 21 vom 22. Dezember 1957.

Die Bildniszeichnung der deutschen Romantik. [Bearbeitung] Katalog St. Annen-Museum und Overbeck-Gesellschaft Lübeck, 30. Juni bis 15. September 1957.

1958 Über die Gründung des Lukasbundes. In: Der Wagen 1958. Ein Lübeckisches Jahrbuch, S. 105–122.

Meister Bertram, Quellen und Untersuchungen. In: Ztschr. d. Vereins f. Hamburgische Geschichte, Bd. XLIV (1958), S. 141–203.

Kurfürst Johann Wilhelm von der Pfalz. Zur Ausstellung im Heidelberger Schloß. In: Heidelberger Fremdenblatt, 1. Juniheft 1958, S. 2–6.

Deutsche Zeichenkunst der Goethezeit. Zur Ausstellung der Sammlung Winterstein im Kurpfälzischen Museum. In: Heidelberger Fremdenblatt, Novemberheft 1958, S. 2–4.

1959 Der Schnitzaltar in Petersdorf auf Fehmarn. Ein Lübeckisches Werk vom Ende des 14. Jahrhunderts. In: Nordelbingen, Bd. 27 (1959), S. 7–25.

Porzellan der Frankenthaler Manufaktur in der Heidelberger Sommer-Ausstellung ›Ausklang des Barock‹. In: Heidelberger Fremdenblatt, 2. Juliheft 1959, S. 2–6.

Höchstpersönliche Nachträge zur Geschichte des Katharineums und des ›Katharineum‹. In: Das Katharineum, Mitteilungsblatt für Eltern, Schüler und Freunde der Schule, Jg. 11, Heft 37, Lübeck, Dezember 1959, S. 4f.

Ausklang des Barock. Kunst und Künstler des 18. Jahrhunderts in der Pfalz. [Bearbeitung Gemälde, Zeichnungen, Druckgraphik und Skulptur] Katalog Kurpfälzisches Museum Heidelberg im Ottheinrichbau des Schlosses, 1. Juni bis 15. Oktober 1959.

Heinz Stoob: Hamburgs hohe Türme. Die alten Kirchen der Hansestadt und ihre Kunstschätze. Hamburg 1957 [Rezension]. In: Ztschr. d. Vereins f. Hamburgische Geschichte, Bd. XLV (1959), S. 140f. (vgl. darin auch S. 195).

1960 Eine Mantelstudie von Friedrich Overbeck. In: Ruperto Carola, Mitt. d. Vereins d. Freunde d. Studentenschaft d. Univ. Heidelberg, XII. Jg., Bd. 28 (1960), S. 175–160.

Der Maler Friedrich Overbeck und die Brüder Schlosser. Zu einer Neuerwerbung des Kurpfälzischen Museums Heidelberg. In: Heidelberger Fremdenblatt, Oktoberheft 1960, S. 6f.

Gisela Bergsträsser: Johann Heinrich Schilbach. Ein Darmstädter Maler der Romantik. Darmstadt 1959 [Rezension]. In: Kunstchronik, 13. Jg., Heft 11, November 1960, S. 329–332.

Gottfried Schadow – Rudolf Schadow – Wilhelm Schadow. In: The New Encyclopaedia Britannica 1960ff., Aufl. 1980, S. 950–951 (in engl. Sprache).

Horst Skodlerrak – Nachwort. In: Ausstellungsbegleitheft Heidelberger Kunstverein, 16. Oktober bis 13. Nov. 1960.

1961 Paul Eliasberg. In: das kunstwerk, XIV. Jg., Heft 12, Juni 1961, S. 29f.

Die beiden Zeichnungen aus Fohrs Heidelberger Freundeskreis. In: Heidelberger Fremdenblatt, Märzheft 1961, S. 9–11. – Wiederabdruck in: Burschenschaftl. Blätter, 76. Jg., Heft 12, Dezember 1961, S. 283f.

Willi Meyne: Lüneburger Plastik des XV. Jahrhunderts. Lüneburg 1959 [Rezension]. In: Ztschr. d. Vereins f. Hamburgische Geschichte, Bd. XLVII (1961), S. 142–144.

Süddeutsche Künstler des 19. Jahrhunderts. In: Rhein-Neckar-Zeitung, 20. November 1961.

In memoriam Reinhard Herbig. In: Rhein-Neckar-Zeitung, 2. Oktober 1961.

1962 Friedrich Overbecks Familienbild in Lübeck. Entstehungsgeschichte und Umkreis, 1818–1830. In: Pantheon, XX. Jg. (1962), Heft 6, S. 363–374.

Das Heidelberger Schloß. Variationen über ein weltbekanntes Thema. In: Heidelberger Fremdenblatt, 1. Aprilheft 1962, S. 9–11.

Hans Geller: Carl Ludwig Kaaz, Landschaftsmaler und Freund Goethes 1773–1810. Berlin 1961 [Rezension]. In: Kunstchronik, 15. Jg., Heft 2, Februar 1962, S. 48–51.

Wilhelm Steinhausen. In: Religion in Geschichte und Gegenwart. Bd. V (1962).

Paul Berger-Bergner / Wilhelm Schnarrenberger. In: Katalog Heidelberger Kunstverein, 21. Oktober bis 11. November 1962.

1963 Friedrich Overbeck. Die Werke im Behnhaus. Lübecker Museumshefte 4. Aus der Arbeit der Museen für Kunst und Kulturgeschichte Lübeck (1963). – Teilabdruck in: Kunst und Kultur Lübecks im 19. Jahrhundert. Hefte zur Kunst und Kulturgeschichte der Hansestadt Lübeck, Nr. 4, 1981, S. 249–267.

Gedenkblatt für den Maler Franz Pforr, den Freund Friedrich Overbecks. In: Der Wagen 1963. Ein Lübeckisches Jahrbuch, S. 83–92.

Tilman Riemenschneiders Zwölfboten-Altar und die Sammlung der Romantiker im Kurpfälzischen Museum. In: Badische Heimat, 43. Jg. (1963), Heft 1/2, S. 161–167.

Das Kupferstichkabinett des Kurpfälzischen Museums in Heidelberg. In: Die Weltkunst, 33. Jg., Heft 24 vom 15. Dezember 1963, S. 24.

Rudolf Grossmann, der Zeichner. In: Die Weltkunst, 33. Jg., Heft 12 vom 15. Juni 1963, S. 17f.

Die Ausstellung ›England und Kurpfalz‹ in Heidelberg. In: Die Weltkunst, 33. Jg., Heft 17 vom 1. September 1963, S. 18.

Zeitgenössische französische Graphik. In: Rhein-Neckar-Zeitung, 15. und 16. Juli 1963.

Über Alfred Kubin. In: Rhein-Neckar-Zeitung, 26. September 1963.

Rainer Motz und Walter Gillich. In: Heidelberger Tageblatt, 5. November 1963.

Rudi Baerwind und Théo Kerg. In: Heidelberger Fremdenblatt, Märzheft 1963, S. 6f.

Zur Eröffnung des Kupferstichkabinetts im Kurpfälzischen Museum. In: Heidelberger Fremdenblatt, Dezemberheft 1963, S. 2–4.

1964 Der Lettneraltar der Zisterzienserabtei Doberan. In: Niederdeutsche Beiträge zur Kunstgeschichte, Bd. III (1964), S. 229–274.

Kunst in Dresden. 18.–20. Jahrhundert. Aquarelle, Zeichnungen, Druckgraphik. Ausstellung zur Erinnerung an die Gründung der Dresdner Kunstakademie 1764. [Konzeption, Bearbeitung, Redaktion]. Katalog Kurpfälzisches Museum Heidelberg, 6. September bis 1. November 1964.

Kunst in Dresden. In: Katalog ›Kunst in Dresden‹ (s. o.), S. 12–18.

Das Kupferstichkabinett im Kurpfälzischen Museum zu Heidelberg. In: Ruperto Carola, XVI. Jg., Bd. 36 (1964), S. 1–8.

Kunst in Dresden. Aquarelle, Zeichnungen und Druckgraphik aus zwei Jahrhunderten. In: Heidelberger Fremdenblatt, 1. Septemberheft 1964, S. 2–5.

Kunst in Dresden. Aquarelle, Zeichnungen und Druckgraphik aus zwei Jahrhunderten. In: Die Weltkunst, 34. Jg., Heft 20 vom 10. Oktober 1964, S. 821f.

Ein neues Kupferstichkabinett. Dem Kurpfälzischen Museum in Heidelberg wurde eine Graphik-Abteilung angegliedert. In: der kunsthandel, 56. Jg. (1964), Januarheft, S. 21f.

Otto Hodapp zum 70. Geburtstag. In: Katalog Heidelberger Kunstverein, 10. bis 31. Mai 1964.

Heidelberg und die bildende Kunst. In: Rhein-Neckar-Zeitung, 6. März 1964.

1965 Schlösser, Burgen, Ruinen in der Malerei der Romantik. In: Die Weltkunst, 35. Jg., Heft 14 vom 15. Juli 1965, S. 599.

Paul Eliasberg, Aquarelle, Zeichnungen, Druckgraphik. In: Die Weltkunst, 35. Jg., Heft 21 vom 1. November 1965, S. 1037.

Paul Eliasberg. Das druckgraphische Werk. [Bearbeitung und Einführung]. Katalog Kurpfälzisches Museum Heidelberg, 8. Oktober bis 8. November 1965.

Paul Eliasberg. In: Rhein-Neckar-Zeitung, 27. Oktober 1965.

Das Bildnis des Historikers Hermann Oncken von Rudolf Grossmann. In: Ruperto Carola, XVII. Jg., Bd. 37 (1965), S. 102–104.

Schlösser, Burgen und Ruinen in der Malerei der Romantik. Zur Ausstellung im Ottheinrichbau des Heidelberger Schlosses. In: Heidelberger Fremdenblatt, 1. Juliheft 1965, S. 5–8.

Schlösser, Burgen und Ruinen in der Malerei der Romantik. Gemälde, Aquarelle und Graphik deutscher, österreichischer und Schweizer Künstler 1770 bis 1860.

[Bearbeitung des kunsthistorischen Teils]. Katalog Kurpfälzisches Museum im Ottheinrichbau des Heidelberger Schlosses, 29. Mai bis 26. September 1965.

Friedrich Overbeck: Ruth auf dem Acker des Boas. In: Lübeckische Blätter, 125. Jg., Nr. 20 vom 20. Nov. 1965, Beilage.

Volontär an den Lübecker Museen für Kunst und Kulturgeschichte (1956–1958). In: Lübeckische Blätter, 125. Jg., Nr. 16 vom 25. September 1965.

Peter Pötschner: Genesis der Wiener Biedermeierlandschaft. Wien 1964; Rupert Feuchtmüller/Wilhelm Mrazek: Biedermeier in Österreich. Wien, Hannover, Bern 1963 [Rezension]. In: Kunstchronik, 18. Jg., Heft 5, Mai 1965, S. 124–134.

Friedrich Wilhelm Fischer: Maria Ellenrieder. Leben und Werk der Konstanzer Malerin. Ein Beitrag zur Künstlergeschichte des neunzehnten Jahrhunderts. Mit einem Werkverzeichnis von Sigrid Blanckenhagen, Stuttgart 1963 [Rezension]. In: Kunstchronik, 18. Jg., Heft 9, September 1965, S. 258–261.

Maler fürs Theater. [Bearbeitung mit Hans Peter Doll. Einführung]. Katalog Kupferstichkabinett des Kurpfälzischen Museums Heidelberg, 9. bis 25. Juli 1965.

Zur Jahresausstellung 1965 des Künstlerbundes Rhein-Neckar. In: Katalog Heidelberger Kunstverein und Kurpfälzisches Museum, 17. Januar bis 14. Februar 1965.

›Maler fürs Theater‹. Ausstellung Heidelberger Maler und Graphiker im Kurpfälzischen Museum eröffnet. In: Heidelberger Tageblatt, 10./11. Juli 1965.

1966 I Nazareni, das Wort, der Stil. In: Katalog ›Klassizismus und Romantik in Deutschland. Gemälde und Zeichnungen aus der Sammlung Georg Schäfer‹, Schweinfurt 1966, S. 46–52. Germanisches Nationalmuseum Nürnberg, 1. Juli bis 2. Oktober 1966.

Julius Schnorr von Carolsfeld: Das trabende Pferd. In: Lübeckische Blätter, 126. Jg., Nr. 22 vom 20. Dezember 1966, Beilage.

Erich Heckel. Druckgraphik 1905–1920. In: Heidelberger Fremdenblatt, 1. Juliheft 1966, S. 2–5.

Über Erich Heckels Druckgraphik der Jahre 1905 bis 1920/21. In: Ruperto Carola, XVIII. Jg., Bd. 40 (1966), S. 203–211.

Studenten malen. In: Ruperto Carola, XVIII. Jg., Bd. 40 (1966), S. 238–243.

Über Horst Egon Kalinowski. In: Rhein-Neckar-Zeitung, 23. März 1966.

Das neue Haus des Mannheimer Kunstvereins. In: Heidelberger Tageblatt, 4. Oktober 1966.

›Spanische Malerei heute‹ in der Galerie Rothe. Dr. Carl Banfer zum Gedächtnis. In: Heidelberger Tageblatt, 3. Februar 1966.

Paul Eliasberg. In: Beiblatt zur Ausstellung P. E., Galerie Daniel Keel, Zürich, 8. November bis 3. Dezember 1966.

1967 Das Werk des Malers Josef Wintergerst. In: Ztschr. d. dt. Vereins f. Kunstwissenschaft, Bd. XXI (1967), Heft 1/2, S. 20–58.

Nazarenische Landschaftsauffassung und der frühe Realismus-Versuch einer Abgrenzung. In: Katalog ›Der frühe Realismus in Deutschland 1800–1850. Gemälde und Zeichnungen aus der Sammlung Georg Schäfer‹. Schweinfurt 1967, S. 124–131. Germanisches Nationalmuseum Nürnberg, 23. Juni bis 1. Oktober 1967.

Die Suite Vollard von Pablo Picasso. In: Ruperto Carola, XIX. Jg., Bd. 41 (1967), S. 182–185.

Die neue Welt Stanley D. Tschopps. In: Katalogblatt zur Ausstellung in der Heidelberg Universität (Privatdruck). – Wiederabdruck: Katalogblatt Galerie Schumacher, München, April/Mai 1968.

Rede auf Friedrich Karl Gotsch. In: der kunsthandel, 59. Jg., April 1967, S. 15–18. – Teilabdruck in: Rhein-Neckar-Zeitung, 29./30. April/1. Mai 1967. – Wiederabdruck in: Schleswig-Holstein, Heft 7/1967, S. 183–185.

Über naive Malerei. In: Spielzeit 1967/68, Städtische Bühne Heidelberg, Heft 6, (Henri Rousseau. Die Rache einer russischen Waise) S. 9–11.

1968 Carl Philipp Fohr in Heidelberg und im Neckartal. (Hrsg. und eingeleitet von Georg Poensgen). Karlsruhe 1968.

Carl Philipp Fohr 1795–1818. Skizzenbuch der Neckargegend – Badisches Skizzenbuch. Ausstellung ergänzt durch die Werke des Künstlers im Besitz des Kurpfälzischen Museums. [Konzeption, Bearbeitung, Redaktion]. Katalog Kurpfälzisches Museum Heidelberg, 6. Oktober bis 24. November 1968.

Bemerkungen zu dem Skizzenbuch der Neckargegend und dem Badischen Skizzenbuch. – Zur Schreibweise von Fohrs Rufnamen. In: Katalog ›Carl Philipp Fohr‹ (s. o.) 1968, S. 15–18, S. 19.

Carl Philipp Fohr (1795–1818). In: Neue Zürcher Zeitung, Nr. 394 vom 30. Juni 1968.

Carl Philipp Fohr. Gedächtnisausstellung in Frankfurt zur 150. Wiederkehr des Todestages des Künstlers. In: Neue Zürcher Zeitung, Nr. 445 vom 22. Juli 1968.

Ausstellung ›Carl Philipp Fohr‹ in Heidelberg. In: Weltkunst, 38. Jg., Heft 20 vom 15. Oktober 1968, S. 939.

Über die Druckgraphik von Klaus Staeck. Ansprache zur Eröffnung der Ausstellung im Handschuhsheimer Schlößchen, Heidelberg, am 11. November 1967. In: Ruperto Carola, XX. Jg., Bd. 43/44 (1968), S. 164–169.

Paul Eliasberg. Suite '68. Acht Radierungen mit einem Geleitwort von J. C. J. Edition de Beauclair Nr. 7, Frankfurt a. M., 1968.

Zehn Jahre Edition Rothe. In: Deutsche Druckgraphik 1958–1968 in der Edition Rothe. Ein vollständiger Katalog des Verlages. Stuttgart. Berlin, Köln, Mainz 1968. – Wiederabdruck in: Heidelberger Fremdenblatt, Juliausgabe 1968, S. 15f.

Overbecks Eintritt in die Wiener Akademie und ein Brief von Heinrich Friedrich Füger. In: Katalog ›Romantik und Realismus in Österreich. Gemälde und Zeichnungen aus der Sammlung Georg Schäfer‹, Schweinfurt 1968 (Schloß Laxenburg, 18. Mai bis 14. Oktober), S. 33–40.

Brücke und Blauer Reiter. In: Katalog ›Brücke und Blauer Reiter. Aquarelle, Zeichnungen und Druckgraphik aus der Heidelberger Sammlung G.‹, Kurpfälzisches Museum Heidelberg, 20. Dezember 1968 bis 2. Februar 1969, S. 6–8.

Künstlerplakate des 20. Jahrhunderts. Zur Ausstellung im Heidelberger Kunstverein. In: Heidelberger Fremdenblatt, Maiausgabe 1968, S. 12f.

Zur Ausstellung Carl Philipp Fohr im Kurpfälzischen Museum. In: Heidelberger Fremdenblatt, Oktoberheft 1968, S. IIIf.

Die beiden Ansichtenbücher Carl Philipp Fohrs. Zur Ausstellung in der Gartenhalle des Kurpfälzischen Museums. In: Heidelberger Fremdenblatt, Novemberheft 1968, S. IV.

Leben und Schaffen Otto Hodapps [...]. In: Otto Hodapp – Margot Schubert. Aus unserem Leben. München 1968.

Kunst und Stein. [Bearbeitung Kunsthistorischer Teil]. Katalog Portland-Zementwerke Heidelberg AG mit Leihgaben des Kurpfälzischen Museums der Stadt Heidelberg.

1969 Die Zeichnungen Overbecks in der Lübecker Graphiksammlung. Lübecker Museumshefte 8. Aus der Arbeit der Museen für Kunst und Kulturgeschichte der Hansestadt Lübeck (1969).

Emil Nolde. Gemälde aus dem Besitz von Frau Jolanthe Nolde. Hrsg. von der Stadt Heidelberg, Kurpfälzisches Museum, Februar 1969.

Overbeck heute. In: Katalog ›Deutsche Zeichnungen 1800–1850 aus der Sammlung Winterstein. Ausstellung zum 100. Todestag Friedrich Overbecks‹, Museum für Kunst und Kulturgeschichte der Hansestadt Lübeck, 11. Mai bis 27. Juli 1969.

Friedrich Overbeck, der Nazarener. In: Neue Zürcher Zeitung, Nr. 714 vom 7. Dezember 1969.

Zur Erinnerung an den Maler Friedrich Overbeck. In: Katharineum zu Lübeck, Bericht über das 438. Schuljahr 1968/1969, S. 4–6.

Edvard Munch. Zur Ausstellung des graphischen Werkes im Heidelberger Kunstverein. In: Heidelberger Fremdenblatt, Märzheft 1969, S. 1–5.

Die Ausstellung SKULPTUR. 27 deutsche Plastiker 1969. In: Heidelberger Fremdenblatt, Juniheft 1969, S. 17f.

Hundert Jahre Kunstverein. In: Heidelberger Fremdenblatt, Septemberheft 1969, S. 10–13.

Der Künstler und die Provinz. In: Lübekkische Blätter, 129. Jg., Nr. 25 vom 29. November 1969. (Eröffnungsansprache zur Lübecker Jahresschau). Wiederabdruck in: der kunsthandel, 62. Jg., Nr. 1, Januar 1970, S. 15f.

Die Geschichte und Zukunft des Heidelberger Kunstvereins im Spiegel der Ausstellung ›Kunst und Künstler in Baden und in der Pfalz‹. In: Ruperto Carola, XXI. Jg., Bd. 47 (1969), S. 171–177.

Paul Klee. Gemälde, Aquarelle, Zeichnungen und Handpuppen aus der Sammlung Felix Klee in Bern. [Bearbeitung, Vorwort]. Katalog Heidelberger Kunstverein, 23. März bis 4. Mai 1969, S. 5.

SKULPTUR. 27 deutsche Plastiker 1969. Ausstellung zum 100. Bestehen des Heidelberger Kunstvereins. [Bearbeitung, Konzeption, Einführung]. Katalog Heidelberger Kunstverein, 18. Mai bis 29. Juni 1969.

Einführung in die Ausstellung. [Bearbeitung, Vorwort]. Festschrift u. Katalog ›100 Jahre Heidelberger Kunstverein 1869–1969 / Kunst und Künstler in Baden und in der Pfalz‹. Heidelberger Kunstverein 1969, S. 39–43.

1970 Ausstellung heute. In: Kunst im Käfig. Hrsg. von Gisela Brackert, Frankfurt a. M. 1970, S. 23–32.

Zeichnungen von Carl Philipp Fohr aus der Zeit seines letzten Aufenthalts in Heidelberg im Jahre 1816. Dr. Alfred Winterstein in Verehrung und Dankbarkeit gewidmet. In: AURORA. Eichendorff-Almanach, 29 (1969), S. 23–28.

›The Rake's Progress‹, zwei Versionen von William Hogarth und David Hockney. In: Weltkunst, 40. Jg., Heft 9 vom 1. Mai 1970, S. 590.

Hans Theo Richter. Lithographien, Handzeichnungen. Einleitung Hans Kinkel. Kassel, Basel, Paris, London, New York 1967. In: Weltkunst, 40. Jg., Heft 1 vom 1. Januar 1970, S. 19.

Salvador Dali. Über ihn selbst und über seine Druckgraphik. In: Ruperto Carola, XXII. Jg., Bd. 48 (1970), S. 84–92.

Salvador Dali. In: Neue Zürcher Zeitung, Nr. 448 vom 27. September 1970. Wiederabdruck in: UNIVERSITAS, 26. Jg., Heft 5, Mai 1971, S. 531–540.

Gesang und Musik in der Druckgraphik der Gegenwart. In: Ex libris Bachianis. Ansprachen zur Eröffnung der Ausstellungen anläßlich des 44. Deutschen Bachfestes der Neuen Bachgesellschaft im Kurpfälzischen Museum Heidelberg. Mitteilungsblatt für die Mitglieder, Berlin (1970).

Salvador Dali. Graphische Folgen. [Bearbeitung, mit Karlheinz Nowald]. Katalog Heidelberger Kunstverein, 5. April bis 3. Mai 1970. – 2. Auflage: SKHV und KHK im Warleberger Hof, 13. August bis 7. Oktober 1972.

Dali – das Genie. In: Katalog ›Salvador Dali‹, (s. o.) 1970 und 1972.

Künstlerbund Rhein-Neckar. Jahresausstellung 1970. [Bearbeitung, mit Waldemar Epple. Vorwort]. Heidelberger Kunstverein, 18. Oktober bis 15. November 1970.

Bewegung – im Raum, auf der Fläche. [Bearbeitung, Konzeption, Vorwort]. Katalog Heidelberger Kunstverein, 5. Juli bis 16. August 1970.

Kunst der 50er und 60er Jahre aus der Sammlung Dr. Hanna Grisebach, Heidelberg. [Bearbeitung, Vorwort]. Katalog Kurpfälzisches Museum Heidelberg, Kupferstichkabinett, 21. Oktober bis 22. November 1970.

Zur Ausstellung im Heidelberger Kunstverein: die Galerie Brusberg. In: Heidelberger Fremdenblatt, Februarausgabe 1970, S. 4f.

Salvador Dali – Graphische Folgen. Ausstellung im Heidelberger Kunstverein. In: Heidelberger Fremdenblatt, Aprilausgabe 1970, S. 5f.

Der Heidelberger Kunstverein. In: Heidelberger Fremdenblatt, Dezemberausgabe 1970, S. 17.

1971 Carl Spitzweg. Köln 1971. 4. Aufl. 1978.

Rupert Feuchtmüller: Leopold Kupelwieser und die Kunst der österreichischen Spätromantik. Wien 1970 [Rezension]. In: Kunstchronik, 24. Jg., Heft 11, November 1971, S. 331–335.

Über die Ausstellung – und über Antes. In: Katalog ›Horst Antes. Zeichnungen/Aquarelle/Lithographien/Radierungen/Gemälde aus norddeutschem Privatbesitz‹, KHK und SHKV, 2. bis 31. Mai 1971, S. 6–9. Teilabdruck in: der kunsthandel, 63. Jg., Nr. 5, S. 22f.

Richard Mortensen. Gemälde. Wandteppiche. Reliefs. Graphik. [Bearbeitung, mit Heinz Holtmann. Vorwort]. Katalog KHK und SHKV, 18. Juni bis 25. Juli 1971.

Mortensens Konstruktivismus. In: Katalog ›Richard Mortensen‹ (s. o.) 1971.

Der Maler Richard Mortensen. In: Weltkunst, 41. Jg., Heft 17 vom 1. September 1971, S. 1011.

1972 Carl Spitzweg und sein Münchner Malerkreis. Gemälde aus der Sammlung Georg Schäfer, Schweinfurt. [Konzeption, Redaktion, Bearbeitung. Vorwort, mit Klaus Honnef und Joachim Wolfgang von Moltke]. Katalog KHK und SHKV im Stadtmuseum Kiel u. a., 7. Mai bis 23. Juli 1972. – 2. neubearbeitete und ergänzte Auflage: Schweinfurt, Halle des Alten Rathauses [u. a.], 7. September bis 17. Oktober 1976.

Spitzweg heute. In: Katalog ›Carl Spitzweg‹, (s. o.) 1972, S. 8–12. – 2. Aufl. 1976, S. 8–12.

Kunst an der Kiellinie. [Bearbeitung, mit Karlheinz Nowald. Vorwort]. Katalog KHK, Mai bis September 1972.

Nazaréens. In: Encyclopaedia Universalis France, Paris 1968 ff., Bd. 11 (1971), S. 623–625 (in frz. Sprache).

Der Bildhauer Hans Kock. [Redaktion, Bearbeitung. Vorwort] Katalog KHK, 26. November bis 30. Dezember 1972.

Gespräch zwischen Hans Kock und J. C. J. In: Katalog ›Hans Kock‹ (s. o.) 1972.

Spielen im Museum. In: Katalog ›Räume – Kunst mit anderen Mitteln, U. Behl, H. Klettke‹, Kunsthalle Wilhelmshaven, 10. September bis 1. Oktober 1972, S. 7 f.

1973 Emil Nolde. Provokante Anmerkungen nach einer Ausstellung seines Werkes in Deutschland. In: Neue Zürcher Zeitung, Nr. 381 vom 19. August 1973. – Wiederabdruck in: UNIVERSITAS, Vol. 16 (englische Ausgabe) No. 3, 3. Vj. 1974, S. 242–252. – dieselbe: Vol. XII (spanische Ausgabe) Num. 1, 3. Vj. 1974, S. 7–16.

Erich Reusch. In: KUNSTFORUM, 1. Jg., Bd. 6/7 (1973), S. 144–157.

Monstren originellen Kitsches. Dalis Roman ›Verborgene Gesichter‹. In: Neue Zürcher Zeitung, Nr. 572 vom 9. Dezember 1973.

Rudolf Wilke. Ein Zeichner des Simplizissimus. In: Städtisches Museum Braunschweig. Miszellen, Nr. 16, 1973.

Zur gegenwärtigen Situation der Kunsthalle zu Kiel. In: Christiana Albertina, Kieler Universitätszeitschrift, Heft 16, Dezember 1973, S. 56–61.

Professor Dr. Georg Poensgen 75 Jahre. In: Rhein-Neckar-Zeitung, 7. Dez. 1973.

Erich Hauser: Säulen in der Stadt, neue Projekte und Graphik; [Bearbeitung. Nachwort]. Katalogheft KHK und SHKV, 1. bis 25. Januar 1973.

Über Erich Hausers Säulen. Die Kieler Säule. In: Katalogheft ›Erich Hauser‹ (s. o.) 1973. – Teilabdruck in: Katalog ›Erich Hauser‹, Galerie Hennemann, Bonn, 21. Januar bis 19. Februar 1978.

Erich Reusch. Elektrostatische Objekte. [Bearbeitung, Nachbemerkung]. Katalogheft KHK und SHKV, 1. bis 26. August 1973.

Über das Werk von Erich Reusch. In: Katalogheft ›Erich Reusch‹ (s. o.) 1973.

Mit der Ausstellung Reiner Ruthenbeck [...]. In: Katalogheft ›Reiner Ruthenbeck, Objekte‹, KHK und SHKV, 1. bis 30. Dezember 1973.

Warschau seit Canaletto. Glanz – Verwüstung – Wiederaufbau. [Konzeption, Dank]. Katalog KHK, 22. Juni bis 5. August 1973. – 2. Auflage, Hamburger Kunsthalle, 1973.

Der Wiederaufbau der polnischen Hauptstadt [...]. In: Ausst. Katalog ›Warschau seit Canaletto‹ (s. o.) 1973.

1974 Caspar David Friedrich. Leben und Werk. Köln 1974. – 7. Aufl. 1985. – Englische Ausgabe, London, New York 1980. – Spanische Ausgabe, Barcelona 1980. – Wiederabdruck des Kapitels 2 in: A noir, E blanc, I rouge, U vert, O bleu, periodico trimestrale diretto da Bruno Cora, Anno II, Nr. 4, giugno-dicembre 1981, Roma, S. 5–8. (Italienisch).

Overbeck in Wien 1806 und 1807. Kalendarium seiner Freundschaft mit Pforr und die Wandlung seiner Kunstanschauungen. In: Anzeiger des Germanischen Nationalmuseums, Nürnberg 1974, S. 105–123.

Allgemeine Anmerkungen zur Entwicklung der Landschaftsmalerei im 19. Jahrhundert. In: Katalog ›Landschaft – Gegenpol oder Fluchtraum?‹ Städtisches Museum Leverkusen Schloß Morsbroich, 27. September bis 10. November 1974 und Haus am Waldsee Berlin, S. 10–16.

Über Petricks ›Touristen‹ und anderes. In: Wolfgang Petrick. Handzeichnungen. Werkverzeichnis 1962–1974. Berlin 1974.

Hein Sinken. Windbewegte Objekte. In: Hein Sinken. Windbewegte Objekte 1968–1974, Hrsg. von der Kunsthalle zu Kiel, Juni 1974, S. 4f. – Zugleich erschienen im Vier-Türme-Verlag, Münsterschwarzach (Werkstattberichte) (Englisch und Deutsch).

Kunsthalle i Kiel og dens aktuelle situation. In: Emil Nolde. Udstilling af vaerker fra Kunsthalle i Kiel, Nordjyllands Kunstmuseum, Informationsavis Nr. 17, juni–juli–august 1974, S. 13–15. (Dänisch).

Zeichenkunst der deutschen Romantik. Anmerkungen zu einer Publikation. In: Neue Zürcher Zeitung, Nr. 474 vom 25. Oktober 1974.

Kreidefelsen auf Rügen. Zu einem Bild C. D. Friedrichs. In: Kieler Nachrichten, Nr. 87 vom 13. April 1974.

Gruppe COBRA und andere Maler aus Nordjyllands Kunstmuseum in Aalborg. [Redaktion, mit Eberhard Freitag und Johann Schlick. Vorwort]. Katalog KHK und SHKV, 7. Juni bis 14. Juli 1974.

Zur Ausstellung. In: Katalog ›Aquarelle, Handzeichnungen, Druckgraphik des 20. Jahrhunderts aus der Sammlung eines Kielers‹ (Emil Frey), KHK und SHKV, 3. Februar bis 3. März 1974, S. 8f.

Paul Eliasberg. Das druckgraphische Werk 1959–1974. [Redaktion, Bearbeitung. Vorwort]. Katalog KHK und SHKV, 30. Juni bis 28. Juli 1976.

Gerhard von Graevenitz. [Konzeption, Redaktion. Vorwort]. Katalog KHK und SHKV (u. a.), 28. April bis 26. Mai 1974.

Paul Wunderlich. Die graphischen Zyklen. Die Radierungen 1948–1974. Die Lithographien von März 1971 bis Oktober 1974. Das plastische Werk 1968–1974. [Redaktion, Bearbeitung. Vorwort]. Katalog KHK und SHKV (u. a.), 27. Oktober bis 8. Dezember 1974.

Wunderlichs neue Lithographie. Über Wunderlichs Radierungen. In: Katalog ›Paul Wunderlich‹ (s. o.) 1974.

Harald Duwe. Gemälde und Zeichnungen 1946–1974. [Konzeption. Vorwort]. Katalog KHK und SHKV (u. a.), 15. Dezember 1974 bis 9. Februar 1975.

Harald Duwe. Eindrücke vor seinen Bildern. In: Katalog ›Harald Duwe‹ (s. o.) 1974.

HA Schult – bleibt die Kunst auf der Strecke? In: Katalog ›HA Schult. Die Welt in der wir atmen‹, KHK und SHKV, 10. März bis 14. April 1974, S. 47–49. –

Wiederabdruck in: Zeitung zur Ausstellung ›Umwelt. HA Schult‹, München, Städtische Galerie im Lenbachhaus, 15. November bis 5. Januar 1974/75, S. 8.

Grundsätze und Erfahrungen beim Kauf von Kunst für die Kunsthalle zu Kiel, oder: Was kann ein sog. ›mittleres Museum‹ der Bundesrepublik mit begrenzten Mitteln erwerben? In: Ausstellungs- und Bestandskatalog ›Kunsthalle zu Kiel. Neuerwerbungen 1971 bis 1974‹, KHK, 4. August bis 6. Oktober 1974.

Über Hans Martin Ihmes Lichtmaschinen. In: Katalog ›H. M. Ihme. Lichtmaschinen‹, KHK und SHKV, 17. April bis 16. Juni 1974.

Seit H. A. Schult 1969 im Museum Schloß Morsbroich [...]. In: Katalogheft ›HA Schult. UMWELT‹, Junior Galerie, Goslar (1974).

Carl Spitzweg. Zwischen Resignation und Zeitkritik. Köln 1975. – 5. Aufl. 1986.

Anmerkungen zum druckgraphischen Werk Emil Noldes. In: Katalog ›Emil Nolde. Graphik‹, KHK und Stiftung Seebüll Ada und Emil Nolde, 19. Oktober bis 30. November 1975 (dann: Kunstmuseum Bern), S. 37–44. – 2. Aufl. 1979 Stiftung Seebüll Ada und Emil Nolde.

Resumée Kunstmarkt in Köln 1975. In: der kunsthandel, 67. Jg. (1975), Nr. 12, S. 19.

Kunsthalle zu Kiel. In: das kunstwerk, XXVII. Jg., Heft 6, November 1975, S. 4.

Über Helmut Schweizer. In: Katalog ›Helmut Schweizer‹, Kunstverein Konstanz, 23. März bis 20. April 1975.

Der Bildhauer Robert Jacobsen und seine Welt. [Redaktion, mit Johann Schlick. Vorwort]. Katalog KHK und SHKV, 21. Juni bis 27. Juli 1975.

Fragen an Robert Jacobsen. Aufzeichnung eines Interviews zwischen J. C. J. und Robert Jacobsen. In: Katalog ›Robert Jacobsen und seine Welt‹ (s. o.) 1975. – Wiederabdruck in: Robert Jacobsen. Le Créateur d'Espace. Kopenhagen 1985, S. 191–205 (mit Summary in Englisch).

Anmerkungen zu Robert Jacobsens plastischem Werk. In: Katalog ›Robert Jacobsen und seine Welt‹ (s. o.) 1975.

Bodo Baumgarten. [Vorwort] In: Katalogheft KHK und SHKV, 23. November 1975 bis 11. Januar 1976.

Bodo Baumgartens Raumverspannungen – Versuch einer Ortsbestimmung. In: Katalogheft ›Bodo Baumgarten‹ (s. o.) 1975.

Über Sigmar Polke. In: Katalog ›Sigmar Polke. Achim Duchow. MU NIELTNAM NETORRUPRUP‹, KHK und SHKV, 13. April bis 9. Juni 1975.

Zur Lage der Kunst. In: ›22. Landesschau in der Kunsthalle zu Kiel. Verzeichnis der ausgestellten Werke‹, KHK, SHKV und Bundesverband Bildender Künstler, Landesverband Schleswig-Holstein, 6. Dezember 1975 bis 11. Januar 1976.

Caspar David Friedrich und sein Kreis. Gemälde und Graphik aus öffentlichen Sammlungen in Schleswig-Holstein. [Redaktion, zusammen mit Johann Schlick. Vorwort]. Katalog KHK; Museum für Kunst und Kulturgeschichte der Hansestadt Lübeck, Museum Behnhaus; Stiftung Pommern, Gemäldegalerie im Rantzaubau Kiel. Stiftung Pommern 19. April bis 20. Mai 1975.

Anmerkungen zur Ausstellung. In: Katalog ›Caspar David Friedrich und sein Kreis‹ (s. o.). 1975.

1976 Amerikanische Kunst von 1945 bis heute. Kunst der USA in europäischen Sammlungen. [Herausgeber, mit Dieter Honisch. Vorwort, mit Dieter Honisch]. Köln 1976.

Druckgraphik von Künstlern der USA nach 1945 aus öffentlichen Sammlungen der Bundesrepublik Deutschland. In: ›Amerikanische Kunst von 1945 bis heute‹ (s. o.) 1976, S. 184–187.

Über Adolf Menzel. In: Adolf Menzel. Das graphische Werk. Ausgewählt von Heidi Ebertshäuser. 2 Bde. München 1976. Bd. 1, S. 1–24.

Dago Kleemann. In: Schleswig-Holstein, Heft 5, 1976, S. 107f. – Teilabdruck in: Katalog Deutsche Akademie Villa Massimo Rom 1977, Goethe-Institut Rom, 5. bis 22. April 1977.

Kunstpädagogische Ansätze in der Kunsthalle zu Kiel. In: Kunstpädagogik in Schleswig-Holstein, Schleswig 1976, S. 221–226.

Nachruf auf Lilli Martius. In: Kieler Nachrichten, 17. Dezember 1976.– Wiederabdruck in: Schleswig-Holstein, Heft 1, 1977, S. 18.

Schleswig-Holsteinischer Kunstverein Kiel. In: das kunstwerk, XXIX. Jg., Heft 3, Mai 1976, S. 9f.

Jan Koblasa. Plastiken. Graphiken. Zeichnungen. [Vorwort]. Katalog KHK und SHKV, 21. März bis 25. April 1976.

Kopf-Plastik von Jan Koblasa. In: Katalog ›Jan Koblasa‹ (s. o.) 1976.

Über Jan Koblasa. In: Katalog ›Jan Koblasa. 1966–1976‹, Museum Bochum Kunstsammlung, 11. Dezember 1976 bis 16. Januar 1977.

Werke deutscher Expressionisten in der Kunsthalle zu Kiel. In: Prospekt Städtisches Museum Leverkusen Schloß Morsbroich, 29. April bis 20. Juni 1976.

Kunst in Tallinn und Estland vom Mittelalter bis zur Gegenwart. [Redaktion, Konzeption. Dank]. Katalog KHK und SHKV, 19. Juni bis 1. August 1976. (Estnisch/Deutsch).

Anmerkungen zu dieser Ausstellung. In: Katalog ›Kunst in Tallinn und Estland‹ (s. o.) 1976.

Der Werkstoff Papier. In: Katalog ›Elisabeth Sinken und Studenten der Hochschule der Künste Berlin‹, KHK, 3. März bis 4. April 1976.

Skandinavische Künstler stellen aus bei Hettlage & Lampe, Kiel, Holstenstraße. [Redaktion, Bearbeitung. Vorwort]. Katalogheft Hettlage & Lampe, Kiel, 12. Juni bis 4. Juli 1976.

Die Kunsthalle zu Kiel und die Kunst in Schleswig-Holstein. In: Künstler sehen Schleswig-Holstein. Hrsg. von Ehrhardt Heinold, Frankfurt a. M. 1976, S. 11f.

Über Karin Székessy. In: Katalog ›Karin Székessy. Akte. Künstlerporträts. Zeitgenossen‹. MEDIUM PHOTOGRAPHIE 3, KHK und SHKV, 28. November bis 30. Dezember 1976.

1977 Philipp Otto Runge. Leben und Werk. Köln 1977. 2. Aufl. 1978.

... eine ganze neue Kunst. Runge-Ausstellung in der Hamburger Kunsthalle. In: Neue Zürcher Zeitung, Nr. 254 vom 29./30. Oktober 1977.

Nur eben 10 Jahre blieben ihm als Künstler. In: Kieler Nachrichten, 22. Juli 1977. – Wiederabdruck in: Hannoversche Allgemeine Zeitung, 23./24. Juli 1977.

Die Kunst des 19. Jahrhunderts in Deutschland – Bedingungen und Entwicklungen. In: Katalog ›Deutsche Malerei im 19. Jahrhundert. Sammlung Georg Schäfer, Schweinfurt‹, Germanisches Nationalmuseum Nürnberg 1977, S. 19–28. – Wiederabdruck in: der kunsthandel, 70. Jg., Heft 2, Februar 1978, S. 29–31; Heft 3, März 1978, S. 19–22.

Der Mensch und seine Phantasie: Seine Träume und Ängste. In: Bundesministerium der Verteidigung, Kunst am Bau, Dokumentation der Kunst in den Hochschulen der Bundeswehr, 2 Teile, Hamburg 1977, Tl. 2, S. 29–37.

Über das Werk von Hans Kock. – Gespräch zwischen Hans Kock und J. C. J. im Mai 1977. In: Katalogheft ›Hans Kock‹, Museum am Dom, Senat der Hansestadt Lübeck, Amt für Kultur, 17. Juni bis 24. Juli, Domhof bis 25. September 1977.

Horst Skodlerrak. In: Katalog ›Horst Skodlerrak. Bilder, Aquarelle, Zeichnungen, Radierungen‹, Overbeck-Gesellschaft e. V. Lübeck, 13. Februar bis 13. März 1977, S. 4–7.

Das Bild der Stadt – heute. In: Katalog ›Künstler sehen Kiel‹, Kieler Spar- und Leihkasse, Ausstellung der Wettbewerbsarbeiten, 18. Juli bis 19. August 1977, S. 8f.

Hoffnung und Verheißung des Humanen. Über den Bildhauer Hans Kock. In: Schleswig-Holstein, Heft 9, 1977, S. 202–204.

Publizistischer l'art pour l'art-Knallbonbon. In: Kunstmagazin, 17. Jg. (1977), Nr. 2, S. 50–52.

Zwei Bildniszeichnungen, Overbeck darstellend, von Carl Barth. In: Niederdeutsche Beiträge zur Kunstgeschichte, Bd. 16, München 1977, S. 133–140 (Festschrift Günter Busch).

Die Nazarener. Bemerkungen zur Ausstellung im Städelschen Kunstinstitut Frankfurt a. M. 28. April bis 28. August 1977. In: Kunstchronik, 30. Jg., Heft 10, Oktober 1977, S. 430–437.

11 deutsche Maler. Ausstellung zur Kieler Woche. [Konzeption, Redaktion, Bearbeitung. Vorwort]. Katalog KHK und SHKV, 19. Juni bis 6. August 1977.

Zum Werk von Werner Knaupp. Zum Werk von Peter Nagel. In: Katalog ›11 deutsche Maler‹ (s. o.) 1977, S. 116–118 und S. 184–186.

Ekkehard Thieme. Die Radierungen. [Redaktion, Bearbeitung, Vorwort]. Katalog KHK und SHKV, 28. August bis 2. Oktober 1977 (mit Werkverzeichnis der Radierungen).

Ekkehard Thiemes Radierungen. In: Katalog ›Ekkehard Thieme‹ (s. o.) 1977.

Die Kunsthalle zu Kiel stellt sich vor: Deutsche Druckgraphik von 1900 bis heute. [Vorwort, mit Gesa Rautenberg und Eberhard Freitag]. Katalog KHK im Kunstgebäude Tallinn, 7. bis 28. Dezember 1977 (Deutsch und Estnisch, mit Übersetzung ins Russische, Beiheft).

Träume und Ängste. In: Katalog ›Die Kunsthalle zu Kiel stellt sich vor: Deutsche Druckgraphik von 1900 bis heute‹ (s. o.) 1977.

Kuno Gonschiors Malerei. In: Katalog ›Kuno Gonschior. Bilder 1971–1976‹, KHK und SHKV, 30. Januar bis 27. Februar, 1977.

Über die Zeichnungen von Klaus Vogelgesang. In: Katalog ›Klaus Vogelgesang. Zeichnungen 1970–1977‹, Verlag der Galerie Poll, Berlin, KHK (u. a.), 23. Januar bis 27. Februar 1977.

Elena Engel. Pendelobjekte – Zeichnungen. [Bearbeitung, mit Elena Engel. Vorwort]. Katalog KHK und SHKV, 30. November 1977 bis 8. Januar 1978.

Das Prinzip des Pendels [...]. In: Katalog ›Elena Engel‹ (s. o.) 1977.

1978 Aquarelle und Zeichnungen der deutschen Romantik. Köln 1978, 2. Aufl. 1980.

Polnische Malerei von 1830 bis 1914. [Herausgeber, Redaktion, mit Agnieszka Morawińska. Dank, mit Günter Aust und Tilman Osterwold]. Köln 1978.

Anmerkungen zur Ausstellung. In: ›Polnische Malerei von 1830 bis 1914‹ (s. o.) 1978, S. 9f.

Das Gemälde »Einfahrt in Naerødal« von dem norwegischen Maler Knud Andreassen Baade. In: Nordelbingen, Bd. 47 (1978), S. 68–79.

Polnische Malerei 1830 bis 1914. In: Weltkunst, 48. Jg., Heft 15 vom 1. August 1978, S. 1662f.

Über die Zeichnungen von Alfred Panksy. In: Galerie Stekhoven. Handzeichnungen. Ausstellungen 1975–1977, Westensee (1978) S. 58. – Wiederabdruck in: die horen, Heft 112, 4. Quartal 1978, S. 53.

Über Peter F. Piening. In: Katalog ›Peter F. Piening. Ölbilder. Zeichnungen. 1976–1978‹, Galerie Brockstedt, Hamburg, Oktober/November 1978.

Museumsbesucher und Moderne Kunst. Aspekte der Museumspädagogik. Interview von Gerhild Heuer mit J. C. J. In: Eulenpostille – Hauspostille netter Leute, Heft 4, Schönberg/Holstein 1978, S. 4–20.

Über das WAS und über das WIE. In: Katalog ›25. Landesschau. Übersichtsausstellung der Mitglieder des Landesverbandes des Bildender Künstler Schleswig-Holstein‹, Reithalle des Landesmuseums Schloß Gottorf, 3. September bis 31. Oktober 1978.

Helmut Schweizer. [Vorwort, mit Hans Albert Peters]. Katalog Staatliche Kunsthalle Baden-Baden und KHK, Kiel 23. April bis 28. Mai 1978.

Über Helmut Schweizers Arbeit zu den Fresken der Nazarener im Casino Massimo in Rom. In: Katalog ›Helmut Schweizer‹ (s. o.) 1978.

Peter Nagel. Werkverzeichnis 1972–78. Gemälde, Zeichnungen, Grafik, Projekte. [Herausgeber, Redaktion. Dank]. Katalog KHK und SHKV, 3. Dezember 1978 bis 14. Januar 1979 (mit Werkverzeichnis 1972 bis 1978).

Zu Ausstellung und Katalog. Zum Werk von Peter Nagel. In: Katalog ›Peter Nagel‹ (s. o.) 1978, S. 5 u. S. 7.

Der Zeichner Dago Kleemann. In: Katalog ›Dago Kleemann. Zeichnungen‹, KHK und SHKV, 6. September bis 4. Oktober 1978 [Herausgeber].

Über Hetum Gruber. In: Katalog ›Hetum Gruber‹, KHK und SHKV, 26. Oktober bis 3. Dezember 1978 [Herausgeber].

1979 Paul Wunderlich. Werkverzeichnis der Gemälde, Gouachen und Zeichnungen. Offenbach/Main 1979.

Grußwort für Werner Witschi. In: Werner Witschi. Werkkatalog Plastiken 1950–1979. Grenchen 1979. S. 4f.

Peter Nagel. In: Weltkunst, 49. Jg., Heft 1 vom 1. Januar 1979, S. 20f.

Edvard Munch – 30 Gemälde und Zeichnungen aus einer norwegischen Privatsammlung. In: Weltkunst, 49. Jg., Heft 5 vom 1. März 1979, S. 469.

Peter Klasens Bilder. In: Katalog ›Peter Klasen, keep out, Gemälde – Schilderijen – Peintures‹, Neue Galerie-Sammlung Ludwig Aachen (u. a.), 22. September bis 23. Oktober. – Wiederabdruck in: Katalog ›Peter Klasen. Arbeiten aus 25 Jahren. Ölbilder, Arbeiten auf Papier, Berlin-Serie‹, Polledition und Kunstamt Wedding 1986, S. 124f.

Kunsthalle zu Kiel – Neuerwerbungen 1975–1979. Gemälde, Objekte, Zeichnungen, Druckgraphik. [Herausgabe, Redaktion mit Johann Schlick]. Ausstellungen u. Bestandskatalog KHK, 11. November 1979 bis 13. Januar 1980.

Neuerwerbungen. Ein Rechenschaftsbericht. In: Katalog ›Neuerwerbungen 1975–1979‹ (s. o.) 1979.

Edvard Munch. Gemälde und Zeichnungen aus einer norwegischen Privatsammlung. [Herausgabe, Konzeption und Redaktion. Vorwort]. Katalog KHK, Januar bis April 1979.

Über Edvard Munch. In: Katalog ›Edvard Munch. Gemälde und Zeichnungen‹ (s. o.) 1979. S. 6f. – Wiederabdruck in: der kunsthandel, 71. Jg., Heft 3, März 1979, S. 15–17.

Hans Peter Feddersen, ein Maler in Schleswig-Holstein. Mit einem Fotobericht aus der Heimat des Malers von Karin Székessy. [Herausgabe, Redaktion und Konzeption, Bearbeitung. Vorwort]. Katalog KHK und SHKV, 15. Juni bis 26. August 1979.

Anmerkungen zu Person und Werk. In: Katalog ›Hans Peter Feddersen, ein Maler in Schleswig-Holstein‹ (s. o.) 1979, S. 52f.

Christian Rohlfs. Gemälde. Aquarelle. [Herausgabe, Redaktion mit Johann Schlick und Ulrich Bischoff, Konzeption, Bearbeitung. Vorwort]. Katalog KHK und SHKV, 9. September bis 28. Oktober 1979.

Über den Maler Christian Rohlfs. In: Katalog ›Christian Rohlfs‹ (s. o.) 1979, S. 11–18. – Teilabdruck in: Katalog ›Christian Rohlfs. Wege zur Moderne. Gemälde, Aquarelle, Druckgraphik‹, Museen der Stadt Velbert, Schloß Hardenberg in Velbert-Neviges, 30. August bis 23. Oktober 1983, S. 35f., S. 38f.

Günter Haese. Plastische Werke. [Herausgabe, Bearbeitung]. Katalog KHK und SHKV, 5. Dezember 1979 bis 15. Januar 1980.

Anmerkungen zu Günter Haese. In: Katalog ›Günter Haese. Plastische Werke‹ (s. o.) 1979, S. 5–7. – Wiederabdruck in: Katalog ›Günter Haese. Plastische Werke‹, Landesmuseum Oldenburg (u. a.), 25. November 1981 bis 6. Januar 1982, S. 5–7.

Karl Peter Röhl (1890–1975). [Herausgabe. Vorwort] Katalog KHK und SHKV, 28. Januar bis 4. März 1979.

Zur Ausstellung. In: Katalog ›Karl Peter Röhl‹ (s. o.) 1979, S. 7f.

Über die Arbeiten von Dorothee von Windheim. In: Katalog ›Dorothee von Windheim‹, KHK und SHKV, 3. Oktober bis 14. November 1979, S. 5–8 [Herausgeber].

1980 Paul Wunderlich, eine Werkmonographie, mit Beiträgen von Max Bense und Philippe Roberts-Jones. Offenbach/Main 1980.

Carl Spitzweg. Köln 1980.

Annäherung an das Werk des Jacek Malczewski. In: Katalog ›Malczewski‹, Württembergischer Kunstverein Stuttgart, KHK und SHKV, Wilhelm-Lehmbruck-Museum der Stadt Duisburg, Kiel 20. Juni bis 24. August 1980, S. 24–27.

Die Entdeckung des Jacek Malczewski. In: Westermanns Monatshefte, Heft 8, August 1980, S. 32–43.

Das Werk des Malers Paul Wunderlich – Versuch einer Ortsbestimmung. In: Katalog ›Paul Wunderlich‹, The Seibu Museum of Art, Tokio 1980. (Deutsch und Japanisch).

Über den Zeichner und Graphiker Peter Kleinschmidt. In: Graphische Kunst, Heft 14/1, 1980, S. 18–21.

Konstanten des vis-à-vis. Das Thema der Begegnung im Werk Paul Wunderlichs. In: Deutsches Ärzteblatt, Ausg. A, Heft 41, 9. Oktober 1980, S. 2437–2444.

Künstlerort Ekensund und Künstlerorte überhaupt. Vortrag zur Eröffnung der Ausstellung ›Ekensund und die Flensburger Förde‹. In: Jahrbuch des Altonaer Museums in Hamburg, Norddeutsches Landesmuseum, Bd. 16/17, Hamburg 1980, S. 35–44. – Wiederabdruck in: Katalog ›Künstnerkredsen fra Egernsund og Flensborg Fjord‹, Sønderjyllands Kunstmuseum Tønder 1979, S. 6–10. – dass. in: Katalog ›En tysk kunstnerkoloni ved Egernsund‹, Gl. Holtegaard, Holte, Dänemark, 28. marts–31. maj 1987 S. 12–20. (beide in dänischer Sprache).

Herbert von Einem: Deutsche Malerei des Klassizismus und der Romantik 1760 bis 1840. München 1978 [Rezension]. In: Kunstchronik, 33. Jg., Heft 2, Februar 1980, S. 68–72.

Deutsche Malerei des Klassizismus und der Romantik. Zur Darstellung von Herbert von Einem. In: Neue Zürcher Zeitung, Nr. 10 vom 14. Januar 1980.

Zur Ausstellung ›Fünf deutsche Realisten‹ – mit Anmerkungen zum Begriff Realismus. In: Katalog ›Fünf deutsche Realisten‹, Kunstverein Augsburg e. V., 18. Oktober bis 30. November 1980.

Kiels Konsthall och dess samling av nutida Konst. In: Katalog ›Tysk kaleidoskop – En utställning ur Kunsthalle zu Kiel samlingar samt fran Konstnär Bodo Baumgarten med an ledning av Tyska veckan i Malmö hösten 1980‹, Malmö Museum, 20. September bis 26. Oktober 1980, S. 4–6.

Über Heinrich Basedow. In: Katalog ›Heinrich Basedow, Bilder und Zeichnungen aus vier Jahrzehnten‹, Galerie Michael Neumann, Kiel 5. Dezember 1980 bis 31. Januar 1981.

Eberhard Oertel. Bilder. [Herausgabe. Vorwort]. Katalog KHK und SHKV, 26. November 1980 bis 15. Januar 1981 (mit Werkverzeichnis der Bilder 1959 bis 1980).

Über die Bilder von Eberhard Oertel. In: Katalog ›Eberhard Oertel. Bilder‹ (s. o.) 1980, S. 7f.

Otto Dix. Zeichnungen aus dem Nachlaß 1911–1942. [Herausgabe, Konzeption, Bearbeitung]. Katalog KHK und SHKV, 30. März bis 21. Mai 1980.

Über Otto Dix. In: Katalog ›Otto Dix. Zeichnungen aus dem Nachlaß‹ (s. o.) 1980. – Wiederabdruck in: Katalog ›Otto Dix. Ölbilder. Aquarelle. Zeichnungen und Druckgraphik‹, Jahrhunderthalle Hoechst, 30. November 1980 bis 18. Januar 1981.

Landschaft als schöner Schein: Über die Landschaften von Paul Wunderlich. In:

Prospekt ›Paul Wunderlich. Holsteinische Landschaften aus dem Sommer 1980‹, KHK und SHKV, 1. Oktober bis 9. November 1980.

1981 La ritrattistica dei Nazareni. In: Katalog ›I Nazareni a Roma‹, Galleria Nazionale d'Arte Moderna, Roma, 22 Gennaio bis 22 Marzo 1981, S. 52–58 (Italienisch). – Wiederabdruck (in deutscher Sprache) in: Die Nazarener in Rom. Ein deutscher Künstlerbund der Romantik, München 1981, S. 38–43.

Über Jürgen Waller. In: Katalog ›Jürgen Waller. Bilder und Zeichnungen 1978–1981‹, Galerie Poll, Berlin, 19. Januar bis 28. Februar 1981.

Human, aufklärerisch und emanzipatorisch. In: art. Das Kunstmagazin, Nr. 6, Juni 1981, S. 68.

Nachwort zum Wunderlich-Disput. In: art. Das Kunstmagazin, Nr. 7, Juli 1981, S. 124.

Geistige Unabhängigkeit. In: Weltkunst, 51. Jg., Heft 16 vom 15. August 1981, S. 2230f. (Norwegische Malerei heute).

Totengesichter von Arnulf Rainer. In: Katalog ›Arnulf Rainer. Totengesichter‹, Galerie Holtmann, Köln und Hannover, 10. Juli bis 29. August 1981/September bis November 1981, KHK März/April 1982, S. 1–3.

Die Neuen Wilden. In: Kunstreport, Heft 2, 1981, S. 3f.

Laudatio auf Harald Duwe. In: Jahresgabe 1981 der Muthesius-Gesellschaft Kiel, Kiel 1981. (Rede anläßlich der Verleihung des Kulturpreises der Landeshauptstadt Kiel).

Erläuterungen zu Gemälden von Blechen (S. 30), Brücke (S. 36f.), Friedrich (S. 97f.), Menzel (S. 229, 231), Thoma (S. 335f.) und Wopfner (S. 370). In: ›Neue Pinakothek. Erläuterungen zu den ausgestellten Werken‹, Bayerische Staatsgemäldesammlungen, München 1981.

Zwischen Freiheit und Realitätsverlust. Ein Plädoyer für eine Reform der Kunsthochschulen. In: Frankfurter Allgemeine Zeitung, 11. Juli 1981. – Wiederabdruck in: BDK-Brief. Mitt. des Bundes deutscher Kunsterzieher e. V., Landesverband Rheinland-Pfalz, 4. Jg. (1981), Heft 14, S. 54–56. – dass. in: Kunsthaus. Zeitung des Berufsverbandes bildender Künstler Hamburg, Nr. 3, Dezember 1981.

Expressionismus heute? In: Katalog ›Expressionisten. Sammlung Buchheim‹, Feldafing 1981. – Wiederabdruck in der russischen Ausgabe des Kataloges der Slg. Buchheim, Moskau, Leningrad 1982.

Adolph Menzel. Realist – Historist – Maler des Hofes. In: Weltkunst, 51. Jg., Heft 11 vom 1. Juni 1981, S. 1656f.

Adolph Menzel. 1815–1909. Realist – Historist – Maler des Hofes. In: die Kunst und das schöne Heim, 93. Jg., Heft 6, Juni 1981, S. 384–388.

Adolph Menzel. Realist – Historist – Maler des Hofes. Gemälde, Gouachen, Aquarelle, Zeichnungen und Druckgraphik aus der Sammlung Georg Schäfer, Schweinfurt. [Konzeption, Redaktion, Bearbeitung der Gemälde, Gouachen und Zeichnungen. Vorwort, mit anderen]. Katalog KHK, 5. April bis 8. Juni 1981. (dann: Bremen, Lübeck, Schweinfurt, Augsburg).

Adolph Menzel: Realist – Historist – Maler des Hofes. In: Katalog ›Adolph Menzel‹ (s. o.) 1981, S. 8–10.

Adolph Menzel – Die Person. Familie – Freunde – Privates. Am Stammtisch. Das

›Kinder-Album‹ 1863 bis 1883. Das Bild des Arbeiters. Studien und Verwandtes. Barock und Rokoko: Kirchen. Biblische Transparente. Der Schlachtenmaler. Tätig für Wilhelm I. und den Adel. Hoffeste. In: Katalog ›Adolph Menzel‹ (s. o.) 1981, S. 43–45, 49f., 63f., 67, 90–92, 110, 146, 152f., 163f., 168f., 180f.

Ulrich Erben. Felder und Räume. Bilder – Collagen – Zeichnungen. [Redaktion, mit Heiner Hepper. Vorwort, mit anderen]. Katalog KHK und SHKV, 25. Januar bis 22. März 1981. (dann: Braunschweiger Kunstverein, Kunsthalle Tübingen).

Collagen 1977–1978. In: Katalog ›Ulrich Erben. Felder und Räume‹ (s. o.) 1981.

Peter Vogt. Bilder. [Herausgabe, Redaktion. Vorwort]. Katalog KHK und SHKV, 28. Januar bis 4. März 1981.

Über die Malerei von Peter Vogt. In: Katalog ›Peter Vogt. Bilder‹ (s. o.) 1981, S. 5–10.

Vor hundert Jahren: Dänemark und Deutschland 1864–1900. Gegner und Nachbarn. [Herausgabe. Vorwort, mit Jørn Otto Hansen]. Katalog KHK und Orangerie Schloß Charlottenburg, Kiel 8. November bis 27. Dezember 1981. – Dänische Ausgabe: For hundrede ar siden: Danmark og Tyskland 1864–1900. Modstandere og naboer, 2 Bde., Statens Museum for Kunst, København und Aarhus Kunstmuseum, Kopenhagen 31. Juli bis 6. September 1981.

Malerei in Deutschland im 19. Jahrhundert. In: Katalog ›Vor hundert Jahren: Dänemark und Deutschland‹ (s. o.) 1981, S. 151–156. – Wiederabdruck in: Katalog ›For hundrede ar siden: Danmark og Tyskland‹ (s. o.) 1981, Bd. 2, S. 140–145.

Heute – Norwegen – Heute. Idag – Norge – Idag. Kunst der Gegenwart in Norwegen. Gemälde. Plastik. [Herausgabe, Koordination, Redaktion. Dank]. Katalog KHK und SHKV, Kunstverein Darmstadt e. V., Kiel 20. Juni bis 23. August 1981.

Zur Ausstellung. In: Katalog ›Heute – Norwegen – Heute‹ (s. o.) 1981, S. 8–11.

1982 Adolph Menzel. Köln 1982.

Die Stabilität des Unstabilen. In: du. Die Kunstzeitschrift, Heft 1, 1982, S. 11–13. (zu Günter Haese).

Über das Werk Paul Eliasbergs. In: Katalog ›Paul Eliasberg. Aquarelle, Zeichnungen, Radierungen‹, Städtische Galerie Albstadt, 13. Juni bis 15. August 1982, S. 9–12.

Über Dietmar Ullrich. In: Katalog ›Dietmar Ullrich. Gemälde. Zeichnungen. Grafik 1962–1982‹, Kunstverein Celle e. V. (u. a.) 1982.

Kunstbetrieb auf Kosten junger Künstler. In: art. Das Kunstmagazin, Nr. 5, Mai 1982, S. 80f.

Bekenntnis von Beginn an. In: Journal 100 Jahre Kieler Woche, Kiel 1982, S. 67–69.

Hausner und seine Meisterschüler. In: Katalog ›Rudolf Hausner und Meisterschüler‹, Schleswig-Holsteinische Landesbrandkasse in Kiel, Juni/Juli 1982.

Gegenwartskunst – Anmerkungen zur musealen Situation. Kriterien einer Ausstellungs- und Ankaufspolitik. In: Neue Museen in Schleswig-Holstein, Kunst und Kunstbetrieb. Zwei Tagungsberichte, Neumünster 1982, S. 21–23, S. 107–122.

Die Malerei von Peter Vogt. In: Katalog ›Peter Vogt. Körperbilder 1979–1982‹,

Galerie Lietzow, Berlin, 2. bis 29. Mai 1982.

Lyonel Feininger. Gemälde, Aquarelle und Zeichnungen, Druckgraphik. [Herausgeber, Konzeption, Bearbeitung. Dank]. Katalog zur 100. Kieler Woche, KHK, SHKV und Landeshauptstadt Kiel, 19. Juni bis 29. August 1982.

Zur Ausstellung. In: Katalog ›Lyonel Feininger‹ (s. o.) 1982, S. 9f.

Feiningers Geographie. In: Katalog ›Lyonel Feininger‹ (s. o.) 1982, S. 29–31.

Der Maler Antonio Calderara. Freunde. Einflüsse. Anregungen. [Herausgabe. Vorwort]. Katalog KHK und SHKV, 19. September bis 24. Oktober 1982.

Calderaras Gemälde ›Case‹, oder: über die Schönheit. In: Katalog ›Der Maler Antonio Calderara‹ (s. o.) 1982, S. 30–32.

1983 Paul Eliasberg. Das Gesamtwerk der Druckgraphik. Vollständiger Katalog aller druckgraphischen Arbeiten 1957 bis 1983. Hamburg 1983.

Unter der Vogelfluglinie. 51 farbige Bildtafeln nach Aquarellen von Gisela Kleinschmidt. Einführung von J. C. J., Lübeck 1983, S. 5–7. (Deutsch und Dänisch).

Bemerkungen zum Kunstbesitz der Landesversicherungsanstalt und zur Kunst in Schleswig-Holstein. In: 80 Jahre Kunst in Schleswig-Holstein. Kunstwerke im Besitz der Landesversicherungsanstalt Schleswig-Holstein. Lübeck 1983, S. 5–11.

Harald Duwe, der Maler. In: Katalog ›Harald Duwe. Bilder 1948 bis 1982‹, Galerie Poll, Berlin, 17. Januar bis 19. Februar 1983.

Über Erhard Göttlicher. In: Katalog ›Studiengäste der Villa Massimo, Rom, von 1978 bis 1982‹ Badischer Kunstverein e. V., Karlsruhe, 27. März bis 17. April 1983/24. April bis 15. Mai 1983, S. 79.

Über A. Paul Weber. Zu den Lithographien der Sammlung Horn. In: A. Paul Weber. Blätter aus der Sammlung Horn. Hamburg 1983, S. 7–13.

Poesie der Graphik. Zum Tode von Paul Eliasberg. In: Frankfurter Allgemeine Zeitung, 4. Oktober 1983.

Über den Maler und Zeichner Joachim Ringelnatz. In: Philobiblon, 27. Jg. (1983), Heft 4, S. 315–324.

Magie der Vernunft. Zum Tode von Gottfried Brockmann. In: Frankfurter Allgemeine Zeitung, 11. Juli 1983.

seit es konkrete kunst gibt [...] In: Katalog ›andreas brandt. meine bilder aus 15 jahren. überblick‹, galerie teufel köln, 2. September bis 15. November 1983, S. 41.

Des öfteren geschieht es [...]. In: Gesamtkatalog 1983. Bundesverband Bildender Künstler, Landesverband Schleswig-Holstein, Kiel 1983.

Expressionisten in Norddeutschland. In: Katalog BMW Galerie München, 10. März bis 17. April 1983, S. 2–5.

Vesttysk Kunst Pa Attitallet. Kunst der Gegenwart in der Bundesrepublik Deutschland. [Herausgabe, mit Jan Brockmann, Redaktion. Vorwort, mit Jan Brockmann]. Katalog Trondhjens Kunstforening, Kunstnernes Hus Oslo, Malmö Konsthall, Arhus Kunstmuseum, Trondhjens 2. Oktober bis 23. Oktober 1983. (Deutsch und Norwegisch).

Harald Duwe. Johannes Grützke. In: Katalog ›Vesttysk Kunst Pa Attitallet‹ (s. o.) 1983, S. 90–100, S. 104–106. (Deutsch und Norwegisch).

Brahms-Phantasien. Johannes Brahms-Bildwelt, Musik, Leben. [Herausgabe, Vorwort]. Katalog KHK und SHKV, 18. September bis 26. Oktober 1983.

Adolph Menzel – Brahms' Lieblingsmaler. In: Katalog ›Brahms-Phantasien‹ (s. o.) 1983, S. 19, Kat. Nr. 4 und S. 30, Kat. Nr. 52; S. 59f., Kat. Nr. 125–129.

Von Wilhelm Leibl bis Lovis Corinth. Pastelle, Aquarelle und Zeichnungen 1865 bis 1925 aus der Sammlung Georg Schäfer, Schweinfurt. [Konzeption, mit Bruno Bushart und Wulf Schadendorf. Redaktion. Bearbeitung mit Jürgen Oswald und Bruno Bushart]. Katalog Altes Rathaus der Stadt Schweinfurt, 28. Oktober bis 27. November 1983. (dann: Nürnberg, KHK und SHKV, Augsburg).

Einführung in die Ausstellung. In: Katalog ›Von Wilhelm Leibl bis Lovis Corinth‹ (s. o.) 1983, S. 8–12.

1984 Über Carl Spitzweg. In: Katalog ›Spitzweg. Schwind. Schleich‹, Städtische Galerie im Prinz-Max-Palais Karlsruhe, 14. April bis 24. Juni 1984, S. 36–43.

Kunst zur Zeit Orwells. Zeichnungen von Willi Baumeister und Wols. In: Katalog ›1984 im toten winkel‹, BBK Hamburg e. V., Kunstverein und Kunsthaus Hamburg, 20. April bis 3. Juni 1984, S. 190–195.

Günter Haese. In: Katalog ›Günter Haese‹, Quadrat – Moderne Galerie Bottrop, 1. April bis 20. Mai 1984.

Robert Jacobsen, der Plastiker. In: Katalog ›Robert Jacobsen‹, Galerie alte und neue Kunst J. Ostler, München, 24. Mai bis 23. Juni 1984, S. 3–7. – Wiederabdruck in: Robert Jacobsen. Le Créateur d'Espace. Copenhagen 1985, S. 207–215. (mit Summary in Englisch).

Malerei in Franken. In: Katalog ›Fränkische und süddeutsche Gemälde des 19. Jahrhunderts. Sammlung Georg Schäfer‹, Städtische Sammlungen Schweinfurt, Galerie in der Alten Reichsvogtei, Schweinfurter Museumsschriften, Heft 3, 1984, S. 10–12.

Kein Niemandsland für Kunst der Gegenwart: Schleswig-Holstein. In: Katalog ›Kunstlandschaft Bundesrepublik. Geschichte, Religion, Materialien‹, Stuttgart 1984, S. 132f.

Rolf Gunter Dienst. In: Katalog ›Kunstlandschaft Bundesrepublik. Region Baden‹, Stuttgart 1984, S. 32.

Zu Werner Witschis mobilen Objekten. In: Werner Witschi. Malerei. Plastik. Moiré. Ausgewählte Werkgruppen 1947–1983, Bern 1984, S. 54f.

Rede auf Harald Duwe, gehalten am Freitag, 22. Juni 1984 in der Tymmo-Kirche in Lütjensee. In: Katalog ›in memoriam Harald Duwe‹. Hrsg. Hamburger Kunsthalle. Gifkendorf 1984, S. 88–92.

Erinnerungen an Georg Poensgen. In: Ruperto Carola, Heidelberg Universitätsgesellschaft, 36. Jg., Heft 71, Dezember 1984, S. 114–117.

Interview von Annelie Polen mit J. C. J. In: Kunstforum, Bd. 71/72, April/Mai 1984, S. 52–54.

Bemerkungen über die Handzeichnung. In: Neue Zürcher Zeitung, Nr. 269 vom 17./18. November 1984. – Wiederabdruck in: Nordslesvigske Museer. Arbog for museerne i Sønderjyllands amt, Bd. 12. Tønder 1985, S. 161–171. (Dänisch)

Die Grundlagen der Kunstgeschichte. (Bruckmanns Lexikon der Münchner Kunst: Münchner Maler im 19. Jahrhundert, 4 Bde.). [Rezension] In: Frankfurter Allgemeine Zeitung, 15. Mai 1984.

Anmerkungen zu den Figuren von Christa Biederbick-Tewes. In: Katalog ›Christa Biederbick-Tewes. Figuren‹, KHK und SHKV, 22. Januar bis 22. Februar 1984. [Herausgabe]

Vom Realismus zum Expressionismus. Norddeutsche Malerei 1870 bis um 1930. Aus dem Bestand der KHK der Christian-Albrechts-Universität [Herausgabe. Redaktion, mit Johann Schlick. Bearbeitung, mit Ingeborg Kähler und Johann Schlick. Vorwort]. Ausstellungs- u. Bestandskatalog KHK 1984.

Vom Realismus zum Expressionismus. Anmerkungen zur norddeutschen Malerei von 1870 bis um 1930. In: Ausstellungs- und Bestandskatalog ›Vom Realismus zum Expressionismus‹ (s. o.) 1984, S. 9–11.

1985 Malerei der Romantik in Deutschland. Köln 1985.

Kunst am Bau in Schleswig-Holstein. In: Kunst am Bau, Kunst an staatlichen Hochbauten in Schleswig-Holstein. Hrsg. vom Finanzminister des Landes Schleswig-Holstein. Neumünster 1985, S. 5.

Heimkehr eines Reisenden in seine Dachkammer. Carl Spitzweg zum 100. Geburtstag. In: Die Welt, 21. September 1985.

Leidenschaft für das Museum. Zum Tode von Wulf Schadendorf. In: Frankfurter Allgemeine Zeitung, 10. August 1985.

Wulf Schadendorf. In: Museumskunde, Bd. 50, Heft 3, 1985, S. 196f.

In memoriam Wulf Schadendorf. Rede auf der Trauerfeier am 7. August in der Katharinenkirche zu Lübeck. In: Lübekkische Blätter, 145. Jg., Heft 14 vom 7. September 1985, S. 227f.

1986 Von der Gründung der Gemäldegalerie bis zur Aufgabe der ersten Kunsthalle. Die schreckliche, die kunsthallenlose Zeit, 1888 bis 1909. Die Sammlungen in der zweiten Kunsthalle 1909 bis 1945. Stetige Entwicklung 1945/46 bis 1970. Die neue Situation seit 1971. In: Kunsthalle zu Kiel, Christian-Albrechts-Universität. Sammlungen und Baugeschichte 1854 bis 1986. Hrsg. vom Finanzminister des Landes Schleswig-Holstein. Hamburg 1986, S. 6–32.

Die Idylle. Eine Bildform im Wandel. 1750–1930. [Herausgabe, mit Rolf Wedewer. Vorwort, mit Rolf Wedewer]. Köln 1986.

Die italienische Landschaft als idealer Ort der klassizistischen Idylle. Wandlungen der Idylle im 19. Jahrhundert am Beispiel von Carl Spitzweg. In: Die Idylle. Eine Bildform im Wandel (s. o.) 1986, S. 137–141, S. 142–152.

Anmerkungen zur Kunst in Deutschland von 1910 bis 1950. In: Katalog ›Individualismus und Tradition. Künstler in Deutschland 1900–1945‹, Württembergischer Kunstverein Stuttgart, 18. September bis 9. November 1986, S. 34–43.

Bei der skandalösen COBRA-Ausstellung [...]. In: Katalog ›Lucebert‹, Galerie Sfeir-Semler, Kiel, und Galerie Springer, Berlin, März bis Mai 1986.

Harald Duwe als Lehrer. In: Katalog ›Freie Kunst‹, Fachhochschule Kiel, Fachbereich Gestaltung, Fachrichtung Freie Kunst. Schleswig-Holsteinische Landesbank, Kiel, Juni 1986. – Wiederabdruck in: Katalog ›Schüler von Harald Duwe. Bildnis. Stilleben. Landschaft‹, Schriften des Kieler Stadt- und Schiffahrtsmuseums, 12. April bis 8. Juni 1987, S. 7–9.

Ausstellungen im Ausland, Gedanken zu einer aktuellen Diskussion. In: das kunstwerk, XXXIX. Jg., Heft 2, April 1986, S. 3–6.

Anmerkungen zur Malerei Szczesnys. In: Katalog ›Szczesny. Stilleben. Stillife. Nature morte‹, Galerie Barlach Hamburg, Galerie Holtmann Köln, Galerie Pfefferle München, 1986, S. 2–5. (Deutsch und Englisch)

Günter Haeses Druckgraphik. In: Schwarzdrossellied. Eri Kippner, Gedichte/Günter Haese, Druckgraphiken. Düsseldorf 1986.

Über das Werk von Gertrude Reum. In: Katalog ›Gertrude Reum. Metallreliefs. Plastiken. Aquarelle. Werkphasen 1974–1986‹, Kunstverein Neckar-Odenwald e. V., Würzburg 1986, S. 5–8.

Wulf Schadendorf 1926–1985. In: Nordelbingen, Bd. 55, 1986, S. 7–10.

Malerei des 19. Jahrhunderts aus Rußland und Polen. Verzeichnis der neuerworbenen 12 Gemälde russischer Maler und des Gemäldes eines polnischen Künstlers. [Herausgabe, Redaktion, Bearbeitung. Vorwort] Bestandskatalog KHK, Kiel 1986.

Bemerkungen zur russischen Malerei des 19. Jahrhunderts. In: Katalog ›Malerei des 19. Jahrhunderts aus Rußland und Polen‹ (s. o.) 1986, S. 6–9.

1987 Harald Duwe. 1926–1984. Werkverzeichnis der Gemälde und Ölstudien. Mit Beiträgen von Frank Büttner, Bruno Bushart, Werner Hofmann, Wouter Kotte und Johann Schlick. Katalog KHK und SHKV, 12. April bis 24. Mai 1987 (auch: München 1987).

Emil Schumacher. Maroc. Mit einem Text von J. C. J. Stuttgart 1987.

Über Friedrich Karl Gotsch. In: Friedrich Karl Gotsch. Ölbilder. Oil-paintings. Huiles. Mit einer Einführung von J. C. J. und einem Text zum Leben und Werk des Künstlers von Josef Paul Hodin. Hamburg 1987, S. 21–23.

Robert Jacobsen in der Bundesrepublik. In: Katalog ›Raum und Zeichen. Werke des Bildhauers Robert Jacobsen‹, Städtische Kunsthalle Mannheim (u. a.), 5. September bis 8. November 1987, S. 111–113.

Heidelberg in der Bildkunst um 1800. In: Heidelberg im säkularen Umbruch. Traditionsbewußtsein und Kulturpolitik um 1800. Hrsg. von Friedrich Strack. Stuttgart 1987, S. 360–382.

In nahezu 40 Jahren [...]. In: Paul Wunderlich. 10. März 1987. Zum sechzigsten Geburtstag von Paul Wunderlich, zusammengetragen von Fritz J. Raddatz, Offenbach/Main 1987, S. 45.

Über Hanna Jäger. In: Katalog ›Hanna Jäger. Bilder, Collagen‹, Galerie Sfeir-Semler, Kiel, Februar 1987.

Laudatio auf den Bildhauer Walter Arno. In: Jb. für den Kreis Pinneberg, Pinneberg 1987, S. 15–20.

Was wird aus unseren Museen? [Diskussionsbeitrag]. In: art. Das Kunstmagazin, Nr. 7, Juli 1987, S. 76–79.

Hans-Martin Ihmes Lichtmaschinen. In: Katalog ›Hans Martin Ihme. Rauminstallation. Spiegelraum und andere Lichtmaschinen‹, Wilhelm-Hack-Museum, Ludwigshafen a. Rh., 9. August bis 13. September 1987.

Öffentliches Sammeln. In: Katalog ›Auf der Spur. Sammlung Stober‹, Haus am Waldsee Berlin, 12. September bis 1. November 1987, S. 21–27.

Überlegungen zu Kerstings Gemälde ›Vor dem Spiegel‹. In: Wiss. Zeitschr. der Ernst-Moritz-Arndt-Universität Greifswald: Georg Friedrich Kersting 1785–1847. 5. Greifswalder Romantik-Konferenz, XXXV. Jg. (1986), Heft 3–4, S. 42–45.

Ilja Repin. Malerei, Graphik. Mit einer Einführung von Grigori Sternin, Düsseldorf, Leningrad 1985 [Rezension]. In: das kunstwerk, XL, Jg., Heft 3, Juni 1987, S. 115f.

Beobachtung und Fantasie. Das Zeichnen im Umbruch. Zur Ausstellung ›Von Wilhelm Leibl bis Lovis Corinth der Sammlung Georg Schäfer‹. In: Geschäftsbericht Altana Industrie-Aktien u. Anlagen AG. Bad Homburg v.d.H. 1987, S. 16–27.

Die ›Kunst in Bürgernähe-Bewegung‹ und das Museum. In: Kunstaktion. Künstler in Bürgernähe, Bürger in Künstlernähe. (Zwischen-) Bericht mehrtätiger künstlerischer Aktionen mit Publikumsbeteiligung. Hrsg. vom Bundesverband Bildender Künstler. Worpswede 1987, S. 38–41.

Kultureller Schwerpunkt in Kiel. Die Gemäldegalerie und Graphische Sammlung der Kunsthalle zu Kiel der Christian-Albrechts-Universität. In: Schleswig-Holstein Kulturjournal, Nr. 3, 1987, S. 48–52.

Emil Schumacher. Neue Bilder. Ein Gruß zum 75. Geburtstag. [Herausgabe, Redaktion, Bearbeitung. Vorwort]. Katalog KHK und SHKV, 16. August bis 20. September 1987.

Über den Maler Emil Schumacher. In: Katalog ›Emil Schumacher. Neue Bilder‹ (s. o.) 1987, S. 7–10.

Günter Grass. Hundert Zeichnungen 1955 bis 1987. Ausstellung anläßlich des 60. Geburtstages. [Herausgabe, Redaktion, Bearbeitung. Vorwort]. Katalog KHK und SHKV, 11. Oktober bis 22. November 1987.

Günter Grass als Zeichner. In: Katalog ›Günter Grass. Hundert Zeichnungen‹ (s. o.) 1987, S. 13–21.

II

1970 Brusberg in Heidelberg. Katalog Heidelberger Kunstverein, 11. Januar bis 8. Februar 1970. [Vorwort]

1971 Picasso. Plakate. Verzeichnis KHK, 8. August bis 19. September 1971. [Vorwort]

Joseph Beuys. Handzeichnungen. Katalog SHKV und KHK, 7. März bis 11. April 1971. [Vorwort]

1972 Neuenhausen: Stücke vom Menschen. Wortelkamp: Goldminen in Deutschland. Katalog KHK und SHKV, 8. Dezember bis 30. Dezember 1972. [Vorwort]

Wenn man das Schönste gesehen hat... Bestände der Kunsthalle zu Kiel 19. und 20. Jahrhundert. Katalog Wilhelm-Lehmbruck-Museum Duisburg, 10. Juni bis 3. September 1972. [Vorwort, mit Siegfried Salzmann]

1973 Kunsthalle zu Kiel. Katalog der Gemälde. Kiel 1973. [Vorwort]

Der röhrende Hirsch – Symbol der Männlichkeit. Katalogheft KHK und SHKV, 1. bis 25. März 1973; dann: Wuppertal, Von der Heydt-Museum. [Vorwort]

Sex in der Werbung. Katalogheft KHK und SHKV, 1. bis 27. Mai 1973. [Vorwort]

Vom Wahren, Schönen, Guten: Die Werbekampagne ›Schöner Essen‹. Katalogheft KHK und SHKV, 1. bis 25. November 1973. [Vorwort]

Bert Gerresheim: Vexir-Porträts und Vexier-Stilleben. Katalogheft KHK und SHKV, 1. bis 29. April 1973. [Vorwort]

Werner –Witschi. Mobile und stabile Plastik. Katalogheft KHK und SHKV, 1. bis 27. Juni 1973. [Vorwort]

Christine Meschede. Collagen. Katalogheft KHK und SHKV, 7. Oktober bis 4. November 1973. [Vorwort]

20. Landesschau. Ausstellung von Werken Schleswig-Holsteinischer Künstler. Katalog KHK und BBK. 8. Dezember 1973 bis 13. Januar 1974. [Vorwort]

1974 sechs konstruktive aus schleswig-holstein. Katalogheft KHK und SHKV, 17. April bis 16. Juni 1974. [Vorwort]

fünf realisten aus schleswig-holstein. Katalogheft KHK und SHKV, 1. Dezember 1974 bis 5. Januar 1975. [Vorwort]

Das Amsterdamer Rathaus. Architektonische Gestalt und Organisation des Dekors in 40 Kupfertafeln aus der zur Einweihung des Rathauses (1655) erschienenen Festschrift. Katalogheft KHK und SHKV, 26. Januar bis 3. März 1974. [Vorwort]

1975 Inge Prokot. Elefanten. Katalogheft KHK und SHKV, 7. September bis 20. Oktober 1975. [Vorwort]

Hubertus Gojowczyk. Bücher, Zeitungen und Objekte 1968–1975. Katalogheft KHK und SHKV, 24. Juni bis 27. August 1975. [Vorwort]

1976 Gottfried Brockmann. Gemälde. Zeichnungen. Graphik. Katalog KHK und SHKV, 15. August bis 19. September 1976. [Vorwort]

Gianni Colombo: Kinetische Objekte – Strukturen und Räume. Katalog Städtisches Museum Leverkusen Schloß Morsbroich, 14. November bis 28. 12. 1975. – Staatliche Kunsthalle Baden-Baden, Kunsthalle zu Kiel, 7. März bis 11. April 1976. [Vorwort, mit Rolf Wedewer und Hans Albert Peters]

Rolf Lieberknecht. Raum – Bewegung – Aktion. Katalog KHK, SHKV und Kulturamt der Stadt Kiel, September 1976 – (dann: Städtische Kunstsammlungen Ludwigshafen a. Rh.) [Vorwort]

Wege zur Kunst: Simone Utrecht. Katalogheft KHK und SHKV, 14. April bis 16. Mai 1976. [Vorwort]

Joachim Thode: Kieler Situationen. MEDIUM PHOTOGRAPHIE, 1. Katalog KHK und SHKV, 16. Juni bis 29. August 1976. [Vorwort]

Rolf-Reiner Maria Borchard: Zeit-Sequenzen, Körper-Sequenzen. MEDIUM PHOTOGRAPHIE, 2. Katalog KHK und SHKV, 3. Oktober bis 7. November 1976. [Vorwort]

1977 Deutsche Expressionisten aus dem Besitz der Kunsthalle zu Kiel. Ausstellungs- u. Bestandskatalog KHK und SHKV, 4. September bis 23. Oktober 1977. [Vorwort]

Fabrizio Plessi. Katalog KHK, 13. März bis 17. April 1977. [Vorwort]

Raffael Rheinsberg: »... wenn man jeden Nacht ein bißchen stirbt.« Werkübersicht 1976–1977. Katalogheft, KHK und SHKV, 18. Mai bis 26. Juni 1977. [Vorwort]

Maler aus Skagen. Dänische Malerei um 1800 der Künstlerkolonie Skagen. Katalogheft KHK und SHKV, 19. November bis 30. November 1977. [Vorwort]

Rune Mields. Bilder und Zeichnungen. Katalogheft KHK und SHKV, 13. Juli bis 31. August 1977. [Vorwort]

Francois Morellet. Lichtobjekte. Katalog Westfälischer Kunstverein und KHK, 3. September bis 3. Oktober 1976, Kiel 1. Mai bis 5. Juni 1977. [Vorwort, mit Herbert Molderings]

Edmund Kuppel. Aus: Sich dazwischen stellen. 300 Photos aus Paris. Pariser Bistrot-Landschaften. MEDIUM PHOTOGRAPHIE, 4. Katalog KHK und SHKV, 19. Oktober bis 20. November 1977. [Vorwort]

1978 24. Landesschau. Ausstellung von Werken Schleswig-Holsteinischer Künstler. Katalog KHK und Bundesverband Bildender Künstler, Landesverband Schleswig-Holstein, 20. November 1977 bis 8. Januar 1978. [Grußwort].

Winfred Gaul. Werkverzeichnis der Druckgraphiken und Objekte. Katalog KHK und SHKV, 15. Oktober bis 19. November 1978. [Herausgabe, Vorwort]

Alf Lechner. Arbeiten von 1975–1977. Katalog KHK und SHKV, 23. April bis 31. Mai 1978. [Herausgabe, Redaktion, Vorwort]

Werner Bleyl. Bucheinbände 1943–1978. Katalog KHK und Museum für Kunst und Gewerbe Hamburg, 31. Mai bis 5. Juli 1978. [Vorwort]

Klinger und Munch. Weltanschauung und Psyche in Bilderzyklen der Jahrhundertwende. Katalogheft KHK und SHKV, 26. April bis 24. Mai 1978. [Herausgabe, Vorwort]

Uwe Poth. Kiel-Seebilder, Städte-Bilder. MEDIUM PHOTOGRAPHIE, 5. Katalog KHK und SHKV, 20. Dezember 1978 bis 28. Januar 1979. [Vorwort]

1979 Hans Kock. Skulpturen. 1979. Katalog Vierte Plastikausstellung der Stadt Brühl im Schloß Augustusburg, 20. Mai bis 30. Juni 1979. [Herausgabe, Vorwort]

Englische Schabkunstblätter aus dem Besitz der Kunsthalle zu Kiel. Ausstellungs- u. Bestandskatalog KHK und SHKV, 16. Mai bis 18. Juli 1979. [Vorwort]

KL Schmaltz. Zellkörper GALAX K 324 / das Grafische Netzwerk. Katalog KHK und SHKV, 7. Februar bis 14. März 1979. [Herausgabe, Vorwort]

UMRISSE. Bilder, Objekte, Videos, Filme von Künstlerinnen. Katalog KHK und SHKV, 6. Mai bis 4. Juni 1979. [Vorwort]

Joachim Bandau: Skulptur und Wandzeichen. Katalog KHK und SHKV, 8. August bis 19. September 1979. [Vorwort]

1980 Fritz Gilow. Über die Schienen. Katalog KHK und SHKV, 30. Januar bis 19. März 1980. [Herausgabe, Vorwort]

Alf Schuler, Wandarbeiten und Zeichnungen. Katalog KHK und SHKV, 8. Oktober bis 19. November 1980. [Herausgabe, Vorwort]

Erika Kiffl. Künstler im Atelier (Atelier-Fotos). MEDIUM PHOTOGRAPHIE,

6. Katalog KHK und SHKV, 4. Juni bis 9. Juli 1980. [Herausgabe, Vorwort]

Hajo Antpöhler. Über die Tauglichkeit von Fotos als Bilder. MEDIUM PHOTOGRAPHIE, 7. Katalog KHK und SHKV, 16. Juli bis 24. August 1980. [Herausgabe, Vorwort]

Karl Prantl. Steine 1969–1979. Katalog KHK und SHKV, 30. März bis 8. Juni 1980. [Herausgabe, Vorwort]

Erich Lindenberg. Bilder. Aquarelle. Zeichnungen. Katalog KHK und SHKV, 30. März bis 8. Juni 1980. [Herausgabe, Vorwort]

1981 Jaro Boro. 12 Bilder ›Transamazonica‹. – Rolf Simon-Weidner. Keramik. Katalog KHK und SHKV, 11. März bis 8. April 1981. [Herausgabe, Vorwort]

Fördewasser. Dorothea Bauer. Silke Raab. Gudrun Wassermann. Faltblatt KHK und SHKV, 29. April bis 20. Mai 1981. [Herausgabe]

1982 Künstler arbeiten mit Fotos. Katalog KHK und SHKV, 25. April bis 6. Juni 1982. [Herausgabe; Vorwort, mit Ulrich Bischoff]

1983 29. Landesschau. Ausstellung von Werken Schleswig-Holsteinischer Künstler, KHK und Landesverband Bildender Künstler, 7. November 1982 bis 2. Januar 1983. [Grußwort]

1984 Gesignaleerd. Neue Kunst aus den Niederlanden. Katalog KHK und SHKV, 18. Juni bis 28. August 1983. [Herausgabe; Vorwort, mit Ulrich Bischoff]

Frische Kunst erhält gesund. Katalog KHK und SHKV, Museum für Kunst und Kulturgeschichte der Hansestadt Lübeck, Städtisches Museum Flensburg, Kiel 16. Januar bis 20. Februar 1983. [Herausgabe; Vorwort, mit Wulf Schadendorf und dem Städtischen Museum Flensburg]

Harald Falkenhagen. Katalog KHK und SHKV, 21. Oktober bis 2. Dezember 1984, zugleich in Wolfsburg und Bochum. [Herausgabe, Vorwort]

1985 Atelier Kramer stellt sich vor. Katalog KHK und SHKV im Brunswiker Pavillon, 20. Oktober bis 10. November 1985. [Herausgabe]

1986 Michael Bauch. Preisträger ›Forum Junger Kunst‹ 1985. Katalog KHK und SHKV, 2. März bis 14. März 1986. [Herausgabe]

Mechthild Frisch. Malstücke. Katalog KHK und SHKV, 27. August bis 28. September 1986. [Herausgabe, Vorwort]

Horst Münch. Ellum Ketch. Katalog KHK und SHKV, 8. Oktober bis 2. November 1986. [Herausgabe]

Kunst im Dienste der Aufklärung. Radierungen von Bernhard Rode 1725–1797, mit einem Gesamtverzeichnis aller Radierungen des Künstlers im Besitz der Graphischen Sammlung der Kunsthalle zu Kiel. Katalog KHK, 17. Dezember 1986 bis 18. Januar 1987. [Herausgabe, Vorwort]

Wege zur Kunst. KHK, Museumspädagogischer Dienst. Kiel 1986. [Herausgabe, Vorwort]

Druckgraphische Mappenwerke nach 1945 im Besitz der Kunsthalle zu Kiel. Graphische Sammlung. Bestandskatalog KHK, Kiel 1986. [Herausgabe, Vorwort]

Katalog der Bildwerke. Aus dem Besitz der Kunsthalle zu Kiel. Bestandskatalog KHK, Kiel 1986. [Herausgabe, Vorwort]

1987 Michel Sauer. Skulpturen aus Metall. Katalog KHK und SHKV, 21. Januar bis 22. Februar 1987. [Herausgabe]

Im Gleichgewicht – Paul Klee und die Moderne. Nestler, Ruthenbeck, Visch. Katalog KHK und SHKV, 14. Juni bis 2. August 1987. [Herausgabe, Vorwort]

Winfried Virnich. Bilder und Zeichnungen. Katalog KHK und SHKV, 28. August bis 27. September 1987. [Herausgabe, Vorwort]

Ulrich Behl, Objekte – Zeichnungen – Graphik. Katalog KHK und SHKV, 25. Oktober bis 22. November 1987. [Herausgabe, Vorwort]

Jahresberichte des Schleswig-Holsteinischen Kunstvereins und der Kunsthalle zu Kiel der Christian-Albrechts-Universität

Verantwortlich für den Inhalt: J. C. J. (zum Teil umfangreiche Texte)
Heft 3 (1972) bis – alljährlich – Heft 1987

Schriften der Kunsthalle zu Kiel
Herausgegeben von J. C. J.

Heft 1
Kurt Badt: Ernst Barlach der Bildhauer. Kiel 1971. [Nachwort, zusammen mit Erich Hubala]

Heft 2
Karlheinz Nowald: Carl Gustav Carus: Malerstube im Mondschein (1826). Kiel 1973. [Vorwort]

Heft 3
Inken Nowald: Die Nibelungenfresken von Julius Schnorr von Carolsfeld im Königsbau der Münchener Residenz 1827–1867. Kiel 1978. [Vorwort]

Heft 4
Ulrich Bischoff: Museum Sophienblatt 22/24. Kiel 1978. [Vorwort]

Heft 5
Putzfragmente, aufgehoben von Dorothee von Windheim. Kiel 1979.

Heft 6
Joachim Thode: Kulturlandschaftsgeographie. Kiel 1981. [Vorwort]

Heft 7
Lili Fischer und Georg Jappe: Winterbuch von Norderoog. Kiel 1982. [Vorwort]

Heft 8
Raimer Jochims: Antonio Calderara in Briefen und Gesprächen. Kiel 1982.

Heft 9
Brigitte Maass-Spielmann: Der Maler Albert Aereboe. 1889–1970. Werkverzeichnis. Kiel 1983. [Vorwort]

Heft 10
Stifter Wald – Silke Raab/Gudrun Wassermann. Kiel 1985. [Vorwort]

Foto-, Text- und Copyrightnachweis

Frontispiz
Foto: Karin Székessy, Hamburg

Beitrag Bischoff
Abb. 1 Ralph Kleinhempel, Hamburg
Abb. 2 Foto: Joachim Bandau, Köln
Abb. 3 Foto: Helmut Claus, Köln

Beitrag Büttner
Abb. 1 Foto: Rheinisches Bildarchiv, Köln
Abb. 2, 3, 6 Foto: Sächsische Landesbibliothek, Deutsche Fotothek Dresden

Beitrag Gallwitz
S. 44 Fjodor Michailowitsch Dostojewski: Die Dämonen. München, Zürich: R. Piper & Co. 1977, S. 458, 459
S. 46 Dostojewskis Liebeserzählungen. Hrsg. v. Johannes von Guenther. München: Buchenau u. Reichert-Verlag, o.J., S. 63
S. 48 Wie S. 44; S. 92, 93
S. 50 Aus: Anton Tschechow: Die Dame mit dem Hündchen. Späte Erzählungen 1893–1903. Der Mensch im Futteral. Aus dem Russischen von Gerhard Dick. Winkler Verlag. München 1969, S. 598
S. 52 Fjodor Michailowitsch Dostojewski: Rodion Raskolnikoff. München, Zürich: R. Piper & Co. 1977, S. 229f.
S. 54 Fjodor Michailowitsch Dostojewski: Aufzeichnungen aus einem Totenhaus. München, Zürich: R. Piper & Co. 1977, S. 75f.
S. 56 Wie S. 46; S. 96f.
S. 58 Anton Tschechov in Selbstzeugnissen und Bilddokumenten. Dargestellt v. Sophie Laffitte. A. d. Frz. u. Russ. v. Friedrich Kolmar-Kulleschitz. Reinbek 1960, S. 11f. (rowohlts monographien, Bd. 38).
S. 60 Leo N. Tolstoi: Sämtliche Erzählungen. Hrsg. v. Gisela Drohla. © Insel Verlag, Frankfurt am Main 1961. Bd. 3, S. 263f.
S. 62 Ebenda, Bd. 1, S. 53, 198f.
S. 64 Fjodor Michailowitsch Dostojewski: Der Jüngling. München, Zürich: R. Piper & Co. 1977; S. 133
S. 66 Nikolai Gogol: Tote Seelen. Leipzig: Philipp Reclam 1951, S. 351f.
S. 68 Wie S. 60; Bd. 1, S. 303, 332
S. 70 Ebenda, Bd. 1, S. 102

Beitrag Gerkens
Abb. 1 Foto: Angermann, Lübeck
Abb. 4 Copyright für A. Rainer: © VG Bild-Kunst, Bonn, 1988
Abb. 5 Copyright für E. Schumacher: © Dr. Ulrich Schumacher, Bottrop

Beitrag Herding
Abb. 1 Copyright für A. Warhol: © Schlaifer-Nanze & Co., Inc., New York
Abb. 2 Foto: Harry Shunk

Beitrag Kerber
Abb. 1, 2 Fotos: Greta Ströh, Paris
Abb. 4 Aus: L'Amour fou. Paris: Editions Gallimard 1937

Beitrag Krenzlin
Abb. 1–6 Fotos: Staatliche Museen zu Berlin/DDR, Nationalgalerie

Beitrag Malmanger
Abb. 4, 5, 6, 7, 9, 10 Fotos: Jacques Lathion, Oslo

Beitrag Morawińska
Abb. 1 Foto: Zbigniew Malinowski, Kraków
Abb. 2 Foto: Pracownia Fotograficzna, Kraków
Abb. 3 Foto: Jacek Ksiażek, Kraków
Abb. 4 Foto: Wojciech Smolak, Kraków
Abb. 5 Foto: Lauros-Giraudon, Paris

Beitrag Neidhardt
Abb. 1 Foto: H. W. Fichter Kunsthandel, Frankfurt a. M.
Abb. 3, 5 Fotos: Schurz, Dresden
Abb. 6 Copyright für Stölzel: © Deutsche Fotothek Dresden

Beitrag Nowald
Abb. 1, 2 Fotos: Eugen Sporer, München. Die Abbildungen der Fresken wurden mit freundlicher Genehmigung des Prestel Verlages, München, dem Ausstellungskatalog »Hans von Marées« (Hrsg. v. Christian Lenz, 1987) entnommen.

Beitrag Osterwold
Abb. 1 Courtesy of The Harvard University Art Museums (Busch-Reisinger Museum), Museum Purchase in memory of Eda K. Loeb.
Abb. 2 Foto: Jörg P. Anders, Berlin

Beitrag Riedl
Abb. 1–5 Fotos: Riedl

Beitrag Romain
Abb. 1, 3 Copyright für F. Marc: © Galerie Stangl, München
Abb. 4–6 Fotos: Walter Haberland München. Copyright für J. Beuys: © VG Bild-Kunst, Bonn, 1988

Beitrag Salzmann
Abb. 1, 3 Copyright für C. Brancusi: © VG Bild-Kunst, Bonn 1988
Abb. 2 Copyright für P. Klee: © 1988, Copyright by COSMOPRESS, Genf
Abb. 3 Foto: Siegfried Salzmann, Bremen

Beitrag Tillmann
Abb. 1–6 Reproduktion der anatomischen Zeichnungen Leonardo da Vincis mit freundlicher Genehmigung Ihrer Majestät Königin Elisabeth II.

Beitrag Wagner
Abb. 1, 2, 3 Fotos: Schweizerisches Institut für Kunstwissenschaft, Zürich, Copyright für R. Auberjonois: © Fernand Auberjonois, London
Abb. 4 © Wolfgang Pankoke, Frankfurt a. M.
Abb. 5 Foto: Ursula Edelmann, Frankfurt a. M.

Beitrag Zaske
Abb. 3, 5, 6, 9, 10 Bildarchiv Foto Marburg

Farbabbildungen
Abb. 6 Copyright für Asger Jorn:
© Jon Palle Buhl, Kopenhagen
Abb. 7 Copyright für Emil Schumacher:
© Dr. Ulrich Schumacher, Bottrop
Abb. 8 Copyright für Bernhard Heisig:
© VG Bild-Kunst, Bonn, 1988
Abb. 9 Copyright für Harald Duwe:
© VG Bild-Kunst, Bonn, 1988
Abb. 11 Copyright für Howard Kanowitz:
© VG Bild-Kunst, Bonn, 1988
Abb. 15 Copyright für Siegfried Neuenhausen:
© VG Bild-Kunst, Bonn, 1988
Abb. 23 Copyright für Jiři Georg Dokoupil:
© Galerie Paul Maenz, Köln

Alle anderen Aufnahmen sind den Archiven der Autoren oder dem Bestand der Kunsthalle Kiel entnommen.

Die Bücher von Jens Christian Jensen
im DuMont Buchverlag Köln

Aquarelle und Zeichnungen der deutschen Romantik

192 Seiten mit 40 Farbtafeln nach Aquarellen, 6 Sepia-Drucken nach Sepia-Zeichnungen, 46 einfarbigen Abbildungen nach Zeichnungen, Kurzbiographien der Künstler mit 33 Portrait-Zeichnungen, Literaturhinweisen, Leinen mit Schutzumschlag

Carl Spitzweg

130 Seiten mit 40 Farbtafeln und 41 einfarbigen Abbildungen, Literaturhinweisen, Personenregister, Leinen mit Schutzumschlag (DuMont's Bibliothek Großer Maler)

Carl Spitzweg

95 Seiten mit 19 Farbtafeln, 47 einfarbigen Abbildungen und Zeichnungen, Bibliographie, bedruckten Vorsatzblättern, Leinen mit Schutzumschlag

Carl Spitzweg

Zwischen Resignation und Zeitkritik
154 Seiten mit 24 farbigen und 59 einfarbigen Abbildungen, Bibliographie, Zeittafel, Register, kartoniert (DuMont Taschenbücher, Band 26)

Caspar David Friedrich

Leben und Werk
260 Seiten mit 24 farbigen und 64 einfarbigen Abbildungen, Bibliographie, Namenverzeichnis, kartoniert (DuMont Taschenbücher, Band 14)

Malerei der Romantik in Deutschland

158 Seiten mit 40 eingeklebten Farbtafeln und 63 einfarbigen Abbildungen, Bibliographie, Zeittafel, Register, Leinen mit Schutzumschlag (DuMont's Bibliothek Großer Maler)

Philipp Otto Runge

Leben und Werk
252 Seiten mit 16 farbigen und 64 einfarbigen Abbildungen, Zeittafel, Bibliographie, Namenverzeichnis, kartoniert (DuMont Taschenbücher, Band 45)